成长为超级总经理的商业宝典　将公司做大做强的必备圣经

总经理打理公司要懂的168条锦囊妙计

| 赵凡禹◎著 |

图书在版编目（CIP）数据

总经理打理公司要懂的168条锦囊妙计/赵凡禹著.
— 上海：立信会计出版社，2014.7
（去梯言）
ISBN 978-7-5429-4238-8

Ⅰ.①总… Ⅱ.①赵… Ⅲ.①企业领导学-通俗读物
Ⅳ.①F272.91-49

中国版本图书馆CIP数据核字（2014）第087005号

策划编辑　蔡伟莉
责任编辑　蔡伟莉　宋　娟
封面设计　久品轩

总经理打理公司要懂的168条锦囊妙计

出版发行	立信会计出版社			
地　　址	上海市中山西路2230号	邮政编码	200235	
电　　话	(021) 64411389	传　　真	(021) 64411325	
网　　址	www.lixinaph.com	电子邮箱	lxaph@sh163.net	
网上书店	www.shlx.net	电　　话	(021) 64411071	
经　　销	各地新华书店			
印　　刷	固安县保利达印务有限公司			
开　　本	787毫米×1092毫米	1/16		
印　　张	21	插　页：1		
字　　数	373千字			
版　　次	2014年7月第1版			
印　　次	2014年7月第1次			
书　　号	ISBN 978-7-5429-4238-8/F			
定　　价	49.00元			

如有印订差错，请与本社联系调换

前　言

管理大师彼得·德鲁克说："每隔一段时间就发生一次激烈的变革。短短的数十年里，整个社会——其世界视野、基本价值观、社会和政治的结构、艺术、主要的风格习惯——都发生了变化。我们正处于这样的时代。"在经历了经济危机的洗礼后，中国企业已积累了太多的经营管理的哲学与智慧，结合西方优秀企业的管理理念，我们为百忙之中的总经理们呈上这一场"管理的智慧"盛宴。

"一头狮子带领一群绵羊，可以打败一头绵羊带领的一群狮子。"被誉为"世界第一CEO"的杰克·韦尔奇如此说过。总经理是企业的灵魂，一家企业是发展壮大还是走向灭亡，很多时候取决于总经理。

的确，一个成功的总经理必须是思考力、判断力和实践能力都很强的多面手，就如哈佛商学院在其《总经理学》教材里所指出的：总经理应该是一个好的策划人；一个组织能手；一个协调人；一个管制人；一个分析人；一个推动人；一个设计人；一个意见沟通人；在许多情况下也必须是个老师；一个好学不倦的人；必须是一个决策人。换言之，身为总经理，要将公司打理好，就要先从提升自己开始。

那么，如何提升自己呢？"他山之石，可以攻玉。"站在巨人的肩膀上眺望成功，就会与成功更近。将成功的企业以及企业家的智慧与大家分享，让众多的总经理们，在打理公司的过程中走得更轻松、更踏实。

本书深刻地剖析了总经理打理公司所需要具备的个人素养和管理金律，给总经理们提供了最具代表性、最具说服力、最有实战性的168条经验锦囊妙计，融深刻的哲理和切实可行的操作方法于一体。总经理们可以在畅快淋漓地饱览公司发展经典实例的同时，学会让公司精于竞争的提升之道，掌握令公司在激烈竞争中生存下来的顽强能力。

善于联想的人，能从本书中看到无数优秀的公司和管理者的影子，能看到他们在管理公司过程中出现的亮点和失误；善于比较的人，能从本书中看到自己与优秀管理者的差距，以及自己的公司与优秀公司的差距；善于学习的人，能从本书中学到成功的法则和关于失败征兆的认知。

从这个意义上说，本书不是一本管理专业书，而是一本记载着诸多优秀CEO与企业在管理实践中提炼出来的管理精华和真知的经验锦囊手册。你可以不遵循他们的经验，但是必须了解他们和研究他们。

本书通过深刻的管理理念，结合全球最优秀企业成功的经验，告诉新一代总经理们如何汲取和学习国外先进的经营管理理念，运用自己的智慧，结合中国的实际情况结晶出新的成果，打理好自己的公司。

目 录

第一篇　领导力：如何在组织中成就卓越

第一章　拥有一呼百应的影响力
　　1. 具有影响力的带队者 2
　　2. 激励团队进步的教练 4
　　3. 成为员工的合作伙伴 6

第二章　容难容之事的宽广胸怀
　　4. 心底无私天地宽 8
　　5. 将宽容糅入公司管理 10
　　6. 以包容的胸怀对待比自己强的下属 13
　　7. 主动担责体现你的宽广胸怀 15
　　8. 与员工一起分享荣耀 17

第三章　让上进的学习力转化为生产力
　　9. 用学习来打败对手 19
　　10. 满足现状是厄运的罪魁祸首 20
　　11. 积极打造学习型组织 22

第四章　有效的沟通力
　　12. 管理就是沟通、沟通、再沟通 25

13. 倾听是为了更有效的沟通 27
14. 沟通艺术的重要原则——简洁明了 29
15. 坦诚的沟通赢得下属的尊重 30

第五章　出色的决策力

16. 决策力是企业命运的航盘 32
17. "四大决策"——贝尔电话称霸市场的秘诀 34
18. 好的决策能够顺应变化 36
19. 不在决策中退居幕后 38
20. 决策需要的是个性 39
21. 决策是重拳出击的艺术 41

第六章　绝不放弃的信念力

22. 信心危机是中国企业的首要危机 45
23. 永远不要放弃自己的信心 46
24. 置身危机当磨炼 48
25. "冬天"一定要保持积极心态 49
26. 不服输，才有赢的希望 50
27. 绝不轻言放弃 53

第二篇　定战略：老板最要做的一件事

第七章　战略思维越超前，公司竞争越有利

28. 战略规划到多远，企业才能走多远 56
29. 超前意识让企业抢占先机 57
30. 做好长期经营规划，就是未来赢家 60

第八章　战略规划是公司前进的冲锋号

31. 战略确定企业何所为，何所不为 62

32. 战略目标要从实际出发 63
33. 为虾米服务，而不是追逐鲸鱼 65

第九章　差异化战略要符合市场的需求

34. 不要为了差异化而差异化 67
35. 差异化要让顾客明白认同 68
36. 顾客需求是市场的灵魂 70

第十章　成本战略：既要花得少，更要赢得多

37. 低成本战略不会转化为持续竞争力 72
38. 低成本并不以牺牲品质为代价 73
39. 低成本战略的关键在于创新 75

第十一章　多元化战略是把双刃剑

40. 切忌追求不切实际的多元化 78
41. 多元化也要有目标 80
42. 成功的多元化战略要内外兼顾 81

第十二章　稳扎稳打是企业发展的最优策略

43. 扎实前进，少犯错误 84
44. 不要为了利润把企业带进冒进的陷阱 85
45. 总经理是否成熟决定着企业的生死存亡 87

第十三章　走过冬天——向知名企业家取经

46. 冬天也是可爱的，并不是可恨的 90
47. 抗住困难，等待机会的到来 91
48. 跟进市场主流，依市调价 93
49. 优化品牌，占领新兴市场 95
50. 以退为进，化危机为成长 96
51. 进取和合作会使我们变得更安全 98

52. 断裂的资金链是企业的致命危机 99
53. 全力以赴才会化被动为主动 101
54. 不把鸡蛋放在一个篮子里 102

第三篇　成功赢在顶层设计

第十四章　为公司创造竞争优势

55. 竞争优势的差异取决于价值链 106
56. 细分市场就是为企业创造竞争优势 107
57. 向竞争对手学习无异于邯郸学步 109

第十五章　造势是推销公司的捷径

58. 借势推销自己的公司 111
59. "谋势者"才能把握市场脉搏 113
60. 扩大企业影响力是制胜的关键 115

第十六章　健康的企业文化提升企业战斗力

61. 企业文化是企业最为重要的财富 117
62. 文化建设为企业凝聚人心 119
63. 愿景是企业走向成功的指路明灯 121
64. 拥有一流文化的企业才能所向无敌 122
65. 诚信是最简单的持续竞争优势 125
66. 文化建设也需要时常更新 126

第十七章　追求完美永远没有错

67. 善于发现与改进产品的不足 129
68. 追求完美永无止境 130
69. 产品要内外兼优 133
70. 世界级的竞争，就是细节竞争 134

71. 小疏忽带来大损失 ... 137
72. 魔鬼藏于细节 ... 138
73. 细节思维重在落实 ... 141

第十八章　沉下心来做品牌

74. 强势品牌：打造品牌中的品牌 ... 144
75. 品牌的核心理念是被人们接受和认同 ... 145
76. 用耐心打造品牌 ... 147
77. 品牌传播建立在强健的传播信号上 ... 149
78. 舍得花钱才能做好品牌推广 ... 151
79. 以人为本是星巴克品牌的精髓 ... 152

第十九章　赢在创新

80. 产品开发，赢在创新 ... 155
81. 企业创新的"三驾马车"：领导创新、观念创新、技术创新 ... 157
82. 企业应重视对创新理念的保护 ... 159
83. 注重创新型人才的选拔 ... 160
84. 华为：不创新，就灭亡 ... 163
85. 创新缔造微软神话 ... 164
86. 自我更新，才能避免淘汰 ... 166

第二十章　要有忧患意识

87. 青蛙效应：不能满足于既得利益 ... 168
88. 死于安逸，兴于忧患 ... 169
89. 最大的风险就是没有危机意识 ... 170
90. 诚信经营能够有效规避危机 ... 172
91. 建立一套企业危机预警机制 ... 173

第四篇 用制度管人按制度办事

第二十一章 任何管理都需要制度规范

- 92. 完善制度锻造企业制胜的秘密武器 ……… 176
- 93. 制度为企业画出规矩方圆 ……… 177
- 94. 家族企业更需要现代管理制度 ……… 179
- 95. 制度不完善，滋生"潜规则" ……… 180

第二十二章 制度前进一小步，管理前进一大步

- 96. 再好的制度也有老化的一天 ……… 183
- 97. 不断修订才能保证制度的科学性 ……… 185
- 98. 简化管理层次是优化制度管理的核心 ……… 186
- 99. 无情的制度，有情的管理 ……… 188
- 100. 让员工把不满讲出来 ……… 190
- 101. "经"与"权"——制度化管理的两大原则 ……… 192
- 102. 制度管理不是一味求统一 ……… 194

第二十三章 制度不是为一个人设计的

- 103. 制度的字典里不存在"个人英雄主义" ……… 196
- 104. 人尽其才是制定企业机制的标准 ……… 198
- 105. 如何设计完善的群体运行机制 ……… 199
- 106. 赏罚分明才能让制度有理有据 ……… 201
- 107. 柳传志：领导者也要服从规章制度 ……… 202

第二十四章 适宜的激励才能事半功倍

- 108. 洞悉每个员工的真正需求 ……… 205
- 109. 把握激励的及时原则 ……… 206
- 110. 采取灵活的激励方式 ……… 208

111. 激励不是天马行空的承诺 210
112. 赶人上架也是一种有效激励 211
113. 公平的激励机制才能赢得员工认同 214
114. 关爱让员工因满足而产生报恩的心 215

第二十五章　奖励向左，惩罚向右

115. 激励胜于惩罚控制 217
116. 与其惩罚，不如宽容 218
117. 奖罚内容都需要明确化 220
118. 激励员工是一种双赢模式 222
119. 激励让员工跑起来 225
120. 激励可以增加员工的忠诚度 226

第五篇　领导无形管理有道

第二十六章　好员工不是管出来的

121. 管理的终结是实现员工"自我管理" 230
122. 打造"无为而治"的管理境界 231
123. 因势利导，激发出下属的潜能 233
124. 赏识是远远好于"管"的一种方法 234

第二十七章　不该管的管得越少越好

125. 独断专行是领导者的大忌 236
126. 有效的领导力来自充分授权 237
127. 注意调整集权和分权的结合点 241

第二十八章　收放自如，授权要像放风筝

128. 监控到位，才能实现授权效果最大化 244

129. 相信你所选择的下属 245
130. 授权也要讲究策略 248
131. 放权有度，才能达到最好效果 249

第二十九章　柔性管理，拢住员工之心

132. 要学会爱护员工 251
133. 让员工心情愉悦 252
134. 对员工心存感恩 254
135. 创造"以和而兴"的管理境界 255
136. 和谐管理的秘诀在于尊重 257
137. 不要让员工在你面前如坐针毡 259
138. 用求教的方式给下属以自重感 260
139. 加强与员工之间的情感交流 262

第三十章　引进人才，激发团队活力

140. 利用团队内冲突管理团队 264
141. 鲶鱼效应：激发员工进取心 265
142. 为"空降兵"搭建舞台 268
143. 妥善处理"空降兵"与老员工的磨合 270

第六篇　不懂带人你就自己累

第三十一章　员工成长：1+1>2

144. 狼性培训：注重培养员工的捕猎能力 274
145. 员工成长是企业长期保持领先的捷径 275
146. 期望效应：你的期望是员工成长的动力 277
147. 培训的终极目的是让员工得到进步 279

第三十二章　培训人才才能赢"财"

  148. 重视员工培训是优秀企业的共性 281

  149. 培训员工：投入1美元，产出3美元 284

  150. 做好需求分析是员工培训的前提 285

  151. 员工培训不能生搬硬套，而应因材施教 287

第三十三章　人才断档，公司运营会断链

  152. 使员工参与到工作实战中去 289

  153. 重视员工领导力的培养 290

  154. 构建有层次的人才团队 292

第三十四章　适合比优秀更重要

  155. 最合适的才是最优秀的 294

  156. 根据员工的最佳状态来安排工作 295

  157. 把工作指派给最为合适的人 297

  158. 合适的员工是符合企业发展需要的人 299

  159. 把优秀的人才放到合适的岗位上 300

  160. 寻找的是有潜力的员工 302

  161. 不是打造完美型员工，而是建立互补型团队 304

第三十五章　人才管理的核心在于知人善任

  162. 知人善任辅大业 306

  163. 用人先识人 308

  164. 要区别对待不同的下属 310

  165. 不可重用的8种下属 312

  166. 有效应用自己的智囊团 314

  167. 为自己选一个好主管 316

  168. 舍得在人事决策上下工夫 318

第一篇

[领导力：如何在组织中成就卓越]

总经理有总经理的气质，在我们看来这就是一种独到的气场。因为他们作为领导者能压住场面。在还没有说话和做事前，首先在气势上就能镇住场面。而这种气势就是总经理应该具备的气质，也是他们的气场。气场不是学来的，而是培养出来的。气场也并非天生的，后天的环境和成长中的不同选择，会决定你拥有什么样的气场。

第一章
拥有一呼百应的影响力

1. 具有影响力的带队者

作为总经理,要扮演好带队者的角色。有人说,带队者就应有"平常时段,看出来;关键时刻,站出来;生死关头,豁出去"的素养。"平常时段,看出来",是个人素质、潜在能力和品质的体现;"关键时刻,站出来",是勇气、原则和实力的展现;"生死关头,豁出去",是一种勇于奉献和敢于牺牲的精神。很多人在关键时刻丧失领导力的原因就是:要求下属"照我说的做",而不是"照我做的去做"!在关键时刻不能坚持原则,更没有勇气和实力站出来,也就是不敢说"看我的"!

事实上,任何一个总经理的行为,都会影响他的追随者和身边的每一个人。追随者会通过一种被称为"示范"的学习过程而受到影响。这种影响在平时是潜移默化的,也许不会被清醒地认识到,可在关键时刻却是非常强烈的。

有一个著名的古代寓言:春秋时,一位晋国人想到南方的楚国去,他的马够快,车够结实,带的粮食也够多,可惜,他的方向错了,南辕北辙,结果越行越远。

很多人就像这个晋国人一样,不是没有行动能力,而是找不到正确的前进方向。当大家为何去何从不知所措时,领导的作用就显示出来了。身为总经理,有着超乎一般的远见卓识,他的任务就是告诉追随者们应该朝哪个方向前进;应该选择哪一条路;在这条路的前方,会有怎样的风险和利益……在必要的情况下,他还应该走在队伍的前面。在大家四顾茫然的关键时刻,一声"跟我来",就像一支"强心针",能使团队士气大振,并形成一股强大的冲击力。

总经理的远见卓识,不仅在于为追随者指明前进的方向,更重要的是,应将追随者引导到他们希望去的地方。这就是说,总经理的领导目标应符合团队价值观,也就是所谓的"顺民意、得民心"。孙子说:"道者,令民与上同意者也,故可以与之死,可以与之生,而不畏危。"追随者不可能仅仅为总经理的个人目标而奋斗,只有上下目标一致,追随者才能跟随总经理出生入死,不避艰险。

金子具有价值,但价值产生于人们认识金子之后。总经理与别人建立良好的人际关系,主动关怀别人,学会与别人交谈并调动别人的积极性,就是一个让人认识的过程。

沟通的过程绝非只是一个传达自己的观念或意见的过程,而是一个双方心灵的交流并相互认同的过程。总经理通过这一过程,会将自己的人格魅力焕发出来,对他人产生潜移默化的吸引力和巨大的鼓舞力量。

1942年,"二战"进行得如火如荼。随着战争局势的变化,盟军与德军的战场逐渐转移到北非。盟军最优秀的将领之一巴顿将军意识到自己的部队可能无法适应北非酷热的气候。一旦移师北非,盟军士兵的战斗力就有可能随着酷热的天气而减弱。

战争不会随着人的意志而转移,摆在盟军面前的只有一条路:那就是适应。为了让部队尽早适应战场变化,巴顿建立了一个类似北非沙漠环境的训练基地,让士兵们在48度的高温下每天跑一英里,而且只给他们配备一壶水。巴顿的训练演说词就是:"战争就是杀人,你们必须杀死敌人;否则他们就会杀死你们!如果你们在平时流出一品脱的汗水,那么战时你们就会少流一加仑的鲜血。"

虽然人人都意识到战争的残酷性,但酷热的天气还是让许多士兵暗地里抱怨不已。巴顿从不为训练解释,他以身作则,和士兵们一样在酷热的环境中坚持训练。当士兵们看到巴顿每次都毫不犹豫地钻进闷罐头一样的坦克车中时,再多的怨言也只能变成服从。

显然,巴顿把自己当做是一个的普通士兵,在这个角色上,他以完美的职业军人精神树立了典范,起到了榜样作用。在他的带领下,整个军队的训练进行得非常顺利。正是有了这样的训练,在随后的北非战场上,巴顿的部队迅速地适应了沙漠环境,以较小的代价一举击败德军,取得重大胜利。

企业也就是军队。其总经理只有像巴顿将军一样,成为具有强大影响力的带队者,才能促进团队成长。建立成功的团队,就需要总经理推动团队成员共同进步。

伟大的公司必然是一个积极的、开放的、沟通顺畅的组织,这些优秀的组织更趋向于积极地经营、管理和运用员工的天才和潜能。他们将许多精力放在识别员工的潜力方面,根据他们的个体差异,有针对性地提供专门培训,竭尽全力地促进他们成长。更为重要的是,这些总经理会以自己的影响力,促进员工见贤思齐,积极成长。

总经理要如何做才能成为具有影响力的带队者呢？不妨用以下方法：

（1）成为遵守制度的模范。总经理不仅要是制度的制定者，更要是制度权威的忠实维护者。

（2）加强自我管理。善于自我管理的总经理能够独立地思考、工作，无需严密的监督。

（3）为目标的达成全力以赴。大多数人都喜欢与将感情和身心都奉献给工作的人共事。

（4）具有超强的解决实际问题的能力。轻而易举地解决掉别人无法解决的问题，能够获得追随。

（5）具有非权利的影响力。不仅要关爱员工，还要具有人格魅力。具有较高的道德标准，获得信赖。

带队者的榜样力量是无穷的。作为公司的管理者，努力提升和发展自己，才能潜移默化地影响员工，成为员工学习的正面案例。

2. 激励团队进步的教练

曾经有一个男孩问迪士尼创办人华特："你画米老鼠吗？"听到这个问题，华特明确地回答："不，不是我。"

"那么你负责想所有的笑话和点子吗？"小男孩追问。

"没有。这也不是我的工作。"华特接着回答。

男孩百思不得其解，又问，"迪士尼先生，你到底都做些什么啊？"

华特笑了笑回答："我就是一个充气筒，给每个人打打气，我猜，这就是我的工作。"

华特揭示了总经理的真正角色：教练、老师。总经理要能激励员工士气，传授员工经验，解决员工的问题，能令员工折服，必要时还得自己跳下来打仗。

大家都听说过"望梅止渴"的典故：三国时曹操征张绣，行军时很长一段时间都找不到水喝，在大军军心动摇、疲惫不堪之时，曹操告诉他的军队，在前方不远处有一片梅林，到那儿就可以吃梅子止渴。大家一听，士气为之一振，结果既找到了水源，又完成了行军任务！这就是激发了员工的能力与意愿，让其死心塌地跟着主管打拼。

有一次，他在打猎的时候，看到一个大男孩不小心落入激流的河水中，那个大男孩一边拼命挣扎，一边高呼救命。虽然这条河水并不是很深，拿破仑的随从中也有游泳高手，但拿破仑制止了大家准备下河救人的举动。

拿破仑端起猎枪，对准落水者，大声喊道："你若不自己爬上来，我就把你打死在水中。"那个大男孩见求救无用，又面对随时都有可能喷出火焰的猎枪，便更加拼命地奋力自救，终于游上了岸。这个大男孩在两年后加入了拿破仑的部队，成为了一名骁勇善战的士兵。他对别人说："不是我善战，而是拿破仑逼着我必须跑起来。"

总经理应该像拿破仑一样，成为激励团队进步的教练，让团队成员跑起来。尤其是面对那些自觉性比较差的员工，一味地为他创造良好的软环境、去帮助他，对他不会产生丝毫的帮助。相反，应该让他感受到"大棒"的威胁，这样才能激发他们成长的动力。

即便是自觉性强的员工也有满足、停滞、消沉的时候，也有依赖性。偶尔利用你的权威对他们进行威胁，会及时制止他们消极散漫的心态，帮助他们认清自我，激发他们发挥出自身的潜力，重新激发新的工作斗志。

建立成功的团队，就需要总经理推动团队成员共同进步。这种推动力依靠的不是事必躬亲，而是用以身作则影响员工。总经理犹如一面镜子，反映当事人的真实现状和局限，同时引发对方看到更多的可能性，给对方一个重新选择的机会。

洛杉矶湖人队前教练派特雷利在湖人队最低潮时，告诉球队的12名队员："今年我们只要每人比去年进步1%就好，有没有问题？"

球员们一听："才1%，太容易了！"于是，在罚球、抢篮板、助攻、拦截、防守5方面，每人都各进步了1%。结果，那一年湖人队获得了冠军，而且夺冠的过程很轻松。

派特雷利的聪明之处在于引导自己的成员和团队积极地进步。很多管理者很困惑，我在处处传帮带呀，为什么下属的效率却越来越差。需要管理者反省的是，因为你的示范已经演变成了事必躬亲，并且处处按照自己的操作过程来要求你的每一个下属，时间长了，什么事情你都干了，下属自然轻松地等着你来干。

做教练式的总经理，只有在有新工作时才需要加以示范、引导。在多数工作时间里，需要下属自主完成。只有通过亲身实践，他们才能成长。在员工提升能力的过程中，总经理的主要工作就是推动他们，让他们跑起来。只有他们跑起来，企业才能高速发展。

一个有成效的管理者，必须成为激励员工进步的教练。管理者要在每天的言行中切实按自己所提倡的那样要求员工、激励员工，以员工的成长来引领团队的进步、公司的发展。

3. 成为员工的合作伙伴

沃尔玛的公仆式领导一直都很有名。早在创业之初，沃尔玛公司创始人山姆·沃尔顿就为公司制定了三条座右铭：顾客是上帝、尊重每一个员工、每天追求卓越。沃尔玛是"倒金字塔"式的组织关系，这种组织结构使沃尔玛的领导处在整个系统的最基层，员工是中间的基石，顾客放在第一位。沃尔玛提倡"员工为顾客服务，领导为员工服务"。

但是，很多企业看不到这一点。不少总经理总是抱怨员工素质太低，或者抱怨员工缺乏职业精神，工作懈怠。但是，他们最需要反省的是，他们为员工付出了多少？作为领导，他们为员工服务了多少？正是因为他们对员工利益的漠视，才使很多员工感觉到企业不能帮助他们实现自己的理想和目标，于是不得不跳槽离开。这类企业的管理者应该向沃尔玛公司认真地学习。

沃尔玛公司在实施一些制度或理念之前，首先要征询员工的意见："这些政策或理念对你们的工作有没有帮助？有哪些帮助？"沃尔玛的领导者认为，公司的政策制定让员工参与进来，会容易赢得员工的认可。沃尔玛公司从来不会对员工的种种需求置之不理，更不会认为提出更多要求的员工是在无理取闹。相反，每当员工提出某些需求之后，公司都会组织各级管理层迅速对这些需求进行讨论，并以最快的速度查清员工提出这些需求的具体原因，然后根据实际情况做出适度的妥协，给予员工一定程度的满足。

在沃尔玛领导者的眼里，员工不是公司的螺丝钉，而是公司的合伙人。他们尊重的理念是：员工是沃尔玛的合伙人，沃尔玛是所有员工的沃尔玛。在公司内部，任何一个员工（包括总裁）的铭牌上都只有名字，并没有标明职务，大家见面后无需称呼职务，而是直呼姓名。沃尔玛领导者制定该制度的目的就是使员工和公司就像盟友一样结成合作伙伴的关系。沃尔玛的薪酬一直被认为在同行业中不是最高的，但是员工却以在沃尔玛工作为快乐，因为他们在沃尔玛是合伙人，沃尔玛是所有员工的沃尔玛。

在物质利益方面，沃尔玛很早就开始面向每位员工实施其"利润分红计划"，同时付诸实施的还有"购买股票计划"、"员工折扣规定"、"奖学金计划"等。除了以上这些，员工还享受一些基本待遇，包括带薪休假，节假日补助，医疗、人身及住房保险等。沃尔玛的每一项计划几乎都是遵循山姆·沃尔顿先生所说的"真正的伙伴关系"而制定的，这种坦诚的伙伴关系使包括员工、顾客和企业在内的每一个参与者都获得了最大程度的利益。沃尔玛的员工真正地感受到了自己是公司的主人。

到这里，所有人都会明白沃尔玛持续成功的根源。沃尔玛这一模式使很多企业很受启发。为员工提供服务，把员工视为企业的合作伙伴，这是员工最希望的。

沃尔玛的这种理念极其符合现代商业规律。对于现今的企业来说，竞争其实就是人才的竞争，人才来源于企业的员工。"没有满意的员工，就没有满意的顾客。"这句话应被当做企业文化理念的精髓。这种有效的方式，能实现"双赢"。把员工视为企业的合作伙伴，就能增加相互的协作，这样不仅员工能迅速成长，而且为企业带来的效益也是巨大的。

作为总经理，只有给员工提供更好的平台，员工才会愿意为企业奉献更多的力量。上级很好地为下级服务，下级才能很好地对上级负责。只有员工好了，公司才能发展好。

第二章
容难容之事的宽广胸怀

4. 心底无私天地宽

《吕氏春秋》中曾记载这样一个人物。晋平公要祁黄羊推荐南阳县令的人选，祁黄羊推荐自己的仇人解狐。这让晋平公觉得十分不解，以为他在搞什么新花样，便把祁黄羊召过来，责问其真实意图。祁黄羊回答道："国君，您只是问我谁可以担当这个职位，并不是问我的仇人是谁。"晋平公觉得他说得很有道理，便用了解狐当县令，举国上下都很称赞这个任命。不久后，晋平公又问祁黄羊谁可以担任太尉一职，祁黄羊这次推荐了他自己的儿子祁午。晋平公一听，又觉得不解，认为他在贪私心，立即询问他为何会推荐自己的儿子？祁黄羊回答："您只是问我谁可以担任太尉一职，并不是问谁是我儿子。"晋平公很满意祁黄羊的回答，于是派祁午当了太尉，后来祁午果然成了能公正执法的好太尉。

孔子听说这两个故事后称赞说："好极了！祁黄羊推荐人才，对别人不计较私人仇怨，对自己不排斥亲生儿子，真是大公无私啊！"

后来，人们就用"大公无私"这个成语，形容完全为集体利益着想，没有一点私心，也可以指处理事情公正，不偏向任何一方。

作为总经理，应该向祁黄羊学习，千万不要因为某人和你不熟就不重用他，更不可由私人交情是否深厚来判断要不要重用一个人，一旦私心作祟，往往就会落人口实，影响自己的声誉和公信力。对于私心，很多管理者还存在误解，认为只要不贪污、不受贿、不走后门，就可称得上没有私心。其实，私心往往存在于无形中，不易察觉，当领导者自以为公正的时候，自私的念头已悄然萌生。

一次，格力电器的董明珠听说公司账册上的应收款高达5000多万元，但是有相当部分竟然无法追回。她找到账册仔细一看，发现济南一家企业明明欠账100多万元，可格力电器竟然拿不出任何有效凭证，而且还奇怪地无法查出是公司内部谁的责任。这让董明珠心里十分窝火。

公司花了450万元在机场租了一个广告牌，结果却是广告牌背朝着人流方向，董明珠气愤地说："那只能做给神仙看！"在市面上，一张广告宣传单的市场价是0.2元，可格力电器支付的价格是0.88元……

对于以上这些损公肥私、不负责任的行为，董明珠眼里是揉不进沙子的，她径自跑到朱江洪总经理那里，要求把全部的对外财务都归自己管。董明珠当然知道下级向上级伸手要权这种事有悖常理，所以她说："大家随时可以监督我。我提两个建议：第一，我只管钱的进，货的出，不管用钱，这样只有好处，没有坏处；第二，财务也可以不归我管，但是每天经销商的进出款必须要让财务部门随时通知经营部。"

董明珠的要求十分坦荡，朱江洪总经理当场就表示同意，划出一部分的财权归董明珠管理。但还是有一些人觉得董明珠太"多管闲事"，妨碍了自己的"财路"，便给她取了个"走过的路都不长草"的"恶名"。

然而，这才是她与世俗势力斗争的开始。在规章制度的大旗下，"走过的路都不长草"的董明珠不断地和内部腐败势力做斗争，和公司里有来头的"母老虎"斗，和不诚信的经销商斗，甚至还要和自己的亲人斗。

一天，一个不是格力的经销商想从格力拿货，可是没有认识人，刚好他认识董明珠的哥哥。于是就找到他，承诺如果事情办成了，会给他哥哥2%的提成，这是一个不小的数目，于是他哥哥答应了。

董明珠接到哥哥的电话后却犹豫了，要知道帮哥哥这个忙，对身为部长的她很容易，只是一句话的问题，而且没有违背公司的制度。但是最终董明珠还是拒绝了哥哥的请求。因为她如果为亲人谋利益，就会伤害到其他的经销商、合作伙伴的利益，公平性就会出现偏差，如果这股风气蔓延的话，格力这个牌子就会受到污染。

董明珠的拒绝伤了哥哥的心，哥哥便不再和她来往，但是董明珠即使到现在，依然不后悔。她认为她这样做是值得的："我把哥哥拒之门外，虽然得罪了哥哥，但我没有得罪经销商。"不过，董明珠也多次对媒体说："当我退休的时候，如果哥哥还能理解我的话，我还会认他这个哥。"

由此可见，一个人要真正地强而有力，不是指身体的健壮，而是表现为精神的力量。作为领导者，董明珠主要体现在具有强大的领导影响力。一切行为都要严格符合原则，这才能强壮有力。只有这样才能成为群众的榜样，才能在群众中建立起高的威信。

为了树立起自己负责、公正的形象，管理者必须保持高度警惕，在团队领导上多做周全考虑。例如，每当做出一项重大决策时，不妨扪心自问，是否有私情的成分包含在里面？是否符合团队内大多数的利益？是否为了工作效益最大化？是否能够获得团队成员的一致认同？把这些问题想清楚了，任何决定不会引来指责与非议。

"心底无私天地宽"，这是领导者重要的品质表现。只有领导者具有巨大的影响力，我们的事业才会有顺利、成功的保障；而这影响力来源于正气、正义和正派的作风。作为领导者，不要以自己的权力和地位来达到自己的个人追求，要用权为公，而不能以权谋私，搞什么权钱交易。

总经理要严格要求自己，做到不利用私心，只有这样，员工才会死心塌地追随自己。

5. 将宽容糅入公司管理

把公司做大的基本前提是什么？不是投资，不是有一个好的产品，而是总经理的胸怀。打理公司是一件随时可能面临失败的事情，1%的成功者是从99%的失败者身上跨过去的。尽管失败的原因各不同，但成功是有共性的：成功的管理者必然是胸怀宽广的人。古往今来，凡成大事者，无不以广阔的胸怀而取胜。

现代企业的管理者应该用博大的胸怀去包容员工。索尼的创始人盛田昭夫就是一个对员工豁达、宽容的优秀管理者。

有一次，索尼公司的某下属公司总经理对盛田昭夫抱怨说："有时工作中出了差错，却找不出该负责任的员工。"盛田昭夫对这位总经理说："找不出是好事。如果真的找出是哪位员工，则会影响其他员工。"

他还对这个总经理说："就算找出了犯错误的人，怎么处理？这个人肯定已经在公司里干了一些时间，即使你把他开除也于事无补，错误已经犯了，只能尽力去弥补，让同样的错误不再发生。如果他是一位新员工，则犯错误是因为他对工作还不够熟悉，这时候你更要帮助他而不是抛弃他。你要耐心地帮他找出犯错误的原因，以免他再犯。这不但不是损失，反而是获得了教训。在我多年的领导生涯中，还真找不出因犯错误而被开除的人呢。"

第二章　容难容之事的宽广胸怀

盛田昭夫告诫这位总经理："我们不可能要求员工不犯错误，'人非圣贤，孰能无过'，何况这些错误也不至于动摇整个公司。而如果一定要追究员工因犯错误而被剥夺了升迁机会，他也许就会一蹶不振，从此失去工作的热情，更别说为公司做出更大的贡献了。所以，只要找出错误的原因，公之于众，无论是犯错误的人，还是没犯错误的人都会牢记在心。"

盛田昭夫曾对下属这样说过："放手去做好认为对的事，即使你犯了错误，也可以从中得到教训，不再犯同样的错误。"盛田昭夫的宽容和明智，深深地触动了这位总经理。如果为了追究一个错误，又犯另一个错误，这其实是两个错误了。对于领导者来说，容许员工犯错是非常重要的，这不仅是领导者处理好与下属关系不可缺少的品质，而且这对企业管理本身也有许多好处。

宽大的胸怀能够使管理者获得优秀人才的支持和长久追随。人才是公司的第一资源，是发展的根基。有了优秀人才的鼎力相助，管理者怎么会不成功？所以说，管理者的成败与否，不仅仅是由资源、机遇等各种客观因素决定，更是由胸怀决定的。因此，任何管理者要想将公司做大，就必须首先在肚量上大过别人，唯有如此，才能以浩如瀚海的肚量去接纳永无止境的辉煌成就。

宽容是一种美德，一个优秀的管理者若能以宽宏的度量来对待下属，必将深得人心，得道者多助。但宽容也需要智慧，总经理在管理工作中要学会在适当的时机给出错的人一个"台阶"。如果你能帮他保住面子，维护他的尊严，他必然会对你极其信服，更加高效地工作。

仙涯和尚在博多寺任住持时，学僧甚多，僧徒中有一名叫湛元的弟子。城里的花街柳巷很多，湛元时常偷偷地爬过院墙，到红街去游乐。他的心太花了，一听说哪条巷子里又来了一位如花似玉的美姬，就会去玩一次。一来二去寺内的僧众们都传开了，这事连老师仙涯和尚也知道了。别人建议他把湛元逐出山门，可仙涯只应了一声："啊，是吗？"

一日，一个雪花飘飘的晚上，湛元拿了一个洗脸盆垫脚，又翻墙出去游春了。仙涯和尚知道后，就把那个盆子放好，自己在放盆子的地方坐禅。雪片覆满了仙涯的全身，寒气浸透了仙涯的筋骨。拂晓时分，湛元回来了，他用脚踩在原来放盆的地方，发现踩的东西软绵绵的，跳下地一看，原来是师傅，他大吃一惊。

仙涯说："清晨天气很冷，快点去睡吧，小心着了凉。"说完站起身来，就像没事人似的回到方丈室里去了。从此以后，湛元闭门修心，连寺门也很少出。

这正是雅量待人，海纳百川，有容乃大。仙涯和尚在得知弟子湛元到花街柳巷游玩后，不仅没有按寺规把他逐出师门，而是以自身的行为为参照物来对待他人，一句宽容体谅的话，减少了对别人的伤害，保住了他人的面子，却能获得对方的敬仰。在师父如此宽容胸怀的感化下，弟子感到惭愧之后只有修身养性。

容人之过，释人之嫌，不但是一种为人的度量，同时也是一种生存的谋略。容人之过，方能得人之心。人非圣贤，谁能不犯错误呢？对于一些不属于罪在不赦的错误，为什么不给他一个改过的机会呢？人犯了错之后，总是非常迫切地希望得到别人的宽容，给他一次悔过自新的机会。他一旦重新获得别人的宽容，就会产生感恩图报的心理，以期通过自己加倍的改过表现来获得对方的认可。所以我们应该善于利用这一点，在别人犯错的时候，宽容别人，不要得理不饶人，要给人以改过自新，甚至是戴罪立功的机会。这样就笼络住了人心，这比得理不饶人，把人一棍子打死聪明多了。

领导者必须要有开阔的胸怀。正所谓"宰相肚里能撑船"，只有胸怀宽阔坦荡的人才能显现出非凡的气度，才能拥有较强的个人魅力，才能包容他人的缺点和错误，这样他才能凝聚人心，把有才干的人集中到自己的身边，为己所用。

领导者必须具有容天地万物的气度，这也是优秀领导者必备的素质修炼之一。领导者的胸襟主要表现为虚怀若谷、宽恕礼让、容纳异己、以德报怨。待人宽容，不仅在团队管理中受人尊敬，让部下信服，还能使自己较为容易获得非权利的影响力。胸怀宽度决定着管理高度，有时无声的宽恕比批评指责更有说服力。

一个人不管有多么高明，缺点错误总是在所难免的。只要员工抱着一种积极、认真、负责的态度去做，哪怕出现一些差错，领导者也应以一种宽容之心去处理，不能"一棒子打死"，要和员工共同分析原因，查找不足，总结经验教训，避免类似问题的重复出现。

要营造和谐的工作环境。犯错的员工得到领导者的谅解，从而获得一个宽松安定的心理环境。管理者爱才、惜才、用才是宽容大度的突出表现。既要学习别人的长处，补己之短；又要能够宽容别人的短处，扬长避短。宽容的品质对于管理来说像润滑剂一样，使人与人之间的摩擦减少，增强领导者与被领导者之间的团结，提高群体相容水平。

作为一个总经理，就要具备豁达、开放、包容的胸襟，而后事业才能有成。宽容大度是现代领导者必备的品质之一，管理中必须讲宽容。宽容地对待员工有利于激发员工的主观能动性，从而会对工作加倍努力。

6. 以包容的胸怀对待比自己强的下属

美国钢铁大王卡内基的墓碑上刻着一行字"这里躺着一位善用比自己能力更强大的人"。而在现实生活中，总经理对待能力高强的下属的态度却千差万别，也正是由于这不同的态度和做法，不仅影响着能干的下属的命运，同样也影响着自身利益。

英国政治学家帕金森在《官场病》一书中谈到，官场上有一种通病："自上而下奉行的是'能级递减'，一流的找二流的当部属，二流的找三流的做下级，愚蠢的下属多多益善，精明的对手往往被拒之门外。"后来，这种病就被叫做"帕金森病"。

为什么要找比自己差的人呢？因为这样的下属往往有一大优点，那就是"听话"。美国广告大王大卫·奥格威认为，成功的领导者要善于选用比自己能力强的下属。他说："每个公司都像一个俄罗斯娃娃，如果公司的老板是最能干的大娃娃，员工都是最小的娃娃，那么公司是毫无希望的。反过来，老板是最小的娃娃，每个员工都是能力最强的大娃娃，公司才会生机勃勃。"

卡内基曾说过："即使将我所有工厂、设备、市场和资金全部夺去，但只要保留我的技术人员和组织人员，4年之后，我将仍然是'钢铁大王'。"卡内基之所以如此自信，就是因为他能有效地发挥人才的价值，善于用那些比他更强的人。

卡内基虽然被称为"钢铁大王"，但他却是一个对冶金技术一窍不通的门外汉，他的成功完全是因为他卓越的识人和用人才能——总能找到精通冶金工业技术、擅长发明创造的人才为他服务。比如他任用的齐瓦勃是一名很优秀的人才，他本来只是卡内基钢铁公司下属的布拉德钢铁厂的一名工程师。当卡内基知道齐瓦勃有超人的工作热情和杰出的管理才能后，马上提拔他当上了布拉德钢铁厂的厂长。正因为有了齐瓦勃管理下的这个工厂，卡内基才敢说："什么时候我想占领市场，什么时候市场就是我的。因为我能造出又便宜又好的钢材。"

几年后，表现出众的齐瓦勃又被任命为卡内基钢铁公司的董事长，成了卡内基钢铁公司的灵魂人物。

齐瓦勃担任董事长的第7年，当时控制着美国铁路命脉的大财阀摩根提出要与卡内基联合经营钢铁，并放出风声说，如果卡内基拒绝，他就找当时位居美国钢铁业第2位的贝斯列赫姆钢铁公司合作。

面对这样的压力，卡内基要求齐瓦勃按一份清单上的条件去与摩根谈联合的事宜。齐瓦勃看过清单后，果断地对卡内基说："按这些条件去谈，摩根肯定乐于接受，但你将损失一大笔钱，看来你对这件事没我调查得详细。"经过齐瓦勃的分析，卡内基承认自己过高地估计了摩根，于是全权委托齐瓦勃与摩根谈判，事实证明，这次谈判取得了对卡内基有绝对优势的联合条件。

到20世纪初，卡内基钢铁公司已经成为当时世界上最大的钢铁企业。卡内基是公司最大的股东，但他并不担任董事长、总经理之类的职务。他要做的就是发现并任用一批懂技术、懂管理的杰出人才为他工作。

卡内基的成功很大一部分原因在于他懂得运用一大批强势下属为自己工作。如果他不是以一种包容的心态对待这些人，那么他的下属也不会为其工作了。企业的生存、发展离不开人才，一个成功的管理者就要善于寻找人才、借助人才，使人才为企业所用。因此，对待强势下属，总经理切忌一味地压制与排斥，而应采取包容的态度，做到：一用、二管、三养。

第一是要用。给能人挑战性的工作，千方百计地调动能人的积极性，让他们出色地完成工作，让他们的能力得到发挥，让他们的才华得到施展，给他们以舞台满足感，只有这样才能留住他们，不然，离去只是迟早的事情。

第二是要管。能人毛病多，恃才傲物，有时甚至爱自作主张，因此，必须要管，要有制度约束，要多与之进行思想沟通交流，力争达成共识和共鸣。其目的在于让他们与你相互了解，防止因相互不了解，而产生误会和用人不当，出现麻烦和损失。

第三是要养。如果能人是鱼，组织就是水，而这个组织就是由组织中的每一位成员组成，也包括能人自己。因此除了要引导能人少说多做，做出成绩外，还要善意地、有艺术性地帮他改掉毛病，同时也要教导组织成员解放思想、更新观念，见贤思齐，使组织形成团结合作积极进取的健康氛围，再引导他们和组织成员融合在一起。其实只要组织健康良好，自然就能养住能人，而且还会培育出更多的能人和吸引组织外的能人进来，使组织成为一个聚贤的宝地。养能还包括举荐能人和培养人才，为他们的升迁做准备。

总之，如果你真心希望你的公司做强做大，那么一定要以宽容的心对待优秀的人才，使他们各尽其才、各尽其能，为你的事业而奋斗。切不可将他们视为敌对分子，而应采取包容团结的方式，引导他们，慢慢地让他们回归到你的指挥中。

作为一个总经理，应当具有一种包容的胸怀对待比自己能力强的下属，不应该一味地压制，而要学会因势利导，让其发挥才能，为你所用。

7. 主动担责体现你的宽广胸怀

犯错和失职并不可怕，可怕的是否认和掩饰错误。勇于承担责任的领导，会让员工觉得你是一位心胸坦荡、有责任心的人。因为责任而树立起的威信更能让员工信服，从而赢得员工的尊重和支持，否认和掩饰只会一错再错，失去员工的信任。

著名戴尔公司的老板迈克·戴尔就是一位勇于承担责任、能主动承认错误的领导。

从2001年开始，戴尔公司就开始实行年度总评计划。每位戴尔公司的员工都可以向他的上级、部门经理甚至是迈克·戴尔本人提出意见，指出他们的错误所在。第一次员工总评过后，迈克·戴尔得到的评价是"过于冷淡"。对此，戴尔本人当着手下众多员工的面承认了自己的问题："我个人太腼腆，显得有些冷淡，让人觉得不可接近，这是我的失误。在这里我对大家做出承诺，在以后的日子里，我会尽最大的努力，改善与所有员工的关系。"

这件事情在后来被记者提及："戴尔先生，你不担心员工提出的问题是你根本不存在的吗？"迈克·戴尔微笑着回答："戴尔公司最重要的一条准则是责任感。我们不需要过多的借口，只要拥有高度的责任感就行，在戴尔公司你绝对不会听到各类推诿之词。"

这段戴尔本人的公开表态，在戴尔公司内部引起了巨大的反响，大家都认为："公司的老总这么勇于承担'莫须有'的责任，那么我们还有什么理由不向他学习呢？"因此，"承担责任，不找借口"的风气迅速在戴尔公司内部形成，这也是戴尔公司拥有强大竞争力的原因之一。

香港首富李嘉诚认为，部下的错误就是领导者的错误。他是一个非常宽厚的商人，也十分体谅部下的难处。多年的经商经验让他深知，经营企业并不简单，犯错是常有的事情。所以只要在工作上出现错误，李嘉诚就会带头检讨，把责任全部揽在自己身上，尽量不让部下陷于失败的阴影中。他时常说："下属犯错误，领导者要承担主要责任，甚至是全部的责任，员工的错误就是公司的错误，也就是领导者的错误。"

李嘉诚的境界之高，让人佩服，他之所以能主动承担员工的错误，还需要从他小时候在舅舅家打工时经历的那个事情说起。

当时，初到香港的李嘉诚，先到舅舅家的钟表公司工作。少年时的他就非常好强，因为他不想落在别人的后面，所以做事情总是想着如何超越他人。自从加入钟表公司后，李嘉诚就非常勤奋，在别人休息时他也在学习如何修理钟表。为了尽快提高自己的技艺，他自己还认了一个师傅，只要有不懂的问题就去请教自己的师傅。师傅觉得李嘉诚非常聪明，而且还很好学，也非常愿意教他。

有一次，师傅因为派到外面去工作，李嘉诚趁师傅不在自作主张地开始自己动手修手表，但毕竟欠缺经验，不但没有修好，反而一不小心把手表给摔坏了。看到这种情况，李嘉诚知道自己闯了大祸，他不但赔不起手表，还有可能丢掉这份工作。然而当师傅知道李嘉诚把手表摔坏后，却没有骂他，只是轻描淡写地告诉他下次不要再犯类似的错误。与此同时，师傅主动向李嘉诚的舅舅解释是因为自己一时疏忽不小心把手表掉在地上，要求给予处分。师傅完全没有提到李嘉诚的事情。

这件事情使李嘉诚深有感触，本来是自己的错误却让师傅承担下来，觉得非常过意不去，于是就向师傅道谢。结果师傅告诉他："你要记住，无论以后做什么工作，作为领导者就应该为自己的下属承担责任，部下的错就是领导者的错误，领导者就应该负起这个责任；否则，就不配当领导。"尽管当时的李嘉诚年纪很小，不能完全领会师傅的意思，但是这句话却如同烙印一样深深地印在他的脑海里——主动为部下承担过失的领导者，才是一个好领导者。

很多时候，我们也会遇到李嘉诚先生所遇到的问题，这个时候你会怎么做呢？是承认自己错了，还是找借口为自己开脱呢？很多人面临这种问题的时候，总是习惯性地寻找各种理由为自己的懒惰、懦弱、无能和失误做掩饰，但其实这根本就是饮鸩止渴，却不能为问题的解决提供任何实质性的帮助。

作为总经理，能否主动、勇敢地承担错误的责任，关系到一个主管者的品格和威望。主动承担错误责任的领导者，让人们看到了他的高风亮节与光明磊落，让下属更敬佩，威望不仅丝毫无损，反而会大大增进。

一个优秀的管理者，是一个敢于承认错误的人，是一个勇于负责的人。相反，一个人如果遇到问题就寻找各种各样的借口，注定只能是一事无成的失败者。

作为总经理，犯了错误就要承认，不要挖空心思编织花言巧语为自己开脱，要义无反顾、积极主动地去面对自己的责任。

8. 与员工一起分享荣耀

美国零售大王山姆·沃尔顿在总结自己成功的时候说:"和帮助过你的人一起分享成功是我成功的秘诀。"通过与所有员工伙伴共享利润以及赋予他们在工作岗位上的权利,山姆先生赢得了员工伙伴极大的忠诚,这也是他创办的沃尔玛如此成功的重要原因。事实上,有的领导最容易犯的毛病之一就是有功劳归自己,有错误怪员工。

在某大公司的年终晚会上,老板特别表扬了两组业绩较好的员工,并邀请他们的经理上台发表感言。没想到,两位经理的表现形成了极大的反差。第一位经理好像早有准备似的,一上台就夸夸其谈地说起他的经营方法和管理哲学来。不停向台下员工暗示自己为公司所做的贡献,使得台下的老板及他自己的员工听了心里都很不舒服。

与第一位经理不同,第二位经理一上台就开始感谢自己的员工,并说:"我很庆幸自己有一组如此拼搏的员工!"最后还邀请员工一一上台来接受大家的掌声。这使得台上、台下的反应大大不同。

像第一位经理那种独占功劳、常自夸功绩的人,不仅会使员工不满,而且老板也不会喜欢。第二位经理能与员工分享成果,令员工感到受尊重,那么他们以后一定会更加地努力拼搏。其实老板心里最清楚功劳归谁,所以那不是你喜不喜欢与他人分享的问题。你是希望自己像第一位经理那样,还是像第二位经理那样?想必答案是不言而喻吧!

在向上邀功这件事上,假如主管是个喜欢独占功劳的人,相信他的员工也不会多么地为他卖力;反之,如果主管乐于和员工分享成功的荣耀,员工做事也会分外卖力,希望下次也一样成功。所以领导者正确的做法是与员工分享功劳,分享成功的幸福和喜悦。每个人做事都希望被人肯定,即使工作不一定成功,但始终是卖了力,谁也不希望被人忽视。一个人的工作得不到肯定,他的自信心必然会受到打击,所以作为主管,千万不能忽视员工参与的价值。

三国时期,曹操为了统一北方,决定北上征服塞外的乌桓。这一举动十分危险,所以许多将领纷纷劝阻,但曹操还是率军出击,将乌桓打败,基本完成了统一北方的大业。

班师归来,曹操调查当初有哪些人不同意他北伐的计划。那些提出反对意见的人认为要遭到曹操严惩了,一个个都十分害怕。不料,曹操却给了他们丰厚的赏赐。大家很奇怪:事实证明劝阻北伐是错误的,不仅不受惩罚,怎么反而会得到赏赐呢?

对此,曹操的解释是:"北伐之事,当时确实十分冒险。虽然侥幸打胜了,是天意帮忙，但不可当做正常之举动。各位的劝阻，是出于万全之计，所以要奖赏，我希望大家以后要更加敢于表达不同意见。"从那以后，将士们更加进言献策，尽心尽力地要为他效劳。

事实上，合格的领导者，总是能够肯定员工的成绩，承担自己的错误。曹操这种人是拥有超级揽心术的人，即使他力排众议而且大胜，也绝不骄傲，而是充分肯定那些有一定道理的将士。如果总经理都能像曹操这样，还愁企业没有凝聚力和向心力吗？

分享胜于独享。与所有员工共享荣耀是以合作伙伴的方式在对待他们，公司和经理通过这种方式，改变了与员工伙伴之间那种特定的正常关系，使得这些员工伙伴在与供应商、顾客和经理的互动关系中开始表现得像个合作伙伴。而合作伙伴是被赋予权利的一类人，所以员工伙伴会觉得自己也被赋予了权利，从而以更加认真和积极的态度来看待自己肩上的责任。所以，以宽容的心去分享成果，会让员工更加死心塌地地追随自己。

在荣耀面前，与员工一起分享，远胜于自己独占成果。只有拥有一颗分享的心，才能有更多的收获。

第三章
让上进的学习力转化为生产力

9. 用学习来打败对手

一个企业最持久的竞争优势就是具备比竞争对手学得更快的能力。学习力是最可贵的生命力、最活跃的创新力和最本质的竞争力。

古往今来,但凡有成就的伟人、伟大的企业无一不是学习型的人才或者组织。诸葛亮就是这样一个"学习型的经理"。《三国演义》中有一个"借东风"的故事。

赤壁大战前夕,诸葛亮和周瑜不谋而合,都准备火攻曹营,然而大冬天刮的是西北风,刮东南风的几率非常小。东吴在东南岸,而曹操在西北岸,假如东吴放起火来,借助西北风之势,火反而会烧到自己。如何才能让大冬天刮起东南风来呢?

在这个关键时刻,诸葛亮开始搭台做法,用他过人的"法术",神通广大地让老天爷刮起了三天宝贵的东南风,在赤壁一战中令曹操大败而归。

难道诸葛亮真有这么神,可以让老天爷改变心意?熟读《三国演义》的人都清楚,诸葛亮并不是做法借风,那只不过是他借机逃回荆州的"幌子"而已,真正的原因是有一定技术含量的,那就是我们今天所说的气象学。诸葛亮在隆中苦学的时候接触过一些气象学知识,也就是书中提到过的"夜观天象"。但是,在科技发达的今天,利用科学仪器测出的天气还常有不准确的时候,在古代,仅凭夜观天象就能预测在隆冬季节中的具体哪一天刮起东南风吗?

实际上,诸葛亮之所以对自己的判断如此自信,是因为他为了验证自己的想法,亲自走访民间,向当地农民请教。因为农民靠天吃饭,他们有丰富而准确的判断天气的经验。尤其是岁数较大的农民,看到天上的云彩就能知晓近期的天气情况。经过多天的学习和研究,在赤壁之战的关键时刻,诸葛亮终于做出了一个生死攸关的判断,即东南风在某年某月某日会刮起。

一个关键信息的把握就能决定一场战争的成败。在这场战争中，诸葛亮的学习力起到了关键作用。同样，一个管理者要想提高整体的竞争能力，唯一的途径就是用学习打败对手。

学习已经越来越成为企业保持不败的动力之源。当代企业的发展更证明只有比你的竞争对手学得多、学得快才能保持你的竞争优势，才能永葆领先。学习就是生产力，让你的员工学起来，你的员工才能具有更大的生产能力，你的企业才能获得更大的经济效益。

为了帮助一个人生存下去，可以给他很多鸡蛋，但是鸡蛋终有吃完的一天；也可以给他几只母鸡，每天下蛋，大概可以让他生存一两年；还可以帮他建立一个养鸡场，并请人管理，除了自己吃，还可赚点钱。其实，最好的方式是让他充电学习，使他学会养鸡的技术和管理本领，成为养鸡专业户。这样，他不仅能够生存下去，而且能够实现可持续发展！所以，培养进取意识，勇敢超越自己才是真正的成功之道。

现代社会，不管你从事的是哪种行业，没有知识总是愚蠢和可怕的，不继续加强知识和技能的深化更是可悲的。因为这将意味着你丧失继续前进的动力，意味着你很难对周围不断发展的事物进行理性的分析和理解，意味着你的公司将失去市场的方向，逐渐被更多掌握新知识和拥有新技能的公司所取代，成为"吃老本"的掉队者。

只有不断地学习，企业与管理者才能在竞争的风口浪尖中存活下来。如果失去学习的能力，离失败也就不远了。

10. 满足现状是厄运的罪魁祸首

一个企业在确定了其经营管理模式后，企业成员总会在实践中摸索出它的程序，并逐渐习惯地运用这套程序解决各种问题。习惯成自然，在实践中，管理者对现状的满足，使得他们很少会再去思考这些方法是否依然合理、有效。但是，真正聪明的管理者却选择了与之相反的道路。

任正非曾对员工说："华为选择了通信行业，就是选择了一条不归路。1998年，华为公司的产值将近100亿元，但也仅相当于朗讯公司的1／25、IBM的1／65。在电子信息产业中，要么成为领先者，要么被淘汰，没有第三条路。我们的竞争对手太强大

第三章 让上进的学习力转化为生产力

了，我们要在夹缝中求生存，就要掌握核心竞争力，慢慢地壮大自己。"

回顾华为的成长，任正非打了一个很形象的比喻。他说："华为是吃着跨国公司扔下的鸡肋长大的，当时，跨国公司无暇顾及中国的农村、县城，而华为就是从县城开始做起，走出了一条'农村包围城市'的路线。"任正非靠着这些"鸡肋"成长起来后，他的与众不同此时显露了出来，放着舒舒服服赚钱的生意不做，自己却搞起了研发，开始以更快的速度蚕食跨国公司盘踞的高端市场。

自我满足的企业与管理者，若不冒险，只跟在别人后面，长期处于二三流水平，将永远无法与大公司竞争，也无法获得活下去的权利。

英特尔总裁格鲁夫说："在这个快速变化的环境中，面对这么多强劲的对手，为什么我们始终能保持这样的竞争力？因为我们清楚地意识到当今世界唯一不变的只有一个——变化。所以当今世界企业之间的竞争本质上是学习速度的竞争。"

并不是所有的企业都认识到这个"浅显"的道理。2003年7月，大家从报纸上看到这样一条消息：起源于清朝顺治八年（1651年），流传至今已逾350年的传统老字号——北京王麻子剪刀厂经昌平法院依法裁定破产。很多人在惋惜不已的同时，不禁要问：如此知名的老字号企业，为什么会遭到破产的厄运？

"北有王麻子，南有张小泉。"在中国刀剪行业中，王麻子剪刀的名声如雷贯耳。数百年来，王麻子的刀剪产品以刃口锋利、经久耐用而在市场上独霸天下。即使新中国成立后，"王麻子"刀剪仍很"火"，在生意最好的20世纪80年代末，王麻子一个月曾创造过卖7万把菜刀、40万把剪刀的最高纪录。但从1995年开始，王麻子的业绩逐年下跌，陷入连年亏损的地步，在新世纪前夕甚至落魄到借钱发工资的境地。

业内专家认为，作为国有企业的王麻子沿袭计划经济体制下的管理模式，缺乏市场竞争思想和创新意识，是其落败的根本原因。长期以来，王麻子剪刀厂的主要产品一直延续传统的铁夹钢工艺，尽管它比不锈钢刀要耐磨好用，但因为工艺复杂，容易生锈，外观档次低，产品渐渐失去了竞争优势。市场需求已经发生了很大变化，但是王麻子剪刀的经营者却继续墨守成规，未能做出改进措施，故步自封、安于现状。王麻子剪刀最终被市场所抛弃。

这个事例表明，只有不断地进步，才能保证企业永葆青春。适者生存、物竞天择，让故步自封、不思变革的企业被淘汰出局，正是市场上"铁"的法则——市场从来不考虑企业拥有多少年的历史，拥有多么辉煌的过去！

总经理一定要看到企业持续发展的根源动力。企业就是一棵大树，树枝上硕果累累,产品种类很多,市场反应很好,企业有很大的产值和丰厚的利润。这时候,很多总经理就会被企业的发展现状而陶醉,沾沾自喜,却没有人看看这棵树的根怎么样。根是什么?就是学习力,这才真正是一个企业的生命力之根,竞争力之根。

如果企业的根基不牢固,那么眼前再好的美景也将是昙花一现,很快就会烟消云散。因此,一个企业暂时的辉煌并不能说明其有足以制胜的竞争力。企业只有具备很强的学习力才能具有真正的竞争力,才能在以后日益猛烈的竞争态势中获得一个又一个的胜利。

只有摒弃自我满足感,注重学习力,跟随市场的变化而变化,才能持续赢得市场的信赖。

11. 积极打造学习型组织

世界上著名企业的发展,无一离开"学习"两字。美国排名前25位的企业中,有80%的企业是按照"学习型团队"模式进行改造的。国内很多企业也通过创办"学习型企业"而给企业带来了勃勃生机。给人一条鱼,只能让他吃一次;教会他钓鱼,才能使他一辈子不会挨饿。作为总经理,不但要自己会钓鱼,还要教会自己的团队钓鱼。并在团队中创建一种轻松和谐、相互学习、团结协作、分享创新的氛围,使整个团队成为一种学习型的团队,才能使这个团队在竞争日益激烈的市场大潮中立于不败之地。

通用电气总裁韦尔奇认为,领导应该是"同时作为教练、启蒙者以及问题解决者来为企业增加价值,因为成败而接受奖励和承担责任,而且必须持续地评价并强化本身的领导角色"。他认为,一个优秀的领导者应该带领团队持续学习。企业要想在发展过程中不断地超越自我,不断地提高竞争能力,不断地扩展企业发展中真正心之所向的能力,首先应激发企业内员工的个人追求和不断学习意识,从而使之形成一个学习型组织。企业一旦真正地开始学习,企业定会产生出色的效果,而作为团体中的人也会快速地成长起来,企业的内功便会不断地强化。

通用电气公司正是通过建立学习型组织保持企业竞争优势的典范企业。通用电气公司是美国纽约道·琼斯工业指数自1896年创业以来唯一一家至今仍榜上有名的企业。在过去20年中，通用电气给予股东的平均回报率超过23%。通用电气在克罗顿维尔建立了领导才能开发研究所，每年有5 000名领导人在这里定期研修，《财富》杂志称其为"美国企业的哈佛大学"。在那里，没有职务的束缚，可以不拘形式地自由讨论。每周都有100多名职员在这里集合，听取企业生产、经营和管理等方面的课程。在韦尔奇的领导下，通用电气领导层变成了一个不断创新、富有成效的领导团体。他们能进一步地推动工作，倾听周围人们的意见，信赖别人的同时也能够得到别人的信任，能够承担最终的责任。通用电气的成功源于一个强有力的学习型组织以及由此产生的独特的学习文化，进而推动了通用电气在世界市场的横冲直撞，长盛不衰。

有所作为的管理者应该向通用学习，在自己的企业建立学习型组织。善于不断地学习，这是学习型组织的本质特征。所谓"善于不断地学习"，主要有四点含义：强调"终身学习"——即组织中的成员均应养成终身学习的习惯；强调"全员学习"——即企业组织的决策层、管理层、操作层都要全心投入学习，尤其是经营管理决策层，他们是决定企业发展方向和命运的重要阶层，因而更需要学习；强调"全过程学习"——即学习必须贯彻于组织系统运行的整个过程之中；强调"团队学习"——即不但重视个人学习和个人智力的开发，更强调组织成员的合作学习和群体智力的开发。在学习型组织中，团队是最基本的学习单位。

经济全球化带来激烈的竞争，21世纪的企业如何在狼烟四起、群雄角逐的市场大环境中生存并发展壮大？正当众企业家忧心忡忡时，大洋彼岸的一个外国人彼德圣吉说："进行企业再造吧，打造学习型组织。"于是，一部分企业家怀着复杂与矛盾的心情进行组织修炼，结果发现彼得圣吉所言甚是。

《第五项修炼》的作者彼德圣吉在书中明确指出："当今世界复杂多变，企业不能再像过去那样只靠领导者一夫当关，运筹帷幄来指挥全局。未来真正出色的企业将是那些能够设法使各阶层员工全心投入、并有能力不断学习的组织。"彼德圣吉的《第五项修炼》引领了企业软件再造的潮流。书中提到，学习型组织必须具有并能够不断强化以下五项修炼技能：

（1）自我超越。鼓励组织所有成员持续学习并扩展个人能力，不满足并突破现有的成绩、愿望和目标，创造出组织想要的结果。

（2）改善心智模式。所谓"心智模式"，即由过去的习惯、经历、知识结构、价值观等形成的固定的思维方式和行为习惯。

（3）建立共同愿景。

（4）团队学习。完善的培训系统对企业的发展固然重要，但不能将团队学习简单等同于培训。培训意味着员工被动地接受教育，而团队学习意味着互动，意味着组织的各层次都在思考，而不是只有高层领导在思考，其追求的是一种群策群力的组织机制，试图通过群策群力，让团队发挥出超乎个人才能总和的巨大知识能力。

（5）系统思考。学习型组织成员应具有全局意识，学会进行系统思考。正如马列主义所教导的一样，系统思维即从具体到综合、从局部到整体、从结果到原因，看问题应避免"只见树木，不见森林"，其倡导的是一种全方位的思考方式。进行系统的思考修炼，即要求我们应以系统的、联系的观点去看待组织内部间以及组织与外部间的关系。

组织员工学习，建立学习型组织，对企业而言，只是小额投入，而这种投入带来的回报绝对是惊人的，并且是持续的。

第四章
有效的沟通力

12. 管理就是沟通、沟通、再沟通

对于总经理来说，与员工进行沟通是至关重要的，因为管理者要做出决策，就必须从下属那里得到相关的信息，而信息只能通过与下属之间的沟通才能获得；同时，决策要得到实施，必须与员工进行沟通，再好的想法、再有创见的建议、再完善的计划，离开了与员工的沟通，都是空中楼阁。

GE执行总裁杰克·韦尔奇被誉为"20世纪最伟大的企业领导人"之一，在他上任之初，GE内部等级制度森严，结构臃肿。韦尔奇通过大刀阔斧的改革，在公司内部引入非正式沟通的管理理念，对此，韦尔奇说："管理就是沟通、沟通、再沟通。"

GE最成功的地方，是杰克·韦尔奇在公司内部建立起来的非正式沟通的企业文化。通过这种非正式沟通，韦尔奇不失时机地让人感到他的存在。使公司变得"非正式"意味着打破发布命令的链条，促进不同层次之间的交流，改革付酬的方法，让雇员们觉得他们是在为一个几乎与人人都相知甚深的老板工作，而不是一个庞大的公司。

韦尔奇比他人更知晓"意外"两字的价值。每个星期，他都会出其不意地造访某些工厂和办公室；临时安排与下属经理人员共进午餐；工作人员还会从传真机上找到韦尔奇手书的便笺，上面是他遒劲有力又干净利落的字体。所有这些的用意都在于领导、引导和影响一个机构庞大、运行复杂的公司。韦尔奇最擅长的非正式沟通方式就是提起笔来写便笺，目的就是为了鼓励、激发和要求行动。韦尔奇通过便笺来表明他对员工的关怀，使员工感到他们之间已从单纯的上级与下属的关系升华为人与人之间的关系。

一位GE的经理曾这样生动地描述韦尔奇："他会追着你满屋子团团转，不断地和你争论，反对你的想法。而你必须要不断地反击，直到说服他同意你的思路为止。而这时，你可以确信这件事你一定能成功。"这就是沟通的价值。

韦尔奇曾说："我们希望人们勇于表达反对的意见，呈现出所有的事实面，并尊重不同的观点。这是我们化解矛盾的方法。""良好的沟通就是让每个人对事实都有相同的意见，进而能够为他们的组织制订计划。真实的沟通是一种态度与环境，它是所有过程中最具互动性的，其目的在于创造一致性。"沟通就是为了达成共识，而实现沟通的前提就是让所有人一起面对现实。

美国著名的未来学家约翰·奈斯比特曾说："未来的竞争将是管理的竞争，竞争的焦点在于每个社会组织内部成员之间及其与外部组织的有效沟通上。"在一个群体中，要使每一个群体成员能够在共同的目标下，协调一致地努力工作，就绝对离不开沟通。沟通，是人类活动和管理行为中最重要的职责之一。因此，组织成员之间良好有效地沟通，是任何管理艺术的精髓。

一个组织在确定目标、制定决策、控制协调、改善人际关系、形成凝聚力、变革与发展等方面都离不开沟通。沟通在组织管理中的作用具体表现在以下几个大的方面。

（1）实现科学决策和有效计划的前提条件。任何社会组织都是一个开放系统，组织外部复杂多变的因素对组织的生存和发展施加着直接的或间接的影响。一个组织通过与外界的信息沟通，可以获得外界环境变化和需要的各种信息，从而为决策和计划提供必要的依据和参考。

（2）提高组织工作的效率。在庞大的组织中，建立四通八达、自由交流的信息沟通网络和方式，可以改变文山会海、拖拉作风、官僚主义等恶习，提高组织工作的效率。

（3）实施有效组织和协调的依据和手段。现代社会组织十分显著的特点就是规模庞大，人员众多，业务繁杂，高度专业化。在此情况下，利害冲突、意见分歧、相互制约和摩擦在所难免，而意见和信息的交流与沟通可以消除这些弊病，增进组织的效能。

（4）建立和改善人际关系的必要途径。从行为科学的角度来看，组织是一群人因对工作职责的了解、团体精神的感受、情感的交流、需要的满足所形成的一个心理状态。沟通有助于保持联络，有助于人的思想和情感的交流和了解。

（5）改变组织成员心理和行为。人们接受不同的信息，受不同的刺激，会形成不同的态度，产生不同的行为。因此，通过传递适度的信息，可以改变人们过激的心理结构和行为方式，以适应现代社会的要求。

第四章　有效的沟通力

沟通是管理行为最重要的组成部分，也可以说是任何管理艺术的精髓。不管到了什么时候，企业管理都离不开沟通。

13. 倾听是为了更有效的沟通

作为总经理，你对下属应采取民主的方式，倾听各种不同的声音，因为在不同的声音中，不乏金玉良言。当然，在不同的声音中，也会有错误的东西，领导者应有气度、有雅量地进行、批判地吸收、辩证地看待。只有多交流，才能共同完成任务。交流的过程，既是倾心交流的过程，也是换位思考的过程。这样，既能很快地拉近距离，又能较好地产生共鸣，从而达到交流的目的。

本田宗一郎被誉为"20世纪最杰出的管理者"。回忆往事，他常常对周围的人说起一则令他终生难忘的故事。

一次，一位来自美国的技术骨干罗伯特来找本田宗一郎，当时本田宗一郎正在自己的办公室休息。罗伯特高兴地把花费了一年心血设计出来的新车型设计图纸拿给本田宗一郎看，"总经理，您看，这个车型太棒了，上市后绝对会受到消费者的青睐……"

罗伯特看了看本田宗一郎，话还没说完就收起了图纸。此时正在闭目养神的本田宗一郎觉得不对劲，急忙抬起头叫了声"罗伯特"，可是罗伯特头也没回就走出了总经理办公室。第二天，本田宗一郎为了弄清昨天的事情，亲自邀请罗伯特喝茶。罗伯特见到本田宗一郎后，第一句话就是："尊敬的总经理阁下，我已经买了返回美国的机票，谢谢这两年您对我的关照。""啊？这是为什么？"罗伯特看本田宗一郎满脸真诚，便坦言相告："我离开您的原因是由于您自始至终没有听我讲话。就在我拿出我的设计前，我提到这个车型的设计很棒，而且还提到车型上市后的前景。我是以它为荣的，但是您当时却没有任何反应，而且还低着头闭着眼睛在休息，我一恼就改变主意了！"

后来，罗伯特拿着自己的设计到了福特汽车公司，受到了高层领导的关注，新车的上市给本田公司带来了不小的冲击。通过这件事，本田宗一郎领悟到"听"的重要性。

如果不能自始至终地倾听员工讲话的内容，不能认同员工的心理感受，就有可能会失去一位技术骨干，甚至是一个企业。作为一名领导者，在与员工的沟通过程中，首先应该主动听取意见并善于聆听，只有善于听取信息，才能成为有洞察力的领导者。

积极聆听是暂时忘掉自我的思想、期待、成见和愿望，全神贯注地理解讲话者的内容，与他一起去体验、感受整个过程。倾听是很重要的管理技巧，这里有几个简单的方法供管理者参考。

（1）态度要端正。千万不要摆出你是一个老总的架势，那样你的员工可能不会将他心中的真实想法表达出来，也很容易伤害他们的自尊。

（2）善于聆听弦外之音。你们的位置毕竟不同，有些时候，他并不直接地向你表达，而是选择绕圈子的方式。因此，当你在倾听时，要特别注意说话者的语调，因为里面很可能隐藏着他们要表达的真正含义。

（3）要对所听到的情感做出反应。有时候，说话者所要表达的情感远比他们所表述的内容重要。仅仅理解说话者所表达的感情是不够的，还应当对说话者的情感做出适当的反应，这样才能使说话者知道他所要表达的内容对方都明白了。

（4）表现出你非常乐意的姿态。这个方法也许是最重要的，因为所有的倾听都开始于我们乐于参加的意愿。倾听的动作可能是人类最不自然的动作之一，因为我们得抛开自己的需要和时间表，来迎合他人的需求，但是这却违背基本的人性。这也就是良好的倾听习惯，需费一番工夫才能精通的原因。

（5）与你的倾诉者对话。倾听是一种尊重对方的方式，但是，如果只是一味地"听"而一言不发，则会让倾诉者逐渐丧失倾诉的意愿。所以，不仅要倾听，还要参与对话。

（6）注意力集中。这是尊敬说话者的最起码的表现。聆听者的尊敬会使说话者觉得有尊严。当你未全神贯注地倾听别人的说话时，你已在无意间冒犯了别人。尊敬说话者指的是，全神贯注于说话者，不打岔，不敷衍应答。

（7）要有敏锐的观察力。根据一份报告显示，55%的沟通是根据我们所看到的事物。良好的倾听者会观察说话者的一举一动。

会倾听的总经理才能了解员工的心声，才能创造一个能够激励员工的组织氛围，才能更好地管理公司。

14. 沟通艺术的重要原则——简洁明了

有一次,董事长让经理帮忙查一下北京主要宾馆的情况,有个重要的客户从新疆过来,董事长自然要好好地招待一番。

经理接到任务就忙开了。半天之后,经理给董事长发来了一封电子邮件,上面密密麻麻地写着二十多家宾馆的众多信息,包括宾馆等级、地理位置、服务质量等。

董事长看到这封邮件就皱起了眉头,显然,他不是很满意。他希望看到的是简洁明了的说明,最好有一些经理的建议。比如,哪家宾馆的新疆菜做得好,或哪家的服务会比较适合这位客户。但这些信息董事长都没有看到。

但董事长又不好指责经理,因为经理确实将董事长交代的工作做了,而且已经做对了。那么,恐怕问题就出在,经理与董事长的沟通并没有做到简洁明了。

沟通艺术有一个非常重要的原则,即简洁明了。长篇大论的泛泛之谈只会让别人厌烦,却达不到有效的作用。

宝洁公司的制度的特点是人员精简、结构简单,与公司雷厉风行的行政风格相吻合,它集中体现在该公司的标语"一页备忘录"里。

一次,宝洁公司的一位经理向总经理查德·德普雷递交了一份厚厚的备忘录,上面详细地介绍了他对公司问题的处理意见。没想到,理查德·德普雷看到后连翻都没翻,而是非常生气地在上面加上了这样一条命令:"把它简化成我所要的东西!"然后将这份备忘录退回。还有一次,一位主管递上来的报告非常复杂,理查德·德普雷在后面批示道:"我不理解复杂的问题,我只理解简单明了的!"

这就是宝洁的风格。他们坚持只用一页便笺进行书面交流。宝洁要求员工要不遗余力地将报告提炼浓缩到一页,把问题搞清楚,把事情搞透彻才是最主要的,那些长篇大论就显得毫无必要。对此,理查德·德普雷曾这样解释道:"我工作的一部分就是教会他人如何把一个复杂的问题简化为一系列简单的问题,只有这样,我们才能更好地进行下面的工作。"

宝洁有这么一句名言:"尽量用一张纸。"所以公司送董事长、总经理、厂长等的文件上面一定要有一个摘要,不管底下有多少页,摘要一定要把重要的事情讲完。

在宝洁,为了贯彻这种"一页备忘录"的原则,备忘录的写作甚至被当做一种训练的工具。送报告给领导看时，这个信息要整理。一般而言，如果普通员工所看的信息是30页，给经理、副经理看最好就是20页，给总经理、副总经理看最好就是10页，给董事长看最好就是5页。这并不表示信息不愿意完整地给董事长看，而是董事长没有时间什么都看。

对资历较浅的人员来说，一个备忘录重写10次是常见的事。公司资深经理或新任的品牌经理，在草拟备忘录时，一般也要至少打上五六遍草稿，才能达到"在一张纸上做到细致、缜密、严格"的要求。通过不断地重写备忘录，宝洁希望能够训练员工更加周密地思考问题，有效地沟通。

一页备忘录的威力在于要点鲜明集中，比主旨散布在十多页上的分散式、复杂式的报告要简洁清楚。同时，一页备忘录也解决了很多问题。首先，只有少量的问题有待讨论，审核的速度加快了，工作效率也提高了；其次，避免了大量的、不必要的时间上的浪费；最后，这种精练的文章形式，使要报告的事情的含金量大大提高。

总经理为了能做到简洁有效的沟通，可以训练自己的下列交流技能：

（1）简明扼要地说明任务的性质。
（2）告知员工去做什么，如何去做。
（3）鼓励圆满完成任务的员工。
（4）与员工建立和谐的关系。
（5）与员工一起探讨问题，听取他们的意见，了解他们的感情。
（6）有效地委托职责，以便了解员工可能提出的问题。

沟通是一种态度与环境，它在所有过程中最具互动性。良好的沟通就是简洁明了，让双方很快达成相同的意见，进而能够为他们的组织制订计划。

15. 坦诚的沟通赢得下属的尊重

京都陶瓷公司总裁稻盛和夫是个非常有意思的企业家。他能把自己的施政纲领向员工们慷慨陈词，也敢于大胆披露自己往昔的"隐私"和"丑闻"。

他都有哪些隐私和丑闻呢？这可不是别人刻意揭短，全都是他自己说的。例如：

"小学求知时期，在上学途中曾顽皮地用小木棍挑撩女同学的裙子。"

大家瞪大了眼睛，尤其是女职员。

"战后混乱时期，曾心惊胆战地从木材商店偷窃过木材。"

"大学深造时期，为了看体育比赛，乘车超过规定区间而被没收月票。"

这回，大家好像可以理解了，企业里许多人都这么干过。

"经商创业初期，因为偷税逃税而被税务局批评警告。"

偷税的事可以说，被罚月票的事也可以说……那偷木头和用小木棍挑撩女同学的裙子的事怎么能说呀！稻盛和夫是不是很傻？其实，这正是稻盛和夫的高明之处，正是这种勇于解剖自己的胆识，才使得员工们产生了"总经理也不是个完人，与我们一样会经常犯错误"的亲近感。这种感觉潜移默化地增进了上下级的心理融合度。也正是在这种劳资关系的催化下，京都陶瓷公司才能出现上下同心同德、并肩携手创大业的勃勃态势，一动而全动，一呼而百应，一步一步地走向繁荣与昌盛。

沟通的成败不仅取决于对沟通的理解以及沟通时的态度，也取决于沟通技巧以及方法是否妥当，技巧不好会造成沟通不畅。任何时候，沟通都是双方面的，是心与心的撞击，是相互的包容与接纳。

总经理要心怀坦诚，言而可信，向下属传递真实、可靠的信息，并以自己的实际行动维护信息的说服力。如何才能做到坦诚地沟通呢？

（1）赢得下属的信任。总经理要诚恳地争取对方的反馈信息，尤其要实心实意听取不同意见，建立沟通双方的信任和感情。下级对领导者是否信任，信任程度如何，对于改善沟通有很重要的作用。如果没有信任，完全真实的信息可能变成不可接受的，而不真实的信息倒可能变成可接受的。

（2）正确表达自己的意见。要实现坦诚地沟通，领导者还得会说，会表达自己的意见。在表达自己的意见时，要诚恳谦虚。讲话时要力求简明扼要，用简单明了的词句表明自己的意思。

总经理坦诚的沟通能赢得下属的尊重，从而引发下属对企业的归属感。

第五章
出色的决策力

16. 决策力是企业命运的航盘

决策能力是指根据既定目标认识现状、预测未来、决定最优行动方案的能力,是管理者的素质、知识结构、对困难的承受力、思维方式、判断能力和创新精神等在决策方面的综合表现。

美国著名管理学家西蒙曾经说过这样一句名言:"管理就是决策。"现代企业管理之父德鲁克也说:"不论管理者做什么,他都是通过决策进行的。"

决策管理是最重要的管理,因为在市场竞争激烈的今天,决策正确与否直接关系到企业的生死存亡。企业的决策管理应包括决策方针、决策制度、决策责任权利、决策管理手段、决策成本和决策体制等,在面对国际化竞争时,企业若没有决策管理,最终难免失误。

史玉柱曾是中国最著名的失败者。1994年年初,巨人大厦开工典礼,史玉柱刚想对外宣布巨人大厦要建成中国第一高楼64层,话都到嘴边,面对着珠海市长、市委书记梁广大殷切的目光,史玉柱头脑一热:"64层也没与国内一些高楼拉开太大距离。"史玉柱一咬牙,脱口而出:"巨人大厦要建72层。"史玉柱当年成了中国十大改革风云人物。

后来,巨人集团资金吃紧,巨人大厦成为珠海最著名的烂尾楼,史玉柱本人从中国富豪排行榜第八一下子变为"首负",个人负债高达2.5亿元。史玉柱的失败归结为缺乏科学决策体系和权利约束机制。史玉柱后来反思道:"巨人没有及早进行股份化,直接的损失是最优秀的人才流失。更严重的后果是,在决策时没人能制约我。以致形成家长制的绝对权威,导致我的一系列重大决策失误。"

史玉柱没有把巨人集团变为一个现代企业,1995年年初,巨人集团发生管理危机，史玉柱曾宣布从管理第一线上退下来，请北大方正集团总裁楼滨龙出任巨人集团总裁，公司实行总裁负责制，但实际上企业决策体系并没有从根本上改变。巨人集团也有董事会，但形同虚设。史玉柱手下的几位副总都没有股份，在集团讨论重大决策时，他们很少坚持自己的意见，他们也无权干预史玉柱的错误决策。因此，在巨人集团的高层没有一种权利制约，巨人集团实行的是"一个人说了算"的机制。

跌落在谷底之后，史玉柱凭借脑白金和黄金搭档东山再起，短短几年之内重新积聚上百亿元资金。有钱后的史玉柱反而越来越小心，要让史玉柱下定决心投资一个项目并不是很容易的事情。史玉柱说："在投资方面我是很胆小的"。2008年7月，决定投资51.com之后，史玉柱花了很多精力进行调查，这次投资是出于巨人网络公司业务考虑。公司找了很多机构帮忙反复研究过，结果都证明交易是值得的。51.com已经可以赚钱，而且对巨人业务有帮助。在这种情况下巨人网络才决定投资。

史玉柱的投资原则是投资的项目越少越好。在东山再起之后，除了保健品业务，史玉柱个人只投资过三个项目：华夏银行、民生银行的股权、巨人网络。"少做动作便会少犯错，"史玉柱解释说，"我是3年投一个。我3年就认一个事儿，当然少犯错。" 动作越少，犯错机会越少，正是这种谨慎原则促成了投资的成功。作为投资界的一个经典案例，史玉柱个人投资的华夏银行和民生银行股权目前市值数十亿元，其投资成本早在将华夏银行的一部分股权转让给德意志银行时收回。

虽然在银行股上大赚，但是史玉柱也并不是没有失去过更好的机会。"宁可错过100个项目，也不错投1个。"史玉柱说他的投资原则不是谨慎，而是相当谨慎。为此，史玉柱在公司内部建立了一个7人的决策委员会，投票决定投资项目。当年，吴征决定退出新浪时，希望找人接手，有人找到史玉柱，问他要不要。1美元1股的价格，但决策委员会认为风险太大而没有出手。但是在史玉柱看来，只有这样的谨慎保守才不会翻船。

失败使史玉柱成熟起来。对于成熟的企业家来讲，决策的过程远比决策的结果更重要。失败的过程可能产生正确的结果，但这种正确的结果常常因为失败的过程而带有一定的偶然性和盲目性；科学的决策过程也不可避免地会出现失败的结果，但几率要小很多。而在科学决策下产生的失败，一定会为企业发展积累宝贵的成长经验，从而在未来某个时期为企业获得更大的发展空间。

面对竞争激烈的时代，企业管理人员经常面临着重大决策。决策的最高境界是精准性、科学性，并尽可能降低在决策实施过程中的不确定性因素。精准决策的前提是科学确定决策目标。决策目标作为评价和监测整个决策行动的准则,不断地影响、调整和控制着决策活动的过程,一旦目标错了,就会导致决策失败。"沙格型"的失败就是一个典型案例。

1985年,由马来西亚国营重工业公司和日本"三菱"汽车公司合资2.8亿美元生产的新款汽车"沙格型"隆重推出市场。马来西亚政府将它称为马来西亚工业的"光荣产品",该汽车被推向市场后,市场反应冷淡。经济学家们经过研究,认为"沙格型"汽车的一切配件都从日本运来,由于日元升值,使它的生产成本急涨,再加上马来西亚当年的经济形势不好,所以汽车的销售量很少。此外,最重要的因素是政府在决定引进这种车型时,主要考虑到满足国内的需要,因此,技术上未达到先进国家的标准,无法出口。由于在目标市场决策中出现失误,"沙格型"汽车创造马来西亚汽车工业辉煌,只是幻想而已。

总经理群体中,依靠市场调研来为决策提供依据的并不多见。总经理的决策基础有三种:一是凭借经验或者直觉;二是不完整的相关信息和市场观察;三是对大样本进行科学随机抽样调查以及相应的研究。甚至在现在市场环境中,拍脑袋做决策的场景也时常发生。上述三种决策基础和拍脑袋,都是决策过程尚未形成科学机制的表现,在这种基础上出来的决策难免有很多不确定性因素。

对于一位总经理而言,要想打理好公司,取得非凡的成就,无疑需要具备多方面卓越的能力。但相比其他各项能力来说,决策力则是重中之重。为什么呢?其实道理很简单:决策,是企业管理的起始点,也是企业兴衰存亡的支撑点,更是影响管理者业绩和企业命运的关键点。企业成功从决策开始,企业失败也从决策开始。决策力来自于你的学识、远见、自信和雷厉风行的作风。

一个不善于决策的总经理,会贻误商机,企业的失败源于决策的失误,源于缺少决策的力量。

17. "四大决策"——贝尔电话称霸市场的秘诀

美国贝尔电话公司为什么能多年称霸市场?尽管电话系统是一项典型的公用事业,但在20世纪初到20年代中期,费尔担任该公司总裁的这20多年时间里,贝尔电话公司成为了一家世界上最具规模、发展得最快、最大的私营企业。其中秘诀是什么？费尔认为这归功于公司做出的"四大决策"。

（1）要求贝尔公司满足社会大众的服务要求。美国的贝尔电话公司是家私营企业，要想保持它的自主经营而不被国家接管，必须预测和满足社会大众服务的需求，所以公司提出了一个"本公司以服务为目的"的口号。根据这一口号的精神，贝尔公司树立了一个全新的标准：衡量一个经理的工作成绩，应该是服务的程度，而不是赢利的程度。

（2）实行"公众管制"。不能把一项全国性的电信事业看成是一种传统的"自由企业"。公司领导者认为要想避免政府的接管，在管理上唯一的办法就是实行"公众管制"。所谓"公众管制"，就是坚持有效、诚实、服务的原则，这是符合公司利益而且事关公司生死存亡的关键所在。公司把这一目标交付给各地子公司的总经理，使公司从高层领导到普通员工，都能朝着这一目标共同努力。

（3）建立"贝尔研究所"。电信事业的生存与发展，领先技术具有决定性意义。为此必须建立一个专门从事电信技术研究的"贝尔研究所"。目的是摧毁"今天"，创造一个美好的"明天"。

（4）发行股票开拓大众资金市场。贝尔设想发行了一种AT&T（美国电话电报公司）股票，来开拓着眼于社会大众的资金市场，可以避免通货膨胀的威胁。正是得益于这项决策，贝尔公司长期以来始终保持着源源不断的资金来源。

四大决策确保了贝尔在通信市场上持续领先。显然，这四项决策的出台，并不是公司的老板拍脑袋定下来的，而是通过集体的民主决议，最大限度地保证了决策的正确性。其实，在企业决策过程中，有很多误区，这些误区能够使决策驶向错误的航道，从而影响企业的发展。一般有以下几种误区。

（1）证实性偏见。总经理过于关注支持自己决策的信息。当他们在主观上支持某种观点的时候，往往倾向于寻找那些能够支持他们原来的观点的信息，而对于那些可能推翻他们原来的观点的信息往往忽视掉。

（2）忽视机会成本。机会成本是指因为进行了一项选择的同时，丧失了其他选择的机会，从而导致的相对收益减少。从总经理的角度来看，机会成本不仅仅包括财务投入，还包括时间、精力和管理上的成本。

（3）先入为主，过分相信自己的直观感觉。在没有充分信息的情况下，人们往往会被自己的第一感觉所影响。有的时候，相信第一感觉是一种决策方式，但是，经理人还需要能够从第一感觉中跳出来，以更加客观、全面的角度进行分析和思考。

（4）不能自拔，沉溺于沉没成本。沉没成本是指过去已经投入进去了，以后不可能再收回的支出，包括时间、资金、精力。总经理在决策的时候最为正确的做法应该是考虑某件事情是否对企业有好处，而不受过去投入多少所限制。

对于总经理而言，成功决策的三部曲是：

（1）要掌握大量对决策有用的信息。从某种意义上说，决策者能否做到正确决策取决于他占有的信息量的多少。俗话说没有调查就没有发言权。这所谓的调查就是搜集信息，搜集客观的有价值的信息。

（2）组织民主决策的过程。其实任何方案都需要论证的，所谓的论证就是在不断地搜集信息的基础上，对方案提出质疑并进行完善的过程。所以民主决策的实质是充分调动与会人员的积极性，让他们充分发表意见，特别是反面意见。作为决策者要有海纳百川的心胸，认真对待不同意见，并对既定的方案进行修订，甚至全完推倒既定的方案，确保决策方案进一步优化。

（3）相关人物的决策参与。决策参与是指在涉及某一项业务的决策中，让与本项业务的所有相关人员参与决策的方式。比如在市场决策中，让一线销售人员参与会增加决策的正确性。

科学的决策可以使一个平凡的企业走向辉煌，错误的决策会使辉煌的企业走向灰暗。

18. 好的决策能够顺应变化

竞争讲求的就是一个随机应变。商业头脑的高下就是应变能力的高下。但很多人设计好一个当时不错的计划之后，一门心思放在按步骤进行上，反而忽略了身边的变化，到头来却是计划耽误了自己。

尽管人人都期待着以最快的速度获得最大的成功，然而在激烈的竞争中每前进一步都会遇到困难，很少有人能直线发展。因此，随着变化而变的发展是大多数成功者的制胜之道。好的决策必定是顺应变化的决策，因为任何与客观变化相抵触的决策，最终必然会一败涂地。

有一年，美国某地区经济萧条，不少工厂和商店纷纷倒闭，被迫贱价抛售自己堆

第五章　出色的决策力

积如山的存货，价钱低到1美元可以买到100双袜子。

那时，约翰·甘布士还是一家织制厂的小技师。他马上把自己积蓄的钱用于收购低价货物，人们见到他这股傻劲儿，都公然嘲笑他是个蠢材。

约翰·甘布士对别人的嘲笑漠然置之，依旧收购各工厂和商店抛售的货物，并租了很大的货仓来贮货。他有自己的计划，因为他相信不久这些废物就会成为宝贝。

他妻子劝他说，不要购入这些别人廉价抛售的东西，因为他们历年积蓄下来的钱数量有限，而且是准备用做子女教养费的。如果此举血本无归，后果便不堪设想。

对于妻子忧心忡忡的劝告，甘布士笑过后又安慰她道："3个月以后，我们就可以靠这些廉价货物发大财了。"

甘布士的话似乎兑现不了。过了10多天后，那些工厂即使贱价抛售也找不到买主了，他们便把所有存货用车运走烧掉，以此稳定市场上的物价。

甘布士的妻子看到别人已经在焚烧货物，不由得焦急万分，便抱怨他。对于妻子的抱怨，甘布士一言不发。

终于，美国政府采取了紧急行动，稳定了该地区的物价，并且大力支持那里的厂商复业。这时，该地区因焚烧的货物过多，存货欠缺，物价一天天飞涨。原本计划把存货多留一段时间的甘布士马上把自己库存的大量货物抛售出去，一来赚了一大笔钱，二来使市场物价得以稳定，不致暴涨不断。

在他决定抛售货物时，他妻子又劝告他暂时不忙把货物出售，因为物价还在一天一天飞涨。他平静地说："是抛售的时候了，再拖延一段时间，就会后悔莫及。"

果然，甘布士的存货刚刚售完，物价便跌了下来。他的妻子对他的远见钦佩不已。

后来，甘布士用赚来的钱，开设了5家百货商店，生意也十分兴隆。如今，甘布士已是美国举足轻重的商业巨子了。

甘布士的成功就在于预计到了市场的变化，并制定出有针对性的决策。这些决策不是对抗变化，而是依据变化而灵活实施。比如看到通货膨胀之后必然有一个恢复期，所以趁机收购货物等待升值。但是当市场上出现恢复的苗头时，他立即决定改变计划，开始抛售货物。甘布士应变充分体现了一个成熟的商人制胜的秘诀，总经理应该从中有所启迪。

很多管理者会在惨败后发出这样的感慨：如果当时改变决策就好了。但是世上没有卖后悔药的。决策应时而变是总经理最重要的能力之一。任何事情都不会完全按照我们的主观意志去发展、变化，要获得成功，就必须善于在变化中迅速做出正确的决策。这就需要总经理充分认识企业发展的客观环境，然后再根据实际情况来调整自己的对策。只有如此，才能顺应变化，驾驭变化，走向成功。

好的决策能够应对变化，在变化中成为赢家；反之，不能应对变化的决策随时可能迎来失败的结果。

19. 不在决策中退居幕后

很多员工最痛恨的事情就是管理人员一开始就说"已经决定了"。到底是谁决定的？人家需要知道，也应该知道，是谁在做出决定。正如管理大师德鲁所说的："人们可以将语言、政策或会议用做幌子，来掩盖他们内心的想法和责任，就向利用发烟弹的烟幕使自己遁形一样。但是，这些话语就像罐子里冒出的绿色烟雾一样，并没有多少实质内容，最终会烟消云散，让人暴露于光天化日之下，而且一旦想掩饰的意图暴露无遗，最终得到的只有困窘和难堪。"

每个组织里都有"传话筒"，他们口口声声称离不开公司和部门的政策，自己却不主动提出并执行某一决定。他们会言不由衷地对他的部属说："嗨，我和你们的想法是一样的，我也希望照原来那样，不过新的政策要求我们得遵守新的程序。"新的程序对大家都有好处，"皮特"心里也赞成这样的变化，但是他们担心人们对变革会做出剧烈反应，他自己也对变革心存忧虑，加之对自己个人决断能力的担忧，使得"皮特"终日将规章制度挂在嘴边。最终，他所掌管的不过是一堆繁琐的团队指令与规定而已。

事实上，在会议上和政策制定中躲在幕后可以使我们避免成为恶人。在委员会议上提出不同意见或是批评某些公司指示要比做出决定以及对决定给团队带来一系列变化负责容易得多。那种试图软化领导决定带来的冲击，将其归因于外界影响，也许可以使我们暂时得到大家的喜爱和认同，但并不能将我们锻炼成一名得力的领导者。

并且在事实上，人们往往会聚拢在有主见的团队领导者周围。研究表明，人们内心是希望得到指导的。当有人给予这种指导时，他们会做出积极的回应。所以，作为领导者的你，不妨把你的决定公布于众，如果你的团队成员暂时还不能对此表示赞同,那你就先保留你的决定。不过你很有可能会发现,他们最终将发现你的果敢品质和开明态度,会将你视为意志坚定的非凡领导人而团结在你的周围。

　　管理者刻意掩饰自己的判断能力,这样的现象在所有的组织中几乎是随处可见。航空发动机的资深设计师查克·格拉尼兹已经在通用电气公司工作了40年,他说人们总是指望靠会议或者政策保护自己,这种情况实在是太普遍了。"如果一位经理宣布就某个问题召开一个3小时的会议,那么他显然是希望为自己逃避决断责任找到借口——如果做出的决定出现闪失的话,他不言自明的意思是每个人都有了足够的时间陈述自己的观点。"

　　作为管理者,要勇敢跳出伪装的畏缩阶段,不要躲在委员会裁决、肤浅的公司政策与集体解决问题的烟幕之后畏首畏尾。

20. 决策需要的是个性

　　畏缩与勇敢,担当与推卸,将两种领导人的界限划分得非常清晰:一种是成为英才,敢于独立思考,标新立异,处处领先;一种是甘为庸才,做事谨小慎微,老跟在别人的屁股后面,拾别人的牙慧。

　　这两种做人方法表现在企业领导身上,也各有特色:英才式的领导敢于凭着自己的观察和远见,独立形成自己的决策,敢做敢为,在市场竞争中独树一帜;庸才式的领导则是瞻前顾后,干什么事都畏首畏尾,即使想做决策这样的大事,也只能模仿别人成功的决策,不敢独立创新,从而使自己的企业成为别人的陪衬。要知道,老是喜欢跟着别人跑,是决策的大忌。这种领导的决策心理是:与其冒险失败,不如跟着别人屁股后面求平稳。即使赚不了大钱,也不至于饿死。因此,我们发现国内有许多同类企业在"一块地盘"上,在"一个品牌"上相互争杀,就不足为奇了。

　　决策需要的是个性,因为只有个性化的决策才能使企业创造出自己的"拳头产品",创造出自己的"品牌战略"。

　　"掌握全世界男人的胡子"的吉列保安剃须刀公司,在美国市场占有率高达90%,投资报酬率也达40%,居美国大企业之首;1968年,吉列剃须刀片创下了销售1 110亿枚"天文数字"的历史记录。据统计,全世界有10亿人使用吉列产品,销售吉列产品的商店有1 000万家以上。吉列公司之所以能创下如此业绩，主要就在于公司的创始人金·吉列的英明决策——开发出人们正迫切需要的产品。

金·吉列曾是一家小公司的推销员。这家公司的老板在和吉列聊天时说，如果能开发出一种"用完即扔"的产品，顾客就会不断地购买，这样就可以发财致富了。这句话使吉列大受启发，于是，他就循着这样的思路进行市场调查。

一天早上，当吉列刮胡子的时候，由于刀磨得不好，不仅刮起来费劲，而且还在脸上划了几道口子。沮丧的吉列眼盯着剃刀，突然产生了创造新型剃须刀的灵感。于是他对周围的男性进行调查，发现他们都希望能有一种新型的剃须刀，基本要求包括安全保险、使用方便、刀片随时可换。

于是吉列便开始了他的剃须刀开发行动。由于没能冲破传统习惯的束缚，新发明的基本构造总是摆脱不掉老式长把剃须刀的局限，尽管他一次又一次地改进设计，其结果却总不能令他人满意。几年过去了，吉列仍是空怀雄心，希望渺茫。一天，他望着一片刚收割完的田地，看到一个农民正轻松自如地挥动着耙子修整田地，一个崭新的思路出现了：新剃须刀的基本构造应该同这耙子一样，简单、方便、运用自如。苦苦钻研了8年的吉列终于成功了。吉列决定自己来成批生产新式剃刀。1903年，他创建了吉列保安剃须刀公司，开始批量生产新发明的剃须刀片和刀架。不难想象，为乱糟糟的胡子所困扰的男人们对这种新剃刀是多么的欢迎，吉列保安剃须刀很快就占领了整个美国的市场，并且迅速向全世界扩展。

吉列公司并未就此止步，因为在世界经营剃须刀片的企业日益增多，竞争日益激烈的情况下，为了保持自己的优势地位，就必须坚持产品创新的决策。于是吉列公司于1959年推出了新产品——超级蓝色刀片，称为蓝色吉列，深受消费者的欢迎，连续创造了吉列公司历史上的新纪录。

但是，面对世界各国同行业的激烈竞争，吉列想一统天下却非易事。意大利不锈钢刀片研制成功并投放市场，给了吉列公司一个沉重的打击，使他们措手不及。吉列公司在意大利的市场一下子被不锈钢刀片抢走了80%以上。

随后不锈钢刀片迅速进入美国，吉列公司因拿不出和不锈钢刀片相抗衡的新产品而节节败退。面对严峻的竞争，吉列公司并未因此而惊慌失措，而是凭借自己雄厚的实力，继续坚持新产品的开发决策，迅速组织技术力量，投入大量资金全力开发研制不锈钢刀片。1963年9月，吉列公司把自己的新产品——吉列不锈钢刀片投放市场，和意大利刀片抗衡。两年后，吉列公司又推出第二代超级吉列不锈钢刀片，并且以新产品为依托，采取大规模广告宣传和降低价格策略，不久就把意大利刀片赶出了美国市场。

随着社会经济的发展和科学技术的进步，1960年以后电动剃须刀问世，形成对吉列剃须刀的新威胁。吉列公司采取的对策仍是开发研制新产品，他们研制的"双排刃保安剃须刀"在安全耐用、干净和价格等方面，具有电动剃须刀不可比拟的优越性，足以和电动剃须刀相抗衡。由此可见，新产品开发决策是吉列公司在市场上立于不败之地的有力保障。

从中我们可以看到，"吉列决策"的个性特征是：一般剃刀→吉列保安剃须刀→超级变色吉列→吉列不锈钢刀片→吉列双排刃→保安剃须刀。在这期间，吉列没有重复一般剃刀的生产决策，而是寻找自己的决策方向。同样在成功之后，吉列仍然没有重复意大利不锈钢刀的生产决策，而是继续制定自己开发新产品的决策，终于使自己立住了脚。

对于一个企业来说，要想持续存在和兴旺发达，就必须适应变化而实行自我变革，不能照抄照搬别人的决策；对企业领导者来说，更应该形成自己的个性，以便及时做出合适的决策。只有开发出新产品，才可能使企业的竞争能力直线上升，才可能重新占据甚至扩大市场。

只有相同的市场，没有相同的决策；或者说，市场相同，决策不同。如果企业领导违背了这一个原则，肯定会被别人吞噬！

21. 决策是重拳出击的艺术

决策是一种艺术，就像打拳一样，不断用重拳出击，从而有效地保护自己。很难想象，一个成功的企业主管会缺少这种能力。一个白手起家的企业主管，当初会缺少某些品质，可是如果缺乏做最佳决策的能力，要想在竞争中取得成功是不可能的。

快与慢之间、固执与执迷之间、具有主见与刚愎自用之间……只有更好地平衡两者，才能成为最佳决策者。在决策中明白"打拳战术"相当重要：一位拳击高手总是在最恰当的时候，打出一记有很大"杀伤力"的重拳，给对手造成致命打击，从而很好地保护了自己的安全。总经理也应当是一名操纵决策的"打牌高手"，达到制胜的打牌效果。因此，法国管理大师鲁斯本说："当一个决策最具有杀伤力的时候，才能保护自己的安全。这就是决策的个性所在。"

在现代经营决策中，要善于利用其他各方面的力量直到战胜对方和占领市场的目的，这样可以不消耗或少消耗自己的实力。

早在20世纪40年代，威尔逊就从父亲的手里继承美国塞洛克斯公司。一天，一位德国籍发明家约翰·罗梭来访，向威尔逊谈到了自己在研究的干式复印机。两人一拍即合，同意双方合伙协作。经过反复研制，塞洛克斯公司终于研制出干式复印机成品——塞洛克斯914型复印机。当时市面上所有的复印机都是湿式的，这种复印机在使用前必须用专门的涂过感光材料的复印纸，印出的是湿漉漉的文件，需要等它干透才能取走，用起来麻烦极了。对比之下，干式复印机则便利得多。

威尔逊决定把此产品作为"拳头产品"推出。起初，威尔逊打算把首批货按成本推销，以图开拓市场。他的律师提醒他：这是倾销，是法律不允许的。威尔逊于是将卖价定为2.95万美元。其实，干式复印机的成本仅2 400美元，他却喊出了相当于成本10倍的高价。这可把副总经理罗梭惊呆了，当时，法律是禁止高价出售商品的。威尔逊却信心百倍，他解释道："我不是出售成品，而是出售品质和服务，这就够了。"

不出威尔逊所料，这种新型复印机果然因定价过高而被禁止出售。但由于展销期间已经向人们展现了它独特的性能，消费者无不渴望能用上这种奇特的机器。威尔逊获得了复印机的生产专利权，"只这一家，别无分店"。所以当威尔逊把新型复印机以出租服务的形式重新推出时，顾客顿时蜂拥而至。尽管租金不低，由于受以前定价很高的潜在意识的影响，顾客仍然认为值得。

到了1960年，威尔逊的黄金时代到了。干式复印机一下子流行起来。虽然公司拼命生产，产品仍供不应求。由于产品被塞洛克斯公司独家垄断，加上已有过的高额租金，所以塞洛克斯914型复印机以高价出售，大量的利润像潮水一样滚滚而来。

1960年，公司营业额就高达3 300万美元，而市场占有率已达15%。5年后，公司营业额上升到近4亿美元，市场占有率达到66%，超过了湿式复印机，到了1966年，营业额上升到5.3亿美元。塞洛克斯公司也被美国《财富》杂志评为10年内发展最快的公司，从此迈入了巨型企业的行列。

威尔逊的成功在于他的借力打力的策略，表面上是法律禁止了威尔逊高价出售，实际上是威尔逊借法律这把刀，封死了消费者购买之门，把他们逼向威尔逊为其准备的租借之路。同时威尔逊还借超出平常的高租金，断了消费者廉价租用的念头，并为以后的高价出售做好了准备。威尔逊真是打出了一张最有力的牌,这是他重拳出击、大胆决策的表现,这是他决策的重大成果。这值得那些老是打"软牌"、打"错牌"的总经理深思!

正如美国著名管理学家彼特·凯金所说:"糊里糊涂地决策,只能糊里糊涂地完蛋!"果断决策是建立在正确的基础之上的,建立在对事实真相准确把握的基础之上的。先让问题的关键"水落石出",接下来还应当了解这个问题的具体结构,这会帮助你更快地进行科学决策。

一般来说,经营性决策所要考虑的首要问题是:怎么才能给企业创造利润——经营绩效;或者说,怎样做才能有效地防止会给企业营利目标造成伤害的事情的发生。当所有条件都已具备,企业开始正常运作时,你就一定能够达成理想的绩效。也就是说,工作环境诸条件——包括员工队伍建设、管理体系、职能部门架构、市场准入条件、经营计划、资金、各种硬件设备等——总之一切的一切都已万事俱备而且基本达到要求的话,经营绩效必定也能达到要求。

可要是这些条件中的某些因素发生了变化,那么绩效水平必定也会跟着发生变化。有时候,生产条件的改善,也会产生正面影响,事情随之也会变得比预期还好。绩效突然提高,比起绩效突然下降当然是皆大欢喜的事,也不需要我们做紧急反应。但是并不是说,只要能让我们赚更多钱,我们就可以糊里糊涂、不闻不问。对于绩效的突然性增长的原因我们也必须有个清醒的认识——为什么突然之间情况变好了呢(是市场因素还是经营管理因素)——以便我们或能够巩固成果,或在情况一旦发生逆转时有个清醒的认识。无论情况好坏,反常现象总是值得我们关注的。俗话说"反常为妖",我们不能不问个"为什么"。

通常情况下,业绩下降得越严重,找出原因并采取对策就越迫切,决策压力也就越大。任何决策都是为取得绩效服务的,或者说是以取得绩效为目的的,当绩效出现偏差时,总经理就应当立即着手去分析问题所在,为尽早决策提供参考依据和线索。只有把问题搞得越清楚,你的决策才越有价值;反之,管理者不把问题弄清楚就匆忙决策,自食苦果是必定无疑的。兵家有所谓"知己知彼,百战不殆""有备无患"的说法,这在决策方面也同样适用。要想做到在决策之前,把问题弄个水落石出,就应当从以下几条入手:

(1)立即调查企业绩效从何时开始发生偏差。

(2)排查各种因素,找出导致绩效下降的原因。

（3）外部环境因素是否发生了改变，及其对某项计划实施的影响。

（4）在此之前是否出台过什么政策措施，如果有，要逐一予以核实，进行执行情况反馈。

（5）与主要人员讨论重大决策预案，消除上述不利因素。

（6）进行可行性论证，并改善和落实此决策，随时考查企业绩效是否好转。

（7）召开会议，讨论和评估该决策的实施效果。

庖丁解牛之所以游刃有余，是因为他对牛的结构了如指掌；决策也是一样，在决策之前，弄清问题的症结所在，解决起来自然就能轻车熟路，游刃有余。

重拳出击、大胆决策是总经理打出的一张有力王牌，而在出击之前一定要准确地把握事实的真相。

第六章
绝不放弃的信念力

22. 信心危机是中国企业的首要危机

2008年全球金融危机来临之后,宁高宁说:"中国企业现在需解决信心危机。目前中国企业受到金融危机冲击的气氛是随大溜的意见,企业听信这样的意见而错过发展机会就非常可惜。国外是金融危机,我们的企业是信心危机,很多企业因为金融危机的背景,削减预算,调低企业的发展目标,这样的做法实在是得不偿失。"

他还说:"企业最重要的就是做好自己的事情,了解自己的情况,有的企业把自己目前的困难归咎于金融危机,其实没有危机,你也不行。对于那些企业状况不错的企业家,我建议他们一定要把握好机会,企业家应该去找政府、找银行,做好自己企业的管理,三五年后会有大发展。"

家家都有难念的经,这也正是在大环境普遍低迷的情势下,众多企业家所发出的喟叹。不过中粮集团董事长宁高宁似乎更愿意做一个"异类",也正因如此,他对此次金融危机的看法和应对措施似乎更具有可参考性。

宁高宁认为危机没什么了不起,中国人有一大特点,就是喜欢从众,这些人看到外国一片混乱,就觉得自己这边迟早也会混乱,如果不这么想,自己就是不懂世界经济,不懂发展。很多人都是这种看法。宁高宁觉得这样的企业家不管有没有金融危机,迟早都会倒下。

不过事情总有让人欣喜的一面,在一次座谈会上,宁高宁就说了这么一件事:"前段时间我见了一个基金经理,这是一个非常优秀的基金经理,他对我说,他现在比任何时候都要开心,因为以前买股票不知道什么时候赚钱,但是现在可以肯定地说,你买了股票5年后就能赚钱。"

宁高宁认为只有抱持这样的心态,才能在危机中寻到出路。事实上,宁高宁并不认为这次金融危机有多可怕。他说,很多人强调理由,说影响了这个,影响了那个，实际上这些问题早就存在，而不是因为金融危机才爆发的。

中粮没有受到冲击。"实际上中粮受到的影响是微乎其微的，"宁高宁在一次座谈会上表示，"这个是实事求是的，我每个礼拜都看报纸，明年的预算还要增长的。因为市场需求摆在那里，老百姓每天的米、面、油、酒、糖是少不了的。"

宁高宁认为，很多问题是有其发展规律的，做企业的不是扩张就是收缩，遇到问题需要具体问题具体分析。宁高宁觉得中国的成长环境和国外是不一样的，跟很多有见地的企业家的看法相同，宁高宁认为应对危机最保险的方式还是要保证现金的安全，只有现金不出问题，危机过后，企业才能有更大的发展。他告诫那些似乎有点心焦气躁的老板们："不能总听外面的，每天报纸和电视都是告诉投资公司别投资了，什么都不搞了。这些都是不对的，其实外面没有危机，是我们自己有危机。"

与其说宁高宁领导的中粮集团"财大气粗"、不惧风雨，不如说是在新的历史条件下，其抓住机会，不断转型。众所周知，十几年前，中粮仅仅是一个专门从事粮油进出口贸易的中间商。而现在已经发展成为集贸易、实业、金融、信息、服务和科研为一体的大型企业集团。宁高宁，或者说中粮所追求的是在转型中拓展市场的道路，这个道路被认为是成功的。

面对金融危机，总经理要解决的首先是信心问题。只有充满信心，企业才能在金融危机中寻到出路。

23. 永远不要放弃自己的信心

著名企业家马云说："2002年互联网泡沫的危机，那次我的口号是成为最后一个倒下的人。即使跪着，我也得最后倒下。而且，我那时候坚信一点，我困难有人比我更困难，我难过对手比我更难过，谁能熬得住谁就赢。放弃是最大的失败。永远不要放弃自己的信心，永远不要放弃当第一的梦想。"

这个世界缺失的不是钱，商业社会缺失的是企业家的精神、企业家的梦想、企业家的价值观。顺境的时代会诞生伟大的企业，在逆势的时代更能诞生伟大的企业。马云说："经济危机是人类社会进入商业社会全球化的阵痛，是商业社会全球化必须面临的挑战，逆境中能够诞生伟大的企业。"过冬是企业必须要经过的一次考验，伟大

第六章　绝不放弃的信念力

的企业总是能奉献出完美的答案。

20世纪90年代，由于连续几年世界性的经济不景气以及在计算机领域内的连续重大投资失误，导致IBM面临自成立以来最大的经营危机，1993年IBM的赤字达81亿美元，IBM的股票价格跌至40美元。但是，4年之后，它创出了4倍于当时的新高，1997年5月13日，IBM的股票价格达到177.125美元，突破了1987年8月20日创下的最高纪录。那天，IBM每个职员的电子信箱里都收到一封伽斯那董事长热情洋溢的信："亲爱的同事们，今天这个日子将作为公司发展的里程碑永远载入史册！我们虽然取得了一些成绩，但是仍然处在新的起跑线上。让我们继续努力工作吧，我亲爱的同事们！"股价创新高后，华尔街的股票投机家们再次热情地把IBM股票称为美国股票市场的蓝筹股。美国的老牌绩优股IBM终于再度崛起，重现辉煌。这是IBM几年来精简机构、产业调整、资产重组、缩小队伍等一系列大胆改革的成果。

人员削减同时进行的资本重组是使IBM股票上扬的主要动力，IBM是在缩小规模的基础上复活了。与1987年相比，IBM的职员削减了4成，现在为24万人，减员规模相当可观。与此同时IBM的股本也削减了4成。IBM以缩减了的劳动力和资本，创造了增加4成的销售额。每股收益率在2008年已恢复到20%以上。

IBM认为，随便追求企业规模扩大只会降低资本运营效率。在1997年春天举行的IBM公司的招待会上，伽斯那把公司近几年取得好成绩的原因归结为两句话："不追求企业规模扩大，不随便与其他企业合并或收购。"事实就是如此，为了安然渡过经济危机，除了1995年伽斯那以惊人的决断用30亿美元吞并了莲花电脑公司以外，IBM再也没有什么扩大企业规模的大举措。

在美国高科技企业之间的竞争日益激烈和残酷的背景下，IBM发生了衰退。然而，IBM近4年来的调整是非常成功的，它不仅走出了20世纪80年代在PC市场竞争中失败的阴影，而且已经表现出重新成为世界计算机领袖的趋势，这与新一届领导班子的努力是分不开的。

面对寒冷的冬天，糟糕的公司在抱怨中消亡，普通的公司在逆境中辛苦地经营，而优秀的公司则因此在变革中成长和壮大。如果一个企业能比别的企业在以往的成本中挖取更多的利润，能向管理要更多的效益，那它就一定会成为优秀的企业。

有信心"过冬"，是每个总经理都应该具有的品质。

24. 置身危机当磨炼

曾有一个关于"蝉猴"的故事。蝉猴是蝉的幼虫,在它成长为可以爬上树"歌唱"的蝉之前,要经过一次至关重要的蜕皮,如果不完成这次蜕变,它只能长眠于地下,永远也不能变成可以欢歌的蝉。其实,蝉猴的经历也是我们每一个人甚至每一个企业的写照。危机是随时都会出现的,危机当前,逃避不是上策,只有勇敢地面对它,根据发展形势进行必不可少的变革,才是个人与企业长久发展之计。

换一个位置或者换一个环境去看待事物,在这方面看来是缺点,但经转移到另一方面来看,却是优点,这也是一种认知方式。

有一次,古埃及国王胡夫举行盛大的国宴,厨工们忙得团团转。一名小厨工不慎将刚炼好的一盆羊油打翻在灶边,吓得他急急忙忙地用手把混有羊油的炭灰一把一把地捧起来扔到外边去。扔完后赶紧洗手,手上竟出现滑溜溜、黏糊糊的东西,而且洗后的手特别干净。

小厨工发现这个秘密后,便悄悄地把扔掉的羊油炭灰捡回来,供大家使用,结果每个厨工都洗得又白又净。后来,国王胡夫发现这个秘密后,便盘问起来。小厨工如实道出了原委。国王胡夫试后赞不绝口。很快,这个发现便在全国推广开来,并传到了希腊和罗马。在这个发现的基础上,人们研制出了肥皂。

还有一个美国印刷工人,在生产书写纸时不小心弄错了配方,生产出一大批不能书写的废纸。他被扣工资、罚奖金,最后还遭到解雇。正当他灰心丧气的时候,他的一个朋友提醒他,让他仔细想一想,能否从失误中找到有用的东西。于是,他很快认识到,这批纸虽然不能做书写用纸,但是吸水性能相当好,可用来吸干器具上的水。于是,他将这批纸切成小块,取名"吸水纸",投到市场后,相当抢手。

比如,牙痛对你来说是一件不幸的事,可是对牙医而言却是件好事。拿破仑在遭遇敌人猛攻后撤退时曾对他的部队说:"我们并未撤退,只是换个方向前进。"

同样的境况,却有不同的观点与结论。其实,当我们经常往不好的方面去思考的时候,我们将错失许多成功的机会。相反,若我们一直往积极的方面去思考的话,我们就会挖掘出许多令人想不到的机会,哪怕是"危机"都有可能隐藏着另一个机会,不是吗?

"宝剑锋从磨砺出,梅花香自苦寒来。"危机是企业宝贵的磨炼机会,只有禁得起环境考验的人,才算是真正的强者。其实,顺境和逆境都是命运的安排,只有坦然去面对,才是最好的方式。

把"置身绝境"看成是锻炼自己的珍贵机会。明白这点,那么在面临危机时,就能勇气百倍地承受,迎接挑战。唯有如此,才能涌出新的智慧,转祸为福。

25. "冬天"一定要保持积极心态

要在冬天里发现春天,最为重要的前提是要有一个乐观的心态。盛大董事长兼CEO陈天桥说:"危机年代适合英雄诞生。危机的年代正是诞生英雄的年代。"腾讯董事长兼CEO马化腾经历过2000年网络泡沫的洗礼,他说:"如果在冬天中过分谨慎反而会丧失机会,对未来长远发展不利。"

丰田公司是一家非常善于在冬天里发现春天的企业,早期的石油危机成了丰田发展的契机。丰田公司创立于1933年,是全球最大的汽车公司,也是世界十大汽车工业公司之一。早期的丰田牌、光冠、皇冠、花冠汽车光辉一时,近来的克雷西达、凌志豪华汽车也极负盛名。TOYOTA在汽车的销售额、销售量、知名度方面均是世界一流公司之一。特别在汽车销量上,位列世界第一名。它生产包括一般大众性汽车、高档汽车、面包车、跑车、四轮驱动车、商用车在内的各种汽车。其先进技术和优良品质备受世界各地人士推崇。

1973年,伴随着第4次中东战争的爆发,世界经济遇到了第一次石油危机。对于日本这个石油资源几乎百分之百依赖进口的国家来说,整个经济活动全都受到巨大影响,企业马上陷入了极大的混乱之中。战后初期,那种恶性通货膨胀再度席卷日本,对汽车的需求一落千丈。在这种形势下,丰田没有气馁,丰田喜一郎之子丰田英二始终坚信,汽车绝不是什么"奢侈品",对于社会而言,汽车绝对是真正的必需品。丰田将新的起点瞄准在资源的有限性上,有力地开展了节省能源、节省资源、降低成本的运动。面对笼罩日本社会的一片悲观情绪,丰田恪守一个"忍"字,蓄势以待,准备迎接重振雄风之日的到来。

1973年和1979年的两度石油危机对美国的汽车需求结构产生了极大影响。人们的选择热点开始从大型车转向了节省燃油的小型车,因此,缺少小型车生产技术的美国汽车厂家逐渐地失去了往日的竞争优势。为了摆脱困境，美国的汽车厂家一再要求日本汽车厂家到美国投资建厂，以便和美国汽车厂家在同一起点上开展竞争，同时也再三敦促政府和议会尽快对进口日本汽车实施限制。随着日美贸易摩擦的加剧，美国汽车厂家的这些主张在部分社会舆论中间以及美国议会煽动起了一股对日本车的抵触情绪，以丰田为首的日本汽车厂家也十分担心这种情况发展下去会损害良好的日美关系。

1981年，对美出口轿车自主限制协议生效。日本各汽车厂家开始着眼于在美国设立生产据点，目的是为了不失去美国汽车市场，同时也出于担心那些对燃耗性能优越的小型车有着特别钟爱的美国消费者会因此而受到选择上的局限。在这种情况下，丰田决定与美国通用汽车公司进行合作生产，这样可以向美国汽车厂家转让小型轿车的生产技术，同时也可以为当地创造出一些就业机会。1983年，为了与本田的雅阁系列轿车在北美市场上争夺，丰田推出了佳美（CAMRY）车系，从此便一发不可收拾，成了最受欢迎的车型。

常言道，最危险的地方也是最安全的地方，同样，最困难的时候也会是最有发展潜力的时候。没有准备的企业在危机中消亡，优秀的企业能成功地化解危机，伟大的企业在危机中一定会发现机遇。如何发现机遇？需要总经理具有慧眼。

在市场竞争的广阔天地里，如果总经理只跟风赶浪，人云亦云，搞别人搞过的东西，那就很难求得发展。市场是座金山，存在着无穷无尽的亮点，只要企业家善于发现，目光敏锐，视野开阔，肯定能找到市场需求的亮点。

聪明的企业家一定要保持积极的心态，要在普遍寒冷的严冬里，找到自己的世外桃源。

26. 不服输，才有赢的希望

对于一个管理者来说，成功的信念和积极的心态比什么都重要。只有这样，你才能在困难中坚持，在坚持中成功。世界上最伟大的人，通常也是失败次数最多的人。面对各种不利，只要有一点点成功的可能，就要永不放弃。

任何事情都不简单，如果一遇到困难和失败就认输了，撤退了，那么哪里才有成功的希望呢？本田宗一郎创业的过程，可说尝够了失败的滋味，一次次的打击接踵而来，换了别人，可能早被击垮了，但本田宗一郎却从来没有灰心丧气过。

第六章　绝不放弃的信念力

在"好梦号"摩托车诞生之前，本田公司投入新机械的资金已达4.5亿日元。一家从家庭式工厂起步的公司如此大胆，至今想起来让人不寒而栗。新机械大量地购入了，占了许多资金，但公司却业务不振，连薪水都发不出，实在狼狈不堪。本田宗一郎深感肩上担子的沉重，他表情严峻，把希望寄托在自己研制的"好梦号"摩托车上。试车那天，"好梦号"终于上山了，本田宗一郎和同事抱在一起又哭又叫。"好梦号"成功了！这是本田公司的第一辆真正的摩托车，由本田宗一郎和河岛设计。新车设计出来了，但销路不畅，工人在大部分时间里无所事事，令本田宗一郎大为悲愤。但他不是那种能被困难吓倒的人，他战胜悲愤的方法，就是参加在代代木公园举行的摩托车赛，以此来宣传自己的产品。

本田宗一郎将摩托车开得狂驰如飞，遥遥领先，可是在转弯时却被树木绊倒，人被摔出十多米远。当人们把他送往医院时，他却狂呼道："放下我！我要赛到底！"

这样险象环生的车祸至少发生过四五次，但本田宗一郎从来没有被吓倒过。

1954年，本田公司费了九牛二虎之力，使自己的摩托车得以参加国际比赛，结果被淘汰出局。

本田宗一郎又用行动战胜了惨败带来的恐惧。7年以后，本田摩托车终于在罗马大获全胜，囊括了大赛的前5名。本田摩托车在一夜之间名声大噪，订货单源源不断，不到5年，外销金额突破了1亿日元大关。

本田宗一郎成了媒介宣传的英雄。但他自己却说，他只不过是一个普通人，那种失败的滋味儿并不好受。

有个记者访问一位500强的优秀员工："为什么你在事业上经历了如此多的艰难和阻力，却从不放弃呢？"这位500强员工答道："你观察过一个正在凿石的石匠吗？他在石块的同一位置上恐怕已敲过了100次，却毫无动静。但是就在那第101次的时候，石头突然裂成两块。并不是这第101下使石头裂开，而是先前敲的那100下。"失败对于每一个人来说都不好受，唯一的区别就是本田宗一郎即使失败了也有一股不服输的劲头，继续努力。

初生牛犊不怕虎的蒙牛选择的第一个重点市场，不是家门口的内蒙古首府呼和浩特，也不是附近的首都北京，而是需要辗转3 300公里才能将货送达售点的深圳——改革开放的前沿阵地。

在深圳叱咤风云的经销商乌日娜，起步时却不知道"分销"为何物，但她愣是成长为蒙牛经销商中的"三大闯将"之一。我们来听听她本人在接受《蒙牛内幕》作者张治国采访时叙述的酸甜苦辣：

1999年4月29日，乌日娜给杨文俊及牛根生打电话，决定开始做牛奶。

那时市场不太好，伊利在深圳没几天就失败了。乌日娜对牛根生说，相信我吧，我一定干好。

5月8日，牛、杨、邓，拎着十几箱牛奶来到深圳，到（孙先红）先行人广告公司落脚。大家一起在市场上买了各种品牌的牛奶，进行盲测，结果每个人都感觉蒙牛是最好的。大家充满了信心。

一个月后，乌日娜穿着皮鞋将所有商场走了一遍，一说是内蒙古的产品，都不要。说，我们老板就喝澳牛，喝保利，内蒙古的牛奶不喝。

万事开头难，没有促销费，乌日娜自己做T恤衫，登报纸广告，印DM单，穿蒙古袍促销……

沃尔玛当时就要1件小奶，1件大奶。第3次，要了3件。没有送货车，乌日娜就坐公共汽车送，骑自行车送。

一天走十件八件货。第一批10吨牛奶，乌日娜没卖出去。但不想让大家对她失去信心，又进了第二批货，20吨。

困难接踵而至，乌日娜咬牙坚持。由于是先赊货，后付钱，十几个分销商，有两家欠了八九万元，始终没给钱。有个被辞掉的分销商还开车撞乌日娜的房门。

刚开始做促销时缺乏经验，用低工资雇佣的促销员，卷走了货款，住宅小区内做促销丢得更多。七八月间，深圳下大雨，箱底都开始长毛，又损失了一批货；又累又气之间，乌日娜的身体也出了问题，做了直肠息肉的手术，不久，又查出了糖尿病；南方雨水多，在外跑业务，鞋里常浸水，结果脚趾变了形，得了类风湿；9月份，乌日娜父亲去世，她又被台风堵在机场……

但乌日娜没有被困难打倒，她从失败中做总结，找教训，第一年下来，300万的合同，她完成了600万。第二年，合同一下就订了3 600万。这可是个"天文数字"！听了这样的消息，本来应该在呼市治疗脚疾的乌日娜，当日就赶回了深圳。当时，原先的一批骨干听了这样的合同，都走了，只留下了一个人。

但这一年下来，乌日娜把"天书"做成了"地书"，3 600万的数字也不是什么神话！

乌日娜用这种"敢死队"式的亮剑精神打开了蒙牛深圳市场，将深圳战役演绎成了传奇。

只有不怕苦，不怕累，不妥协，不服输，不放弃，想一切办法完成公司任务的人

第六章 绝不放弃的信念力

才能开拓出一条辉煌的事业之路。条件再困难，可以创造条件；希望再渺茫，也能找出许多方法去解决。

拿破仑·希尔发现，他访问过的成功人士都有个共同的特征，在他们成功之前，都遭遇过非常大的险阻。表面上看来，事情是应该罢手了，放弃算了，殊不知此时仅仅差一步就能到达终点了。水烧到99度的时候可能还没有开，这时候如果你绝望了，不愿意再等待了，那么就很容易在几秒钟的差距里与成功擦肩而过。在绝望的时候，一定要学会多点耐心，再等待一下，再努力一下。

人生从来就没有真正的绝境，不服输的人才有希望。如果你始终在绝望的边缘徘徊，请别放弃，再为自己加一加油，也许就是这最后的临门一脚为你创造了奇迹。

27. 绝不轻言放弃

竞争有时就是意志的较量，咬牙挺住了，胜利就很可能属于你。一切贵在信心与信念，只要坚持相信自己，再弱小的力量也能创造出意想不到的效果。永不言败是一种不达目的誓不罢休的勇气，更是一种信心，一种坚持到底、开拓进取的动力源泉。

第二次世界大战后，功成身退的英国首相丘吉尔应邀在剑桥大学毕业典礼上发表演讲。经过邀请方一番隆重但稍显冗长的客套之后，丘吉尔走上讲台。只见他两手抓住讲台，注视着观众，大约在沉默了两分钟后，他开口说："永远，永远，永远不要放弃！"接着又是长长的沉默，然后他又一次强调："永远，永远，不要放弃！"最后，他在再度注视观众片刻后回座。场下的人这才明白过来，紧接着便是雷鸣般的掌声。

这场演讲是演讲史上的经典之作，也是丘吉尔最脍炙人口的一次演讲。丘吉尔用他一生的成功经验告诉人们：成功根本没有秘诀，如果有的话，也只有两个：第一个是坚持到底，永不放弃；第二个就是当你想放弃的时候，回过头来照着第一个秘诀去做，坚持到底，永不放弃。

做企业也需要一种坚持到底的信念。日本丰田汽车公司是当今世界汽车工业三大巨头之一，取得这样的成绩，一个重要原因就是一种始终相信自己、不言放弃的坚定的心。

20世纪20年代,丰田喜一郎选择了汽车制造业。他到美国学习以后,回到日本名古屋试制,但他失败了。丰田喜一郎决定坚持下去。

他分析了失败的原因。当时落后的工业无法制造引擎,为了突破这一难关,他开始自行设计引擎,并制造出来。有了引擎,他开始制造汽车。从1933年开始到1936年,他造出了第一辆卡车和第一辆公共汽车。投放市场以后,因油耗高、噪音大、速度慢而反应不佳。面对又一次的失败,丰田喜一郎决定坚持下去。

日本对外侵略战争开始以后,军队需要大量军用卡车,这为丰田喜一郎提供了机会,他开始生产军用卡车。1938年,美国年产350万辆汽车,日本只能生产几千辆。1945年日本无条件投降,战争结束,丰田喜一郎只好停止生产军用卡车,当时日本经济不景气,民用汽车很难卖出去,丰田濒临破产。

面对这一次挫折,丰田喜一郎还是决定坚持下去。直到1950年,朝鲜战争爆发,美国向日本购买卡车,丰田喜一郎才迎来了又一次机遇。20世纪60年代,丰田开始试着进入美国市场。但刚一进入,就遭到惨败。皇冠轿车马力不足,根本无法在美国的高速公路上行驶。是否就此止步?是否就此放弃整个计划?丰田喜一郎决定坚持。丰田喜一郎说:"即使只有公司名称在美国登记也好,哪怕只卖出50辆或100辆也行。"

这一坚持就是7年。丰田公司花了7年时间才推出第一辆在美国销售成功的汽车。现在,丰田已经走过了80多年的历程。在这漫长的岁月中,在任何一次需要坚持的时候,如果放弃了,世界汽车工业的三大巨头之一就会与丰田无缘了。

正如俄国作家车尔尼雪夫斯基所说的:"只有毅力才能使我们成功……而毅力的来源又在于毫不动摇,坚决采取为达到成功所需要的手段。"丰田公司成功的秘诀无非是坚持、坚持、再坚持。这道理很简单,但缺乏毅力的人知道却做不到,而成功与否往往就由这一点决定。

不到最后,绝不放弃,这需要对企业满怀激情,对自己的事业充满信心。

第二篇

[定战略：老板最要做的一件事]

战略一词历史久远，"战"指战争，"略"指谋略。在现代管理中"战略"一词演变为泛指统领性的、全局性的、左右胜败的谋略、方案和对策。战略是一个复合词，是"战+略"，是对战争谋略的简称。战略思维，作为总揽和驾驭全局的辩证思维，是总经理必备的一种素质和能力。

第七章
战略思维越超前，公司竞争越有利

28. 战略规划到多远，企业才能走多远

企业战略可以理解成企业谋略，是对企业长期发展的计划和谋划。企业制定战略就像运动员打棒球，球飞来的方向是不确定的，运动员必须随时调整自己的方向，准确击球。只有这样，才能保证企业战略实施的成功。如果企业在一种无序、无战略的状态下简单经营、粗放经营，这样的企业注定会失败。

1999年9月10日，由具有全国人大代表身份的著名农民企业家周作亮无奈地将自己一手创建的湖北幸福集团的大部分股份转让给湖北国投，湖北国投成了幸福实业的第一大股东并出任董事长、总经理。与此同时，周作亮不得不黯然把自己的办公室搬到已经停建的四层办公大楼后面的一排简易的平房里。不久以前，他还在有着长长的门廊、铺着鲜艳绿色地毯的套间内办公。转眼之间，天壤之别。2001年2月4日，湖北省潜江市纪委宣布以侵占、行贿、扰乱金融秩序等严重错误开除周作亮的党籍。

周作亮的失败，是典型的因为缺乏战略而造成的失败。1979年夏天，39岁的周作亮一贫如洗，被武汉红旗服装厂破例收为学徒。3个月后，周作亮回到家乡幸福村，带领兄弟一起办起了"幸福服装厂"，当年盈利5 000元。以后几年，周作亮凭着他的灵气和对服装市场的感悟，举债从美国、日本引进了14条服装生产线，形成了衬衫、西服两大主导产品，产品开始打入国际市场。周作亮的事业越来越大。

1989年对于周作亮来说，是值得大书特书的一年。当年，在国际市场环境恶化，订单大幅度减少的形势下，周作亮处变不惊，把握时机先后在深圳、中国香港成立了永福制衣有限公司和永福贸易公司，一年内拿到了8 000万元的外贸订单。1991年幸福村和幸福服装厂村企合一，成立了幸福集团公司，1992—1993年公司又开始了股份制改造。幸福集团获得了巨大成功。

第七章　战略思维越超前，公司竞争越有利

一个残疾农民创造了一个奇迹。周作亮是个因患重度小儿麻痹症而留下后遗症的残疾人，身躯倾斜超过45度，左右脚不能正常地交替走路。一个现代化的中国幸福村在江汉平原闪闪发光。他们先后投资3 000万元，建成了一片"渠成格、田成方、路成线、树成行"的农田开发区和200栋农民别墅。

1993年已经获得各种荣誉的周作亮偶然获悉市场上铝材可以获取丰厚利润，当即决定兴建铝材厂，并且仅用8个月就投资1.2亿元建成了日产10吨的铝材加工厂。随后，由于铝锭、铝棒全部需要外购，周作亮决定再建设电解铝厂，又由于电力供应不足，为解决铝厂的用电问题，他不顾电力部门的强烈反对，在小火电已经列为限制发展项目的情况下，上马了三台5万千瓦小机组，年发电能力为15亿千瓦时，而铝厂自用仅为6亿千瓦时，三台小机组有两台闲置。为了解决剩余电力的外输和联网问题，周作亮又必须建变电站。就这样，周作亮走上了"缺啥补啥"的不归之路，这种没有战略的经营，盲目地发展，终于把幸福这个拥有22家工商企业、总资产25.7亿元的企业集团引入歧途。

幸福集团的成功，既得益于改革开放的机遇，也是周作亮勇气、胆识和能力的证明，在十多年的商业经营中，他总结出的最宝贵的，也是他最为推崇的经验是"一要闯、二要创"。如果说，在创业初期，"敢闯、敢创""大胆地试"是最为值得提倡的企业经营理念，那么在企业上了规模之后，仅仅依靠闯劲和灵感，必然为企业带来重大隐患。现代企业需要一套成熟的企业制度来保证企业的发展。

战略很重要，总经理对企业的发展思考一旦停止，企业就会驶向下滑的方向。总经理的这种思考，不是好高骛远，不是个人兴趣，不是一时冲动，而是在正确评估企业资源和条件，科学对待企业发展前景的基础上为企业发展所设计的安全航道。

企业的竞争力将主要取决于管理者的战略修炼。总经理必须能够做好战略上的抉择，塑造出企业的核心竞争力，善于分析和把握企业的战略环境，才能使企业走得更远。

29. 超前意识让企业抢占先机

超前意识是什么？超前意识就是谋划久远。体现在三个方面：一是在动态中准确

地预见事物的发展趋势。二是在静态中及时地预见事物产生的变化。三是在平平常常的工作、生活、学习以及友好往来中善于发现不显眼的契机，并预见到它蕴涵的价值和意义，从而牢牢地抓住它，充分地发展自己。三者之中，前两者往往体现在重大问题中，比较难做到，因为它需要一定的理论功底。而后者就在我们的实际生活中，只要我们有意识地锻炼、有意识地思考，就会很快地提高，并见之于成效。

企业要想有更好的发展，就必然要看清潮流，超前思考，掌握发展趋势，确保自己决策的前瞻性。假如总经理对发展思路、目标都不明确，对发展趋势不敏感，不善于长远思考、规划未来，那么这样的企业就会从走弯路到走下坡路，又谈何发展呢？

凡事预则立，不预则废。每个企业的发展都离不开市场，但是市场又是发展变化的，当前，企业之间的竞争异常激烈，相互之间不仅仅是人才、资本、产品和技术水平的比较，同时也是行动与速度的对抗，俗话说"抢先一步赢商机"，如果不善于谋划未来，只是鼠目寸光，关注当前，那么就会失去未来潜在的效益，企业的发展就没有后劲。

二十几年前，诺基亚还是一家濒临倒闭的地方性小公司，之所以现在会一跃成为著名的移动电话生产商，其中一个成功的秘诀就是，总经理很早地看到了手机市场的发展前景，他们预料，世界移动电话的需求量会在不久的将来很快进入高速增长期。因此，在确定以手机生产为发展战略后，诺基亚把手机之外的所有业务或剥离、或出售，甚至忍痛砍掉了拥有欧洲最大电视机生产厂商之一的电视生产业务。

在超前的意识和行动下，诺基亚始终站在手机生产的最前沿。诺基亚领导者们审时度势的超前意识、高瞻远瞩的眼光，使他们最早占领了手机市场并赢得了市场。

房地产行业标志企业万科曾经是一家以电器贸易起家的多元化公司。万科董事长王石曾感慨地说："从海拔8 848米的高度俯瞰能看到什么？其实，登顶那天云雾弥漫，可见度很低，啥都看不到。做企业比登山更难。两者不同之处在于，一个是丈量自己的高度，另一个是丈量企业的高度。两者相同之处在于，在信念和目标下，定位自己的脚步，选择正确的路线前行。"

1992年，当其他企业认为"不能将鸡蛋放在同一个篮子里，需要多产业发展，广区域布局"时，王石发现，万科利润的30%来源于房地产，在他看来，房地产这一块并非最大，但是它的发展速度最快。

王石认为，将来市场发展趋势是"专业化"。于是只专注于住宅，开始做减法。他当时的"减法"几乎囊括到万科所涉足的零售、广告、货运、服装，甚至还有家

第七章 战略思维越超前，公司竞争越有利

电、手表、影视等数十个行业。最终，万科成为行业内的龙头老大，其规模之大令其他企业一时难以抗衡。

哲学家奥里欧斯有一句话："我们的生活是由我们的思想造成的。"思想上的超前，必然带来行动上的超前，个人发展如此，企业发展更是如此。

在市场竞争激烈的今天，每一名总经理都应该有超前的战略意识，具备博学善思的素质。要想走在市场变化的前面，就必须提前了解、研究客户和消费者的潜在需求，通过不断地挖掘市场潜力，拓宽产品的市场份额来获得更大的赢利空间，这样才能战胜对手，在市场竞争中取得优势。

"二战"时期，美国有家规模不大的缝纫机工厂，由于"二战"的影响，生意非常萧条。工厂厂主汤姆看到战时除了军火生意外，百业凋零，但是军火生意却与自己无缘。于是，他把目光转向未来市场，一番思索后他告诉儿子保罗："我们的缝纫机厂需要转产改行。"保罗奇怪地问他："改成什么？"汤姆说："改成生产残疾人使用的小轮椅。"尽管当时很不理解，不过保罗还是遵照父亲的意思办了。一番设备改造后，工厂生产的一批批轮椅问世了。

正如汤姆所预想的，很多在战争中受伤致残的人都纷纷前来购买轮椅。工厂生产的产品不但在美国本土热销，连许多外国人也来购买。保罗看到工厂的生产规模在不断扩大，实力也越来越强，非常高兴。但是在满心欢喜之余，他不禁又向汤姆请教："战争马上就要结束了，如果继续大量生产轮椅，其需求量可能已经很少了。那么未来的几十年里，市场又会有什么需求呢？"

汤姆胸有成竹地笑了笑，反问儿子说："战争结束了，人们的想法是什么呢？""人们已经厌恶透了战争，大家都希望战后能过上安定美好的生活。"汤姆点点头，进一步指点儿子："那么，美好的生活靠什么呢？要靠健康的体魄。将来人们会把健康的体魄作为主要追求目标。因此，我们要准备生产健身器。"

一番改造后，生产轮椅的机械流水线被改造成了生产健身器的流水线。刚开始几年，工厂的销售情况并不好。这时汤姆已经去世了，但保罗坚信父亲的超前思维，依旧继续生产健身器材。十几年的时间，健身器材开始大量走俏，不久就成为畅销货。当时美国只有保罗这一家健身器工厂，所以保罗根据市场需求，不断增加产品的产量和品种，随着企业规模的不断扩大，保罗跻身到了亿万富翁的行列。

超前意识是一种以将来可能出现的状况面对现实进行弹性调整的意识。它可以创造前景进行预测性思考，可以使我们调整现实事物的发展方向，从而帮助我们制订正

确的计划和目标并实施正确的决策。那么，超前意识是怎样培养的呢？

首先，总经理应该戒骄戒躁，摒弃故步自封、骄傲自满的思想。

其次，要不断学习。学习包括：一是学习书本知识，二是向别人学习。如果不走出去，永远是坐井观天。

最后，总经理要勇于实践。经过不断地实践，就会逐步提高判断能力和思维能力。

总而言之，一个优秀的总经理一定要有高昂的斗志，科学的精神，清醒的头脑。要眼观六路，耳听八方，不断地观察社会情况的变化，研究应对变化的措施，这样才可能使企业走在社会经济发展趋势的前沿，永远立于不败之地。

谋划未来，关注未来，是为了给企业指定一个能跟得上未来发展趋势的战略规划。

30. 做好长期经营规划，就是未来赢家

1991年12月，总政后勤部将在深圳特区的35家企业集中起来，以南方制药厂为核心企业组建"三九企业集团"。经营领域涉及医药、房地产、进出口贸易、汽车、电子、服装、信托投资和股票证券等行业，并规定了三九集团的发展方向是成为跨行业、多功能、外向型发展的企业集团。

1994年在"三九胃泰"被国家列为自费药后，南方制药厂的生存出现危机。三九集团90%的利润来自南方制药厂，所以，制药厂的危机也直接威胁到集团的生存。在这种情况下，集团领导者制定了把单纯的产业型企业发展成为多种产业并举的综合性产业，把一个核心企业发展到两个核心企业，把单纯的产业型企业发展成为产业与金融相组合的高级组合型企业的新的集团发展战略。三九集团运用资本运营手段进入了汽车、农业、大食品、旅游业。到1997年6月，共兼并企业41家，集团总资产也达到97亿元。

多元化发展为三九集团埋下了地雷。他们本想避免将企业生死存亡系在一个业务上，期望出现"东方不亮西方亮"，但是，事与愿违，这次多元化发展战略使企业负债高达上百亿元，国资委要求三九集团重组。2004年5月16日，国资委党委书记李毅中亲赴深圳，宣布免去三九集团董事长赵新先在三九集团的一切职务。2005年11月，赵

第七章 战略思维越超前，公司竞争越有利

新先在北京被拘，2006年赵新先以滥用职权罪被判处有期徒刑一年零十个月。

企业没有战略，前途只有灭亡。随着全球化地不断深入，企业面临的竞争环境越来越严峻，怎样取得竞争优势已是企业经营管理者的首要任务。

放眼过去：产品需求变化、环境变化、市场区隔变化、顾客变化……这些变化显现出世界上唯一不变的真理是"变"，而怎样才能做好事前准备，做好长期经营规划，掌握变量者，就是未来赢家。

德州仪器公司曾经就遇到过多元化发展的诱惑。该公司是发明单芯片处理器最早的企业，这一发明标志着个人电脑时代的来临，也奠定了德州仪器公司在行业中的地位。20世纪80年代前期，德州仪器一直是全球第一大半导体公司，经营涉及笔记本电脑、企业软件、打印业务、国防工业、数字信号处理器的多项业务。各个业务板块发展不错，但不是最好，各业务在业内排名皆在十名左右，只有数字信号处理器业务排名业内第一。

公司领导者曾经为是否维持这种发展局面召开过多次会议，经过慎重地选择，他们决定将笔记本电脑、国防工业等业务全部卖掉，将全部精力与资金投在DSP（数字信号处理器）和ANALOG（模拟）领域。他们认为，未来市场竞争将会更加激烈，只有全力竞争才能成功，所以，他们选择了最具有前景的数字信号和模拟领域。

这一战略是成功的，它使德州仪器创造了今天在半导体领域的辉煌基业，在全球半导体公司排行榜中，德州仪器则以年营收近134亿美元的规模，成为位居英特尔和三星之后的世界第三大半导体供应商。在通信芯片领域德州仪器堪称霸主，全球约50%的GSM手机芯片市场占有率无人能敌。

德州仪器的发展战略显然是成功的。市场形势是多变的，未来也是变幻莫测的，总经理的最大任务是使企业在多变的市场中始终走在清晰、科学的发展道路上。这就需要总经理做出成功的发展规划，成功的战略规划能为企业未来发展提供合乎逻辑的方法。

进行战略规划不能保证企业经营一定成功，但不进行战略规划，企业一定会功能失调，最终导致失败。

第八章
战略规划是公司前进的冲锋号

31. 战略确定企业何所为，何所不为

制定战略的过程，就是为企业未来发展进行选择和定位的过程。战略确定企业的所为与不为，战略代表着未来企业的重点，战略是根据企业自身资源结合外部环境而选择的一个可获得持续竞争优势的空间。在这一空间中，企业具有对手所不具备的能力，并通过努力经营，不断强化这一优势，成为核心竞争力。

市场是充满各种诱惑的，各种诱惑诱使企业一步步地走进自己不擅长或没有任何竞争优势的空间，其结果往往是付出沉痛的代价，甚至是全军覆没。

太阳神集团曾经名噪一时。1987年年底，太阳神的前身"黄江保健品厂"在广东东莞黄江镇挂牌。随后，黄江厂参加了由国家体委举办的全国第一次保健品评比活动，该厂生产的拳头产品"万事达生物健"在此次评比活动中一举获得了"中国运动营养金奖"。广大媒体进行广泛报道，社会知名度一下子上到空前高度。1988年年初，生物健技术的持有人怀汉新辞去公职，投入"黄江保健品厂"，专注于运作企业。8月，黄江厂的厂名、商品名和商标统一更改为"太阳神"（APOLLO），产品在市场上获得巨大成功，当年实现销售收入750万元，1990年，销售额跃升至惊人的2.4亿元。

为了图谋更大发展，怀汉新重金聘用一批青年才俊换下了与其一同创业的9位高层元老，并为太阳神导入当时颇为先进的CI战略（企业形象识别系统）。1993年，太阳神的销售额高达13亿元，市场占有率高达63%。就是在此时，被胜利冲昏头脑的怀汉新开始吹响了多元化发展的号角，1993年，太阳神接连上马了20多个项目，其中包括房地产、石油、贸易、酒店业、化妆品、电脑等，并在全国各地进行大规模的收购和投资活动。

多元化战略让太阳神付出了惨重代价。短短两年间,太阳神转移到这些项目中的资金高达3.4亿元,并全部打了水漂。1995年年底,太阳神在中国香港上市后,股价直跌,1997年亏损1.59亿元,股价一度跌至港币9分左右。尽管此时怀汉新主动从总裁位置上引退,请来哈佛MBA工商管理硕士王哲担任企业总裁,但为时已晚,太阳神从辉煌顶峰从此跌入深谷。业内人士在评价太阳神发展历程时说:"正是未能抵挡住多元化发展的诱惑,使其在后期发展过程中失去了企业重点,期望全面开花,结果全线败退。"

无论在企业的任何发展阶段,企业一定要清楚自己的发展中心,国外成功的企业,大多数只投资一个行业,如同重拳出击一样,在这个行业里夯实自己的根基,然后再图谋扩张。

不管企业实施何种形式的战略,其目的都是在确定企业的未来发展重点。总经理应该把发展重点放在具有竞争优势的业务上,稳定具有相当竞争优势的主营业务,这是企业利润的主要源泉和生存基础。企业应该通过保持和扩大自己熟悉与擅长的主营业务,尽力扩展市场占有率以求规模经济效益,把增强企业的核心竞争力作为第一目标。

成功的企业在经营领域的选择上,都是首先确定自己的主营业务,积极培养核心竞争力,再以此为基础,考虑下一步发展方向。

32. 战略目标要从实际出发

企业的战略规划,不是根据战略理论所描述的美好前景去生搬硬套,而是要根据自身的情况来制定,企业的发展就好比建筑楼阁,需要在坚固的地基上一层层、严谨有序地进行,每个步骤都应该认真对待,这样才能保证不会出现"豆腐渣"工程。

战略目标不是冒进的宣言书,不是"大跃进"的口号,要切合企业发展的实际。海尔公司的经营战略的脉络是:首先坚持7年的冰箱专业经营,在管理、品牌、销售服务等方面形成自己的核心竞争力,在行业占据领头羊位置。1992年开始,根据相关程度逐步从高度相关行业开始进入,然后向中度相关、无关行业展开。首先进入核心技术(制冷技术)同一、市场销售渠道同一、用户类型同一的冰柜和空调行业,逐步向绿色家电与知识产业拓展。这种符合企业现实情况的战略规划，保证了海尔品牌的长青。

媒体形容蒙牛的发展是火箭般的速度。殊不知，在蒙牛的起步阶段，其制定出来的发展战略相当"低调"，但是，没有人否认这个战略的正确性。

首先，他们在产品选择上，没有和伊利、光明等当时的强势品牌正面对立，而是选择在不为他们两家所重视的利乐枕产品上进行突破。这为蒙牛赢得了成长空间和时间。果然，后来他们很快就把利乐枕做到全国最大。

其次，在品牌定位上，他们非常"务实"地选择和利用了两个机会：一是人人知道内蒙古乳业第一品牌是伊利，但不知道第二品牌是谁；二是人人知道来自内蒙古大草原的牛奶就是好牛奶。于是，他们提炼出"争做内蒙古乳业第二品牌""请到我们草原来""自然，好味道"等品牌诉求点，通过把握"神五""超级女声"等大型事件，开展各种传播和促销活动，迅速获得消费者的认知，产品快速覆盖到全国市场，一跃成为行业内最知名品牌。

分析蒙牛的战略，可以看到乳业竞争现实情况和自身资源情况——刚刚起步的蒙牛一穷二白，既没有资金实力，也没有生产实力——他们只好避开锋芒，选择利乐枕产品；正是看到一时无法超越伊利的发展现实，他们提出跟随战略，将自己定位在第二品牌上。这种务实的战略规划和发展目标设计，使蒙牛在内蒙古大草原上迅速崛起，成为蒙古草原上的另一颗璀璨明珠。

总经理不能把"战略规划"当成流行新装，因为企业只有一步一个脚印地发展才能建成摩天大厦。否则，假如企业设定了不契合实际的发展目标，必将付出沉重的代价，甚至被市场淘汰。企业的战略目标不应是空洞的策划、规划，而应该是符合企业发展规律和满足企业利益相关者的科学决策。战略规划应该根据企业的实际情况来进行。假如我们单凭着战略的理论和所谓的案例去发展企业，那一切就只能是纸上谈兵，最终落得一败涂地。

需要注意的是，总经理在制定企业发展战略时，一定要考虑好利益相关者的利益。利益相关者是指任何一个影响公司战略制定或执行的相关团体或个人，包括雇员、顾客、供应商、股东、银行、政府，以及能够帮助或损害公司利益的其他团体。

现在已经是信息高度透明的时代，企业发展对外部环境的要求在增强，如何正确处理和协调公司内部各利益团体之间，以及公司与外部各利益团体之间的关系的问题日益突出。总经理不应该仅仅将企业利润最大化作为制定战略的唯一目标，而应该像

第八章 战略规划是公司前进的冲锋号

关注利润一样关注在企业未来发展过程中与其他利益团体的协同问题。总经理一定要学会在与利益相关者打交道的过程中如何趋利避害，从而实现"双赢"或"共赢"的目标。

战略目标不能脱离实际，否则，就将成为海市蜃楼，没有切实的作用。

33. 为虾米服务，而不是追逐鲸鱼

2003年的冬天，马云到沈阳去看市场，顺便见了两个客户。其中一个客户见了马云就拉着他的手说："我真想把你像佛一样供起来。"

马云奇怪地说："怎么了？"原来，那位客户的生意多亏了阿里巴巴。客户在2003年一共有60个客户，58个是从阿里巴巴来的。

马云好奇地问他："你是做什么生意的？"客户回答说："我们企业很小，我们是做标牌生意的。"

马云自小生长在私营中小企业发达的浙江，从最底层的市场一路摸爬滚打过来，深知中小企业的困境——被大企业压榨、控制。例如，市场上一支钢笔订购价是15美元，沃尔玛开出8美元，但是1 000万美元的订单，供应商不得不做，但如果第二年沃尔玛取消订单，这个供应商就完了。而通过互联网，像上面故事中的小供应商就可以在全球范围内寻找客户。

马云要做的事就是提供这样一个平台，将全球的中小企业的进出口信息汇集起来。"小企业好比沙滩上一颗颗石子，但通过互联网可以把一颗颗石子全粘起来，用混凝土粘起来的石子们威力无穷。可以与大石头抗衡。而互联网经济的特色正是以小搏大、以快打慢。""我要做数不清的中小企业的解救者。"

在一次名人访谈节目中，博鳌亚洲论坛秘书长龙永图问了马云一个问题："你（阿里巴巴）现在供应商当中有多少是中小企业？"

马云的回答令龙永图有些吃惊："我们现在整个阿里巴巴的企业电子商务有1 800万家企业支持会员，几乎全是中小企业，当然沃尔玛也好，家乐福也好，海尔也好，甚至GE都在我们这儿采购，但是我对这些企业一点兴趣都没有。"

龙永图笑着说："难怪人家说你是狂人，口出狂言。"在场的人们显然都不太相

信马云的大话。怎么可能会有对大客户不感兴趣的企业呢？

马云不慌不忙地解释道："我只对我关心的人感兴趣。我只对中小型企业感兴趣，我就盯上中小型企业，顺便淘进来几个大企业，它不是我要的。就像你刚才讲，龙（龙永图）先生不购物，网上不购物，我一定没有吃惊。但有一样，我坚信一个道理，说有的人喜欢在海里抓鲨鱼、抓鲸鱼，我就抓虾米。我相信是虾米驱动鲨鱼，大企业一定会被中小型企业所驱动。所以我那时候就想企业在工业时代是凭规模、资本来取胜，而信息时代一定是靠灵活快速的反应。我唯一希望的就是用IT、用互联网、用电子商务去武装中小型企业，使它们迅速强大起来。"

从这段对话中，我们了解到马云把大企业比做"鲸鱼"，把小企业叫做"虾米"，阿里巴巴只对虾米感兴趣，它的主要客户是小虾米而不是鲸鱼。马云之所以盯紧"小虾米"，眼里只有"小虾米"，是因为他对中国中小企业的了解，以及阿里巴巴自身的成长经验。

马云把大企业比做鲸鱼，将小企业比做虾米，他只注重虾米的世界。在马云的眼里，小虾米并不小，他们集中起来可以形成很强大的力量，实际上，很多大企业都是由很多中小企业支撑起来的。比如波音飞机，名气大不大？可是造一架波音飞机需要有几十万个中小企业给它提供零部件，如果离开了这几十万个中小企业，波音也好，空客也好，都是没戏的。

制订企业的战略规划，要像马云一样，找到适合自己企业的客户群，这样才能集中力量办大事。

第九章
差异化战略要符合市场的需求

34. 不要为了差异化而差异化

自从管理大师迈克尔·波特提出差异化战略后,很多企业懂得了主动差异化是领导品牌封锁跟随者的利器,差异化是挑战者或后来者争夺更多市场的利器。于是他们就开始渴望用独一无二来打造自身的竞争优势,迫切地寻找自己的与众不同之处。但是有些企业对差异化的僵化理解是"有差异就好",所以市场上出现了很多没有意义的差异化。

总经理首先要想清楚:你的企业真的需要差异化吗?差异化是个相对的概念,没有必要为了差异化而差异化。谈起差异化,企业领导者首先要用战略的眼光审视自己,尤其是要清楚自己企业在行业内的地位和在竞争中的定位。

行业领导品牌一般情况下是行业标准的制定者,所提供的产品和服务要锁定主流市场。假如企业刻意去找差异化,可能会丧失总成本优势,最终会为此付出惨痛的代价。作为行业的领导者,你谈的问题更多不应是差异化,而是如何做到边际成本最低化。比如,假如你是羊毛衫市场的主导品牌,那么你考虑的最大问题应该是如何降低羊毛衫成本,保持合理的毛利率,而不是如何在羊毛衫里加入纳米成分、羊毛衫要保暖耐脏等问题。因为那些市场目前尚不是主流,主流市场消费者关心的是你的羊毛衫是否物美价廉,而不是能否拿你的羊毛衫去当羽绒服或者工作服。所以,行业领头羊如果错误使用差异化战略,必定会得不偿失。

但是,如果你的身份是行业的挑战者,并且你具有一般领导者不具备的优势,那么你就可以考虑差异化了。但前提要慎重,因为你的差异化很可能遭遇领导品牌价格上的或者其他因素上的猛烈袭击。所以你要找的差异化策略,必须是领导品牌短时期内无法攻克的东西才可以。否则,一旦给予行业领头羊还手的机会,必然会被击败。

博客网和门户之争,当年博客网凭借"博客日志"这一差异化产品,进军互联网行业，迅速获得网民的密切关注。但是当新浪、搜狐等门户网站看到博客的重要性之后，他们大举进攻博客领域，致使博客网黯然收场。

健力宝曾经重拳推出的第5季饮料。这个饮料品牌曾被健力宝集团轰轰烈烈地宣传过，无论是在产品名称上，还是在包装上都采取了与常规不同的差异化战略，然而并不成功，消费者并不认可，最终惨遭市场淘汰。这是为什么呢？一年只有4季，"第5季"这个名称确实够新鲜，够差异化。但是，仅仅是名称差异化，品质并没有与竞争对手区别开来，尽管它的宣传很卖力，但消费者不会为这个差异化名字而埋单。为差异化而差异化，注定要失败。

差异化是一个十分有效的竞争战略，但并不是所有的企业都适合差异化战略，也不是所有的企业实施差异化战略都能获得成功。领导者要意识到，市场的需求是第一位的，市场需求推动了新业务的发展。顾客真正想要的，是更好的产品和服务，而不是更多的差异化，他们不会单纯地因为你的产品具备某些特性而大方地掏腰包。他们购买一种产品，是因为这种产品能够满足他们某种需求，并且这种产品拥有比竞争对手更多、更好的品类利益。

作为企业的管理者，千万不能为了差异化而差异化，在思考差异化之前首先要问的是顾客目前没有满足的需求是什么，只有找到了那个点，这样的差异化才能给顾客带来价值，进行否则你进行差异化了之后，顾客觉得和他没关系，不会为企业的差异化而自掏腰包。

需求永远是比竞争更重要的原点，差异化不是为了避开竞争，差异化是为了满足对手所没有满足的顾客需求。

35. 差异化要让顾客明白认同

差异化战略的关键是积极寻找市场空白点，选择目标市场，挖掘消费者尚未满足的个性化需求，开发产品的新功能，赋予品牌新的价值。

差异化战略的依据是市场消费需求的多样化特性。不同的消费者具有不同的爱好、不同的个性、不同的价值取向、不同的收入水平和不同的消费理念，因而决定了他们对产品品牌有不同的需求侧重。

华龙面业六丁目方便面的成功在于其运用差异化战略，牢牢地把持住低档面市场。

第九章　差异化战略要符合市场的需求

低档面市场是方便面巨头康师傅与统一暂时不愿意进入的市场,但这个市场的需求量非常大,虽然有众多本土方便面企业进行恶性竞争,但各区域市场上始终没有强势品牌。

华龙面看到了产品差异化契机:绕开与行业巨头的竞争,全面进入低档面市场;打造强势品牌,采取低价策略,从而击败众多本土品牌,确定霸主地位。针对中原人尤其是河南人爱面食、市场基础特别好,但对方便面性价比非常敏感的需求特点,华龙推出零售价只有0.4元/包的六丁目,以"惊人的不跪(贵)"成功实施差异化战略。

这个见官不跪、见了皇上也不跪,甚至连做了驸马拜堂时也不跪的民间小人物六丁目,随着广告的大力宣传,受到了老百姓空前的追捧。六丁目出奇制胜地进入老百姓的心中,成为"不贵"的代名词,一举成为低档面的领导品牌,年销量达六七个亿。

小护士的成功同样是差异化战略的成功。1997年,小护士全力进入国际品牌宝洁和国内众多品牌都未重视的防晒市场。这次细分市场为小护士带来了巨大的成功,成为护肤品市场细分与品类行销的成功典范。与本土其他品牌(如美加净)诉求"为什么要防晒"不同的是,小护士一登场讲的就是怎样专业防晒、有效防晒,并以专业防晒的全线产品大举进军防晒市场,上市仅三个月的时间销量就达8 000万,一举成为防晒第一品牌,拥有50%以上的市场占有率,个别地区达70%。一个不用遮阳的手势再加一句"真的没晒黑!"的广告语令人心动。小护士成为专业防晒的代名词。

六丁目和小护士的成功,说明了差异化战略必须要以消费者需求为基础,并获得理解和认同的重要性。中原人爱吃面,并对价格敏感,价格成为消费行为的重要影响因素,所以,六丁目低价入市。同样,针对中国人最怕黑这个特点,每个人都期望"一白遮百丑",所以,小护士大打防晒牌,一举获得成功。让顾客理解和认同,不仅仅需要口号和宣传,更需要为顾客创造实打实的利益和实惠,这样顾客才会乐于购买,乐于追随。

作为中国最知名的零售品牌之一,苏宁非常强调非技术的创新:服务创新。服务是苏宁制胜的法宝,与其他家电零售商的做法不同的是,苏宁把服务当做一种产品进行创新设计、推广销售,提供售前、售中及售后一体化一条龙的全过程服务。这些对顾客的价值非常大,真可谓一切都一步到位,价格让消费者开心,服务让消费者放心。服务创新就是苏宁电器采取的差异化战略。

苏宁电器推崇的是"阳光服务"。"因为关爱用户感受,因为关注生活品质,苏宁电器品种、价格、服务一步到位,买电器,到苏宁,苏宁电器连锁全国。"一条简单的广告深入顾客的潜意识,引发顾客买电器时的第一联想,直接影响到顾客的消费行为。广告语"买电器,到苏宁",强势定位和暗示,让苏宁成为电器的代名词,让苏宁成为顾客购买电器的首选之地。

正是得益于成功的差异化战略，使苏宁始终在中国零售市场上保持着旺盛的生命力，并不断创造一个又一个的销售奇迹。

差异化只有在顾客认同、理解的情况下进行，才能真正满足顾客需求。反过来，只有在顾客需求的基础上进行差异化战略，才能较快地获得理解和认同。顾客需求和差异化战略是一个有机结合体，总经理只有找到它们的最佳结合点，才能找到差异化战略成功的金钥匙。

企业的差异化战略，一定要立足在消费者需求的基础上进行，并要最大可能地获得顾客的理解和认同。

36. 顾客需求是市场的灵魂

顾客需求是市场的灵魂，但是，企业往往会发现自己面对的顾客需求有很多，甚至多达上百种。从市场营销的角度讲，每一种需求都可以成为差异化战略的出发点。但是，并不是每一种差异化战略都能获得市场认可，只有准确把握目标顾客的关键需求，创造出顾客所期望得到的但竞争对手尚未提供的顾客利益，才能获得巨大成功。

所谓顾客关键需求，就是对购买决策产生重要影响的利益需求。在差异化战略实施方面，顾客关键需求才是战略实施的根。

市场从来都不是想出来的。在市场经济条件下，企业仅靠技术水平的先进，是不能确保其在竞争中取胜的。如果忽视了对顾客需求的精准把握，必然遭到失败。

作为卫星移动通信业的开拓者，美国铱星公司曾耗资50亿美元、花费12年的时间用于技术创新，研究开发出了由66颗低地球轨道卫星组成的移动通信网络。但是，从1998年11月1日投放市场后，由于手机和服务费用昂贵等原因，该公司的客户极其稀少。按照创新成本计算，要实现盈利至少需要有65万家用户。但一直到1999年8月初，该公司只有2万家用户。在无法按期偿还巨额债务的情况下，铱星公司于1999年8月13日被迫向法院申请破产保护。

造成铱星公司破产的重要原因不是因为技术水平，而是因为缺乏市场导向，忽视市场需求的变化，尤其是忽视了消费者的承受能力。由于技术突飞猛进，20世纪90年

第九章 差异化战略要符合市场的需求

代以来,普通手机的价格和通话费急剧下跌,远远高于同行服务价格的铱星公司仅剩下申请破产保护一条路。

市场是需要被发现的。对于总经理而言,要想成功地打理公司,就是要对市场的未来消费群体进行准确的分析,然后根据市场需求开发适合于该群体的新产品,并通过有效的营销手段把其推向市场。在中国食品行业也有一个经典案例值得学习。

华龙集团在以六丁目、东三福等品牌占领低档面市场之后,遂以高档面品牌"今麦郎"向康师傅等强势品牌挑战,分割高端市场。应该说,华龙集团勇气可嘉。他们在调查中发现,面条的筋度成了影响顾客消费决策的关键因素,因此,他们不称今麦郎为方便面,反而极具创新性地命名为"弹面",一下子与康师傅、统一的产品区分开来。今麦郎以"弹面"的强势概念,一举成为产业新类别的领导者。从"弹跳王"张卫健演绎的《亲嘴篇》"弹得好,弹得妙,弹得味道呱呱叫"到新推的《就你弹篇》,今麦郎弹出前所未有的市场新空间,受到消费者尤其是年轻人的喜爱和追捧。

说到白加黑,很多人就会立即想到它的广告语:白天服白片不瞌睡,晚上服黑片睡得香。白加黑的产品功效确实具有差异化特征,但是,在感冒类药品市场上,讲究功效差异化的产品并不少。白加黑为什么能够脱颖而出?主要是因为它发现了上班族治疗感冒的一个关键需求:现在,上班族都面临着巨大的工作竞争压力,每个人都不希望因为感冒而影响工作,不希望因为吃药造成的瞌睡而使自己的工作业绩受影响。因此,处于感冒中的他们迫切需要一种白天能够使他们正常工作、晚上能够促进睡眠质量的感冒药品。

在这种需求环境下,白加黑应需而生。白加黑把自己的产品功效特征与城市上班族的关键需求紧密地联系在一起。在它的广告中,凤凰卫视主持人吴小莉在感冒期间仍能精力充沛地高效工作,这个广告情境向上班族传达了这样的效果诉求:有白加黑,再沉重的工作压力也能像往常一样从容应对。这个效果诉求符合了上班族的心境和期望,从而将他们吸引了过来。白加黑由此奠定了在感冒类药品市场上的领先地位。

以上两个案例说明,只有准确地把握顾客的关键需求,创造出他们期望得到的且竞争对手尚未提供给顾客的利益,企业才能创造出真正的差异化竞争优势。否则,一切都是隔靴搔痒,一切都是空谈。

抓住顾客的关键需求,是成功的差异化战略的核心理念。

第十章
成本战略：既要花得少，更要赢得多

37. 低成本战略不会转化为持续竞争力

低成本战略是这样一种战略：为了赢得更高的利润或更高的市场占有率，成为行业中的成本领先者，企业在提供相同的产品或服务时，通过在内部加强成本控制，在研究、开发、服务和广告、生产、销售等领域内，把成本降到最低，从而使自身的成本或费用明显低于行业平均水平或主要竞争对手的。

一头奶牛和一只猪合伙开热狗店，双方各占50%股份。奶牛对猪说："我每天挤一桶奶用来做汉堡，你每天割一块肉用来做火腿，这样自给自足的话，我们就都不用担心成本高了，在我们的共同努力下，我们一定会赚得荷包满满！"猪一听，觉得很合理，于是非常高兴地点头同意。因为成本低廉，热狗店越开越大，但是，这家店的股权最后会归谁所有呢？毫无疑问会归奶牛，因为猪最后一定会被自己割死！

这个故事在企业运作中给我们这样的启示：低成本战略是猪，品牌是奶牛。由于低成本战略带有先天性缺点，这就决定了低成本战略只能是暂时的、一时一地的竞争策略，而不能成为企业核心竞争力。低成本战略不能为企业带来持续竞争力，而品牌是无形资产，只要品牌不倒，就能源源不断地为企业创造利润。优秀的企业一定是品牌优秀的企业，长期采用低成本战略的企业一定是没有树立品牌优势的企业。

低成本竞争确实曾给中国不少的企业提高了竞争力。比如，格兰仕微波炉、长虹彩电、吉利汽车等都曾叱咤风云。但是，在充满富余劳动力的中国，靠低成本、低价格建立的门槛，很难阻挡新来者的加入，所以低成本是竞争中很容易被模仿的要素。因此，虽然有这些靠低成本成功打入市场的例子，但我们却很难找到依靠这个单一优势获得持久成功、长期成为霸主的中国企业。在相当长的一段时间内这一情况不会改变，这也就注定了低成本无法成为持久竞争力，想要单靠这一个因素长期称霸的企

第十章 成本战略：既要花得少，更要赢得多

业，也必然会落得个"你方唱罢我登场"的结局。

低成本战略本身并非是"完美"的战略。由于低成本的产品自身存在弊端，具有显而易见的缺点。所以低成本可以在一定时期、一定范围内形成企业竞争优势，但不会产生持久的竞争力。

首先，低成本战略的前期投资大。一般来讲，低成本公司一般是通过扩大生产规模来取得低成本优势，这就需要较大的前期投资，资金不够雄厚的公司显然不适合采用该战略。

其次，低成本的产品不可能总是得到同一消费者的欢迎，随着消费者收入的提高，他们对此类产品的需求自然会减少。可是低成本的行业退出壁垒高。由于公司前期投资大，一旦处于竞争劣势或行业开始衰退，公司的退出障碍会很多，付出代价比较大。

最后，它不可能得到所有消费者的喜爱，特别是对于一些中高端客户，市场细分是必要的；而且新技术会给这样的企业带来威胁，如竞争对手利用更低的人工成本或新的技术，形成新的低成本优势；另外，如果企业过分地追求低成本，降低了产品和服务的质量，则会影响顾客的需求，结果会适得其反。

低成本战略不是发展企业的可持续战略，过分地追求低成本，只会适得其反。

38. 低成本并不以牺牲品质为代价

很多企业将低成本优势作为其在市场上竞争乃至制胜的关键武器。需要提醒总经理注意的是，低成本战略不能以牺牲产品的品质和服务为代价。企业必须不断提升自己的核心技能和竞争力，这样才能应对市场竞争环境的不断变化。

1962年，山姆·沃尔顿开设了第一家沃尔玛商店，按照美国《福布斯》杂志的估算，1989年，山姆·沃尔顿家族的财产已高达90亿美元，沃尔玛在世界零售业中排名第一。2001年《商业周刊》全球1000强排名里沃尔玛位居第六位。作为一家商业零售企业，沃尔玛能与微软、通用电气、辉瑞制药等巨型公司相匹敌，实在让人惊叹。而沃尔玛之所以取得成功，其关键的原因就在于商品"物美价廉"，对顾客的服务是优质上乘的。

沃尔玛在压低进货价格和降低经营成本方面下工夫，直接从生产厂家进货，想尽一切办法把价格压低到极限才成交，始终保持自己的商品售价比其他商店便宜。沃尔玛公司纪律严明，监督有力，为防止采购员损公肥私，它严禁供应商送礼或请采购员吃饭。与此同时，沃尔玛也把货物的运费和保管费用降到最低。

该公司在全美共有上百个配货中心，全部设在离沃尔玛商场不到一天路程的附近区域。商品购进后直接送到配货中心，再从配货中心由公司专有的集装箱车队运往各地的沃尔玛商场。公司还备有最先进的存货和配货系统，配货中心与商场的POS终端机都和公司总部的高性能电脑系统相联网，通过收款机激光扫描售出货物的条形码，每家商场的有关信息都会被记载到计算机网络当中。当某一货品的库存减少到最低限时，计算机就会向总部发出购进信号，要求总部进货。商场发出订货信号后36小时内，所需货品就会及时出现在货架上。因为总部会在寻找到货源后，就派距离商场最近的配货中心负责运输，一切安排有序。

在这种高效的商品进、销、存管理下，公司迅速掌握了商品进销存情况和市场需求趋势，既不积压存货，销售又不断货，资金周转加速，降低了资金成本和仓储成本。

沃尔玛为全世界的消费者提供了最为便宜的产品，但是这种低价策略并没有牺牲任何产品和服务，正是这种低成本、高品质的竞争战略，才使得沃尔玛在激烈的市场竞争中持续取胜。

同沃尔玛一样，日本丰田汽车公司也是因低成本、高质量而享誉世界。丰田汽车采用低成本战略，其经营思想是以"彻底杜绝浪费的思想为基础，追求制造汽车的合理性而产生的生产方式"。

汽车公司采用准时（JIT）生产方式，它的核心理念是"只在需要的时候，按需要的量，生产所需的产品"，这就是"just in time（JIT）"一词所要表达的含义。这种生产方式的核心是追求一种无库存生产系统，或使库存达到最小的生产系统。丰田公司为了实现这种思想而开发出包括"看板管理"在内的一系列具体方法，并逐渐形成一套独具特色的生产经营体系。

JIT生产方式追求成本领先，但是，绝不是以牺牲产品品质为代价。质量保证是JIT生产方式的基本手段之一。JIT生产方式将质量管理贯穿于每一工序中来实现提高质量与降低成本的一致性，具体方法是"自动化"。所谓自动化是指融入生产组织中的两种机制：使设备或生产线自动检测不良产品，一旦发现异常或不良产品可自动停机的运行机制；在生产第一线的工人发现产品或设备有问题时，有权自行停止生产的管理机制。

低成本是丰田的领先优势,而品质是丰田持续成功的根本秘诀。低成本扩张的战略,给丰田称霸全球帮上了大忙。丰田早已坐稳汽车行业全球利润第一的宝座,它的年利润比美国三大车厂的总和还多。

尽管成本与品质向来被认为是密切关联的,但是,成功的企业总是能够最大化地将两者之间的关联区分开来:低成本并不以牺牲品质为代价,高品质不是高成本的借口和理由。

对于总经理而言,提升企业产品的竞争优势只有一条路可走:在提升产品品质的同时降低产品成本,从而降低产品价格。只有这样,才能保证企业在市场上永远处于主动和领先的地位。

39. 低成本战略的关键在于创新

对于企业而言,"创新"是一条永远不变的市场竞争法则和永恒主题。很多总经理认为创新是低成本战略的最大威胁,殊不知,降低成本最有效的办法是不断创新。一场技术革新会大幅度降低产品成本,生产组织效率的变化也会带来成本的变化。当年福特汽车公司通过传送带实现了汽车的流水生产方式,大幅度降低了汽车生产成本,进而实现了让汽车进入寻常百姓家的梦想;河南莲花味精集团曾经围绕味精生产工艺先后进行了十几次技术创新,每一次创新都能够带来生产效率的提高和产品成本的降低。创新是低成本战略实施的关键。

(1)产品创新是企业创新实践中最为常见的突破口。产品创新的标准是以客户需求为导向。在当前众多同质化产品堆里,如果自身不能找出或发现优势,就会找不到运作方向,最终被埋没掉。对消费者来说,他购买产品的目的除了获得核心利益外,还期望从中获取附加利益,除了对产品进行定位、概念、诉求方面的包装外,更要结合产品本身的特质和功效明确产品自身的集中服务对象。

随着生活节奏的加快,一些用户可能需要一款独特的洗衣机,洗完的衣服马上就能穿。针对这样的需求,海尔集团就有了"衣干即停"洗衣机的研发计划。这样一款洗衣机,实际上是将烘干机和洗衣机的功能整合起来。但是,由于不同的地区湿度不同,所以洗衣机在烘干到什么程度时停下来又是个问题。假如把所有洗衣机的烘干程度都设为相同的，肯定无法满足不同地区人们的需求。

于是，海尔工程师就在机器桶内加入了一个湿度感应器。当感应器达到一定的刻度时，洗衣机就会自动停止运转。这样既保护了衣物不会被过度地磨损，又节约了电能。所以该洗衣机的成本较为低廉。这种感应器是已经在市场上普遍存在的，并非是海尔自己研发出来的。海尔只不过是将市面上固有的技术整合到自己的产品中来，从而创新出一种新产品来满足消费者的需求。这种创新并没有大幅度地提升海尔产品的成本，但是，正是这种创新保证了海尔"衣干即停"洗衣机的独特性和创新性，使得顾客购买后感觉"物超所值"。

（2）模式创新也是总经理最为看重的创新形式。不同的商业模式会带来不同的运营成本，从而影响产品在市场上的价格，总经理要多考虑模式创新的各种可能性，通过模式出效益，从而实现低成本战略的实施目的。金喜来科技公司就是模式创新的典型企业。

在2000年网络泡沫破灭的背景下，金喜来科技公司在新加坡成立。之后5年的时间里，以IT配件代理业务为主（特别是硬盘代理），金喜来成长迅速，很快跻身于世界十大IT配件代理商行列。金喜来总裁Vikas Goel表示："这来自于高效率低成本商业模式的创新。"

对于金喜来公司如何在营运中保持自己的成本优势，Vikas解释道："金喜来非常注重公司运作的效率问题，我们的人力成本在总成本中的比例占到0.35%，而一般公司要在1.5%以上。结合其他和成本优势，从PC在生产线组装，到出厂向市场销售，到售后服务的支持，这一条龙服务的成本占总成本的1%，这是我们的优势所在。"

模式创新使金喜来获得了巨大成功，金喜来在全球范围内38个国家或地区中，设立了超过117个分公司或办事处，全球总营业额达到20亿美元。作为金喜来公司的主营业务，硬盘代理在行业中总出货量达到市场份额的25%，位居全球领先地位。

（3）流程创新也是企业实现创新目标的一个重要渠道。流程创新是指创造性地利用成熟技术，在生产流程方面进行创新。在这方面，深圳比亚迪就是一个经典案例，它最大的特点是在资本不足的情况下，利用流程改造，把电池制造这一资本密集的产业变成了劳动密集型产业，最大限度地把中国的劳动力与技术紧密结合，获得了外国竞争对手难以比拟的成本优势。

总经理应该清楚的是，任何创新的战略思考必须要有组织结构作为保障，实际上，要实现产品创新，不仅仅是企业领导人自己的想法，而是应该把各个环节利用起

第十章　成本战略：既要花得少，更要赢得多

来组成一个系统，并使这种意识贯彻到每个员工的行动中去。只有这样，创新才能持续，才能获得成功，从而降低产品的成本和价格，进而保证低成本战略地顺利实施。

　　实施成本战略，有赖于管理者进行多角度的创新与改革。只有这样，才能形成成本战略的可持续发展。

第十一章
多元化战略是把双刃剑

40. 切忌追求不切实际的多元化

　　一个企业的精力是有限的，企业进行多元化地扩张，不仅要考虑资金实力的问题，更重要的是要想一下你的企业是否具有多元化扩张的管理体制。企业在进行多元化的产业扩展中，每一个产业都需要专业化的人才和技术来支持。没有一定的专业人才和技术积累，盲目地扩张必然要付出很大的代价。

　　企业多元化战略是与专业化经营战略相对的一种企业发展战略，它是指企业在其主导产业范围以外的领域从事生产经营活动。走多元化经营是要有前提的：首先要对多元化有充分认识，其次要了解企业主产业的发展是否达到非常的程度，市场管理水平、技术水平、占有率是否无懈可击，有没有形成核心竞争优势，有没有大量的剩余资金。这两个条件缺一不可，在不满足条件的情况下不要轻易幻想成为某个帝国。

　　现在有些企业，自己的主业还没做好就急于向其他领域发展，没有钱也要借钱往里扔，结果统统被套牢。多元化成了企业发展的大"陷阱"。

　　一群麻雀非常羡慕老鹰能有强健有力的翅膀，可以畅快地在天空翱翔。于是它们想彻底改变自己的坏形象，通过努力变成老鹰。于是，一只麻雀前去观察老鹰生养孩子，回来后告诉大家说："老鹰孵卵花了不多不少整整30天！毫无疑问，这就是老鹰从小就拥有强健体魄的原因。"于是，麻雀们孵卵也用了整整30天。

　　一只麻雀去偷看老鹰训练幼鹰的过程，回来后斩钉截铁地说："母鹰把幼鹰带到高处，或树梢或悬崖上，然后把它们摔下去，很多幼鹰都死去了，能够存活下来的幼鹰还要经历一次血淋淋的考验：在成长的过程中它们的翅膀大部分的骨骼会被母鹰折断，然后再次从高处推下。这一定是老鹰可以飞那么高的最直接原因。"于是麻雀们也把幼子带到高处摔下，也把幼子的翅膀折断。但是最终所有的小麻雀都死去了。

又一只麻雀被派去观察老鹰练习飞行的情况，回来告诉大家说："我准确算过，老鹰每次飞到离地1万米的高空再停飞，这肯定是它们拥有强大飞翔能力的关键。"于是，大大小小的麻雀们努力向1万米的高空冲去，从不停歇，可直到它们相继累死过去，麻雀们也没有一只飞到那么高的位置。麻雀还是麻雀，它们到死也没改变。

中国的企业有些时候也犯了和这些麻雀一样的毛病。与其不切实际地幻想成为一只鹰，倒不如去做一只优秀的、快乐的麻雀。

在巨人集团倒下的时候，曾有一位大学生给史玉柱写信说："史玉柱，你必须站起来！你知道吗？你的倒下伤害了我们这代人的感情。"史玉柱是一个靠卖电脑软件而发家致富的年轻人，但是他没有安心立志于电脑行业。

1995年5月18日，巨人以整版的广告形式，在全国多家主要的报纸上一次性推出电脑、保健品、药品三大系列的30个新品，它的子公司从30多家发展到了200多家，人员从200多人猛增了10倍。这一年也是史玉柱最辉煌的一年，他被《福布斯》列为内地富豪第八位。

但是，也是这一年，史玉柱和他的巨人集团走上了下坡路。巨人集团因涉足电脑业、房地产、保健品等，行业跨度太大，新进入的领域并非优势所在，却急于铺摊子，则资金流无法周转，有限的资金被牢牢套死了。

盲目追求多元化经营是巨人集团倒闭的主要原因。多元化不是摊大饼，通过多元化战略来降低经营的风险，需要付出一定的代价。

我们并不反对多元化，但是实施多元化战略一方面应该考虑企业自身的优势，把眼光放得更长远一些，考虑企业该不该走多元化道路，什么时候走最合适，往哪个方向发展最好；另一方面要考虑市场形势，在市场机会很多的时候，走多元化道路可以使企业短时期迅速发展，但是，当市场环境极其复杂的时候，企业一定要慎重决策，避免因为打造成为某种商业帝国而使企业陷入多元化发展的泥潭。

总经理应该从企业的内部与市场形势两方面进行考察之后，再决定企业是否适合实施多元化战略。

41. 多元化也要有目标

世界一流的效率提升大师博恩·崔西说:"成功最重要的前提是知道自己究竟想要什么。成功的首要因素是制定一套明确、具体,而且可以衡量的目标和计划。"

很多人以为,做企业是一场短跑比赛,重要的是拿到冠军。然而,拿到冠军之后呢?企业经营的过程并非一场短跑,而是一场跨栏,不是110米跨栏,而是马拉松跨栏。一个企业的发展,就如同跨栏,跨一个栏以后,前面又有一连串的栏。将每一个栏杆比喻成企业的每一个短期目标再恰当不过了。跨过去一个栏杆就如同实现了一个目标,想要持续经营企业,总会有无数的目标等待着被跨越。

在企业马拉松跨栏的过程中,有一点是一定要注意的,那就是当跨完一个栏以后要看下面一个栏在哪里,甚至这个栏是否已经设立好。一个有理想的企业,或者说一个可持续发展的企业,在多元化发展的同时,应该一直有目标放在那里。

1990年,澳柯玛集团在详细的市场调查基础上,果断地提出了内部挖潜改造、自我约束、量力而行、走内涵或低成本扩张道路的经营战略目标。通过企业的产品调整、技术创新和管理创新相结合,设计和开发出BD-150型顶式家用小冰柜,填补了我国家用小冰柜市场的空白。

1996年,澳柯玛集团开始了第二次创业,他们针对内外环境的变化,调整了经营战略,确定了建立国际化大型企业集团的战略目标,制定了规模化、多元化、集团化的经营方式,树立了"大、强、新"的经营思路,并设定了合理的短期目标,使集团在更高的起点上再次飞跃发展。

在1998年上半年,全国家用电器产品市场占有率统计中,澳柯玛洗碗机、电冰柜分列同行业第一名,微波炉列第二名,电热水器列第三名,澳柯玛电冰箱已跻身同行业产销量前十名。另外,澳柯玛集团已分别在俄罗斯、新加坡等国家和地区设立了澳柯玛系列产品经贸公司。许多产品已远销南美、中东、南非等国家。澳柯玛集团与美国阿凡提公司签订的2万台电冰箱出口合同已经启动。

从资不抵债达2 700多万元,前后37次被告上法庭,到总资产63亿元,中国家电企业七强之一,澳柯玛集团在9年间经历了两次创业,为集团达到世界先进水平打下了坚实的基础。澳柯玛集团给了我们一个重要启示,即确立明确合理的企业发展目标,然后将目标进行分解,并实行严格的目标管理是企业得以飞跃发展,跻身领先地位的重要前提。

由此可见，制定合理的目标对企业经营有巨大的作用，目标就是指南针，能够指引企业一步一步迈向成功。高明的总经理都明白这个道理，他们总是不失时机地把目标引入管理。在多元化发展的同时，合理的目标管理还具有以下作用。

（1）目标能使团队更具凝聚力。在管理实践中，往往一些组织规模很大，成员很多，却始终保持高度的凝聚力，其成功经验之一就是引入目标管理。有人问一家公司的总裁："有什么方法使员工紧紧地抱成一团，使公司具有坚强的战斗力？他想了想，说："我们从来没有失去目标，即使公司内部暂时没有大型的项目、计划，我们也能从我们的对手、潜在的危机中选择一个目标，我们的员工始终感到我们正在为一个共同的信念而奋斗。"

（2）目标能明确管理的方向。目标是管理工作的终点或追求的宗旨，它能为整个组织指明前进的方向。

（3）目标能激励成员更有成效地工作。如果给成员一个想要的、又富有挑战性的目标，他们会主动激发自己的潜力来实现这个目标，他们往往能取得令管理者和他们自己都吃惊的好业绩。

对总经理来说，应在多元化发展的道路上，设置无数个栏杆，达成一个又一个目标，跨越一个又一个栏杆。这正是一个企业不断成长和发展的过程。

42. 成功的多元化战略要内外兼顾

TCL曾经是中国彩电业的龙头，但是当李东生选择了走多元化的道路之后，它的利润大打折扣。3年的时间里，在花费了令人咋舌的6亿元作为前期投资之后，TCL在信息产业上几乎"全军覆没"，2001年亏损达4 000多万元，很多项目更是血本无归。

以TCL为例，中国企业的多元化历程与一场血泪斑斑的征战差不多。无数的企业在多元化的道路上败下阵来，又有更多的企业斗志昂扬地奔上去。这时，失败者的教训告诉我们：多元化是有前提条件的！

多元化战略就好像一个个性很鲜明的人，他的优势和缺憾都十分显著，优势让人喜欢，缺憾让人厌恶，所以，怎样趋利避害，将它的缺憾转化为优势就是每一个实施多元化战略的企业所关心的问题。

要解决这个问题，在决定进入多元化、采取多元化战略前，企业首先要注意自身的内在条件和外在条件。

内在条件包括以下几个方面。

（1）企业是否已培养了自己的核心竞争能力。核心竞争力是企业多元化战略的基础与灵魂，是企业能否进行多元化经营的重要条件。企业的多元化经营，一定要有核心竞争能力。评价企业是否有核心竞争能力，主要看企业是否有核心的技术、是否有核心的管理能力。只要一个企业有了这两个方面的能力，就表明它已经在该行业具有了自己的核心竞争力，这就为企业实施多元化战略提供了战略基础。

（2）内在条件还包括多元经营的行业应具有相关性。行业的相关性可分有形关联和无形关联两种。有形关联的相关业务之间的价值活动能够共享。它是建立在共同的生产、技术、市场、渠道、信息、人才、采购等方面。无形关联则指建立在管理、品牌、商誉等方面的共享。这样，企业的竞争优势可以扩展到新领域，实现资源转移和共享，所以当企业多元化经营建立有形关联时，其在新行业容易站稳脚跟，成功的机会较大些。

（3）足够的资金。企业进行多元化经营战略是需要资金的，财务结构必须稳健且具备了实施多元化战略所必需的剩余资产。企业考虑多元化经营前要具备多余的资金，而且这些资金要在目前的产业、产品结构中都无法充分利用才可以。另外，多元化经营需要大量资金，光靠自有资金是无法满足需要的。因此企业必须具有较稳定的资金来源，否则一旦多元化后，资金接济不上就会陷入财务危机。

成功的多元化战略，还需要具备外部条件，外部条件主要是市场机会。

在做多元化之前一定要研究要想上马的产品或服务是否有市场需求，市场容量如何，市场成熟度如何，未来的发展前景怎么样等关键问题。市场容量的大小是一个相对概念，而不是一个绝对概念。应该是相对一个企业的规模和实力，以及企业的追求和目标而言。同样一个行业，对于一家大企业来讲（如世界500强）可能市场容量算小，但是对于一家小民营企业来讲，也许算是一个大行业。因此，在判断一个行业容量大小时，一定要根据企业自身的规模和发展目标来确定。

只有在正确评估内部条件和外部机会的基础上，紧密结合自身的核心竞争力，全面分析多元化经营的利弊，制订出详细的发展规划，企业的多元化战略才能成功。如果企业无视自身资源条件和环境的变化，一味为了多元化而多元化，不但达不到目的，反而会给企业带来更大风险。近些年，多元化经营的企业失败率大幅提高，就证明了这个道理。

总经理在企业实施多元化发展战略之前，要客观考虑自身的内外条件，既不能以单一产品打入市场久而不衰，也不能盲目多元化失去重心，偏移核心能力。

第十二章
稳扎稳打是企业发展的最优策略

43. 扎实前进，少犯错误

假如有"让自己的企业成为一只兔子，还是一只乌龟"这个问题，要让中国的企业家做出选择，很多企业家会选择做兔子，"快"几乎成了这个社会的"通行证"。"中国企业离世界500强还有多远""中国有哪些企业能进入世界500强"成了很多人关注的热点。在这种思想的指引下，很多企业不停地扩张，它们不约而同地走上盲目"做加法"之路。比如，有规模的扩张、有经营产品的扩张、有跨产业的扩张、有企业资产的扩张等。

然而，综观世界，当浮躁的中国企业都在争做500强的时候，那些成熟的国际一流企业想的是"争活500年"。对于那些成熟的国际一流企业来说，做"长寿的乌龟"是他们共同的选择。因为它们深知"走得远比走得快重要"，所以他们管理企业的理念之一是：不求百强，只求百年。其中尤为突出的是德国企业。它们规模不大，数量很多，几代人专注于一个产业，不事张扬，做"隐形冠军"。

20世纪末，王中旺先生创建了河北中旺食品有限公司，也就是中旺集团的前身。2004年，王中旺决定实现产品从中低端向高端的扩张和延伸，当年10月，五谷道场注册成立。

2005年年初，为了打造自己的高端品牌，同时也为了有别于康师傅等方便面巨头，五谷道场在品牌价值上出奇制胜，"拒绝油炸、留住健康""非油炸、更健康"等概念被迅速推出。因为当时油炸食品致癌风波闹得正欢，已经让消费者颇感恐慌，所以五谷道场的横空出世可谓恰逢其时，自然在市场上引起了强大的震动。

似乎一夜之间，陈宝国《大宅门》中白七爷扮相的五谷道场"非油炸"广告开始在央视和地方电视台及各类平面媒体上狂轰滥炸，五谷道场开始红遍中国，上市当月即获得600万元的销售额,之后一路增长,市场一天比一天好。半年后,五谷道场市场全国铺开,每月回款达3 000万元左右。当时,公司上下无不陶醉在差异化的胜利中。

在五谷道场的强烈攻势下,2006年方便面行业销售额下挫60亿元。面对大好形势,五谷道场不断扩大销售队伍,增加产能,加大广告投入,并且同时在全国30多个城市设立办事机构,半年内员工数量曾一度扩展到2 000多人。原本仅有几十个人的北京本部,居然在很短的时间内建立起一支近千人的销售团队。

但这时的五谷道场已经埋下隐患。五谷道场的财务控制过于粗放,严重透支了企业资源。"我们是中型企业在做大型企业的事情。"就连掌舵人王中旺也曾承认,"我们已经投资了4.7亿元,仅广告费就支出1.7亿元。"真正形成现金流的只有3亿元,这使得五谷道场的现金流开始吃紧。2007年中期,五谷道场在全国各地超市相继出现断货现象,五谷道场这个品牌逐步退出市场,中旺集团只好咽下失败的苦水。

中国三十多年来的改革开放、不成熟和不规范的特殊市场经济环境,造就了一批天不怕、地不怕的民营企业家。很多人奇迹般地功成名就,在他们风光的年月,企业资产都是几十倍、几百倍地增长,上演了麻雀变成凤凰的神话。那些企业家对财富的追逐、对成功的渴望是毫无止境的,在特殊条件下轻易获得成功,使他们相信自己无所不能,并在"做大做强"的口号中迷失方向,因而毫无例外地对扩大规模有着特殊的偏好。

中国有句古话叫"欲速则不达"。虽然加快发展是每一个民营企业追求的目标,但是如果缺乏理性的态度,以浮躁的大踏步思维来拔苗助长,那就需要反思了。

对每一个企业来说,它的成长都有其独有的客观规律,必须尊重而不能超越。如果心浮气躁,盲目求快,或许可以一时声名鹊起、利涌如潮,但终会因资金实力、内部管理等因素,把企业弄得千疮百孔。因此,要想使企业在竞争中永远立于不败之地,就得扎扎实实,一步一个脚印地前进。

> 冒进是总经理最容易犯的错误,所以风险控制,尤其是财务上的风险控制,应该是一个企业家的基本功。

44. 不要为了利润把企业带进冒进的陷阱

企业的目标是利润,但利润都是有陷阱的,尤其是短期利润的诱惑,常常会使企业丧失了获得长期利润的源泉。对短期利润的追逐会使企业的有限资源越摊越薄，在人、财、物和精力等方面稀释主业的供给。在越来越专业化的市场竞争中，市场演化速度越来越快，每一个产业链上都汇聚了太多虎视眈眈的分食者，且不说短线产品本身所具有的风险，企业即使获得了可以对主业项目形成资金支持的短期利润，其在主业市场的影响力、管理者精力以及综合竞争力的衰减都是不可弥补的损失。

企业需要利润计划。但这个计划的主要任务是去获取一个"最低限度的利润"，而不是去追求毫无价值的"利润极大化"。对企业而言，只需要追求最低限度的利润，如果目标利润制定过高，将会把企业带进冒进、疯狂的陷阱。

1994年，孙宏斌在天津成立顺驰销售代理公司，主要从事房地产中介业务，一年后将业务范围扩展到房地产开发。2002年顺驰首次异地开发房地产，由此进入快速发展阶段。2003年9月，顺驰在上海、苏州、石家庄、武汉等地获取项目，迈出其全国化战略的坚实一步；同年10月，第一个异地项目——"顺驰·林溪乡村别墅"在北京正式亮相；同年12月，顺驰取得了北京大兴黄村卫星城1号地的开发权。2004年，顺驰实现了100亿元的销售目标，储备的土地面积达1 200万平方米，员工急剧膨胀到8 000人，同时开发了35个项目。短短10年间，顺驰已发展成为中国房地产行业中极具影响力的企业，累计操作房地产项目57个，销售面积近500万平方米，累计实现销售收入近200亿元。

但顺驰良好的发展势头并没有持续太久。2004年的疯狂扩张导致其2005年的销售收入必须达到100亿元才能弥补现金流不足。不幸的是，2005年顺驰只有80亿元的现金回款，资金链迅速紧张。与此同时，国务院为控制日益高涨的房价出台了一系列宏观调控政策，顺驰重点投资的华东地区深受调控影响。其中，华东的重点项目苏州凤凰城的销售骤然下跌，每个月2亿元的销售任务几乎没有实现过，最差时每个月只能完成1 000多万元，欠苏州政府的土地款高达10亿元。

面对日益恶化的形势，顺驰开始自救。2005年11月，顺驰大规模裁员了20%，员工工资也改为一个季度发放一次。即便如此，也不能缓解顺驰资金紧张的局面。2006年3月，孙宏斌在重新担任顺驰董事局主席后，立即改变顺驰的管理框架，撤掉了各个区域的分公司，并再一次大规模裁员，同时将一些项目转让给合作伙伴，以获取资金。

在遭遇资金链困境时，顺驰谋求的多渠道融资进展也不顺利。2003年10月，顺驰开始谋求上市，并于2004年2月与汇丰签订上市保荐人协议。2005年上半年，顺驰通过香港联交所聆讯准备上市，但最终因市盈率过低，即使上市也无法实现募集资金的目的而放弃。上市失利后，孙宏斌又加紧在国内外进行私募。2005年10月19日，摩根斯坦利因无法接受顺驰利润率过低而放弃对其投资。此后顺驰所进行的各种募集资金办法也都不了了之。2006年9月5日，顺驰中国控股有限公司与香港上市公司路劲基建有限公司在香港正式签约，以人民币12.8亿元出让其55%的股权；2007年1月23日，路劲基建有限公司宣布再投13亿元收购顺驰近40%的股权，从而持有顺驰近95%的股权，而孙宏斌仅持有5%的股权，曾经辉煌的顺驰神话最终破灭。

"稳胜求实，少用奇谋"是一代中兴名将曾国藩多年实战经验的总结。做企业也是如此。企业生存的根本是基础实力，企业领导者要有长远策略，一步一步、一个阶段一个阶段地发展，贪多嚼不烂，要想发展壮大，稳胜求实方为正道，一味追求利润，只会掉进冒进的深渊。

在企业取得一定成绩后、在被鲜花和掌声包围后，很多企业领导者都开始沾沾自喜、洋洋得意，这个时候就容易犯急功近利的错误。成功得意而不忘形，遇挫临危而不慌乱，这些都是总经理保持良好心态的准则，只有做到这样，企业才能长盛不衰。

目标利润一旦被确定就成为管理的导向，并对预算的执行过程产生制约作用。市场是讲究平衡的，当你开始为追求高额利润而进行规划时，事实上你已经失去捕捉未来商机的机会。企业的资源和条件是有限的，当所有资源都在为追求高额利润努力时，企业也就全部或者部分放弃了对未来商机的关注。

追求最低限度的利润，既是企业稳定发展的真谛，也是对那些追求高速发展企业的忠告。

45. 总经理是否成熟决定着企业的生死存亡

20世纪90年代后期，爱多公司成为了当时民营企业的光辉典范，该公司生产的"爱多VCD"一度是中国家电行业最成功的品牌之一，红遍大江南北。1995年，受一首流行歌曲的启发，年仅26岁的胡志标成立了爱多公司。在他非同寻常的运作下，1996年，爱多开始迅速崛起，1997年其销售额达到16亿元，并一度成为央视的标王。当时，爱多在家电行业可以说是首屈一指。但好景不长，1998年，爱多便开始出现财务危机，而到了1999年上半年，胡志标昔日好友陈天南在《羊城晚报》上发表"股东授权声明",公司危机终于总爆发。爱多危机爆发后,胡志标被迫去职。2000年4月份,胡志标因涉嫌经济犯罪被拘捕。随后,爱多商标被拍卖,爱多公司彻底走向的失败。

缺乏理性也是爱多公司的致命伤。1997年5月,"阳光行动A计划"掀起的降价狂潮,很快使爱多产品供不应求。但是太快的成功,容易使人浮躁,失去客观判断力。面对一片大好的市场形势,胡志标竟然不做产品市场弹性分析,仅凭感觉做决策,轻率地将每台VCD涨价250元。然而,事实并不如自以为是的胡志标所设想的那样,爱多单方面地涨价,并不能引起其他厂家的提价,所以爱多既没有卖出100万台VCD,也没有净赚2.5亿元,爱多产品很快就出现了滞销局面。

然而,自以为是的胡志标并没有觉醒,他从一个极端又走入了另一个极端,出台了一项足可以致爱多于死地的"阳光行动B计划"。该计划也是在缺乏理性的情况下做出的,他荒唐地决定自1997年11月1日起,爱多全面调低价格,最高降幅达500元。照此实施,爱多做VCD已处于微利时期,或几乎无利润可言。在胡志标独断专行、自说自话下,爱多最终走上了不归路。

正所谓"成也萧何,败也萧何"。爱多的成败很典型地反映了企业的领导人对企业命运的决定性影响。作为一家民营企业,公司的实际操控者胡志标在爱多处于说一不二的地位。在他没有理智的思考的情况下,公司倒闭也是一个必然结果。

2007年,万科的新标志取代了伴随它走过19年的老标志。这时,人们都已经淡忘,万科曾经是一家以电器贸易起家的多元化公司。

1984年成立的万科公司,开始做进口电器生意,很快业务拓展到出口、广告、饮料生产、工业制作、房地产、股票投资等领域,成为一家典型的多元化企业。资源分散让万科的资产在达到10亿元人民币营业额时徘徊不前。当时,就连万科希望到香港发行B股都会受到讥讽。

然而,这样一个苦苦探索的企业,在选择了一条正确的发展道路后终于获得了成功,王石可谓功不可没。万科董事长王石曾感慨地说:"从海拔8 848米的高度俯瞰能看到什么?其实,登顶那天云雾弥漫,可见度很低,啥都看不到。做企业比登山更难。两者不同的是,一个是丈量自己的高度,另一个是丈量企业的高度。两者相同的是,在信念和目标下,定位自己的脚步,选择正确的路线前行。"选择正确的道路,即需要企业决策者具备战略思维能力。

1992年,当其他企业大力开发多产业发展、广区域布局时,王石发现,万科利润的30%来源于房地产,在他看来,房地产这一块并非最大,但是它的发展速度最快。因此,1993年春节后,万科的管理层找了个安静的地方,召开了一次会议,大家既不谈指标,也不谈利润,而是提出了将房地产作为公司的战略发展方向。当王石第一次提出"减法"理论时,备受争议,但他认为,将来市场发展趋势是专业化。于是只专注于住宅,开始做减法。他当时的"减法"几乎囊括到万科所涉足的零售、广告、货运、服装,甚至还有家电、手表、影视等数十个行业。2009年是王石提出"万科减法"的第15个年头,曾经长袖善舞的万科选择轻装上阵,单盯着一条住宅开发的路往下走,在转型为单纯的房地产企业之后,万科在这3年里很快成为行业内的龙头老大,其规模之大令其他企业一时难以抗衡。但是如果没有当初王石的前瞻性思维,没有提出"减法"战略方针,可能现在的万科依然在"杂乱"中混沌着。

一个真正的企业管理者,不仅要具备企业家的敏锐,还要具备政治家的胆识、军事家的韬略及哲学家的睿智。因为在企业经营中,没有任何方面会比战略更重要,企业若想立于领先地位,就必须具备领先的战略思维。企业管理者对企业的发展思考一旦停止,企业就会走下坡路。企业最终能够走多远,要看总经理的决策规划有多远。

目前,新一代的企业家不再需要靠敢打敢拼起家,而是需要有目光长远、思路超前、理念新颖、境界崇高的素质。只有逐渐成熟的稳健经营、扎实管理型的全新的经营者,才会懂得"明白什么不能做,比明白什么能做更重要",这样中小企业才能找准方向,看到真希望。

总经理是一个企业的灵魂,他的一切在一定程度上左右和决定着企业的生死存亡。

第十三章
走过冬天——向知名企业家取经

46. 冬天也是可爱的，并不是可恨的

有些总经理抱有一展拳脚实现宏图伟业的大抱负，动辄订立"超英赶美""行业老大"的高远目标，他们只看得到公司未来的光明前景，却看不到通往成功的道路上危机四伏。然而，意识不到危险却是最大的危险。一个意识不到危险的管理者，其员工自然也得过且过、享受安逸，而这样的企业，才真的离危险不远了。

与之相反的是，在每一个成功企业的背后，必定有一位充满忧患意识的领导者。在胜利的欢呼声中，他最关心的不是企业获得了多么大的成功，而是在不停地积极思考企业离危机到底还有多远，探索企业面临那种处境时的处理方法。

正如华为老总任正非所说："冬天也是可爱的，并不是可恨的。我们如果不经过一个冬天，我们的队伍一直飘飘然是非常危险的，华为千万不能骄傲。所以，冬天并不可怕，我们是能够渡过去的。"那些看得到危险的企业，往往能够将危机转为有利于自己发展的机会，获得企业的长远发展。

2000年伊始，在"网络股"泡沫破灭的寒流还未侵袭中国，国内通信业增长速度仍为20%以上的时候；当华为2000年年销售额达220亿元、利润以29亿元位居全国电子百强首位的时候，任正非却大谈危机："华为的危机以及萎缩、破产一定会到来。"他在一次公司内部讲话中颇有感触地说："10年来我天天思考的都是失败，对成功视而不见，没有什么荣誉感、自豪感，而只有危机感，也许是这样才存活了10年。我们大家要一起来想怎样才能活下去，才能存活得久一些。失败这一天一定会到来，大家要准备迎接，这是我从不动摇的看法，这是历史规律。"这篇题为《华为的冬天》的文章后来在业界广为流传，深受推崇。

当然，"华为的冬天"实际上并非只是华为公司的冬天。正如在《华为的冬天》

第十三章 走过冬天——向知名企业家取经

最后，任正非指点江山地说："沉舟侧畔千帆过，病树前头万木春。网络股的暴跌，必将对两三年后的建设预期产生影响，那时制造业就惯性地进入了收缩。眼前的繁荣是前几年网络大涨的惯性结果。记住一句话'物极必反'，这一场网络、设备供应的冬天，也会像它热得人们不理解那样，冷得出奇。没有预见，没有预防，就会冻死。那时，谁有棉衣，谁就能活下来。"

"华为的冬天"带给我们这样一个重要的启示——最危险的情况是你意识不到危险。在企业经营的过程中危机总会不知不觉地到来，因此，企业家不得不预先做好准备。怎样做准备呢？那就是要时刻树立危机观念，对企业的不足之处加以改进，从而使企业健康、快速地发展。如果一个企业丧失了危机观念，就好像一个人闭着眼睛开车一样，则该企业早晚会出事。

在每一个成功企业的背后，必定有一位充满忧患意识的领导者。在胜利的欢呼声中，他最关心的不是企业获得了多么大的成功，而是在不停地积极思考企业离危机到底还有多远，探索当企业面临那种处境时的处理方法。

为了达到强化员工危机意识的目的，任正非甚至将这一点作为一项战略纳入企业的发展规划中。在1998年出台的《华为基本法》中，有这样一条内容：为了使华为成为世界一流的设备供应商，华为将永不进入信息服务业。通过无依赖地市场压力传递，使内部机制永远处于激活状态。

企业营造"人人自危"的危机意识并不是危言耸听，而是通过对危机具有正确的认识与防范，让危机能成为激励企业发展的动力。企业的管理者应当向员工灌输危机观念，让他们明白企业生存环境的艰难，以及由此可能对他们的工作、生活带来的不利影响，这样一方面能锻炼员工们在危机来临时的防范能力，另一方面更能激励他们自动自发地努力工作。

作为公司的舵手，要时刻告诉自己冬天总会有到来的一天，要提前营造危机意识，唤起企业的危机感。

47. 抗住困难，等待机会的到来

已故台湾"经营之神"王永庆是台湾著名的企业家、台塑集团的创办人，他的

"台塑集团"为台湾企业的王中之王,在世界化学工业界该公司位居"50强"之列。

王永庆在成功之前曾遭遇过种种挫折,当别人问起他是如何走过艰难道路的时候,他回忆起了这样一段往事。

1941年前后,中国台湾被日本占领,物资极其匮乏,粮食也极少,就连种粮食的农村也严重缺粮,人都吃不饱了,当然也没有剩余食物和杂粮去饲养鸡、鸭、鹅等家禽,人们只好让它们在野外自己找寻食物,吃野菜和野草。

那时,鹅是当地常见的家禽,一般来说,鹅在正常喂食之下长得很快,大约4个月大时就有五六斤重。可是由于没有足够的饲料喂养鹅,鹅只能吃野菜和野草,不到4个月就已经瘦得皮包骨了,每只大概只有2斤重。

看到这些皮包骨头、卖不出去的鹅,精明的王永庆心中盘算着:"2斤重的鹅可说毫无用处,假如我能动脑设法找到鹅饲料的话,养鹅的难题必定迎刃而解。"

于是,他马上想方设法去寻找可以喂养鹅的饲料,根据他的观察与分析,当时农村采收高丽菜之后,都把菜根和外面一两层的大粗叶子丢弃在菜园里,而这些被丢掉的菜根和粗叶可以当做鹅的饲料,可是那些养鹅的人没有发现这一点。

想到这一点,王永庆便开始四处搜寻菜根和粗叶子,人手不够,他还专门雇人四处去菜园子捡拾菜叶。后来,他又发现当地的碾米厂有廉价的碎米和稻壳可以买;如果把菜根和粗叶切碎,再混入碎米与稻壳,就制成了绝佳的鹅饲料。

饲料有了,鹅就更不是问题了,因为不到2斤重的瘦鹅到处都有,但没人要。养鹅的人见竟有人收购瘦鹅,正求之不得呢,王永庆没用多少时间就收购了很多瘦鹅。

最后,他把四处收购来的瘦鹅集中起来,并用自制的饲料喂食。这些瘦鹅饱受饥饿的折磨,一看到食物就拼命吞食,一直到喉咙塞满了饲料才暂时停下来;几个小时之后,鹅等胃里的食物消化完毕,立刻又狼吞虎咽一番。因为瘦鹅具有强韧的生命力,不但胃口奇佳,而且消化力特强,所以只要有食物吃,它们立刻就肥大起来。

每天如此地周而复始,原本不到2斤重的瘦鹅,经过王永庆2个月的饲养之后,重量高达七八斤,非常肥大。

这一些饲养瘦鹅的宝贵经验,让王永庆深深体悟到,任何人在遇到苦难时,都要学习瘦鹅,像它一样忍饥耐饿,锻炼自己的忍耐力,培养毅力,等待机会的到来。只要饿不死,一旦机会到来,就会像瘦鹅一样,迅速地强壮肥大起来。

1975年1月9日,王永庆在接受美国圣若望大学赠授荣誉博士学位的典礼上,说了一段发人深省的话。他说:"我幼时无力进学,长大时必须做工谋生,也没有机会接受正式教育,像我这样一个身无专长的人,永远感觉只有刻苦耐劳才能弥补不足。而且,出生在一个近乎赤贫的环境中,如果不能刻苦耐劳,简直就无法生存下去。直到今天,我还常常想到由于生活中受过的煎熬,才使我产生了克服困难的精神和勇气。幼年生活的困苦,也许是上帝对我的赐福。"

从这一段话里,我们可以知道,刻苦耐劳不但是王永庆的座右铭,也是促使他成功的主要动力。世界上为何有人成功,有人失败?关键之一就在于他能否刻苦耐劳。其实每个人的聪明才智都相差无几,凡事只有下苦功才会有好结果。就像王永庆所说:"追求舒适与快乐的代价,就是刻苦耐劳。"拥有这种信念的管理者,即便身处困境,也不会消沉,反而困难越多,越能激发他更强韧的生命力。

管理者就要像瘦鹅一样具有强韧的生命力,这样才能忍受持续不断的折磨,渡过重重难关,寻求生存发展的机会。

48. 跟进市场主流,依市调价

房价上升速度超过了家庭收入增长速度,连中产阶层都买不起房子了。现在房地产的价格超过了价格上升水平与居民收入水平比的警戒线,并在货币紧缩政策下,房地产拐点已经客观形成。下半年的形势可能比我们想象的更严重,为此万科做好了最坏的打算。尽管目前万科资金面较稳健,但仍将进一步下调房价,增加小户型比例,并减少开工面积、减缓竣工速度、控制拿地面积。

——万科集团董事长 王石

对于熟悉中国房地产行业的人来说,"万科"这个名字无疑是如雷贯耳的,无论是"强势总部"的提法,还是"矩阵式组织结构"的管理模式,都显示着其旺盛的创新力和在行业当中的领导地位。

如今的大环境下,危机犹如潮水一般一波又一波地涌来,让很多房地产企业招架不住,此时此刻,人们更多地关注王石带领下的万科将以何种姿态、怎样的方式来面对并渡过运作中的危机。

自1997年以来,万科就把住宅小型化看成是未来市场的主流。王石坚信:"只要中国城市化的进程不改变,3.5亿人持续进入城市,房地产行业仍然存在坚实的刚性需求。产品小型化是趋势。"

开发小户型商品房。"快速拿地、快速开发、快速销售"一直是万科独特的王牌销售模式,但2008年销售不景气,资金回笼速度有所停滞。这个时候,开发适销对路的产品是规模企业最好的出路。作为行业的领跑者,万科并非徒有虚名。在许多地产商还在犹豫不决时,万科或许又一次走在了同行的前面。2007年,万科就把小户型定为战略重心。

事实证明,万科把重心调整到小户型住宅上的策略是正确的。业内人士也对万科的小户型战略给予了很大的肯定。他们认为,小户型是市场的低风险区域,虽然利润低一些,但销售量较大,有利于加速企业资金回流,且小户型政策税收优惠多,符合财务安全原则。船小好掉头,可以说,在这样一个房市动荡不安的行业形势下,推行小户型不失为一种灵活的过渡性战略。

依市降价,现金为王。2008年以来,中国房地产市场正经历挤出泡沫的过程,很多地区纷纷出现房价暴跌、成交量迅速萎缩的现象。房地产企业要想在这个冬天活下来,只有降价销售,快速进行资金回笼。万科以前瞻性和战略性的眼光率先打破房地产市场的僵局,提出了"现金为王"的新主题,率先在全国进行了最先一轮的降价浪潮。这令万科在房企陷入资金困境前及时回笼了资金,并因此获得先机。

万科的一位高管向投资者表示,万科将坚持随行就市,抚平市场价格的波动。如果房价出现下跌、市场出现调整,地价一定会出现下跌;如果房价出现了非理性的下跌,地价一定会出现更大规模、更深程度的非理性下跌。这时按照市场的正常情况卖掉房子,再按照市场正常的情况买,迟早有一天市场会把所有的损失都弥补回来。只要把房子卖掉把现金拿回来,就可以再收土地。只不过是把今年的利润转移到两三年以后,长期来看,公司的利润不仅不会减少反而会增加,所以我们一定会随行就市。

对于降价,万科并不惧怕,但是非常强调现金流。为了保证现金流,万科与别人合作拿地的比例越来越高,因为这是省钱的最好办法。

市场的不确定性太多,万科信奉的还是"手中有粮心不慌",短期内的经营策略将更加强调稳健性,即坚持"现金为王"的策略。在保证经营稳健性和安全性的同时,随时观看各地的楼市情况,若市道不见好转,则"一切皆有可能"。

如果有机会,就不要错过,要把握好可能萌发的市场机会积蓄力量,等待下一个春天的来临。

第十三章 走过冬天——向知名企业家取经

即使在"冬天"也要四处出击,把握好可能萌发的市场机会为企业的春天播种,以便用最经济的成本获得最大的企业收益。

49. 优化品牌,占领新兴市场

面对国内汽车市场竞争白热化的趋势,尹同耀带领奇瑞公司挑战极限,打造民族汽车工业。奇瑞虽然走得极其艰难,一次次面临危机,但尹同耀仍一次次积极应对。即使面临金融风暴,他仍相信机会的存在,而每一场危机都将是自主品牌加快优化升级步伐的机会。

在2008年8月份上市的A3是奇瑞人4年磨一剑,精心打造的一款世界车型,是定位于"精三样"的新一代家庭轿车。A3一再推迟上市,其原因就是坚持质量、试验完全达到世界级,做成世界同步车型。奇瑞A3是瞄准目前世界上各家销售最好的级别产品。尹同耀说:"我们找一些冠军去打,打不过也去打,像是大众的一款A级车、标致307,还有刚刚上市的新福克斯,我们研究国外的品牌,不研究国内的品牌。"

从5年内速推10款车到用4年造1款车,从某种程度上来说,A3可以算作奇瑞过冬的棉衣。A3的精细研发表示自主国产品牌奇瑞汽车正经历战略转型,尤其在金融危机的大背景下,这样的战略转型对于奇瑞来说更加重要和必要。

开辟农村市场。尹同耀把农村划入奇瑞下一步要开拓的核心战略市场。尹同耀说:"以前奇瑞在一线地区的比例比二线和三线地区要高,如今我们要调整。"尹同耀迫切去农村的原因很简单——当前农村微型车竞争还不太激烈,所以奇瑞要进入,因为这个市场庞大,中国目前每年农用车销售量达到上千万辆,行业龙头山东时风一年销售量就有几百万辆。

面对这种现实,尹同耀对农村市场定位非常明确——用轿车的工艺打造面向农村的多用途车,并且做到节能减排。目前,奇瑞在很多乡镇市场获得了大量订单。

补管理,要借助外部脑力资源。出口和内需的市场扩张策略,只是奇瑞旧的发展模式的进一步强化。在继续强化销售市场的同时,尹同耀不得不审时度势,考虑让奇瑞补上过去因为急剧扩张而在一定程度上被忽略的管理课程。奇瑞已经开始借助"外部脑力资源",对公司的组织和流程制度进行优化梳理,尤其是在如何提高劳动生产率和工作效率、提高员工工作能力方面。

积极压缩运营成本。奇瑞为了降低运营成本，采取了多项措施，包括裁去部分实习生和下调奖金，同时还会控制产能方面的投资。奇瑞现有正式员工2.1万，其中包含4 000多名实习生，按照尹同耀的说法，去年实习生就开始发工资，以前实习生留下来的比例高，现在已经没那么高了，有5%的淘汰率。伴随对实习生的裁减和末位淘汰制的实行，还有员工奖金收入的降低。员工奖金系数以前是1.3，现在下降为0.8。尹同耀坦承："部分人对此不满意，但要知道很多公司早就歇工了。"

奇瑞之前在产品方面铺的摊子太大，也在实行成本的压缩，主要抓几个重要车型，其余的则暂缓。另外，为了在金融风暴期间稳定上游供应商，奇瑞也采取了"非常"措施。"一般支付给上游供应商是按照3个月之后付款的惯例，现在我们做到42天就支付，而且甚至借钱给供应商。"尹同耀说。

无论采取何种措施，都是为了顺利渡过危机。在这场寒冬中，尹同耀加强了危机意识。他说："现在，几大国际汽车同行面临着严重危机，这是一个提醒，那就是我们要始终有危机意识，要不断变革，机会永远是属于有准备的人。以改革开放30周年为契机和新的起点，奇瑞具备了全面进军国际汽车市场的实力，必将成为国际汽车名牌阵营中的中国品牌。"

优化品牌，这是一种很重要的管理理念。任何时候，对于任何人或者组织而言，都应该时刻想着去优化自己的产品。

50. 以退为进，化危机为成长

古语说："临渊羡鱼，不如退而结网。"退，不代表不作为，而是以退为进，做一些着眼于长远的事，通过"退"为企业长远的"进"奠定坚实的基础。

作为企业经营者，要懂得以退为进，学会避开对手的锋芒。与其在竞争残酷的空间中厮杀，不如策略性地规避竞争，在规避的过程中，发现新的空间。用创新的产品创造竞争差异性，让消费者看到产品的独特和不可替代，激发消费者购买的需求。

一次，在松下幸之助的政经课上，学生向松下幸之助提出了"撤退"的问题。谈到松下幸之助的经营史，就有过数次的撤退。

第十三章 走过冬天——向知名企业家取经

第二次世界大战之后不久,松下幸之助便接手了一家面临倒闭的缝纫机公司。当时,他信心十足地想让公司死灰复燃,但由于他不善长于此方面的业务,加之竞争对手强大,自感无力抗争,便立即撤了回来。当然,费了一番工夫以后才退出来,财力、物力、人力都会有些损失,但总比继续毫无希望地撑下去来得划算。

松下最为震惊的"撤退",是从大型电脑领域的撤退。故事还得从1964年说起。那时,松下在大型电脑的制造方面投注了十几个亿日元的资金,并且已经研制了样机,达到了实用化的程度。可是,松下却毅然从此领域里退了出来。当时的情形是,小小的日本,有包括松下在内的7家公司都在从事大型电脑的科研开发,而市场却远不是那么乐观。如果松下要继续进行下去,势必形成恶性竞争的局面。与其两败俱伤,不如毅然放弃。经后来的事实证明,松下的这步棋走得很正确。直到今天,家用、小型电脑大大发展了,唯独大型电脑却十分冷清。

是进是退,关键在于分析当时的大势,把握时机。然而,这一切都是不容易的。松下幸之助认为,准确地把握时机,全靠第六感。这并不神秘,因为这种第六感是经过长期的修炼得来的,是历尽沧桑而获得的心得。特别是对于大公司来说,更要如履薄冰,及时悟道。对此,松下幸之助的经营理念是经常向前辈、批发商、零售商、顾客等讨教,以他们的观点来检验自己的想法。

"以退为进,天空海阔"是哲学思想的两分法在产品营销上的实践应用。换句更直接的话说,就是失与得的关系,是放弃与占有的关系,成败尽在取舍之间。

那些只盯着自己的主要竞争对手不放,采取马拉松式的利润进行竞赛的企业,最后只会与对手两败俱伤。既然如此,何不学学打太极拳,借力打力、以退为进呢?硬碰硬是打,以柔克刚也是打,只是殊途同归罢了。

在双方旗鼓相当或者不如对方的市场竞争情况下,总经理要懂得"以退为进",退一步,避其锋芒,避免两败俱伤的局面,寻找更佳的突破口,提升自身的竞争力,这样才能以新的视角研究竞争市场,发现更有利的位置和市场,找到自己的竞争空间,在商战中获得成功。

商场如战场,有进就有退。"不成功绝不罢休"固然是真理,但敢于撤退才是最伟大的将军。有一种胜利叫撤退,对企业经营来说,这是一种极大的智慧。

51. 进取和合作会使我们变得更安全

马蔚华构建跨内地、中国香港、美国三地的新版图，逐鹿金融之都曼哈顿。他甚至被美国新财长盖特纳比做"和巴菲特一样重要的人"。

马蔚华说："《圣经》有一句话，叫上帝救自救者，面对这场严冬，我觉得我们不能恐惧、不能悲观，也不能等待，进取和合作会使我们变得更安全。救企业也是银行自救，让我们银行和企业相依相偎，共同渡过这个寒冷的冬天。"

在金融危机的冬天，他打了一系列组合拳。第一招就是招行国际化。

2008年5月30日，招行与永隆大股东签署"买卖协议"，6月27日招行股东大会通过收购永隆议案，9月4日招行完成300亿元人民币次级债券的发行，保证交割完成后的资本充足率保持在10%之上。作为中国香港本地第四大独立银行，永隆银行拥有总资产956.2亿港币、总贷款438.2亿港币以及总客户存款689.2亿港币。

2008年9月30日，招商银行以193亿港币（约合170亿元人民币）完成了对永隆银行有限公司53.12%的股权收购。随着收购正式完成，马蔚华将出任永隆银行董事长兼非执行董事。

与此同时，金融之都曼哈顿迎来首家中国银行——招商银行纽约分行，在筹备4年后正式开业。麦迪逊大街535号18楼变成了中国银行家的办公室。分行所在地毗邻金融巨擘花旗银行、摩根大通总部，招行期待比肩国际金融巨子已经众所周知。

招行纽约分行主要面向中美经贸往来，通过与国内各分行的联动，拓展相关业务。该分行总经理方辉介绍说："在目前市场环境下，纽约分行将主要为中美两国企业及金融机构提供国际结算、贸易融资、美元清算、商业信贷等业务。"

美国金融市场的景象却不像开业揭牌的气氛一样祥和，招行来的时机似乎不佳，但马蔚华态度坚决："各家银行感受不一，但中国银行国际化必然趋势不变。"对于如何办好纽约分行，马蔚华认为，国际化就是本土化。纽约分行要面向当地客户，员工主要从当地招聘。他表示对纽约分行有信心。

马蔚华对海外并购的风险也有着特别的留意："在此纷纭多变之时出海，要比任何时候都关注风险"。随着对永隆的收购，招行花开曼哈顿，招行两步齐跨，金融危机不能阻挡招行和马蔚华国际化的进程。

马蔚华打出的第二招是为中小企业信贷，发力国内市场。

第十三章 走过冬天——向知名企业家取经

"融资难"一直是制约我国中小企业发展的瓶颈,也是商业银行着力研究的重要课题。2008年,除了信贷规模受到控制等原因外,2007年的数次加息使得融资成本再度上升,中小企业尤其是小企业也再次发出"贷款越来越难"的感慨。

招商银行小企业信贷中心推出"招商银行——小企业信贷"金融服务品牌,其宗旨是为广大的小企业提供"专业、快速、灵活、满意"的服务。根据小企业的不同特点和金融服务需求,"招商银行——小企业信贷"产品按照标准化与非标准化两大体系进行设计与开发,为小企业量身定做成长计划,包括"易速贷计划""贸易融资计划""中长期融资计划"。

马蔚华的第三招是注重危机文化,加强品牌建设。

注重危机文化,荣誉面前自觉反思与自省。招商银行的企业文化理念里的招银精神,第一位就是自省,招商银行永远要自省,永远要看到自己的差距和不足。招行要求自己理性地对待市场、理性地对待同业、理性地对待自己,这是招行一贯的理念。

2008年4月8日,招商银行20周年行庆,马蔚华在全行5 000人的视频会议上没有过多地讲过去20年的成绩,而是重点讲了现在招行所面临的危机。员工把他的报告叫做"危机报告"。得到的荣誉越多,在危机方面认识就越深刻。

当危机来临时,企业要从自身与外部两个方面寻找过冬的渠道,即在积极进取的同时寻找合作伙伴。

52. 断裂的资金链是企业的致命危机

每个企业在发展期,资金链可能都会存在这样那样的问题,但与企业存在的其他问题相比较,在企业中呈现的关系不大,管理者没有重视这个方面的问题;当企业发展到一定程度,问题就会暴露出来,一些资金链的断裂导致企业失败,表面看是问题的直接反映,其核心是企业缺乏管理财务风险和控制现金流的能力。

南洋集团曾是中国最大的民办教育集团。它的起家归于"教育储备金"这一运营理念,它的崩溃也源自于这一理念,正所谓"成也萧何败也萧何"。教育储备金的内容是,如果学生家长一次性交一笔8万元到20万元不等的储备金,此后就不需要交纳任何学费和伙食费等费用。等学生毕业之后,储备金将全额不加利息地如数返还家长。

所收取的储备金,学校则用来继续扩大规模,开设新学校,快速发展。

可是,世事难料。1998年亚洲金融危机暴发。受其影响,我国内需严重不足,央行为了鼓励消费连续8次降息,这使得靠"教育储备金"的集资方式运作的民办教育成为高危险群体。到2005年秋季,南洋到期的各校教育储备金无法兑现,各地形成挤兑风潮,2006年,南洋集团由于储备金问题全面崩盘。除南洋外,双月园、金山桥也因同样的原因相继垮掉。

俞敏洪曾经对以上企业的倒闭发表了自己的看法,他认为,这些学校垮掉的原因有两个:一是资金链问题;另一是模式问题。比如,南洋采取的储备金模式,学校收取学生高额储备金,承诺学生毕业时返还,只收取利息用来办学。这在早些年利息高达10%以上的环境下还行。但后来国家降息,低到只有3个多百分点。学校就难以为继,不得不动用学生的储备金,最后出问题。

警钟长鸣,引以为戒。资金链的断缺不是一个小问题,相信如果不是到了迫不得已的时刻,俞敏洪也不会出下策动用学生的储备金。不仅俞敏洪的"新东方",许多中国知名企业,都曾因为资金链出现问题,或轰然倒下,或受重创放缓脚步,令人叹息。

资金链优良,企业才是真的优良。一些资金链的断裂导致企业失败,表面看是问题的直接反映,其核心是企业缺乏管理财务风险和控制现金流的能力。比如,南洋集团,其崩溃的祸根,从一开始就已经埋下了。因为它的资金运行模式本身就是非常不安全的,一旦外部环境发生变化,崩溃是必然的。

资金链是一个企业的鲜血,几乎所有的企业稍做大一点,就会违背企业经营效率这个根本,因此,如何保证资金链的连续性发展,可以说是企业经营的根本。那么,如何避免资金链出问题呢?我们可以从以下几个方面着手:保证主链的资金充分宽余;必须有相当的融资能力,包括政府、银行等非常手段;资金链必须畅通。

在我国,由于种种原因,存货和应收账款上的阻力是特别的大,这容易降低企业的资金周转率,也会大量地出现腐败现象。所以企业要以资金管理为中心,提高资金使用率;做好应收账款管理,防止坏账发生,加强对原始单据的审核,保证会计资料的真实性、完整性及合法性;坚持稳健原则,防范财务风险,建立财务风险防范与财务预警体系,及时化解财务危机;开展财务分析活动,为企业营运提供决策依据;建立财务监控体系,防止财务失控,建立内部稽核制度,保证会计业务的及时、完整、准确、合法。

当一个企业的核心业务趋于成熟，或者转向其他领域的时候，以资金链为主的财务风险会陡然增大，管理者必须谨慎对待。

任何一个经济组织的生存和发展都需要一条健康、有效的资金链来维系和支撑。没有稳健的资金链，一切都是天真幼稚的梦里传说。

53. 全力以赴才会化被动为主动

一向信奉"哀兵必胜"的牛根生认为，人一生下来就是"哀兵"，"全力以赴冲出去"是唯一的选择。

在蒙牛，没有尽力而为，只有全力以赴。塑造"三全员工"——全心、全力、全时（"全心"就是忠诚，"全力"就是干劲，"全时"就是无间断）始终是蒙牛队伍建设的宗旨。从领导层到普通员工，正是各个岗位上的全力以赴，所汇聚的力量成了蒙牛发展速度的助推器。

尽管管理是一件重大之事，但很多管理者却不能全力以赴。也许他们在想：只要我尽力去做就行，尽人事，听天命。殊不知，对于管理者而言，尽力而为远远不够，而要真正做到全力以赴。只有全力以赴，才能在问题面前主动开启智慧之门，主动寻找方法，找到能够用到的所有力量，包括他人的帮助，为了一个目标矢志不渝地前进。这样的人才是商界的精英，才是创业成功的卓越人士。

企业本身就是一种系统，这个系统犹如人体。当人受流感病毒侵袭时，人体机能会自行进行防御；组织也是一样，当组织受到挫折、困难和危险时，会自动调整自己的资源配置和行为方式加以应对。体质好的人能够完全依靠自己的肌体来消灭病毒，而体质弱的人只能借助药物恢复身体。对组织而言，能够全力以赴的组织就是体质好的人，具有极强的自我调整能力，使组织重获激情。对于总经理而言，只有全力以赴才会化被动为主动，才会突破原有的极限，创造奇迹。

在企业运营的过程中，面对着众多的风险与危机，有的企业成功地化险为夷，有的企业却遭到失败，甚至以破产而告终。原因就在于其在面对风险时如何能更有效地调动员工的积极、主动性。以危机意识来激励员工，就是一种调动员工全力以赴去工作的好方法。

54. 不把鸡蛋放在一个篮子里

在香港首富李嘉诚的眼里，香港就好比是一个"篮子"，如果将"鸡蛋"全部放在此处，在1998年金融危机的时候，李嘉诚的日子肯定很不好过。他将自己的鸡蛋分放到世界各经济中心的"篮子"里，进行跨国投资，增加公司的风险规避能力。他靠这个法则在各国市场上叱咤风云、屡战屡胜。经商需要冒险，但是更需要保险，李嘉诚是一个坚持利润与风险平衡的精明人。

全球化是20世纪八九十年代世界经济的大趋势，李嘉诚看准机遇，开始将目光转向全球。经过多年的发展，他已经在香港积累了庞大的家业，需要为手头的巨额资金寻找增值的出路。香港毕竟是弹丸之地，作为全球华人首富的李嘉诚，只局限于此，舞台未免太小了。他的目标是将长实建为跨国集团，加入到更广的经济竞争格局中去。为此，他开始了大规模的行动。

20世纪80年代，在一般人的心目中，事业的发展，一般是以本土发展较为稳妥，但是李嘉诚不这样想，这除了因为他生活在香港这个全面开放的港口城市之外，还因为他充分看到了世界经济一体化的大趋势，他在80年代中期就开始大举进军海外。在大规模行动前，他已在海外投资中小试牛刀。

1977年，李嘉诚首次在加拿大温哥华购置物业；1981年，他在美国休斯敦，斥资2亿多港币收购商业大厦；同年，他再次斥资6亿多港币，收购加拿大多伦多希尔顿酒店。在短短数年中，李嘉诚的公司，在北美拥有的物业有28幢之多。1986年12月，在加拿大帝国商业银行的撮合下，李氏家族投资32亿港币，购入加拿大赫斯基石油公司52%的股权。时值世界石油价格低潮，石油股票低迷，李嘉诚看好石油工业，做了一笔很合算的交易。这是当时最大一笔流入加拿大的港资，不但轰动加拿大，也引起香港工商界的骚动。

1990年，他试图购买哥伦比亚储蓄与贷款银行的30亿美元有价证券的50%，这次行动涉及资金近100亿港币。然而，因为这家银行是加州遇到麻烦的问题银行，卷入了一系列复杂的法律诉讼中，结果，李嘉诚的投资计划搁浅。1992年3月，李嘉诚、郭鹤年这两位香港商界巨头，通过香港八佰伴超市集团主席和田一夫的牵线搭桥，携60亿港币巨资，赴日本札幌发展地产。李嘉诚的举动，引起亚洲经济巨龙日本商界的震动。他曾在回答记者的提问时表示："正像日本商人觉得本国太小，需要为资金寻找新出路一样，香港的商人也有这种感觉。说一句大家都明白的道理，那就是不要把所有的鸡蛋放在一个篮子里。"

经过几年的艰苦磨炼，李嘉诚积累了许多经验，眼界更加开阔。一方面他在内地和海外全力开疆拓土；另一方面他把眼光和资金投向更多不同的行业，实施多元化战略。正是由于他的多元化发展思维，所以，当危机来临时，他能够泰然处之，甚至是从危机中捕捉到新的发展机遇。

"不要把鸡蛋放在同一个篮子里"，或许已经成为管理课堂上的老生常谈。这说的是如果把鸡蛋放在一起，一旦篮子摔了，鸡蛋就可能会全碎，这样损失也就比较大。相反，如果把鸡蛋分散放在不同的篮子里，即使有一只篮子摔了，其他的鸡蛋仍然完好无损。这个比喻很形象地解释了投资的风险。经验再丰富的投资人，也有判断失误的时候，所谓"天有不测风云"，如果把所有的资金都集中投资到一个品种上，一旦有什么意外，就会给自己带来很大的损失。企业也是如此，如果企业战略局限于一项业务，一旦遭遇巨大的冲击，就会在狂风暴雨前轰然倒下。

不过，即便知道分散风险的重要性，那到底该如何将鸡蛋放在不同的篮子里呢？"不同的篮子"指的是什么呢？这是每一个管理者需要思考的问题。"不同的篮子"可能指不同的行业，可能指同一产业链上不同的环节，可能指不同的市场、不同的产品，甚至还可能指不同的地域等。成功的总经理懂得根据自己公司的实际状况，来决定自己的"鸡蛋"放在怎样的篮子里。

多元化与专业化，一个是狼窝，另一个是虎口，到底怎么办才能有出路呢？多元化究竟是死路还是出路？这也是我国很多经济学家和企业家多年来争论不休的一个话题。

在越来越激烈的市场竞争中，过于专业化的企业往往会出现前有封堵、后有追兵的困境，企业不堪挤压，市场份额越做越小，人才越走越少，效益越来越差。由于力量对比的悬殊，在其他大企业的挤压下不得不退出行业，结果被"挤死"了。这个时候，多元化战略的优势便显现出来了。

虽然实行多元化战略也是一个险招，但是如果具备了下面两个条件，不仅有惊无险，还能摘到让企业起死回生的灵芝仙草。第一个条件是，企业的主业发展已经到了一个非常高的程度，市场占有率、技术水平、管理水平都无懈可击，产业的发展余地已经到顶，有着丰厚的剩余资本；第二个条件是，进入的领域一定要有优势。

把鸡蛋放在一个篮子里还是多个篮子里，也就是企业多元化与专业化的战略区分。这两种战略本无优劣之分，都是企业因环境变迁，追求资本利益最大化的一种产业结构形式，本身就是一个动态的变化着的过程。是否要走多元化道路，关键还在于企业总经理是否能够掌控住整个全局的正常运行。

聪明的总经理会懂得，在恰当的时机，将一个篮子里的鸡蛋分散在不同的篮子里去。

第三篇

[成功赢在顶层设计]

大至一个国家，小至一个企业，若想要在竞争如此激烈的一体化社会大环境中占有一席之地，即拥有话语权，就必须具有自己的竞争优势。21世纪的经济是一个知识的经济，企业的竞争优势决定着企业的荣辱兴衰，如何抓住或发展竞争优势是每个企业的当务之急，是影响企业成败的关键因素。

第十四章
为公司创造竞争优势

55. 竞争优势的差异取决于价值链

企业各种竞争活动源自于企业内部的产品设计、生产、营销、销售、运输、支援、交货等多项独立的活动，这些活动的集合可以用企业价值链反映出来。价值链是一套分析优势来源的基本工具。价值链在经济活动中是无处不在的，与竞争对手的价值链比较，则揭示了决定竞争优势的差异所在。

企业内部各业务单元的联系构成了企业的价值链，上下游关联的企业与企业之间存在行业价值链。整个价值链的综合竞争力决定企业的竞争力。

2005年以前，美的微波炉和紫微光微波炉、蒸汽紫微光微波炉等一样，都试图通过产品功能创新为自己觅得一条不一样的路，但在格兰仕的攻击下，难有进展。直到获得国家专利的"食神蒸霸"问世，美的拥有了"蒸"的功能。"食神蒸霸"可以做诸如剁椒鱼头、清蒸大闸蟹之类的所有传统蒸菜，打破了此前的微波炉的局限，即微波炉不再只是加热工具。

自微波炉发明以来，一直横亘于行业面前的最大难题是，用微波炉直接加热的食物，脱水严重，营养流失严重，口感也不好。而"食神蒸霸"的成功推出，解决了这个问题。用微波炉蒸菜，无明火，无油烟，解决了厨房清洁难题；还可以实现智能化控制，而且与明火蒸食物相比，还最大限度地减少了消费者用于烹饪的时间。此后，美的走上了提升微波炉价值、共享价值链，从而回归商业本原的道路，通过不断地技术改进，赋予产品甚至整个行业新的价值。

2007年5月，"美的微波炉美食节"开展，美的微波炉的普通员工使用美的微波炉做出了八大菜系的近百道菜肴。正是凭借"蒸"的功能所创造的创新价值，使美的微波炉从价格战中冲杀出来。高强度的理念引导和品牌宣传，令美的微波炉取得了销量大突破——2008年全年销售突破了550万台，接近600万台。

美的微波炉的成功源于革命性的"共享价值链"理论。在这一理论指导下，美的将现有的微波炉产业价值链大胆重组，进而将包括消费者在内的产业链环节纳入自己的利益共同体，当美的微波炉的价值得以实现时，必然会形成一个全产业链"共赢"的局面，这项营销新举措在美的微波炉的自主创新史上具有里程碑的意义。

由以上案例可见，企业与企业的竞争，是整个价值链的竞争，而不只是某个环节的竞争。根据价值链需要设计的组织结构，有助于形成企业保持并创造竞争优势的能力。

两家企业实力相当，于是在市场上免不了竞争和较量，首先两家企业都是暗自发力，打一场营销战，当打得难分高下、难分难解时，接下来就开始拼杀价格，在价格上面，考验企业的就是企业的资金优势和成本优势，在这个比较中，很可能有一个企业就要在竞争中死去，但如果没有，他们可能又要回到理性竞争中来，开始拼科技研发，进行产品的更新换代，看谁能研发出更好的产品，以占领市场份额。这个时候谁慢一步，谁就会落后。接下来就是重新开始这个循环。

我们明显地可以看到，在这个竞争循环中，两家企业的较量并不是某一个方面的较量，这个时候，体现的就是企业综合竞争优势，除了表面，还有背后的物流、管理、人才等各个方面的较量，而核心竞争力并不能起到主导作用和绝对作用。现在，企业的营销环境已经发生了很大变化，也就是说，企业要发展，要在这一场新的、全面的企业力量竞争中获胜，就必须对当今的市场环境和营销环境有一个清楚的认识，不仅要做到战术得当，战略正确，而且要把握好价值链上的每一个活动，做到有的放矢。

价值链上的每一项价值活动都会对企业最终能够实现多大的价值造成影响。

56. 细分市场就是为企业创造竞争优势

没有一个市场是天衣无缝的，因为新需求不断在增加，市场是不断变化的，总会存在"空隙"。市场上永远存在"尚未开垦的处女地"。

很多总经理都明白这样一个道理：市场并不缺少机会，而是缺少发现。奇瑞汽车公司就是一个善于发现机会的公司。

奇瑞汽车公司成立于1997年，该公司拥有整车外形等十多项专利技术，经过认真的市场调查，奇瑞汽车公司精心选择用微型轿车打入市场。它的新产品不同于一般的微型客车，是微型客车的尺寸，轿车的配置。2003年5月推出QQ微型轿车，6月就获得良好的市场反应，2003年9月8日至14日，在北京亚运村汽车交易市场的单一品牌每周销售量排行榜上，奇瑞QQ以227辆的绝对优势荣登榜首。到2003年12月，已经售出28 000多辆。

奇瑞QQ被称为年轻人的第一辆车。奇瑞QQ的成功就在于它的市场细分。它的目标客户是有知识品位但收入并不高的年轻人。为此，奇瑞QQ有着极其讨人喜爱的外形。虽然小车价格便宜，但是在滚滚车流中它是那么显眼，你看它那绚烂的颜色、婀娜的身段、顽皮的大眼睛，好似街道就是她一个人表演的T型台。就这样，奇瑞汽车公司成为行业内公认的车坛黑马。与此同时，奇瑞轿车还连创五个国内第一，六次走出国门，以自己的不懈努力创造了中国汽车史上的奇迹。

市场细分是指营销者通过市场调研，依据消费者的需要和欲望、购买行为和购买习惯等方面的差异，把某一产品的市场整体划分为若干消费者群的市场分类过程。

每一个消费者群就是一个细分市场，每一个细分市场都是具有类似需求倾向的消费者构成的群体。

在20世纪60年代末，米勒啤酒公司在美国啤酒行业排名仅仅处在第八位，市场份额仅为8%，与百威、蓝带等知名品牌相比，差距十分明显。为了改变这种现状，米勒啤酒公司的领导决定进行严谨的市场调查，进行市场细分，从而找出战胜对手的机会。通过调查发现，若按使用率对啤酒市场进行细分，啤酒饮用者可细分为轻度饮用者和重度饮用者，而前者人数虽多，但饮用量却只有后者的1/8。

随着进一步地调查，他们还发现，重度饮用者有着以下特征：多是蓝领阶层；每天看3个小时以上电视；爱好体育运动。米勒啤酒公司决定把目标市场定在重度使用者身上，并果断决定对米勒的"海雷夫"牌啤酒进行重新定位和包装，改变宣传策略，加大宣传力度。

他们在电视台特约了一个"米勒天地"的栏目，广告主题变成了"你有多少时间，我们就有多少啤酒"。广告画面中出现的尽是些激动人心的场面：船员们神情专注地在迷雾中驾驶轮船，年轻人骑着摩托车冲下陡坡，钻井工人奋力止住井喷等。结果，"海雷夫"的重新定位战略取得了很大的成功。到了1978年，这个牌子的啤酒年销售量达2 000万箱，仅次于AB公司的百威啤酒，在美国名列第二。

从这个例子我们可以看出，企业如果能够先于竞争对手捕捉到有价值的细分新方法，通常就可以抢先获得持久的竞争优势，就可以比竞争对手更好地适应买方真实的需求。

企业需要做的就是瞄准用户需求，挖掘新的市场机会。寻找潜在的细分市场，可以从以下几个问题着手：是否存在顾客有需求但是目前市场上仍然没有的产品；改进的产品能否完成附加的功能；是否能将服务和产品整合出售。

> 市场无处不在，细分机会层出不穷。优秀的总经理要善于抓住市场细分的机会，从而为企业创造竞争优势。

57. 向竞争对手学习无异于邯郸学步

凯马特是现代超市型零售企业的鼻祖。从1990年开始，为了与前景看好的沃尔玛进行较量，它斥资30亿美元，花了3年的时间对原有的800家商店进行了翻新，又设立了153家新的折扣商店。

当时，沃尔玛正从乡村地区向凯马特所在的市区扩张。作为回应，凯马特的CEO也效仿沃尔玛，用降低数千种商品的价格来提高自己的竞争力，进而发起了针对沃尔玛的直接进攻。为了弥补其他商品的降价损失，凯马特开始增加能够给企业带来较高利润的服装的销售。

5年之后，这个付出巨大代价的降价战略被证明是不成功的。凯马特的新店在执行该战略的最初3年里，每平方米的销售额由167美元下降到了141美元。凯马特所采购的服装要么积压在库，要么清仓大甩卖。

这种直接地以硬碰硬、邯郸学步的竞争倾向是一种极具诱惑力的思路，而且一直误导着人们。这个推理过程是这样的：如果我们的竞争对手可以通过某种改变来取得成功，那么我们也可以做到。

我们只需要效仿竞争对手一些很好的举措，就可以成为市场的领导者。但是，事实上，竞争对手的改变不一定都是对的，而且它们的改变是根据自身条件所做出的，所以这种急躁的竞争模仿战略会误导许多公司的经营者，总是针对强大的竞争对手的优势来进攻。而只有对市场反应最灵敏、冲在最前面的企业才能够占据最佳位置，从而最先获得市场机会，赚得超额利润。

20世纪50年代末期，美国的佛雷化妆品公司几乎独占了黑人化妆品市场，同类厂家始终无法动摇其霸主的地位。佛雷公司有一名推销员乔治·约翰逊邀集了三个伙伴自立门户经营黑人化妆品。伙伴们对这样的创业举动表示怀疑，因为他们的实力过于弱小，这像是拿鸡蛋往石头上碰。

约翰逊说，我并不想挑战佛雷公司，我们只要能从佛雷公司分得一杯羹就能受用不尽了。当化妆品生产出来后，约翰逊就在广告宣传中用了经过深思熟虑的一句话："黑人兄弟姐妹们！当你用过佛雷公司的产品化妆之后，再擦上一次约翰逊的粉质膏，将会收到意想不到的效果！"这则广告貌似推崇佛雷公司的产品，其实质是来推销约翰逊的产品。通过将自己的化妆品同佛雷公司的畅销化妆品排在一起，消费者自然而然地接受了约翰逊的粉质膏，公司的生意蒸蒸日上，最终它取代了原先霸主的市场地位。

创新的技术、方法，而愿景则是支撑它的根本力量。对于企业而言，建立完整的愿景非常重要。中国的企业家不可以再沉默，必须重视对企业使命和愿景的思索。不仅要"穷则独善其身，达则兼济天下"，更要有"先天下之忧而忧，后天下之乐而乐"的胸怀和精神。正是这种精神激励着中国的新生代商业精英们努力寻找企业的愿景。光荣的梦想不仅仅属于美国企业，更属于中国企业。

中国"指甲钳大王"梁伯强从进入指甲钳市场之前的自费全球调研开始，就立志成为世界指甲钳领导者。他重金聘请业内技术精英，设立高标准的测检中心和研发中心，搜罗大量国内和国际技术参数，找准目标竞争对手，经过全面分析后逐项比对，形成差距排列，然后将关键差距逐个击破。

在经营过程中，他主动出击，与竞争对手短兵相接。为了维护行业领导地位，树立行业第一品牌，他们采取软性封杀的措施打击竞争对手。比如，让利给经销商，以保证市场份额；占领行业制高点；提高竞争门槛，创立中国指甲钳研发制造中心；制定行业标准等。通过这些，他的企业在行业中处于领先地位。

先行者优势是指企业通过首先进入一个新市场，取得对其实际和潜在对手的优势。如果只跟在竞争对手屁股后面做出改变，或者在竞争对手改变以后自己才改变，那么该企业是不可能获得先行者优势的。

事实上，"速度经济"时代将替代传统的"规模经济"时代，对市场反应最快、冲在最前面的企业往往能够占据最佳位置，从而能够最先获得市场机会，获取"先行者优势"，赚取"超额利润"。

用模仿、抄袭代替创新，很难有自己的核心竞争力。只有巧妙地运用"模仿"，才能超越对手。

第十五章
造势是推销公司的捷径

58. 借势推销自己的公司

"君子生非异也,善假于物也。"管理者要学会借他人之力来成就自己。这是一个讲究造势的年代,你要想打理好公司,就必须学会借势。

优秀的企业都是被公众所熟知的企业,成功的企业家都是最优秀的推销员,他们总是能用最经济的成本把企业推销到目标市场,从而获得最大的品牌收益。

可口可乐并不是伍德鲁夫发明的,但是他的商业智慧让他被美国人称为"可口可乐之父"。伍德鲁夫的父亲在1919年时花费了2 500万美元高价收购了面临财务危机的可口可乐汽水厂以及可口可乐专利权,创建了可口可乐公司。

伍德鲁夫不爱运动,但是从他执掌可口可乐公司开始,这家公司就开始了和奥运会长达80年的合作。无疑,这是公司最好的宣传。历史证实,伍德鲁夫在执掌可口可乐公司时期,把握到了最好的时机和最好的商机,和奥运会的合作让可口可乐迅速成为家喻户晓的饮料。

但许多人认为,可口可乐并不是一种健康的饮料,伍德鲁夫也说过:"我们的可乐中,99.7%是糖和水,如果不把广告做好,可能就没有人喝了。"而他最擅长的手段就是"宣传",从1928年开始,可口可乐公司就成了奥运会的赞助商,80年的时间,当可口可乐公司为逐年增加的奥运会合作费用掏腰包的同时,它也一步步地成了世界上最贵的品牌——其品牌价值高达700多亿美元。

1993年,"跳水女皇"高敏退役后打算拍卖金牌为自己的新事业筹措资金,这件事情被媒体宣传得满城风雨,妇孺皆知。就在人们翘首以待拍卖进行之时,成都蛇口泰山公司却出人意料地借台唱了一出戏。该公司董事长兼总经理杨基新向外界宣布,因为不愿看到代表高敏和中国荣誉的金牌成为商品进入市场,所以公司愿意出资80万元，请求高敏把金牌留在四川。

这是一个爆炸性新闻，一瞬间，人们的关注焦点便从高敏身上移到了泰山公司，使得这家刚成立一年，尚无名气的公司一下子成为公众关注的焦点。但是由于高敏和天津克瑞斯公司签的拍卖合同在前，所以无法接受泰山公司的要求。

泰山公司见风使舵，改变初衷，决定顺应"民意"，表示为了尊重和支持高敏而参加拍卖会，这一举动又赢得了众人的一片喝彩声。然而，令人感到奇怪的是，一直有着势在必得架势的泰山公司把价格抬至77万元时却忽然止步，使得金牌终归他人。

拍卖会后，泰山公司向高敏跳水基金会捐款20万元。这个时候，业内人士才彻底明白：这件事情从头到尾只不过是泰山公司精心导演的"公关"演出，目的就是把自己公司推销出去，打响自己的名声。

泰山公司这场戏唱得真真假假、虚虚实实，紧扣热点事件，使众多媒体不请而至，从而在时空上打响了企业的知名度，树立了企业良好的形象。

当今形势多变的市场经济，从来不缺少机会，关键是总经理要调整思路关注经济发展形势，善于抓住机会借势，挖掘市场潜力，做好准备，蓄势待发。一个善于借势的管理者，能够迅速集结并占有资源，使各项资源发挥最大效用。显然，这样的人能够较为容易地获得成功。相反，一个不会借势的企业，凡事单打独斗，其结果必然是失败。要想早日成功，管理者要时常询问自己：哪些资源可以为我所用？哪些"势"可以被我借用？

宁波金鹰集团也是一个利用公众焦点事件进行自我推销的企业。

1995年，它以1 380万元的天价买下了两只天安门城楼退役宫灯。这是当年中国拍卖市场上最著名的事件之一，由于媒体的大肆渲染，则金鹰集团的名声如雷贯耳。

当有人问起其总裁吴彪为何钟情这对宫灯时，他说："我们首先认为这对宫灯是中国文物中的无价之宝，是新中国历史的见证。'金鹰'作为一个实力雄厚的集团，有义务保护好国家的文物。"其实，金鹰集团的这一举动绝不是一时的心血来潮，而是经过权衡利弊、深思熟虑后所采取的一项公关活动。

金鹰集团以保护文物的爱国情愫来感动社会大众，虽投入大，但产出更多。有人算了这么一笔账，自中国嘉德国际拍卖公司向传媒发布一对天安门旧宫灯将被拍卖的消息后，国内外有近500家新闻媒体对此事进行了轰炸性报道，但是假如金鹰集团刻意去做广告，宣传自己的话，即使投入上亿元的资金也许都不会产生这种效果。而且，它的这一豪举使人们毋庸置疑地相信："金鹰有实力，其商业价值更是不言而喻。"

通过上述案例我们可以看到，"借助热点或重大事件"是总经理把企业推销出去的好办法。当然，推销企业的方法还有很多，如可以通过挑起争论性话题炒作，借竞争对手之危进行炒作等。无论何种方法，总经理的目的只有一个：把自己的企业品牌推销出去，赢得更为广泛的注意力，并使公众注意力转化为实际购买力，从而使企业获得最大的经济利益。

借势或利用别人并不全是丑恶，而是各取所需。一个人在社会中，如果没有朋友，没有他人的帮助，他的境况会十分糟糕。普通人如此，一个企业更是如此。

59. "谋势者"才能把握市场脉搏

《孙子兵法》上面说过："湍急的流水，飞快地奔流，以致能冲走巨石，这就是势的力量。"企业在市场竞争的商战中，只有占有优势，才可先声夺人。

一种刚上市的新产品，一个刚开张的新企业，知名度低，企业需要造势以提高知名度，以势为其打开销路；一种名牌产品，一个实力雄厚的知名企业，虽然已有了一股势，但是还需要继续造势，这样才能巩固市场地位、提高形象。因此造势与不造势就大不一样。不造势，消费者视而不见；造了势，就可能给消费者引起冲击心理的强大轰动效应。

假如你的产品是钻石，你按照钻石的价格卖了它，那么你保值了；假如你按照水晶的价格去卖它，那么你亏大了。假如你的产品是水晶，你用水晶的价格卖了它，那么你既无亏损也无盈利；假如你把水晶按照钻石的价格卖掉了，那么你完成了使产品增值的功能。对于企业而言，宣传造势就是为了让企业成功地把水晶般的产品按照钻石的价格卖出，让消费者心甘情愿甚至是引以为荣地支付钻石的价格买水晶的产品。

脑白金之所以能够成功，很大一部分取决于它的造势。脑白金的功效宣传主要通过报纸进行。报纸作为一种媒体，优势在于时效性强、制作方便、诉求深入，劣势在于广告受众处于一种主动接受状态，所以报纸广告很容易被读者跳过，成为无效广告。在意识到报纸利弊后，脑白金策划者开始想办法抓住读者的眼球，吸引读者的注意，传达有效信息，使脑白金广告在众多的广告中跳出来。经过一番认真地思索，脑白金决定采用科普宣传，竭力推广其概念产品。分析脑白金的成功"谋势"，体现在以下几个方面。

1. 注重新闻造势

在宣传初期，脑白金采用新闻炒作的方式，为吸引读者注意，刊登大幅文章。类似的文章有《人类可以长生不老》《两颗生物原子弹》与《98全球最关注的人》等。因为和一般硬性工商广告相比，新闻形式更具有可读性和更强的可信度，文章融典型事件、科学探索、未来人类命运展望于一体，强烈震撼了读者的心灵，这不亚于一次大型的科普宣传活动，于是人们都在期待着科学能够尽快地造福自己，进而形成了对脑白金的饥饿心理，具有很强的杀伤力，所以可以形成良好的宣传氛围，为进一步宣传打下基础。

2. 采用大量系列软文

如《一天不大便等于抽三包烟》、《人体内有只"钟"》、《孙女与奶奶的互换》与《生命科学的两大盛会》等。

软文都是以介绍功效为主，分别从睡眠不足与肠道不好两方面，阐述其对人体的危害，导入脑白金的奇特功效，指导人们如何克服这种危害。软文的题目引人入胜，内容轻松有趣。每一个广告都由一个事例或者一种现象开始，最终归结到产品功效上，事半功倍。

3. 使用了长篇文案

脑白金的策划者们深谙广告宣传真谛，于是通过大幅文案广告系统全面地向人们阐述其产品功效。广告里不仅严密地介绍了疾病的危害和脑白金对人体的重要性，改善由于衰老引起的睡眠不良、肠道不好等，而且把脑白金的功效延伸到美容靓肤、延缓衰老、提高性功能等方面。有了长度就有了深度，有了深度就有了力度，这样的宣传效果是重量级的，宣传也达到了高潮。

4. 力主宣传创新

脑白金的宣传大量采用了漫画，开广告宣传之先河。有趣的画面配以精练的对白，以简单直白、生动鲜明的形式传达了广告信息。让人们在轻松的气氛里感受并接受了要表达的意图。值得注意的是，脑白金的策划是建立在对中国传统养生学理论的吸取和全面丰富的科技资料积累上的，否则就不会产生强烈的科普效果，也不会出现"不求仙方求睡方"的妙语佳句。也就是说，现代成功的策划已经进入专业化、系统化阶段，那种"一招鲜、吃遍天"的时代已经不复存在了。

三流企业做事，二流企业做市，一流企业做势。营销的本质就是"营势"、"谋势"。总经理造势水平的高低将直接决定一个企业能否脱颖而出，创业成功。

总经理要想成功营销，最聪明的选择就是在市场中顺势而为、审时度势。"谋势者"才能把握市场的脉搏，花小钱办大事。

60. 扩大企业影响力是制胜的关键

企业的影响力将成为制胜的关键。影响力来自社会责任。企业是社会经济的细胞，它既有生命力，又与外界有着千丝万缕的联系，与外界的活动时刻都在相互影响着。

全球1/3的用户使用的是诺基亚手机，诺基亚公司持续获得辉煌的市场业绩，与他们孜孜不倦地履行社会责任、不断扩大公众影响力有关。诺基亚在支持青年发展计划方面不遗余力。作为全球性企业，诺基亚认识到世界各地的青年人都可以从培养重要的"生活技能"中获益，这些技能有助于他们在当今快速变化的世界中取得成功。2000年，诺基亚与国际青年基金会（IYF）合作推出了全球青年发展计划，旨在增强青年人的生活技能，面向未来发展做好准备。诺基亚为这项计划累计出资2 600万美元，使33万多青年人直接受益。

诺基亚为世界很多国家和地区提供慈善捐助，帮助解决与儿童直接相关的问题。其中包括资助学校和幼儿园，为医院捐赠设备，以及为残障儿童提供救济。另外，诺基亚员工还发起了一项员工捐助活动，于每年秋季举行。根据活动所得的全部员工捐款额，诺基亚公司也捐出相应金额的款项。每年从这些活动中筹得的善款超过50万美元。

需要时，诺基亚还会提供慈善捐助，支持救灾工作。为了帮助2005年9月卡特里娜飓风灾难受害者，为他们提供食物和庇护所，诺基亚向美国红十字会捐款100万美元。此次赈灾过程中，红十字会优先满足最急迫、最重要的需求。例如，紧急庇护所、食物和水等。诺基亚赞助的青年发展计划"艺术沟通心灵"也做出相应调整，让受到卡特里娜飓风影响的青年人通过数字媒体的形式来表达他们对这个世界的思考和忧虑。

2004年12月东南亚海啸惨剧发生后，诺基亚全球总部立刻通过芬兰红十字会进行现金捐款。另外还捐赠了大约1 000部移动电话给运营商和救援队。运营商客户服务团队努力恢复并扩充网络容量，同时帮助监控网络稳定性并进行服务规划。通过诺基亚志愿者计划，员工志愿者迅速组织起来并积极响应：或直接与救援组织一起工作，或参与员工赞助活动。在许多国家和地区，诺基亚都配合员工募捐活动捐赠了相同金额的款项。另外，诺基亚还为海啸灾区制订了长期复兴方案，并辅之以一项为数250万欧元的重建基金。

2005年，巴基斯坦发生地震后，诺基亚连续3年资助一些重建计划和项目。其中包括向Edhi基金会和总统地震救灾基金提供捐助，向芬兰红十字会捐资在穆扎法拉巴德专区建立一个临时医院。诺基亚还直接向受灾地区捐赠手机。美国2001年9月11日发生的灾难，使很多儿童痛失父、母亲或者双亲。为了这些儿童的未来，诺基亚与国际青年基金会（IYF）密切合作，设立了诺基亚教育基金。该基金帮助支付大学教育费用。

1998年，诺基亚向中国洪涝灾区捐赠了价值人民币1 000万元的赈灾款物。2000年，诺基亚8850手机慈善义拍及慈善义演所得收入捐给了中华慈善总会。2003年4月，诺基亚公司率先向北京、广州、内蒙古、山西等"非典"高发地区捐赠数百部移动电话。2006年，诺基亚为江西地震灾区、广东韶关乐昌灾区捐款，为山西希望小学和长征苗圃希望小学捐款2006年，诺基亚荣获"2006年度最具社会责任感在华跨国公司"的称号，当选理由是企业社会责任的积极实践者。2008年，汶川大地震发生时，诺基亚公司累计捐款达到1 000万元以上，并无偿捐赠5 000部手机，以保障灾区救援通讯的畅通。

优秀的企业不仅在市场表现上优秀，同样，作为一个企业公民，在履行社会责任上也是表现卓著。正是如此，企业的社会影响力才能得到持续增强，反过来又促进企业在市场上获得更加辉煌的业绩表现。所以说，持续扩大企业影响力，是一个"双赢"的结果。

总经理要充分重视影响力的作用，只有具备强大影响力，企业才会提高自己的核心竞争力，才能在激烈的竞争中脱颖而出。

第十六章
健康的企业文化提升企业战斗力

61. 企业文化是企业最为重要的财富

企业需要一种文化，一种能反映企业价值观、企业发展观、企业精神、企业道德的文化。它能帮助员工提高审美认识、辨明是非能力，树立正确的人生观、价值观。

总经理要寻找的、要提炼的就是这种能同化员工理想与追求的精神境界，成就让员工魂牵梦绕的企业军魂，心若在，梦就在！它会让员工更团结，会让企业更有活力。一个企业是一支军队，一支军队重要的是什么呢？那就是一支军队的魂魄。在《士兵突击》中，"钢七连"为什么能强大？因为这支部队中有一个魂魄：不抛弃，不放弃。只有拥有魂魄的企业才能所向无敌，战无不胜。

被誉为20世纪最成功的企业家韦尔奇曾说："如果你想让列车再快10公里，只需要加大油门；而若想使车速增加一倍，你就必须要更换铁轨了。只有文化上的改变，才能维持高生产力的发展。健康向上的企业文化是一个企业战无不胜的动力之源。"海尔首席执行官张瑞敏说过："企业文化是海尔的核心竞争力。"

宝洁创立于1837年。这家公司长寿的秘诀有很多，但注重企业文化建设，通过企业文化建设来塑造企业魂魄是最为重要的一条。宝洁自成立到现在的大部分时间里，一直运用灌输信仰、严密契合和精英主义等方法努力保存公司的核心理念。宝洁前董事长艾德·哈尼斯的解释是："虽然我们最大的资产是我们的员工，但指引我们方向的却是原则及理念的一致性。"这个原则及理念就是著名的"宝洁之道"。

"宝洁之道"由三方面组成，其中最为重要的是强调内部高度统一的价值观。为了保证价值观的统一，宝洁甚至做到了中高层只从内部选拔，从CEO到一般管理人员，宝洁基本上没有空降兵。宝洁有些长期实施的做法。例如，仔细筛选有潜力的新进人员，雇佣年轻人做基层工作，严格塑造他们遵行宝洁的思想和行为方式，清除不适合的人，中层和高层的职位只限于由忠心不二、在公司内部成长的宝洁人担任。

《美国最适合就业的100家大公司》一书写道："加入宝洁的竞争很激烈……新人员进去后，可能会觉得自己加入了一个机构，而不是进入了一家公司……从来没有人带着在其他公司的经验，以中高层的职位进入宝洁——从来没有，这是一家彻底实施循序升级的公司……他们有一套宝洁独有的做事方式，如果你不精通这种方式，或者至少觉得不舒服，你在这里就不会快乐，更别提想成功了。"

宝洁CEO约翰·斯梅尔1986年在一次公司的聚会上也说过意义类似的话："全世界的宝洁人拥有共同的锁链，虽然有文化和个性的差异，可是我们却说同样的语言。我和宝洁人会面时，不论他们是波士顿的销售人员、象牙谷技术中心的产品开发人员，还是罗马的管理委员会成员，我都觉得是和同一种人说话，是我认识、我信任的宝洁人。"

实际上，用企业文化来指导工作，是一门深邃的管理艺术，同时也是团队塑造未来的一种战略方法，成功的企业文化确实具有唤起成员行动的力量。

美国惠普公司是当今世界上最受尊敬的企业之一。惠普不但以其卓越的业绩引起广泛关注，更以其对人的重视、尊重与信任的企业精神闻名于世。作为大公司，惠普对员工有着极强的凝聚力。到惠普的任何机构，都能使人感觉到惠普员工对他们的工作是何等满足，他们是在一种友善、随和而很少压力的氛围中工作。

惠普公司《目标》的引言里说："惠普不应采用严密的军事组织方式，而应赋予全体员工以充分的自由，使每个人按其本人认为最有利于完成本职工作的方式，使之为公司的目标做出各自的贡献。"惠普公司的成功，靠的正是"对员工的重视"。惠普创建人比尔·休利特说："惠普的这些政策和措施都是来自于一种信念，就是相信惠普员工能把工作干好，有所创造。只要给他们提供适当的环境，他们就能做得更好。"这就是惠普之道。

美国管理学家彼得·杜拉克说："企业管理不仅是一门科学，还是一种文化，它是有自己的价值观、信仰、工具和语言的一种文化。"从企业文化中提炼出来的企业精神决定着企业的成败。世界大多数成功的企业，不仅是物质技术设备优越，更重要的是企业精神的成功——这些企业精神总是知道公司全体员工一直采用最正确的方法行事。企业精神才是第一竞争力，谁拥有正确的、不断创新的理念，谁就具有最强的竞争力。

第十六章　健康的企业文化提升企业战斗力

企业文化指引员工的行为与态度，要想让你的企业具有旺盛的生命力，就必须赋予企业以健康的文化。

62. 文化建设为企业凝聚人心

企业文化就是在回答一个问题：你的企业凭什么凝聚人心？这是企业管理的思想底线。大道无形，企业文化是个看不见、摸不着的东西，但却回答了"工作到底是为了什么"。因此，企业文化的好坏直接关系到员工的忠诚度，管理者必须明确一点，你有几流的企业文化，你就有几流的追随者；你有几流的追随者，你就有几流的企业。

现在企业最高层次的竞争已经不再是人、财、物的竞争，而是文化的竞争，最先进的管理思想是用企业文化进行管理。何为企业文化？它是一种以人为根本，以制度为导向的管理思想与管理哲学的融合，是企业里看不见的软件系统，却是企业的最核心的竞争力。

因此，企业管理者越来越注重企业文化的建设和价值观的塑造，最明智的总经理一定是具备将企业文化融于员工血液中的能力的人。只有建设一流的企业文化，企业才能引来和留住一流的人才。

上海宝名国际集团是一家房产销售企业，300多员工大多数是年轻人。很多企业把开展琴棋书画等文体活动作为企业文化的主旋律来唱，但宝名集团却注重企业文化对员工情感的关怀，用总裁吴冠昌的话说，企业要用待遇留人，但更要用情感来留人。

每到周末午后，公司工会都要以下午茶的形式开展工会活动，上至集团总裁、总经理，下至普通员工，在这里都是平等的工会会员，大家在轻松愉快的喝茶中交流。员工无论是工作上的建议，还是生活中的问题都可以谈，经营者则把企业的规划、设想以探讨的形式与职工交流。不少问题，如良好的销售建议、职工上下班的班车问题，都是通过午后茶的形式解决的。

在宝名集团，管理层有一个明确的观点，一个企业要想成为和谐企业，就必须有决策层与管理层的沟通，有管理层与员工的沟通，有决策层与员工的沟通，只有这样，企业上下才能相互了解、相互理解。为此，宝名集团每季度都召开一次管理层与员工沟通会，大到公司投资计划、福利分配、中层人员聘评，都在沟通会上得到交流。

公司领导还倡导用人、容人、培养人，绝不允许随意裁人。凡是员工不能胜任企业安排的工作岗位的，可以转岗，转岗之前工会要听取员工想法。尽管今天的职场跳槽成风，但宝名集团几乎未曾流失过任何一名核心人才。因为有这些优秀人才的持续追随，促使宝名集团的发展蒸蒸日上。

一流的企业文化吸引一流人才。因此，作为企业的最高管理者和决策者，总经理必须成为企业文化的建筑师和第一推动者。

企业文化首先是企业家本人思想的浓缩。先将自己塑造成企业文化的楷模是企业文化建设中最关键的一点。

IBM拥有40多万名员工，年营业额超过500亿美元，几乎在全球各国都有分公司，所取得的成就令人惊叹。许多人会问，是什么让这个庞大的企业取得如此大的成就？其答案是，IBM具备一套人性化的企业文化。

老托马斯·沃森在1914年创办IBM公司时设立过"行为准则"。正如每一位有野心的企业家一样，他希望他的公司既要财源滚滚，又要反映出他的个人价值观。因此，他把这些标准和准则写出来，作为公司的基石，任何为他工作的人，都明白公司要求的是什么。

老沃森的信条在他儿子时代更加发扬光大，小托马斯·沃森在1956年任IBM公司的总裁，老沃森所规定的"行为准则"，从总裁至收发室，没有一个人不知晓，如必须尊重个人，必须尽可能给予顾客最好的服务，必须追求优异的工作表现。

这些准则一直牢记在公司每位人员的心中，任何一个行动及政策都直接受到这三条准则的影响。全体员工都知道，不仅是公司的成功，即使是个人的成功，也一样都是取决于员工对以"沃森原则"为基础的企业文化的遵循。而IBM的企业文化不仅让员工忠诚追随，更是吸引着许多非常优秀的人才，而IBM也因此取得越来越伟大的成就。

一些总经理总感觉企业文化是为了激励和约束员工，其实恰好相反，恰恰是那些企业文化的塑造者最应该成为被激励和约束的对象，因为你的一言一行都对企业文化的形成起着至关重要的作用。也就是"其身不正，虽令不从"。

一旦建立被员工认可的强大的企业文化，企业在任何一方面都将受益无穷。企业要想吸引优秀的人才，应先从文化建设入手；要想建设一流的文化，企业管理者应先从自身做起。

> 总经理不仅是文化建设的推动者,更是文化建设的宣传员。只有自己理解到位、推动到位、宣传到位,文化建设才能落实到位,企业才能处处彰显文化的内涵和力量。

63. 愿景是企业走向成功的指路明灯

斯巴达克斯领导一群奴隶起义,战败被俘虏。对方说:"你们曾经是奴隶,将来还是奴隶。只要你们把斯巴达克斯交给我,就不会死。"在一段长时间的沉默之后,斯巴达克斯站起来说:"我是斯巴达克斯。"之后他旁边的人站起来说:"不,我是。"一分钟之内,被俘虏军队的几千人都站了起来。每一个站起来的人都选择受死。这个部队所忠于的并非斯巴达克斯,而是由他所激发的"共同愿景",即有朝一日可以成为自由之身。这个愿景如此让人难以抗拒,以至于没有人愿意放弃它。

德鲁克认为企业要思考三个问题:第一个问题,我们的企业是什么?第二个问题,我们的企业将是什么?第三个问题,我们的企业应该是什么?这正是企业战略与企业文化建立必须遵循的三个原点,而这三个问题集中起来正体现了一个企业的愿景。

如果没有愿景,组织就失去了未来的发展方向。愿景作为一种未来的景象,产生于领导者思维的前瞻性。如果领导者希望其他人能加入到自己的旅途中,他必须知道要往何处去。有前瞻性并不意味着要先知先觉,而是要脚踏实地地确定一个企业的前进目标。愿景能激励大家一步步迈向未来。

愿景能够帮助企业得到员工真正的忠诚。一个卓越的领导者必须首先明确自己对未来愿景的认识,然后才能争取下属接受共同的愿景。一个人做某事的动机分为外在和内在两种,外在的动机不可能让人把工作本身当做一种使命和事业,只有内在动机产生的动力才能成就超常的结果,而一个组织的内在动力就是来自于组织的共同愿景。

餐馆连锁店运营商IHOP曾因为其烤薄饼而深受消费者青睐。到了20世纪90年代,IHOP的经营似乎已经不受控制,与其说它是个餐馆运营商,不如说它是一家房地产开发企业,因为它开发了很多新的店铺出售,自己只经营其中的10%。当斯图尔特于2001

年12月成为该公司的CEO时，她发现公司已经出现了分化，更为严重的是组织非常涣散。曾经强大的IHOP品牌已经失去了自己的意义，特许经销商也将每家餐厅作为独立的企业进行经营，所以各家餐厅的特点、服务、效率和质量也不相同。由于公司获利甚少，则最大的股东甚至希望将钱收回，还给投资者。

对于未来，斯图尔特决定不仅要恢复IHOP作为全国性品牌的荣耀，还提出了一个企业共同愿景：将IHOP发展成最棒的家庭式连锁餐厅。

斯图尔特明白自己的任务是建立一个统一的品牌。公司管理层负责制定标准，并督促其执行。最为重要的是，公司内的每个人都需要获得工具支持，以提供最佳的顾客体验。

斯图尔特如何传递她的愿景呢？第一年，她将大部分的时间用于倾听员工和特许加盟商的声音，同时进行了更广泛的顾客调查。最为关键的是，她实施了一个培训项目，其焦点集中在IHOP的品牌优势和每位员工在实现该愿景中担当的角色上。她的努力得到了回报。公司不仅实现了自己的服务宗旨，即"来时饥肠辘辘，走时开开心心"，且到2003年年末，销售额提升了近5%，这是公司近10年来的最好业绩。

斯图尔特对成功的过程进行了完美的诠释，即通过分享愿景，集中企业的关注焦点，打造发展战略。这是最为关键的要素。

总经理必须明确，一个企业的愿景必须是共同的，是员工普遍接受和认同的。如果没有共同的愿景，企业就不可能基业常青。共同愿景就如企业的灵魂，唤起每一个人的希望，令人欢欣鼓舞，使每一个人都能激发出一种力量，为实现愿景而更加努力。

一个没有共同愿景的企业很难强大，即使强大了也难以持久，而一个真正有共同愿景的企业会更容易获得成功。

有共同的愿景，整个公司就会具有极强的行动力。共同愿景会对企业的发展产生重大影响。

64. 拥有一流文化的企业才能所向无敌

企业文化来源于企业领导者或企业领导层的世界观和方法论，企业文化的最初来源是企业领导者提炼出来的企业精神。企业文化的具体执行过程也就是把企业领导者所确立的企业精神、价值理念"灌输"到员工头脑的过程。

优秀的企业文化一旦产生，便会世代相传。特别是企业创始人的价值观、创业精神，会很大程度地影响企业文化。

企业文化是一种物质和精神因素的综合体，企业文化不仅影响着企业整体与员工个体行为的方向，而且影响着他们的行为方式。只有当企业文化渗透到员工内心，员工才能真正明白企业追求的价值标准，形成企业内部的伦理和一种企业内部大多数员工所共识的观念。企业文化的执行才是有效的执行。

1995年，LG电子（惠州）有限公司成立之初，各部门内部工作流程及相互协作均无现成的模式，在生产及经营过程中产生了大量问题。公司各部门仅按自己的业务范围制定规章制度，各辅助部门对生产支援工作缺乏积极主动的意识，员工对经营理念、生产及品质的管理都缺乏完整的概念。

针对这种情况，公司开展了"生产早期安定化"SU PERA活动。这一活动为实现公司管理水平、生产效率、产品品质的提高做出了突出的贡献。此后，又以品质改善为主题，开展了"96我的提案"活动以及以诊治当时生产过程中存在的各种影响品质的问题为目标的全方位的质量改进运动。公司也开始起用新口号——"品质靠你、靠我、靠大家"。经过一年多的品质革新活动，公司产品品质有了很大的提高，在同年12月韩国LG电子总部的SU PERA'97TEAM决赛中获银奖。

加强企业文化建设，推动企业提高竞争力就成为企业的必然选择。企业文化对企业竞争力有着极大的促进作用。通过企业文化建设，价值观得到团队成员的广泛认同，在这种价值观指导下的企业实践取得成功，使企业的主要成员产生使命感，使员工对企业及企业的领导人、企业象征产生强烈的认同感。这是企业文化成为企业发展内在动力的基础。

在众多著名企业的成功过程中，公司内部强有力的企业文化无一不对企业竞争力的增强起到了决定性的作用。比如深圳华为，这家成功的通信设备制造商以其特有的远见卓识从华为诞生的那一天起就认识到"资源是会枯竭的，唯有文化生生不息"。并时刻注意精心培育华为的企业文化，并自觉地将这种独具特色的文化注入企业的经营管理活动之中，从而产生了巨大的文化管理效能。

微软公司的企业文化就是营造家的环境，让员工把公司当成自己的家。管理者想尽办法让员工工作中有家的感觉。

方法一：每位员工都有一间单独的办公室，里面可以听音乐、调整灯光，做自己的工作，可以在墙壁上随意贴自己喜欢的海报，或在桌上摆置自己喜欢的东西，让这间办公室更像自己的一个家。

方法二：在微软不需穿制服，员工可以任意穿他们自认为最舒适的服装上班，短裤或汗衫都可以。公司对员工是以其工作表现好坏而非穿着好坏做评估的。

方法三：公司提供无限的免费饮料，包括汽水、咖啡、果汁、牛奶和矿泉水，让员工口渴就可以喝，使其能够专心地工作。

方法四：公司的材料室公开，公司信任员工去拿他们所需的材料，包括文具、办公用品等，不必填表格或排队等待。

方法五：微软没有设定工作时间表，而是让员工自己选择工作时间。结果，大多数人为了完成工作，都比一般按常规上下班的人工作的时间更长。微软要求的是完成工作，而非工作时间长短。

可见，不仅仅是心理上的关怀，微软的企业文化就是让员工感觉自由自在、被尊重和信任。可见，不管是"软件"环境还是"硬件"环境，只要让员工感受到家的温暖关爱或温馨舒适，都会让员工更加专注于工作，进而提高效率。

21世纪是个快速变化的时代。企业环境包括企业的技术环境、人力资源环境、金融环境、投资环境、市场需求环境等，这是企业发展所依存的客观环境，直接影响着企业的短期效益和生存，力度较大。此外，还有政策、法制、社会评价、公平竞争、社会信誉等主要由人为因素控制的社会发展软环境，对企业文化发展的影响看起来较为隐含较为间接，然而实际上对企业长期的经营业绩和企业的竞争力有着潜在而深刻的影响。

这些环境因素在21世纪会呈现出更加复杂的联系和难以想象的变化，企业要立于不败之地，就要在其发展战略、经营策略和管理模式方面及时做出相应的调整，企业文化的内涵要反映出环境的复杂性和紧迫性所带来的挑战和压力，对企业内部要保持较高的整合度，对外要有较强的适应性，通过对企业主导价值观和经营理念的改革推动企业发展战略、经营策略的转变，使企业文化成为蕴藏和孕育企业创新与企业发展的源泉，从而形成企业文化竞争力。

在当前市场经济条件下，建设一流的企业文化，规范员工行为和经营管理行为，从而引领企业的发展，是许多总经理保持企业持续、健康发展的法宝。

第十六章　健康的企业文化提升企业战斗力

65. 诚信是最简单的持续竞争优势

在很早以前，有一座古寺，住持云寂知道自己在世日子不多，就将两袋谷种交给两个弟子一寂和二寂，让他们去播种，告诉他们收成后带着谷子来见他，谁的多谁就可以继承住持的位置。谷熟时，一寂挑了一担沉沉的谷子来见师父，而二寂却两手空空。他惭愧道，他没有管好田，谷种没发芽。云寂便把衣钵传给了二寂，指定他为未来的住持。一寂不服。云寂师父说："我给你们的谷种都是煮过的。"

子曰："人而无信，不知其可也。大车无，小车无，其何以行之哉？"没有诚信人注定不能立足，车注定不能远行。

在市场经济大环境下，诚信显得更加重要，因为这是一个企业的生存之本，是创造基业常青、建立百年老店的基础。诚信也是生产力，是企业的无形资产，它可以使企业降低交易成本、摆脱诉讼、提高效率、提高竞争力。"诚则立，信则久"——诚信是企业支撑品牌的基石，基石永存，则品牌之树常青。把诚信放在什么位置上，就决定着一个企业的经营高度，决定着它能否长盛不衰、永久经营。

李嘉诚在塑胶厂濒临倒闭的那些日子里，母亲用佛家故事来开导他。他悟出母亲话中的玄机——诚实是为人处世之本，是战胜困难的不二法门。

第二天，他回到厂里，召集员工开会，坦诚地承认自己经营上的错误，不仅拖垮了工厂，损害了工厂的信誉，还连累了员工。李嘉诚说了一番渡过难关、谋求发展的话，员工的不安情绪基本稳定，士气不再那么低落。紧接着他又逐一拜访了银行、原料商、客户，向他们认错道歉，并保证在放宽的期限内一定偿还欠款，对该赔偿的罚款，一定如数付账。他丝毫不隐瞒工厂面临的空前危机——随时都有倒闭的可能，恳切地向对方请教走出危机的对策。

李嘉诚的诚恳态度，得到他们中大多数人的谅解。银行放宽偿还贷款的期限，但在未偿还贷款前，不再发放新贷款。原料商同样放宽付货款的期限，但长江厂需要再进原料，必须先付70%的货款。客户态度不一，但大部分还是做了不同程度的让步。李嘉诚的"负荆拜访"达到初步目的。但是银行、原料商和客户只给了他十分有限的回旋余地，事态仍然很严峻。

李嘉诚抽调员工，将积压产品归为两类：一类是有机会作为正品推销出去的，另一类是款式过时或质量粗劣的。正品卖出一部分后，他又以低廉的价格将积压品卖给专营旧货次品的批发商,在制品的质检卡片上,一律盖上"次品"的标记。在危机中,原来的一些亲戚朋友,有的对他敬而远之,生怕他开口借钱或带来麻烦。通过李嘉诚的坦诚相告和积极应对的措施,人们开始主动为他分担忧愁,安慰激励,献计献策,提供力所能及的帮助。

李嘉诚认为,事业上的"信"与对他人的"诚"是分不开的,一个公司一旦建立了良好的信誉,成功和利润便会不请自来。

作为企业一种无形资产,"诚信"是企业最简单的持续竞争优势,会牢牢地储蓄在广大的客户和消费者的心目中,成为企业经营过程中取之不尽、用之不竭的最有效资本。

目前中国大的市场环境中,经济逐渐迈向全球一体化,一个不讲信用的行业或企业已经没有资格参与竞争。没有资格竞争,必然错过和浪费无数商机,所以现代的企业、企业家要树立良好的诚信观才能在竞争中取得成功。

66. 文化建设也需要时常更新

企业文化是发展和变化的,就是指随着生产力及企业自身的发展,企业的企业文化也必然会发展和变化。从现实状况来看,在全世界的所有企业中,没有任何一个企业的企业文化是永恒不变的。企业文化也要与时俱进。

国内的许多企业很重视文化建设,有的企业专门聘请了咨询公司给自己设计企业文化。有的老总认为:我有企业文化了,还不错,和先进企业的企业文化很接近,可以高枕无忧了。这种错误认识的根源在于他们认为企业文化建设是一劳永逸的事,没有认识到企业文化是发展变化的。

在正泰集团,南存辉在实际工作中,根据形势发展的要求和企业自身需要,不断提升企业理念,促进企业持续、健康、快速发展。1994年2月,"正泰集团"成立后,他们因势利导,适时提出了"振兴民族工业,争创世界名牌"的企业理念。1998年后,随着企业进一步扩大,在企业内部全面开展爱国主义、集体主义、社会主义和世界观、人生观、价值观等教育。随着经济全球化进程加快,正泰又将企业理念提升为"争创世界名牌,实现产业报国",并提出了"和谐、科学、求实、创新"的企业精神,把个人的发展与社会的共同发展紧密联系在一起。

第十六章 健康的企业文化提升企业战斗力

如果企业文化是永恒不变的范畴,那么企业文化对企业的发展不仅没有积极性,反而还会成为企业发展的桎梏。比如,一个企业的企业文化是100年以前形成的,形成之后就不变了,这显然是不行的,因为100年前是什么时代?而现在又是什么时代?时代的剧变决定了企业文化不可能是不变的,所以不能把企业文化看成为永恒不变的东西。正因为如此,我们应该随着企业的发展及企业文化的变化,不断地调整企业文化的内容。

韦尔奇对通用改造的第一步就是对通用的理念进行了改革。在20世纪80年代末,企业管理者谈论的话题是"整合性、多样化",它的原则是通用的事业在以团队的方式密切合作的同时,也能保持经营的自主性。但韦尔奇认为,通用人应该是"不分彼此",在和供应商及顾客建立更密切的合作关系的同时,更应该打破层级、地域和功能等内部障碍。

通用人讲究速度、简洁和自信,韦尔奇认为自信可以使复杂问题简单化。而简单的程序,是使通用在市场上赢得胜利所需速度的先决条件。在颁发年终奖时,在工作中充分发挥速度、简洁和自信的员工就会得到实际的金钱报酬。韦尔奇通过奖金来表达对他们工作行为和工作风格的肯定。

韦尔奇认为真正的沟通是一种态度、一种环境。韦尔奇希望他的员工能够确实认识公司的目标。他要员工不仅了解通用的目标,还要他们真诚信仰公司的目标。韦尔奇经常谈到要赢得部属的"心和脑"。要赢得部属的"心和脑"就要正确处理情感的问题,在处理与人有关的事物时则需要将心比心。

经过韦尔奇一番大刀阔斧的改革后,到1984年,老通用已经不复存在了,韦尔奇已将老通用脱胎换骨。1985年,通用经过了企业的重组,提出了适应市场环境变化的企业文化,提出了适应环境的新的价值竞争观念。

(1)市场领导:数一数二的原则。

(2)远高于一般水平的投资实际报酬率:韦尔奇不愿意制定不具弹性的数据目标。但是在20世纪80年代中期首次打破这个原则,要求股东权益的报酬率必须达到18%~19%。

(3)明显竞争优势:避免激烈竞争的最佳方式就是提供无人可及的价值。

(4)通用特定优势的杠杆作用:通用在需要大量的资本投资、维系力量和管理专业知识,通用在大规模、复杂的事业领域已有深厚的基础,如喷气发动机、高风险贷款等。而在中小型企业占优势的快速变化的产业中发展,对通用反而不利。

韦尔奇是通用企业文化的重新塑造者，新的文化造就了新的通用，也成就了韦尔奇。从韦尔奇对通用文化的变革主导上，可以看出企业文化建设与时俱进的重要性。

作为新创企业的掌舵人，总经理要怀有企业文化主动变革之心，不要让过时的文化来束缚企业的发展。

在继承的基础上确立新的价值观。创新价值观并非能在短期内奏效，需要一个过程，即将价值观解冻、创新、深化的过程。要配合战略变革过程逐步推进，可以分三个阶段来运行。

第一是解冻阶段。组织专门人员对原有价值观的分析，按战略变革的思路，确定需要变革的因素，在审核评估的基础上扬弃既有的价值观体系。

第二是创新阶段。战略变革需要有新的价值体系来支撑它，不然就会像空中楼阁一样，失去了牢固的地基。如果战略变革是告诉人们怎么改变的方法，那么价值体系的创新则是告诉人们为什么要改变的理由，因此创新就要员工共同探讨企业以后应该如何生存下去的方式。

第三是深化阶段。要让新的价值观在组织成员中传播并逐渐被接受。

企业文化的建设如果能够做到应需而变，则能适应商业环境的变化，并促使企业在新的商业环境中获得成功。相反，如果一成不变，则不断变化的商业环境将会使过时的企业文化变得毫无价值。

第十七章
追求完美永远没有错

67. 善于发现与改进产品的不足

在善于发现产品不足，改进产品方面，微软公司可谓佼佼者。

1999年，为了改进自己产品的安全性能，微软在自己的防火墙外增设了安全性能更高的互联网信息服务器（IIS）和一台运行最新β版Windows 2000操作系统，公开向电脑黑客们发起了挑战，邀请他们前来设法取得微软放置在这台服务器中的用户账号和目标文件。微软表示这样做的原因，是希望通过公开测试可以帮助自己制定出最安全的操作系统。

2007年，微软又宣称将对Vista内嵌的运行方式和搜索产品进行改变。这些改变将随着Vista的第一个升级包发布。微软之所以这么做，在很大程度上是受到2002年Google控告微软违反《反托拉斯法》的影响。对于更改后的Vista，用户可以像选择自己喜欢的多媒体播放软件、Web浏览器以及安全程序一样选择自己喜欢的搜索程序。改后的Vista同时保留了微软的Vista搜索对控制面板以及开始菜单的搜索能力，而且微软的搜索将是Vista的默认搜索产品，不过用户可以按照不同需要来把它换成第三方的产品。微软还会为开发人员提供一些有用的信息，以方便他们去优化第三方的搜索产品。有人评价微软的这种做法，表面上看是为了规避法律风险，其实是使Vista具有更大的自由度和灵活性而日趋完美，从而赢得用户的选择、信赖和好评。

发现产品质量问题是企业成长的第一步，未雨绸缪才是成就百年品牌的成功之道。假如企业不会发现问题，那么它的发展就永远只能原地踏步，不会有任何提高。

很多企业经营不善而形成巨大的亏损，最后走向破产就是因为不能及时地发现产品本身的问题。

总经理要善于发现产品的不足。贺曼公司针对欧洲市场实行的贺卡策略就是一个典型代表。

就美国市场的贺卡而言，商家早已在贺卡上印好了种种贺词。贺曼公司早期进入欧洲市场时，也如同在美国市场一样，在贺卡上印好各种贺词，结果很不受欢迎，销量很低。这让贺曼老总感到十分不解。于是他决定把自己当做一个店员在商店里近距离接触顾客。很快他就发现，欧洲人喜欢自己在贺卡上亲手写下祝贺的话语，以表示对别人的尊重和亲近。因此，贺曼公司特意在贺卡上留下一片空白之处，以便消费者自己填写祝福之词，此举极为迎合欧洲人在特定节假日和场合互送贺卡的习俗。

在福建有一个影像器材企业，成立于2004年，主要从事各类摄像机头灯、新闻采访灯，特别是LED灯的开发和设计。虽然该企业真正从事广电行业只不过几年的时间，但是相比较那些已经从事广电行业十几年的企业而言，该企业的发展速度却是不容小觑。该企业的产品在国内已经站稳脚跟，并出口到欧美市场。

能够在短短几年的时间获得迅猛发展，这得益于该公司老总朱先生曾经的摄影师经历，在没开公司前，他自己本身是摄影师，对摄影、摄像时所需要的光照度、色温等都非常了解。过去他在自己买或者使用灯光时，总会发现产品有些大大小小的不足之处，因此他知道用户心里到底需要何种产品，所以虽然在技术上该公司产品的优势还不够，但朱先生丰富的实践经验，就是这个企业的优势所在。因此，该公司在短短几年之内就取得了骄人业绩。

上面两个案例中的企业都能够发现自己产品的不足，从而调整自己的产品策略，完善产品，从而成功打开市场。

作为一个企业的管理者，首先要做好榜样，及时地发现产品生产过程中所存在的质量等问题，不管过去你的企业有多么优秀。倘若一个企业的管理者做不到这点，就很可能要品尝由疏忽大意带来的恶果。

只有不断地发展与改进产品的不足，才能将企业做到精益求精，才能做到人有我优，才能在市场中取得竞争优势。

68. 追求完美永无止境

价值是一个变数。今天，你的产品可能价值很高，但如果你故步自封，满足于

第十七章　追求完美永远没有错

现状，明天，你的产品或许就会贬值，被一个又一个的新产品超越。在时代发展一日千里的今天，只有抱着永争一流，做到完美的心态，不断实现产品从优秀到卓越的跨越，才能不断提升产品质量，成为市场竞争中的常胜者。

产品质量是企业的生命。企业的领导者是产品质量工作的第一负责人。企业要想在激烈的竞争中基业长青，就必须建立运转有效的，从产品设计到售后服务全过程的质量保证体系，以完美之心要求自己，打造完美产品。

长沙市某厨具有限公司是一家集研发、生产、销售与服务于一体的专业高档厨具公司，产品深受广大消费者的追捧及赞赏。它专业生产陶瓷合金无油烟超硬不粘锅、不锈钢系列等厨具产品，在国内外同类产品中占有领先地位，同时也引发了新的厨房革命，倡导了无油烟、健康、环保的厨房潮流。

该公司无烟锅成功的秘诀就在于，项目总经理刘先生对无烟锅的质量看得非常重。随着业务量不断增多，刘先生并没放弃对质量的把关，相反，他对无烟锅的质量管理更加细致入微、严格把关。每次产品进入包装盒之前，他都与质检人员一起进行质量检查。有一次，在进行例行进厂检查时，他发现有一口无烟锅的锅底磨得太平了，于是马上召集全体技术人员开了一个小会。

在会上，他捧出那个无烟锅对大家说："其实，如果把这个无烟锅放到包装盒里，完全可以卖出去，它只不过是锅底部磨得平一点儿而已，但锅身处理得相当好，可是我却要把它拿出来作为不合格产品，以后，类似产品一律不准出厂，也不准再回炉利用。因为我们的无烟锅应该是最完美无缺的产品。"他的话一讲完，大家都鼓掌表示赞同。

后来，刘先生还把每一个不合格产品都挂在厂门口的墙壁上，并且注明生产日期，是谁生产的、用哪台机器操作出来的。慢慢地，出厂的无烟锅质量合格率几乎达到了100%。

在市场上没有常胜将军，如果企业的发展跟不上市场的发展，企业就会被淘汰。

作为一名管理者，如果你要避免企业被淘汰的命运，就要让自己的产品追求最好，使企业成为品牌，这样才能确立企业在市场上的地位。

英国戴森电器公司的产品是常见的吸尘器、洗衣机、干手机等家用电器，它的产品在全球44个国家获得了成功。在很多人看来，家电这个成熟的行业里，产品研发分量似乎没有那么重，企业更多的是靠成本优势和规模取胜。但是戴森电器公司却主要依靠创新，把产品的好用、易用和耐用性都推向了极致。

戴森电器公司的老总说:"我们希望我们所生产的产品不同于现有的其他产品,一定要比别人做得更好,所以我们进行新产品开发时,要确保产品的高品质和可靠性,耐久、耐用。"实际上,做到这一点其实是非常不容易的,因为所有的产品都是5年保修期,所以产品的可靠性非常重要。戴森电器公司的几百名工程师每个月用3万个小时来测试产品,以确保其性能可靠。其测试项目包括方方面面,如碰击实验,一个健壮的成人站在已经安装好的干手机上拿大铁锤来砸等,目的就是要保证它在20年中都保持稳固。比如Airblade干手机,在研发中不但经过了大量的生物科学实验,还通过了多个独立权威机构的测试和评定。从立项到工业样机完成,一共用了3年的时间。事实上测试从很早就开始了,从原型机到生产,要测试成千上万个小时,包括24小时不间断对产品的塑料、电机、金属等部分进行长时间的持续测试。

戴森电器公司的总裁戴森经常说:"失败是相当有用的,因为从失败中可以寻找完善产品的灵感。"除了实验室测试,戴森电器公司还用很多其他方法来完善产品。比如,公司组建一个非正式小组的成员,每周小组成员都会在公司里找一个舒服的角度坐下来,观看另一些人使用新产品。他们的任务就是发现产品在使用过程中令人不舒服的地方。同时公司员工也在努力扮演一个"消费者之声"的角色,努力地达到消费者使用产品的高满意度。

他们会尽力理解消费者怎样看待他们的产品,又会有什么样的使用体验。这样做就需要反复寻找产品的失误之处。在公司的服务网站和热线电话上,戴森电器公司会鼓励消费者提意见。他们非常注重消费者的体验,重视他们的反馈意见,做到不是用市场牵着自己的产品走,而是自己要推出比别人好的产品。

另外,戴森电器公司还会在全球不同的市场众多的市场调研,公司员工都会在周末去店里或者消费者家里,听取他们的意见。仍以干手机为例,公司在安装每一台干手机的时候都附上一个卡片,上面有公司的电邮地址,因为他们期待客户能把他们的体验告诉自己。

如今,我们生活在一个瞬息万变的社会里,商场也好,职场也好,充满活力的最根本原因就是市场总是充满了变化。变化,是企业间和企业内竞争的根本原因和原动力,也是企业不断欣欣向荣的成长活力。在变化的同时,企业只有做到最好,才能不被变化的市场所淘汰。

没有最好，只有更好，追求完美永无止境。打造著名品牌，奉献完美产品，是企业生产永恒的追求。

69. 产品要内外兼优

如今大卖场中，数码产品总是一大时尚看点。现在的人们在购买数码产品时，对产品外观非常重视，要求也很高。一款数码产品，如果拥有了亮丽的外表，自然会吸引许多消费者前来购买。于是，从触摸屏幕到光学防抖、从"金属"音质到生活防水功能，各厂商使出浑身解数，在数码产品的外观、功能上下足了功夫。

一些经典的款式设计，甚至成了各商家竞相模仿的对象。例如，诺基亚公司推出的N73手机，外表美观、大方，被许多消费者认为是手机市场上的"平板女王"；MP3领军者苹果公司推出的iPod nano系列产品颜色柔和、机身轻薄，很快就赢得了消费者的喜爱。

事实上，如果把产品比做一个人的话，包装是人的外表，品质就是人的内心。外表好看而内心卑劣的人，自然不是优秀的人；同样，品行端正而外表邋遢的人，自然也会遭到轻视。总经理要善于在内在品质与外在包装之间找到最为完美的结合点，这不仅使优秀的产品品质在包装上展现出来，也让优秀的包装下有着过硬的品质在支撑。

只有坚持注重产品的内外兼修，产品才能被市场长久认可和欢迎。韩非子为人熟知的"买椟还珠"的寓言，就是讽刺了主次不分甚至主次颠倒的那个郑国人。

楚国有一个商人把他的珍珠卖给郑国的人。珍珠被装在一个盒子里，这个盒子非常漂亮——木兰树的木材，用桂椒来熏出香味，精美的珠玉点缀其上，翠鸟的羽毛用做修饰。郑国的人买了这个盒子却把珍珠还给了商人。楚人拿着被退回的珍珠，十分尴尬地站在那里。他原本以为别人会欣赏他的珍珠，可是没想到精美的外包装超过了包装盒内的价值，以至于"喧宾夺主"，令楚人哭笑不得。

郑人只重外表而不顾实质，使他做出了舍本求末的不当取舍；而楚人的"过分包装"也十分可笑。但是产品包装也绝不可被忽视。好的包装不仅能保护产品，美化产品，而且还能为产品价格加分，提高身价，激起消费者的购买欲望。

曾经有这样的一个案例：

国内某啤酒企业向美国出口小瓶啤酒。该啤酒原料和工艺是一流的，酒色清亮，泡沫细密纯净，喝到嘴里更是醇和可口，跟外国啤酒相比，一点也不逊色。但是令人奇怪的是，这种啤酒运到美国以后，一点也不受市场的欢迎，严重滞销。

公司的领导很着急，就高薪聘请了一家市场调查公司进行市场调研分析。分析结果显示，问题出在了啤酒的包装上。美国人崇尚个性，喜欢自由，而这家公司在瓶身上印的广告语却是"人人都爱喝的啤酒"——正因为人人都爱喝，所以个性的美国人都不愿意选择。同时，酒瓶的质量很差，颜色暗淡，看上去很不上档次。

公司领导根据调查公司的建议，将广告语换成"喝不喝，随你"，期望这句个性十足的广告语引起啤酒爱好者的关注；与此同时，他们采用具有五种色彩、颜色鲜亮的瓶子。三个月之后，该公司向美国的出口量已经由每月10万箱增长到60万箱。

显然，包装的变化，使其获得了成功。但是随着对包装重要性的认识，有的企业用包装来掩盖产品质量的低劣。比如一包包装精美的茶叶，茶叶本身的价格不贵，但包装盒很贵，甚至超过茶叶的成本。这是现代版的"买椟还珠"了。

总经理在打理公司中要避免两种极端：一是"烂稻草裹珍珠"，二是"绣花枕头一包草"，要把握好质量和包装的辩证关系。好的产品一定是内外兼修的产品，在注重产品品质的基础上，突出包装个性，给顾客以美的视觉感受，从而引起顾客的消费欲望，最终达到销量增加的目的。

产品的质量和包装，犹如红花和绿叶。产品的质量当然是居于支配地位的，人们不是为了买包装去选购产品的。

70. 世界级的竞争，就是细节竞争

随着社会的飞速发展，社会分工越来越细，新兴职业越来越多，职业更替的周期也在不断加速。分工越来越细，专业化程度越来越高，是社会历史发展的必然趋势。

从古典经济学派的亚当·斯密、大卫·李嘉图到萨伊、马克思、马歇尔、熊彼特、凯恩斯、萨缪尔森等几乎所有的经济学家，都把分工看成是工业化进程不断深化、劳动生产率不断提高的重要根据。按照自然分工和市场要求形成的社会产业链，

第十七章　追求完美永远没有错

被认为是经由市场那只神秘的"看不见的手"巧妙安排的，从而符合社会整体利益最大化要求的天然产物。

经济学的开山鼻祖亚当·斯密的首要观点就是分工，讲专业化分工如何发展。市场经济的发展一定是越来越专业化的竞争，国际上许多优秀大企业都是上百年专注于一个领域，把工作做足、做细，然后再涉足相关领域，而不是到处插手，盲目多元化。

1981年于瑞士Apples市成立的罗技电子（Logitech）是全世界知名的电脑周边设备供应商，当初罗技只是依靠生产鼠标和键盘进入电脑周边设备行业。鼠标和键盘是电脑最基本、最不可缺少的外设配件，同时也是价钱较低获利较少的配件，因此对于电脑行业的巨头们根本无法产生吸引力，这便给了罗技一个契机。从此，罗技走上了鼠标和键盘生产的专业化道路，经过了数年的努力，罗技不仅在该行业中站稳了脚跟，而且已然成为全球最大的鼠标和键盘的生产供应商。

对此，《细节决定成败》一书的作者汪中求先生认为这对中国的企业，尤其是中小企业有很大的借鉴意义。他一直不主张搞盲目的多元化，因为中国的企业95%都是中小企业，多元化基本上是陷阱而不是馅饼。中国的企业如果能在专业化上下足功夫，把产品做精，把质量做细，一定会获得高速的成长。浙江、广东的很多企业在这一点上做得非常好。最有代表性的就是鲁冠球的杭州万向节厂。整个20世纪80年代鲁冠球集中力量生产汽车万向节，实施"生产专业化，管理现代化"，以后又实现"产品系列化"，使当初只有7个人、4 000元资产的小厂一跃成为有数亿元资产的大型企业。2003年，鲁冠球列中国富豪榜第四名，资产54亿元。

但是世界上却有很多企业家并不知道"钻石就在自己的脚下"的道理，他们喜欢像蜜蜂一样，在全国和世界各地飞来飞去，寻找他们的生意机会，显得异常忙碌。其实完全没有必要，因为在你自己的后院里就可能有很多处理不完的好买卖，只要自己一件一件做好就能够赚大钱。

"世界级的竞争，就是细节竞争"。在现代这样的社会里面，对待细节的重视已经深入人心。作为一个企业的管理者，不仅要关注企业宏观战略的内容，更要注重企业微观方面的管理内容。企业的执行人员，要从细节入手把工作做细，从而在企业中形成一种管理文化，那就要注重战略被百分百地执行，从而使企业具有极其强大的竞争威力。

但是，汪先生在书中论述说：现代管理科学的细化程度，远远赶不上现代化生产和操作中的细化程度。现代化的大生产，涉及面广，场地分散，分工精细，技术要求高，许多工业产品和工程建设往往涉及几十个、几百个甚至上千个企业，有些还涉及几个国家。比如一台拖拉机，有五六千个零部件，要几十个工厂进行生产协作；一辆上海牌小汽车，有上万个零件，需上百家企业生产协作。

可以说，随着社会分工的越来越细和专业化程度的越来越高，一个要求精细化管理的时代已经到来。

那么对于企业而言，面对这样的一个时代，如何能够在激烈的市场竞争中立于不败之地呢？作为著名的企业顾问专家的汪先生认为，今后的竞争将是细节的竞争。

企业只有注意细节，在每一个细节上做足工夫，建立"细节优势"，才能保证基业长青。

作为世界上著名的动画片制作中心的迪士尼公司就十分善于从细节上为观众和客人提供优质服务，从而使游人在离开迪士尼乐园以后仍然可以感受到。他们调查发现，平均每天，大约有2万游人将车钥匙反锁在车里。于是他们抓住了这个细节，公司雇佣了大量的巡游员，专门在公园的停车场帮助那些将钥匙锁在车里的家庭打开车门。无须给锁匠打电话，无须等候，也不用付费。正是这样一个小小的细节，让成千上万的游客感受到迪士尼公司无微不至的服务。

迪士尼公司的服务意识与其产品一样优秀，因为公司内部流传一种"晃动的灯影"理论。所谓"晃动的灯影"，这也是迪士尼公司企业文化的一部分。这一词汇源自该公司的动画片《兔子罗杰》，其中有个人物不小心碰到了灯，使得灯影也跟着晃动。这一精心设计，只有少数电影行家才会注意到。

但是，无论是否有人注意到，这都反映出迪士尼公司的经营理念一直臻于至善。从而造就了迪士尼公司越来越深入人心。

细节造就完美。世上不可能有真正的完美，但无论企业也好，人也好，都应该有一个追求完美的心态，并将其作为生活习惯。目前，很多总经理虽然有远大的目标，但在具体实施时，由于缺乏对完美的执著追求，事事以为"差不多"便可，结果是由于执行的偏差，导致许多"差不多的计划"到最后一个环节已经变得面目全非。

总经理经常面对的都是看似琐碎、简单的事情，却最容易忽略，最容易错漏百出。其实，无论企业也好，个人也好，无论有怎样辉煌的目标，但如果在每一个环节连接上，每一个细节处理上不能够到位，都会被搁浅，从而导致最终的失败。"大处着眼，小处着手"，与魔鬼在细节上较量，才能达到管理的最高境界。

让每一个细节都将公司的理念发挥到极致，就形成了特色。有特色才能生存，才能壮大。细节无处不在，细节才能真正使企业的发展实现从0到1的质变。

71. 小疏忽带来大损失

如果发现公司有不合理的现象，要立刻设法铲除，不可姑息。对产品同样，不要因为是自己做的有了毛病就讳而不宣，等到让消费者发觉时，受损害的就不止你本人，很可能连整个公司的名誉、信用也受到拖累。

有着百年辉煌历史的爱立信与诺基亚、摩托罗拉并世称雄于世界的移动通信业。但自1998年开始的3年里，当世界蜂窝电话业务高速增长时，爱立信的蜂窝电话市场份额却从18%迅速降至5%，即使在中国市场，其份额也从1／3左右迅速地滑到了2%！爱立信在中国的市场销售额一日千里地从手机销售头把交椅跌落，不但退出了销售三甲，而且还排在了新军三星、菲利浦之后。在中国这样一个快速成长的市场上，国际上很多濒危的企业一到这个市场就能起死回生、生龙活虎，但爱立信却在这块风水宝地上失去了它往日的辉煌。

2001年，在中国手机市场上，大家去买手机时，都在说爱立信如何如何不好。当时，它一款叫做"T28"的手机存在质量问题。这本来就是一种错误，但更大的错误是爱立信漠视这一错误。"我的爱立信手机的送话器坏了，送到爱立信的维修部门，很长时间都没有解决问题；最后，他们告诉我是主板坏了，要花700块钱换主板。而我在个体维修部那里，只花25元就解决了问题。"这位消费者确切地说出了爱立信存在的问题。那时，几乎所有媒体都注意到了"T28"的问题，似乎只有爱立信没有注意到。爱立信一再地辩解自己的手机没有问题，而是一些别有用心的人在背后捣鬼。然而，市场不会去探究事情的真相，也不给爱立信以"申冤"的机会，于是无情地疏远了它。

信奉"亡羊补牢"观念的中国消费者已经给了爱立信一次机会，只不过，爱立信没能好好地把握那次机会。

1998年，《广州青年报》从8月21日起连续三次报道了爱立信手机在中国市场上的质量和服务问题，引发了消费者以及知名人士对爱立信的大规模批评。而且，爱立信的768、788C以及当时大做广告的SH888，居然没有取得入网证就开始在中国大量销售。当时，轻易不表态的电信管理部门的声明，证实了此事。至此，爱立信手机存在的问题浮出了水面。但爱立信一如既往地采取掩耳盗铃的方式来解决问题。据当时参加报道的一位记者透露，爱立信试图拿出几万元广告费来封媒体的嘴；爱立信广州办事处主任还心虚嘴硬地狡辩：我们的手机没有问题！既然选择拒不认错，爱立信自然不会去解决问题，更不会切实去做服务工作。

质量和服务中的缺陷，使爱立信输掉了它从未想放弃的中国市场。无独有偶，美国也有类似的事件发生。但他们因事后采取的措施及时、正确，使得公司效益迅速回升，转危为安。

美国强生公司生产的泰乐诺胶囊是一种止痛药，1981年的销售额达到13.5亿美元，占强生公司总销售额的7%，利润的17%。1982年9月，一位患者服药后当天死亡。消息传出后，强生公司在止痛药的市场份额迅速由35.3%下降到7%，公司面临着巨大危机。公司迅速做出反应，妥善处理相关事宜。

结果，经过一番努力，在8个月后，公司重新赢得了35%的市场份额。

同样是面临这样的危机事件，爱立信输掉中国市场，而强生公司却转危为安。这其中的奥妙有多少人研究过呢？

"千里之堤，溃于蚁穴"，现代企业处在一个迅猛发展的时代，很多决策者制定的方针路线都是正确的。但是，往往出现这样一种情况，就是落实时，再好的计划都会走样变形，甚至完全失败。

就总经理而言，不要忽略一些细小的错误，否则就有可能付出惨重的代价。

72. 魔鬼藏于细节

"魔鬼在细节"，这是美国人讨论一些有影响的成功或失败事件，或谈论立法、政策时使用频率非常高的成语。中国也有类似说法，如"不积跬步，无以至千里"、"一屋不扫，何以扫天下""千里之堤，溃于蚁穴""见微知著"等。它们强调"细小"的东西可"成大事"，亦可"乱大谋"。

世界建筑大师密斯·凡德罗在被要求用一句话描述其成功的原因时，他也用"魔鬼在细节"做了回答。在设计大剧院时，他精确地测算了每个座位与音响、舞台间的

第十七章　追求完美永远没有错

距离及因此导致的不同听觉、视觉感受，并根据每个座位设计了最合适的摆放方向、大小、倾斜度、螺丝钉位置等。

日本人的精细为其产品赢得了全球极高的美誉度。所以，细节工作在日本企业中是至关重要的。丰田汽车社长认为其公司最为艰巨的工作不是汽车的研发和技术创新，而是生产流程中一根绳索的摆放，要不高不矮、不粗不细、不偏不歪，而且要确保每位技术工人在操作这根绳索时都要无任何偏差。

众所周知的荣华鸡最终败给肯德基的事件就是很典型的例子。

细节能够造就天使，但它也能造就魔鬼。往往更多的是造就魔鬼。

肯德基是美国著名的快餐连锁企业。他自从1987年在中国开了首家店以后，发展速度一直很快，到现在几乎是妇孺皆知。

肯德基以其鲜明的特色，优美简洁的环境，按标准化制作的食品，热情周到的服务，吸引了大批国人，尤其是年轻人。

外国餐饮业的"入侵"大大刺激了中国传统的饮食业。一些国内餐饮业也纷纷搞起了连锁，企图抵抗"外敌入侵"，其中上海的荣华鸡就是杰出的代表。

20世纪90年代初，上海新亚集团老总去肯德基考察了一番后，自己配了几种调料，做油炸鸡：除了有一个鸡腿，还有国人爱吃的罗宋汤、上海人爱吃的咸菜炒毛豆和一个酸辣菜。

1991年12月28日，荣华鸡快餐公司成立。荣华鸡以适合中国人口味和比较便宜的价格，受到了广大消费者的青睐。开始两年，公司最高日营业额11.9万元，月平均营业额达150万元，两年累计营业额1 500万元，职工很快发展到300人。北京、天津、深圳等24个省市纷纷向荣华鸡发出邀请，欢迎荣华鸡安家落户，甚至连捷克、新加坡等国的外商也纷纷邀请荣华鸡去开店。

1994年，荣华鸡在北京开了第一家分店，并扬眉吐气地称："肯德基开到哪，我就开到哪！"

荣华鸡举起民族大旗对抗肯德基时，生意门庭若市，其中效益最好的黄浦店，一年就有300多万元的利润。全国南到江西，北到黑龙江，都有荣华鸡的分店。在某些地段，荣华鸡的生意远远超过了洋鸡，这着实让中式快餐扬眉吐气了一番。可是，好景不长，荣华鸡在与肯德基较量中逐渐地落了下风。2000年，随着荣华鸡在北京安定门的撤出，结束了为期6年的京城生涯。这标志着在与肯德基的较量中的彻底失败。

与此相反的是，肯德基在中国的市场越做越大，并在北京宣布在中国的连锁店超过400家。《亚洲周刊》在2000年4月刊登的世界著名调研公司AC尼尔森公司在中国30个城市所做的一份调查：在顾客"经常惠顾"的国际品牌中，肯德基居第一。据统计，2001年，肯德基在中国的营业额达40亿元人民币，在全世界的营业总额高达220亿美元，居所有餐饮业之首。

随后，红高粱也叫板肯德基，并一鼓作气地在10个月内红遍了全中国。接着又是马兰拉面创造了"马兰拉面一拉一片"的壮举。但是，洋式快餐在中国的市场份额却越来越大，中餐对西餐的冲击效果微乎其微。

中国有几千年的美食文化传统，无论是小吃、菜系，还是快餐，都有着上千年的历史。单以鸡为主料的就有：扒鸡、烧鸡、辣子鸡、文昌鸡、白切鸡、手撕鸡、炖土鸡等，其口味更符合大多数人的消费习惯，但为什么在竞争中"土鸡"对不过"洋鸡"？

曾败走麦城的新亚领导层们经过一番反思后发现：对于竞争优势，产品只是一个表面现象，在产品背后有很多深层的管理方面的东西，肯德基的真正优势在于其产品背后的一套严格的管理制度。

肯德基曾在全球推广"CHAMPS"冠军计划，其内容为：

C—Cleanliness——保持美观整洁的餐厅；

H—Hospitdity——提供真诚友善的接待；

A—Accuracy——确保准确无误的供应；

M—Maintenance——维持优良的设备；

P—Product Quality——坚持高质稳定的产品；

S—Speed——注意快速迅捷的服务。

"冠军计划"有非常详尽、可操作性极强的细节，保证了肯德基在世界各地每一处餐厅都能严格执行统一规范的操作，从而保证了它的服务质量。

肯德基在进货、制作、服务等所有环节中，每一个环节都有着严格的质量标准，并有着一套严格的规范保证这些标准得到一丝不苟地执行，包括配送系统的效率与质量、每种佐料搭配的精确（而不是大概）分量、切青菜与肉菜的先后顺序与刀刃粗细（而不是随心所欲）、烹煮时间的分秒限定（而不是任意更改）、清洁卫生的具体打扫流程与质量评价量化，乃至于点菜、换菜、结账、送客、遇到不同问题的文明规范用语、每日各环节差错检讨与评估等上百道工序都有严格的规定。为了保证员工能够服务到位，肯德基对餐厅的服务员、餐厅经理到公司的管理人员，都要按其工作性质的要求，进行严格培训。例如，餐厅服务员新进公司时，每人平均有200小时的"新员工培训计划",对加盟店的经理培训更是长达20周时间。餐厅经理人员不但要学习引导入门的分区管理手册,同时还要接受公司的高级知识技能培训。

现代文明赋予快餐的定义是工厂化、规模化、标准化、依托现代化管理的连锁体系。肯德基就是这些要求的产物,而包括荣华鸡在内的中式快餐,还远没有达到这种要求。因为中式快餐的厨师都是手工化操作,食品没办法根据标准进行批量化生产。因为没有标准化,食品的质量难以得到保证。比如肯德基规定它的鸡只能养到七星期,一定要杀,到第八星期虽然肉长得最多,但肉的质量就太老。而包括荣华鸡在内的所有中式快餐,恐怕就没有考虑到,或者即便考虑过也没有细致到这种份上。因为没有标准化,卫生状况、服务质量也难以得到保证,如当年荣华鸡的店员就曾当着顾客的面在柜台内用苍蝇拍打苍蝇,而盛着炒饭、鸡腿的柜台根本就不加遮盖。这正是荣华鸡在与肯德基的较量中败走麦城的原因。

荣华鸡败北事件证明了一点:细节确实是一个幽灵,往往在我们不注意的时候,向我们扑来。我们往往最易漠视的就是那些看似简单、琐碎的事情。在从事企业与项目管理时,最普遍最突出的问题就是简单容易的事做起来总是马马虎虎,漏洞百出。其实反过来看,什么才叫不简单?可以说能够把简单的事情天天做好就是不简单。什么叫不容易?大家公认容易的事情,非常认真地做好它,就是不容易。

可见,在现代企业管理之中,绝不能简单地从产品质量和结构来看竞争优势。竞争的优势归根结底是管理的优势,而管理的优势是通过细节来体现出来的。肯德基就是能把这种细节融入其管理标准的一个代表。

"魔鬼就存在于细节之中"。为什么说细节会成为魔鬼的栖身之地呢?因为在企业的日常工作和经营当中,经常会忽略了细节的存在,从而让魔鬼有机可乘。正所谓:成也细节,败也细节!

企业的经营,只有重视细节,并从细节入手,才能取得有效的进展和实质性的突破。

73. 细节思维重在落实

丢一个钉子,坏一只蹄铁;坏一只蹄铁,折一匹战马;折一匹战马,伤一位将军；伤一位将军，输一场战斗；输一场战斗，亡一个帝国。

这是西方流传甚广的一段民谣，从丢失一只钉子，到灭亡一个国家，细节的重要性就不言而喻。

商场上同样如此。每天不断有新企业开张，有人怀揣着梦想和财富刚刚开始；却也有不计其数的公司关张，两手空空一身债务，黯然离场。几家欢喜几家愁，硝烟弥漫的商战中，历数多家企业的兴衰成败，我们发现很多时候，企业不是败给了对手，而是败给了细节。对利益的盲目追逐，让很多如大象般敦实的企业变得狂躁不安，忽视了对细节的把握，最终失足跌倒，甚至再也爬不起来。

中国人不缺勤劳、不缺智慧，我们最缺的是做细节的精神。常德事件中一纸死亡责任诉讼书，将三株送入了破产的深渊；陪伴过一代人成长的大白兔奶糖，迫于质量问题而下架；一个体户拿酒精勾兑假林河酒，将林河酒打入了"冷宫"；三鹿奶粉的三聚氰胺问题，引发了全国上下的奶制品恐慌……

历史上没有永远的"长治久安"，《孙子兵法》开宗明义地讲道："兵者，国之大事也。死生之地，存亡之道，不可不察也。"战争是"死生之地，存亡之道"，意在强调国家要保持危机意识和竞争意识，就像上战场的人再三确认武器装备、马掌缰绳一样，要把每一个细节做到实处。

两个乡下人一同到城市卖菜，摊儿挨着摊儿。可几年之后，却卖出了天壤之别：一个成了资本雄厚的蔬菜批发商，另一个却因生活无着落，只能回到乡下。事实上，两个人的差别是在一天一天的积累中拉开的：成功者每天都要拿出一点时间，去掉烂根黄叶，把菜洗得干干净净，摆放齐整，他的小摊位上，铺了干净的蛇皮口袋，就连天平称也擦得崭新；失败者却从来没有理会过这些细节，他想着卖菜怎么能没有黄叶子烂根呢，反正人家买回家还要洗了才会吃，自己也就不必动手，直接放在地上当然也就无所谓了。

卖菜上的小细节不仅让人看出两个人在细节上的用心深浅，也让看到细节对事业所起的累积效果。完善的细节处理让事情变得良性循环，企业要健康发展，更是离不开精益求精的细节管理。

时下，有一些企业虽然目标远大，自身也有很好的条件，但是到具体实施时，事事只求"差不多"，加上执行上的偏差，导致许多原本很不错的计划中途脱节。

国内某药厂，准备引进外资，扩大生产规模。他们邀请德国拜尔公司派代表来药厂参观考察。在进行了短暂的室内会谈之后，药厂厂长随地吐了一口痰。拜尔公司的

第十七章　追求完美永远没有错

代表看到这个场景，便马上拒绝继续参观，也终止了与这家药厂的谈判。

在这位代表看来，制药车间对卫生的要求是非常严格的，作为一厂之主的厂长都能随地吐痰，那么员工的素质可想而知了！与这样的药厂合作，如何能保证产品的质量呢？

一些研究心理学的学者指出，客户之所以愿意从同一品牌处进行反复购买的一个重要原因就是客户的细节体验。因此精明的营销人员通过对各种客户服务细节加以关注，就能创造出对客户来说既简便又印象深刻的服务体验。企业在进行营销活动中，有没有充分考虑到顾客的细节体验，这就是问题的关键所在。

中国绝不缺少雄韬伟略的战略家，缺少的是精益求精的执行者；绝不缺少各类管理制度，缺少的是对规章条款不折不扣地执行。很多企业家一提战略，就是宏大叙事，就是战天斗地，就是争创一流、走向世界。有宏大的志向和使命感并不为过，问题在于，企业的领导者缺少一种精细的精神和思维，没有将这种思维落实到企业管理的各个层面上去。

一个企业在产品或服务上，也许只能给客户增加1%的方便，但结果却可能会引发几倍的市场差异和效率。在细节上琢磨十分钟，也许就能避免在出现问题后所花的几十个小时。在细节上的投资，是在不断增强自己的战斗力。不能因为一个马掌而失去一片天下，对于总经理来说，在企业细节上的完善是没有尽头的。

> 总经理意识到了细节管理的重要性，还要将细节管理深入到实际操作中，这样，才能真正享受细节管理带来的收益。

第十八章
沉下心来做品牌

74. 强势品牌：打造品牌中的品牌

市场上各类品牌竞争纷纭，如何使自己的品牌在竞争之中脱颖而出呢？品牌与品牌之间，名牌与名牌之间，仍然有强有弱，有突出，有一般。品牌竞争力强，就处于强势地位；反之，品牌就处于弱势或劣势，久而久之，就会危及品牌的生命。

强势品牌的突出特征是准确而有力的品牌定位，以及由定位而塑造的鲜明的品牌个性。明确而有力的品牌定位，是打造强势品牌的基础。品牌定位是品牌传达给消费者"产品为什么好"以及"产品与竞争对手的不同点"的主要购买理由。这种理由必须直观，这易为消费群所理解和接受。

近年来，饮料行业的一匹黑马，罐装饮料王老吉脱颖而出，"怕上火，喝王老吉"的广告语早已深入人心、一鸣惊人。透过下面一组数据，我们不难看到王老吉的增长速度：2002年王老吉销售额1.8亿元，2003年销售额6亿元，2004年销售额15亿元，2005年销售额超过25亿元，2006年销售额更是超过了35亿元。是什么原因使王老吉迅速飙红，引爆凉茶市场的呢？那就在于它精准的品牌定位。

很多人不知道，早在2002年以前，王老吉已经不好不坏地经营了7年多，虽说小日子过得也还算小康，但却一直默默无闻，固守一方。2002年，在专业品牌公司为其做品牌诊断时发现，王老吉没有红起来的最根本的原因在于品牌定位而不在于市场推广。王老吉虽然经营多年，但它的品牌缺乏一个清晰明确的定位，原来的广告语"健康永恒，永远相伴"其实是一个较模糊的概念，企业无法回答"王老吉"是什么，消费者更不会理解。

经过细致的市场调查，专业品牌公司发现，消费者在享受煎炸、烧烤、香辣美食时，特别希望能够预防上火，但是目前市场上的茶饮料、可乐、果汁、矿泉水等显然不具备"预防上火"的功能，而王老吉的中草药配方、125年历史、"凉茶始祖"的身份等要素为其成功打造"预防上火"形象提供了有力的支撑。最终王老吉明确了自己的品牌定位——"预防上火"。

精准的品牌定位之后，有效的品牌推广则是使品牌深入人心的重要手段。加多宝负责人曾说：在最短的时间里使王老吉品牌深入人心，必须要选择一个适合的宣传平台，中央电视台一套特别是晚间新闻联播前后的招标时段是具有全国范围传播力的保障。王老吉始终把中央电视台作为其品牌推广的主战场，巨额广告投入不遗余力，同时针对各区域市场的不同特点，投放一定量的地方卫视广告，以弥补央视广告覆盖率的不足。

王老吉的广告投入可谓大手笔：2002年投入1 000万元，2003年增至4 000多万元，2004年广告投入1个亿元，2005年1个多亿元，2006年世界杯期间广告投入更是猛增，全年投入2个多亿元。在中央电视台2007年广告招标大会上，王老吉又以4.2亿元成为2007年央视广告的标王。此外，王老吉在报纸广告、车身广告、市中心路牌广告、终端广告以及公关促销等方面也有不凡的手笔。强大的品牌推广使"怕上火，喝王老吉"这一广告语深入人心，并引爆了其销量的井喷，王老吉的销售额以几何倍数直线飙升，一举成为全国性的主流饮料。

以前说"酒香不怕巷子深"，但在市场成熟的今天，各种各样的"酒"容易将"香"掩盖。消费者往往受到广告的影响而进行购买活动，品牌的知名度对产品的销售成绩有巨大的影响。

品牌与消费者有着亲密的关系，这种亲密关系很多时候并不是建立在"高技术"之上，而是建立在品牌的整合传播上。很多时候广告让消费者首次购买，然后品牌的质量让消费者继续购买，并形成长期地对品牌文化的认同。因此，总经理一定要在如何打造强势品牌上下够功夫。

强势品牌的特征不是企业主观臆造的，而是消费者在生活中积累的结果。强势品牌就是在消费者心目中留下了清晰、良好印象的品牌。

75. 品牌的核心理念是被人们接受和认同

品牌的核心内涵的作用就在于它在高质量的基础之上赋予了品牌灵魂，将品牌与文化和思想联系在一起，使消费者形成高度的认同感。品牌不仅仅是一个名称，一个商标，而是一个含有深刻内涵的内容集合，它含有丰富的内容和含义。当一个品牌的内涵，或者说核心理念被人们接受和认同的时候，品牌也就真正深入人心了。

1886年，和美国的自由女神像一样，由潘博顿调制成的可口可乐已经成为美国的象征。可口可乐公司非常清楚地认识到了这一点。有位可口可乐的经理曾说过："如果公司在天灾中损失了所有的产品和资产，公司将易如反掌地筹集到足够的资金来重建工厂。相反，如果所有的消费者突然丧失记忆，忘记和可口可乐有关的一切东西，那么公司就要停业。"可见，品牌内涵如果能够深深植根于消费者心目中，那么它毫无疑问地增加了商品的含金量。

比如，提到迪士尼，人们会想到欢乐、刺激；提到海尔，消费者心目中的形象是人性化、具有亲和力；提到兰蔻，人们会感觉到奢华、高贵；力士一直坚持用国际影星做形象代言人，其"美丽承诺"达80年之久；万宝路香烟纵使再狂野再奔放，也还是坚持一贯的乡村牛仔形象；可口可乐用过的上百条口号，都是围绕"美味的、欢乐的"的品牌内涵不变。产品的品牌内涵是品牌形象之源，是品牌精神的孕育之地，是保持品牌活力的原动力。

然而，无论什么样的品牌，以及什么样的品牌内涵，只有获得消费者的认可才具有市场价值。

品牌与消费者之间是一个互动过程：企业通过宣传手段，使消费者了解品牌内涵；消费者通过自己的理解，从而建立对品牌的形象感知，在消费者的心里，他认为是什么就是什么。森马品牌之所以能够享誉国内外，也是因为它的内涵得到了消费者的喜爱。

森马的寓意是："森立天地，马至千里"，"森"代表众多，取"众木成林立于天地"之意，其延伸意义是"十年树木，百年树人"，给员工提供良好的成长环境和发展空间，使之长成栋梁之才。"马"则代表着"热情奔放，勇于进取"。其标准色为草绿色，表示和谐环境，崇尚自然，追求快乐和希望。

"森马"与"什么"谐音，它的广告语是："穿什么就是什么！"谐音为"穿森马就是森马"——森马服饰将伴随你的一身，也伴随你的一生。这更像是一句充满"80后""90后"气质的口头禅，有一点无厘头，外加一点自由不羁，折射出崇尚个性、追赶时尚的新一代人心态。穿什么就是什么，就是与众不同穿出个性，穿森马就是森马，就是新人类真我本性。

对于服饰，森马没有先入为主的束缚，它拒绝跟风，只有强烈的自我表现意识，它主张在穿着和搭配上以百变的形象示人，在潮流中凸显个人风格。更重要的是，他们认为如果缺乏个性的装扮，即使有再好的时尚品位，也都平淡如白水。这些都使消费者感到自己与森马同在，森马带给自己的是卓越的品质、温暖的服务；穿森马服饰，会使自己更显时尚活力，更具价值享受。

从实质上来说，消费者的品牌消费就是一种文化消费。文化消费就是文化生活，它是指人们为了满足精神生活的需要，采取不同的方式消耗劳务和文化的过程。通过赋予品牌附加的、心理的、社会的或更高层次的需求内涵，从而使这种内涵满足消费者高层次的需求，品牌就具有了更高的价值。

优秀的品牌都具有独特的核心内涵和文化，使品牌形成良好的个性，并能被大众接受与认同。

76. 用耐心打造品牌

有人问松下幸之助："你觉得松下要多少年才能够真正成为世界品牌？"松下幸之助回答："一百年。"事实证明，松下幸之助没有花那么长时间。此人又问："打造一个品牌最重要的是什么？"松下幸之助说了两个字："耐心。"

中国的老字号恒源祥多年来一直禁止为恒源祥的某个产品做广告，它做的都是品牌广告，只为"恒源祥"三个字做广告。经销商总希望恒源祥的广告一打出去，马上就有大量的人去购买，而这样做的短期效果是让恒源祥的经销商十分焦急，因为他们想象的广告一上，销售成果就立竿见影的局面没有出现。但是，恒源祥集团董事长刘瑞旗却顶住压力，坚持这么做。

他曾说："做品牌是需要耐心的，必须让用于做广告的钱全部用于打造恒源祥品牌上。"于是，坚持只为"恒源祥"三个字做广告成为他一贯的品牌策略，恒源祥坚持拒绝为旗下的各类产品做广告——做到这一点相当困难，因为恒源祥必须不断地说服经销商，同时还要对很多大牌的广告公司的建议视而不见。而刘瑞旗多年坚持的结果是，恒源祥品牌的知晓率在中国市场上达到93.9%。

在一项对世界100个最著名的品牌所进行的研究中，研究者发现其中有84个是花了超过50年的时间打造成功的。仅有16个品牌花了不到50年时间就成为世界品牌，而这些品牌中一种是由于产生了全新的技术变革，另外一种是连锁经营模式的发展造就了世界品牌。除此之外，其他品牌都花了50年以上的时间，这是需要耐心的。

从建立品牌、发展品牌、推广品牌到巩固品牌，是一项长期而艰巨的工作，建立卓越的品牌并非一朝一夕之功，也不是仅凭大笔金钱投入和短期广告轰炸就能实现的，而是需要恰当的定位、长远的规划和耐心的坚持，需要专注和执著，更需要贴心的设计和优质的服务。

中国另一百年老店同仁堂的历史见证了真正的品牌是如何炼成的。

同仁堂是中国医药界的一块"金字招牌"。350多年来，虽然经历风雨沧桑，但同仁堂一直生生不息，在各国医药公司逐鹿中华大地的今天仍然不断扩大自己的经营规模。同仁堂有什么奥秘使自己的"金字招牌"越擦越亮呢？

同仁堂何以名满天下？"吃同仁堂的药放心。"年过八旬的王大爷对此深有感触，"2003年北京闹'非典'，我来这儿配一副预防的中药。等了老半天都拿不到，开始大伙都埋怨，还以为是他们要留着涨价。后来才知道人家是为了等到合格的原料到货后才给抓药。"王大爷又接着说，"就仗着这份仁义，同仁堂就能做天大的生意！"

而同仁堂的这份"仁义"是自古就有的。北京同仁堂是全国中药行业著名的老字号，创建于1669年（清康熙八年），自1723年开始供奉御药，历经八代皇帝共188年。在300多年的风雨历程中，历代同仁堂人始终恪守"炮制虽繁必不敢省人工，品味虽贵必不敢减物力"的古训，树立"修合无人见，存心有天知"的自律意识，造就了制药过程中兢兢业业、精益求精的严细精神，其产品以"配方独特、选料上乘、工艺精湛、疗效显著"而享誉海内外。

百年老店就是在这样对质量和服务的执著追求中一步一步走过来的。只有百年老店才能产生真正的世界品牌。

全球很多知名品牌，都是在长期发展、进化的过程当中形成的。中国企业在打造全球品牌的时候，要有雄心壮志，但是不能太急，太急的话，打造出来的可能是一个很快就会被淘汰的品牌。最重要的就是要有耐心。

抱着做百年老店的心态，一步一步地打造属于自己的企业品牌，这样才有机会成为世界品牌。

77. 品牌传播建立在强健的传播信号上

总是被人唠叨,"买个烧水壶还是几百块钱的博朗,什么壶不能烧水呀,败家。"每次去超市,随手从货架上取下一堆东西塞进购物车里,结账时发现,从日用品到食品,没有叫不出名字的,维达的纸、威露士的洗手液、沙宣的洗发水、伊利的酸奶、和路雪的冰激凌,就连鸡蛋还是德清源的。这就是现代很多人的消费习惯,在不知不觉中被各种品牌影响着。

在从前,品牌建设并不复杂,像永久自行车、熊猫电视机、郁美净擦脸油等,这些品牌在其品类中占据优势地位并不困难,它们通过创建一个识别体系就能抓住消费者的眼球,从而产生共鸣。而在市场竞争日益激烈的今天,要想吸引消费者的注意力,品牌竞争必须突破常规和复杂的营销理论,建立简单的品牌建设之道。

1998年9月8日,江苏森达集团在人民大会堂宣布:意大利的尼科莱迪、百罗利、法尔卡三家著名鞋厂将定牌生产森达皮鞋。这标志着中国制鞋业开始向皮具王国意大利输出自己的名牌。森达从毫无名气的普通企业成长为名牌企业,靠的就是"实施名牌战略,创造名牌产品"。

森达品牌的崛起,源于公司董事长朱相桂受到的两次刺激。第一次刺激是在广州。有一年,广州某家商场搞展览,柜台前人头攒动,顾客争着选购一种皮鞋。朱相桂也拿起一双,一看竟是自己企业生产的产品,仅仅是贴上了一个外国的品牌,价格就比森达的出厂价高出6倍多。第二次刺激是在北京。当森达刚刚进入北京燕莎购物中心的时候,尽管售货员再三推荐,可顾客使劲摇头:"没听说过这个牌子。"

这两件事使朱相桂思考很多,最终悟出一个道理:牌子没名气,再好的货也不会成为大众的消费热点。于是在1992年元旦前夕的员工大会上朱相桂提出,名牌是无形的财富,名牌是特殊的生产,森达要发展,就必须创名牌。从此,"打出中华民族的世界名牌"就成了森达人的追求目标。当年企业就拿出500万元投入广告宣传,几年来投资做广告、建卖场的资金累计达3亿多元。

终于,森达拿到全国皮鞋行业唯一的驰名商标。森达不仅叫响了自己的牌子,也获得了丰厚的回报,接连夺得"中国首届鞋王""畅销国产商品金桥奖第一名""中国驰名商标"等殊荣。森达皮鞋成为市场最具有号召力的品牌、名牌,连续多年成为行业第一。

名牌也是从一般的品牌发展起来的，只不过它从众多的同类产品的品牌中经过激烈竞争脱颖而出了。比如，像阿迪达斯、李宁、森达、海尔这些世界级、国家级品牌，都是从最初的无名品牌发展起来的名牌。

品牌专家艾伦·亚当森将品牌的建立过程分为了五个阶段，而最重要的阶段便是传播品牌的过程中，找到最适合企业的强健的品牌传播信号。

何为品牌传播信号呢？当一个企业创建了简单但本质的品牌观点之后，就具备了将品牌传播出去的条件，而品牌传播信号就是品牌传播的载体，可以是包装、广告、网页、产品设计或功能性介绍、交通工具、零售环境，甚至冰箱贴等。作为企业家，在传播品牌的过程中，你必须找到最适合你的企业的传播信号，这样才能更加顺畅地达到品牌传播的目标。

黑莓手机在世界范围内，已经成为商务精英们使用的通讯工具。更加令人惊讶的是，黑莓没有借助任何媒体宣传，仅凭借口碑的力量，受到了广大商务精英这一顾客群体的青睐，成为商务精英们首选的通讯工具，达到了令人崇拜的地步。

为什么黑莓能够取得如此成就呢？因为人们真真切切地体验过它。商务精英们一直在体验全天候服务的功能。正是黑莓这个便利的通讯工具使得人们与亲朋好友沟通更加紧密，并且一直保持联系。当然，它的功能是关键，因为它实现了自己的承诺，使得人们彼此之间保持着联系。

但是黑莓真正的成功，是它在人们心目中树立品牌形象时所采用的方法。黑莓的故事流传广泛。因为其品牌的经验恰好符合人们对它的定义。它的使用者造就了这个品牌。黑莓在早期花了很长的时间在华尔街推销自己的品牌，并把黑莓送给投资银行家和同类其他人士。这是最基本的抽样策略。当这些人开始使用此设备时，他们就成了这项产品的标志性群体。"我在用它，你也在用。我们肯定是志同道合的。"或者"你没有在用，或者你根本就不了解这些事情，你肯定不是我们圈子里的人。"这也促使那些拥有同样感受的人使用黑莓，因此黑莓的品牌形象逐渐在人们心目中树立起来，并且赢得了很多人的青睐。

黑莓的管理层中曾经有人这样说过：黑莓有能力创建一个永久的品牌，并且在此基础上，通过采纳主要用户的建议以及黑莓对他们的意义来继续促进黑莓的发展。在过去的几年里，黑莓已经扩大了它在市场上的影响力，但是在运用大众传媒为品牌做宣传的方面，它一直是非常谨慎的。因为不想冲淡品牌的功能定位，所以公司时常考虑如何扩大最初的专门使用群体。它继续依靠自己最初的品牌传播信号，领先的技术、精美的设计以及优异的功能取得发展,因为以上这些对该品牌的主要使用者来说是最重要的,也是最有意义的品牌传播信号。

可以毫不夸张地说,一个品牌能够改变人们对世界的看法,它能改变消费者对产品的感知、选择以及优先程度。一个强健的信号可以有效地传达出品牌形象,它是人们看待及体验品牌的决定因素。

作为企业管理者,要创建一个真正成功的品牌传播信号,就必须完全清楚自己的商业战略,并清晰地了解利用顾客体验的哪些方面才可有力地影响消费者对品牌的感知。通过这些方面,你可以创建有效的品牌传播信号,让你的品牌深深地印在消费者的脑海中。

品牌是市场竞争中最有利的法宝,没有品牌,就无法在市场中竞争生存。而名牌是品牌的最终归属。

78. 舍得花钱才能做好品牌推广

龙永图说,中国的企业不太舍得花钱进行品牌的推广。中国的企业愿意把钱花在看得见、摸得着的地方,如设备、人手,但对于市场营销和品牌的推广不愿意投入。实际上,品牌推广看起来是无形的东西,但十分重要,企业要舍得花钱于"无形"上。

对于企业而言,品牌就是竞争力。"品牌"(brand)一词来源于古挪威文字brandr,意思是"烙印",它非常形象地表达出了品牌的含义——"如何在消费者心中刻下烙印?"品牌是一个在消费者生活中,通过认知、体验、信任、感受,建立关系,并占得一席之地的、消费者感受的总和。

2004年9月,欧洲最大的电子消费品制造商飞利浦,决意改变自己"小家电巨头"的形象,将国人熟知的"让我们做得更好"的广告语变为"精于心、简于形"。飞利浦计划为此举付出8 000万欧元。飞利浦总裁兼首席执行官柯慈雷宣布这8 000万欧元将用于在包括中国、美国、法国在内的全球七个重点地区发动一场广告公关营销推广大战,要通过对这些地区的广播、电视、平面媒体和网络等全方位的"轰炸",将新的品牌定位传达给全世界的消费者。

如同许多百年老店一样,欧洲"老绅士"飞利浦这家老牌的欧洲跨国电子巨头在盛名之下，其前进的步伐已经开始力不从心：从它的财报上看，飞利浦已经连续7个季度出现亏损。

"我们期待通过这个新的品牌定位，改变飞利浦在消费者心目中仅仅是一个消费类电子企业的形象。我们希望消费者能联想起'便利'或类似的生活方式，确保消费者轻松简便地使用这种技术或享受生活。"飞利浦首席市场官芮安卓表示。飞利浦用8 000万欧元实现了华丽的转身。2004年，飞利浦的品牌价值仅为35亿欧元，2006年已经达到了65亿欧元。

飞利浦花8 000万欧元得到的品牌价值的实现和提升是不可估量的，中国企业家要改变过去那种只重短期效应而不重长期效应的短视行为。技术和品牌是新发展时期最重要的关键之处。不仅要有品牌意识，并且要在市场营销方面下更大的功夫。品牌推广，不单单是钱的问题，更需要投入大量的精力、时间、创意。未来的商业社会，品牌就是企业的竞争力，打造一个品牌是一个长期的、艰巨的任务。

那么，如何让消费者对品牌产生认知呢？企业家要学会在品牌推广上下工夫，要舍得花钱打造无形资产。美国营销专家菲利浦·科特勒认为，品牌推广是一种名称、术语、标记、符号或设计，或是它们的组合运用，用来辨认其销售者的产品或服务，并使之同竞争对手的产品和服务区别开来。

品牌推广的目标是向购买者长期表达一组特定的属性、利益和服务，而这些信息能够激发消费者的购买欲望、维持消费者对品牌的忠诚。这为企业带来的利益将是长期的，并且难以估计。

品牌推广需要足够的资金做后盾，企业要舍得花钱于"无形"上，这样才能收获"有形"。

79. 以人为本是星巴克品牌的精髓

星巴克这个很多消费者耳熟能详的咖啡品牌创建于1971年。自1992年在纳斯达克成功上市以来，星巴克的经营一飞冲天，其销售额平均每年增长20%以上，利润平均增长率则达到30%。

经过十多年的发展，星巴克已从昔日西雅图一条小小的"美人鱼"进化到今天遍布全球40多个国家和地区，连锁店达到一万多家的"绿巨人"。星巴克的股价攀升了22倍，收益之高超过了通用电气、百事可乐、可口可乐、微软以及IBM等大型公司。

今天，星巴克公司已成为北美地区一流的精制咖啡的零售商、烘烤商及一流品牌的拥有者，它的扩张速度让《财富》、《福布斯》等世界顶级商业杂志津津乐道。

在一个没有喝咖啡传统的国度，卖咖啡的星巴克却遍地开花。朋友聊天去星巴克、亲友聚会去星巴克、商务谈判去星巴克，于是，早早地便有了那句"我不在星巴克，就在去往星巴克的路上"的具有小资情调的话。然而星巴克的咖啡就一定很好喝吗？

答案可能是否定的，但星巴克始终吸引着人们慕名而来，并且成功地改变了无数人的饮品习惯，重塑了消费者的消费观念，更重要的是，深刻地影响了我们的文化触觉。

正如《星巴克：一切与咖啡无关》的作者、星巴克的北美总裁霍华德·毕哈所说："星巴克的成功其实与咖啡无关，而在于星巴克"以人为本"的文化精髓。"这一简单的理念在星巴克被做得很到位。"从本质上讲，我们都只是人。"霍华德·毕哈的这句话可谓一语道破天机。在《星巴克：一切与咖啡无关》中，这位星巴克功勋卓著的总裁提到："没有人采购、运输、烘焙和准备咖啡，我们就不会有星巴克。星巴克的精髓在于：没有人，就不会有咖啡。"在毕哈管理星巴克的时期，是他一手缔造并推行了星巴克"以人为本"的企业文化。

有人把星巴克概括为"一家有病毒般繁殖能力和宗教般信仰的公司，一家有灵魂的公司"。星巴克宗教般的信仰就建立在对人与人之间关系的洞察和尊重上。

星巴克的核心价值观表现在以下几个方面。

（1）可信赖的产品品质：坚持选用最好（相对于大众市场而言最好）的咖啡豆。

（2）高度的环保意识：采用更多的环保型设备和包装材料，大力倡导并严格要求能源的节约利用。

（3）对员工和咖啡种植者的人文关怀：向经济欠发达国家的咖啡种植者支付优厚的采购价格并提供种植者扶植基金；为员工提供最优越的健康福利计划，并大面积推行员工持股。

（4）和谐共处的社区精神：为顾客营造温馨、自由的消费环境，鼓励店面工作人员和顾客交流，让顾客无论是独处还是小聚都能怡然自得、融入其中，润物细无声地把星巴克变为顾客住宅和工作地点之外的生活中必不可少的"第三地"。

星巴克的成功之处在于它在卖咖啡的同时还能输出文化、观念，毫无疑问，它之所以能风靡全球，是因为背后有强大的品牌文化在支撑。星巴克还有选择地参与一些温情、励志的电影和图书的推广和发行，这些为星巴克的品牌赋予了更多的文化内涵，增加了其独树一帜的文化品位。

成功的品牌无疑是深厚文化底蕴和文化优势的体现。要想打造出真正被世界认同的品牌，必须有自己的品牌文化。取得消费者对品牌文化的认同，能够建立起消费者的品牌忠诚度。品牌文化是品牌价值的基石，具有深厚文化底蕴的品牌不仅给企业带来利润，而且使消费者从中得到精神满足，从而改变和引导着消费者的价值观和消费观。

品牌竞争永远都是一个必经之路，而通过塑造品牌文化提升品牌价值和竞争力，是引领企业走向胜利彼岸的灯塔。

第十九章
赢在创新

80. 产品开发，赢在创新

创新是企业家最重要的素质，也是市场经济对企业家的基本要求。越来越多的总经理意识到创新的重要性，懂得开发新产品一定要突破思维定式，打破经验主义和教条主义的束缚。

创新的主体是企业，而企业创新的根本是产品创新。企业只有进行产品创新，不断地使产品更新换代，用新结构、新工艺、新材料、新技术开发出一系列"新、奇、特"的产品，才能迅速占领市场。

旭日升集团首创了"冰茶"这一概念，经过八年的打拼，成为冰茶领域的霸主，并入选中国驰名商标，但从2001年开始，一日千里升腾起来的旭日，让人无法想象地滑向了"迟暮"的轨迹，2002年下半年，旭日升停止铺货。曾一度风光无限的"旭日升"，日渐成了人们心中的一道"蓝色记忆"。

不可否认，旭日升在市场初期是成功的。就当人们还在怀疑把茶装进易拉罐，这种喝法是否会流行起来时，"旭日升"却将"冰茶"这种新鲜的产物，凭借超凡脱俗的工艺特色抢先占领了国内茶饮料市场，而且率先在国内饮料界采用了OEM的生产方式。旭日升的创新绕开竞争激烈的饮料市场，为其开辟了一块广阔的冰茶世界。

然而，先发未必能够长久制人。在随后的事业扩张、管理失衡的情况下，快了半步的旭日升也逐渐被企业自身的弊病拖住。企业管理制度滞后，阻碍了旭日升的持续发展。就在旭日升集团疲于应对"内忧"之时，"外患"也紧逼而来。原来，旭日升冰茶的独家生意很快被对手模仿，巨大成功引来众多竞争对手的跟风。娃哈哈、康师傅等对该市场觊觎良久的企业，迅速推出冰茶系列产品以求分一杯羹。

面对竞争对手的挤压，1999年，旭日升集团将官司打到了工商总局。工商局裁定：

"冰茶"是旭日升商标的特有名称。但法律的裁定并没有帮助旭日升挽回市场份额，无孔不入的对手竟然在冰红茶、冰绿茶等方面做起了文章。这使得旭日升集团哑巴吃黄连，而且由于冰红茶、冰绿茶的定位比旭日升更加准确，导致竞争对手进一步蚕食旭日升的市场份额速度加快。随着数家品牌企业主打"冰红茶""冰绿茶"而成为行业新宠，旭日升创造出来的概念日渐被稀释、弱化，它也就沦为了明日黄花，渐渐走向落寞的境地。

专家认为，"旭日升"的由胜转衰说明，市场上没有永远的霸主，只有永远的竞争对手。正是因为旭日升故步自封、没有继续开发新产品，导致它最终走向了衰败。从某种程度上说，打败旭日升的不是别人，恰恰是它自己。

现实生活中，我们往往容易被一些习惯性的东西所困扰，而不能发挥出自己最大的潜能，其实，最根本的原因就是没有冲破思维定式，只把自己束缚在一个原有的框架里。

有家企业招聘营销员，它出的考题非常奇怪，要求应聘者把啫喱水卖给和尚。面对这样的考题，很多应聘者都认为那是不可能的，啫喱水千百年来一直是用来定型头发的，历来与和尚无缘呀！于是纷纷知难而退。但是其中有一个很聪明的人，他去了一家香火非常旺盛的寺庙，捐了一笔善款后，他要求见寺庙的住持。

见到住持，这个人对他说："宝刹的进香者可真多呀！"住持听了很高兴。这个人马上又说："对这么多虔诚的进香者，宝刹应该有所回赠呀！"住持听了点头称是，但是问道："回赠什么呢？"这个人诚恳地说："您不妨买些价廉物美的啫喱水，上面印上宝刹的名字，赠给香客留念，鼓励他们多做善事的同时，还可以提高宝刹的知名度。啫喱水我可以提供给您，保证物美价廉。"住持听了心中大喜，当即买下2 000瓶啫喱水。

这位营销员得以成功关键在于他具有常人没有的创新性思维。他走出了"梳子是用来梳头的"思维定式，要把梳子卖给和尚，也不一定偏要理解成叫和尚本人去梳头。很多时候，我们不能够成功就是因为我们因循守旧、故步自封。

时代在变，环境在变，竞争对手在变，作为企业的管理者，应该善于学习，具有否定自己的精神。只有摆脱思维定式的束缚，才能创新性地开发出好产品。

市场经济充满竞争，也充满机会，观念就是效益，思维就是出路。企业负责人应该意识到，不论是开发产品，还是拓展市场，如果亦步亦趋地拘泥于旧有的思想，那将十分被动，我们应有"敢想别人所未想，敢做别人所未做"的创新思维，善于从市场中寻求空当，从信息中捕捉商机，从观察中启迪灵感，敢于以一种全新的视角去看待事物，这样才能开发出竞争力强的产品，从而抢占市场先机，赢得主动，在竞争中取得胜利。

> 创新是一个企业生存和发展的灵魂，开发出"新"的产品，会给企业带来无比巨大的效益。

81. 企业创新的"三驾马车"：领导创新、观念创新、技术创新

提到企业创新，就必须提到它的"三驾马车"——领导创新、观念创新与技术创新。这三者在企业创新的过程中相辅相成。

（1）领导创新。领导者是否具有创新精神往往对企业起着方向性的作用。

首先，领导者能预见到别人所不能预见到的新的投资领域或新的赢利机会，从而获得新的赢利。

其次，企业家的创新行为还有心理上的因素，即企业家除了致富的目的之外，还通过创新显示个人成功的欲望而拥有成就感，它是一种非物质的精神力量，支持着企业家的一切行为和活动，是一种"战斗的冲劲"。

微软的创始人比尔·盖茨、IBM的经营者小托马斯·沃森、惠普的创始人比尔·休特利、海尔的领导者张瑞敏等企业家都是崇尚创新、善于创新、要求创新的企业领导人，同时也带领着自己的企业和员工在市场的竞争中锐意创新。

创始初期的IBM只是一家生产打孔机的小企业。1952年2月，IBM内部从事研制电子数据处理系统的有关人员只有85人，那时IBM最高决策者、身处第一线的专家们都认为，公司最初生产的两种计算机若能销售5台就能满足市场上的需求。只有企业的总经理，参加过二战的小托马斯·沃森不顾其他经理的劝阻，坚持转向电子数据处理系统，小沃森反复劝导他们，使他们和自己站在同一战线上，并力主推进由穿孔卡片系统转向电子数据处理系统。

转入计算机产业后，IBM觉察到美国政府将要实行的新政策会引起办公的自动化革命，于是小沃森决定改进霍勒利斯统计会计机，为此不惜投入大量的研制费用，在经济不景气时期发疯似地扩大生产。结果，当美国政府实行新政策，随着事

务工作量的急增而需要机器处理时，只有IBM能够提供充足的具有高效能的机器，IBM由此取得了巨大的成功。

（2）观念创新。经济环境一变再变，企业发现，想要掌握商机、追求最大获利目标，要靠释放全体组织，加强对内对外的协调联系、分工合作，让运作系统更有活力。也就是说，让每个员工用新的工作态度，用诚意交谈、沟通，交换创新的点子，使企业的每个环节动起来，活力四射。

但是，好点子要能派上用场，所以要观念创新。

观念创新不光指增购电脑、上上网或换个作业流程，而是指个人观念的改变，永远保持学习的态度。一旦选择了目标，就要坚持下去；一群人分工合作所发挥的能力，比各自为政还要强，这个信念将组织的成员联系起来，激发员工做得更好，超越预期。

（3）技术创新。总经理具有强烈的创新意识，员工的观念进行了创新，那么，实现组织最终的创新还需要一个环节——技术创新。

在美国南北战争时期，联邦政府急需大批枪支，并与美国一家制造商签订了两年内为政府提供1万支来复枪的合同。当时造枪工艺为手工制造，而且从制作所有零件到装配成枪支，整个过程全部是由一个熟练工匠来完成。由于效率很低，第一年仅生产出500支枪，所以无法保证按时完成合同。如果按照传统的思维，依靠增加人手或加班加点，也是远水解不了近渴。

为此，厂商十分焦急。既然每支枪的零部件都是一样的，为何不采用每个人制造一个部件，然后再由他人组装成一支枪呢？新的思维方式使厂商犹如走出迷雾，随即改为流水作业批量生产，即把整个造枪过程简化为若干工序，每一组成员只负责一道工序，每一个零件都按一个标准制成。结果，无论效率还是质量都大幅度提高，生产成本也大幅下降，其发明者也因为首创标准化而被誉为美国的"标准件之父"。

先进的生产技术和管理技术不但能够明显地提高工作效率和产品质量，同时也是提升竞争优势的原因所在。对生产效率和产品质量的要求不断增加，使得技术上的创造和革新成为必然。

企业只有驾好创新的三驾马车，才能构建创新型组织。对于总经理而言，保持创新意识才是王道。

第十九章　赢在创新

82. 企业应重视对创新理念的保护

企业在创新活动中，对于任何一种创新理念，都应该尊重，同时还应该采取各种方式给予激励创新。也就是说，凡是在理念上有创新的人和在技术创新、管理创新、经营创新等各方面的创新实践中有建树的人，都应该受到应有的尊重，而且应该在各方面给他们以最大的激励。

IBM公司的一位高级负责人，曾经由于在创新工作中出现严重失误而造成1 000万美元的巨额损失。许多人提出应立即把他革职开除，而公司董事长却认为一时的失败是创新精神的"副产品"，如果继续给他工作的机会，他的进取心和才智有可能超过未受过挫折的人。结果，这位创新失误的高级负责人不但没有被开除，反而被调任到同等重要的职务。公司董事长对此的解释是："如果将他开除，公司岂不是在他身上白花了1 000万美元的学费？"后来，这位负责人确实为公司的发展做出了卓越的贡献。

吉姆·伯克晋升为约翰森公司新产品部主任后的第一件事，就是开发研制一种儿童使用的胸部按摩器。然而，这种新产品的试制失败了，伯克心想这下可要被老板炒鱿鱼了。

伯克被召去见公司的总裁，然而，他受到了意想不到的接待。"你就是那位让我们公司赔了大钱的人吗？"罗伯特·伍德·约翰森总裁问道，"好，我倒要向你表示祝贺。你能犯错误，说明你勇于冒险。我们公司就需要你这种有冒险精神的人，这样公司才有发展的机会。"

数年之后，伯克本人成了约翰森公司的总经理，他始终记着前总裁的这句话。

对于目前的企业来说，创新一直还是一个比较薄弱的环节，所以，对创新的一点怠慢都可能会打击创新人员的积极性和主动性，进而影响企业的最终收益。所以，企业应对创新人员给予尊重，并设立激励机制，让更多的人加入用创新来为企业创造效益的团队中来。

世界很多知名企业都很尊重与欣赏员工的创意，并且设置了价值丰厚的奖励，3M公司就是其中一家。3M公司鼓励每一个员工都要具备这样一些品质：坚持不懈、从失败中学习、好奇心、耐心、个人主观能动性、合作小组、发挥好主意的威力等。

西门子公司也构建了一种遵循"无边界"原则的创新体系。西门子的创新体系不仅仅局限于研发部门。对内，西门子公司通过一个"3i 计划"来收集所有部门员工的创新建议，并对提出建议的员工颁发奖金。3个"i"字母分别来自3个单词：点子（ideas），激情（impulses），积极性（innitiatives）。"3i 计划"的目标是让每个员工不断挖掘自身的潜能。那么，它的成效如何呢？西门子的每个财政年度，员工提出的"金点子"超过10万个，当中有85%被采纳。同时，提供金点子的员工们也能为此得到总价值高达2 000万欧元的红利奖金，获最高奖的每个员工分别得到十几万欧元的奖金。

例如，西门子在德国的一个工厂车间工作的3位普通工人提出了把电子元件安装到印刷电路板上的新方法，从而降低了由操作造成的产品不良率，立即为公司降低了12.3万欧元的成本。这3位员工也因此分别获得了2万欧元的奖金。

创新活动必然面临着诸多风险，要承受许多的失败，此时，企业应对员工的创新行为予以宽容和尊重，并鼓励员工继续在创新之路上前行。

时代华纳公司的已故总裁史蒂夫·罗斯曾说过："在这个公司，你不犯错误就会被解雇。"硅谷公司流传的名言是"失败是可以的"。那里的企业普遍推崇的价值观就是"允许失败，但不允许不创新"，"要奖赏敢于冒风险的人，而不是惩罚那些因冒风险而失败的人"，以至于有人认为："失败是硅谷的第一优势。"这些都表现出勇于变革的公司对待创新失败的宽容态度，它实际上已经成为一种理所当然的创新理念。

总经理应该非常重视对创新理念的保护，而且在经济方面和其他方面还应该予以激励，使企业创新理念在尊重和激励中得到发展，从而推动企业的全方位创新。

83. 注重创新型人才的选拔

创新理念与创新型人才对现代企业的发展越来越重要，员工的基本职业道德固然重要，但创新扮演着职业道德所不能取代的角色。创新型人才的发掘与训练也是创新型企业日益注重的一个重要方面。从某种程度上说，选择了怎样的人才，就决定了企业怎样的未来。

许多国际优秀企业选择员工的一个重要标准，就是看人的创新理念如何。虽然这些企业在选择员工中都很注重人的品德，注重人的忠诚度，但也非常注重考察人的创新理念及创新能力，尤其是对那些必须要有创新思维才能担当起责任的岗位的就业者的选择，更为强调创新理念，没有创新理念的人，往往不会被聘用。

第十九章　赢在创新

随着经济的发展和市场的变化，企业所面临的生存压力越来越大，于是企业对员工提出了更多更高的要求，"创新"就是重要的一条。变通，已经成为企业与员工生存与发展的生命锁。把握住它，就能赢得成功；失去它，就将面临失败。

微软以创新著称，它在人才选拔过程中也突出表现了这一点。下面是微软公司的一次面试场景：

毕业生吉恩·麦克纳到微软公司报名并被安排了一次面试。招聘人员问了这样一个问题：

假定你有8个撞球，其中有1个球比其他的球稍重，如果只能利用天平来断定哪一个球重，请问要找到较重的这个球，你最少要称多少次？

麦克纳开始滔滔不绝地进行推理，他说的听起来都很合情合理，但是始终没能够提供可以打动招聘人员的答案。在招聘人员的暗示和诱导下，麦克纳总算给出了一个对微软人来说差强人意的方案。答案是两次。

招聘人员又问道："现在，设想微软想要进入应用领域，假设我们想通过计算机来操作微波炉，你能写出一个程序来做到这一点吗？"

麦克纳反问道："为什么会想到用电脑操控微波炉呢？我可不愿意先跑到冰箱那儿拿一些食物，放到微波炉里，然后还得跑过去打开计算机，再让计算机来操作！"

"嗯，是的，微波炉本身有自己的操作按钮。"

"那为什么我要通过计算机来操作呢？"

"那或许你能够实现远程控制？例如，你在上班的时候可以让计算机操控微波炉为你烹调火鸡。"

麦克纳问道："但是怎么能够保证火鸡或者别的什么食物，在我上班的时候放到微波炉里会不变质坏掉呢？或许我可以放一只冻火鸡进去，但那样会弄得到处都是水。"

招聘人员停顿了一会儿，接着问道："微波炉就不能做点别的选择吗？例如，你可以使用计算机下载或者调换菜谱。"

"这个我们现在就能够做到。为什么微软非要把计算机和微波炉连接起来，搞得那么麻烦呢？"

"好了，我们不讨论那些问题了，这么说吧，假定微软已经决定了要这么做，你的工作就是为这种做法想出一些用处。"

麦克纳默默地坐在那儿思考。

招聘人员说道："有可能菜谱非常复杂而精确。例如，用700瓦的火力烹调2分钟，然后用300瓦的火力再烹调2分钟，但是不要让温度超过150摄氏度。"

"恐怕会有那么一小部分人喜欢这样做，但是你要知道，大多数人连怎样编辑录像节目都搞不明白。"

微软的招聘人员伸出手并说道："吉恩，很高兴认识你，祝你求职顺利。"

"喔，十分感谢。"麦克纳说道。

这只是微软面试的一个侧面。近些年，微软等公司的面试题中逻辑题、谜语题、假设题以及一些"诡怪"的"无法回答"的问题频频出现。

到微软面试的求职者经常被问到类似上面的难题。微软为什么要用这么难的题目来"为难"求职者呢？这些问题与所要做的工作有什么联系呢？这些问题实际上体现了一个行业对员工心智能力提出的最新要求，即员工必须具有很强的逻辑思维能力和主动性的创新者，他必须具备健全的智力与脑力并具有"突破性思维"，而这些在竞争激烈的商业世界中是员工生存所必备的素质。

难题会在面试者心中造成一定的压力，面对压力时应聘者的表现才是微软真正关注的，在压力面前能否保持清醒、冷静的头脑和敏锐的思维，往往展示了一个人的心理素质和解决问题的综合能力。在危险时刻能够尽快找到办法的人才是企业要找的人。

解决这些问题要求人不要落入惯性思维的陷阱之中，就像遇到数字就计算，往往不是最佳的解决方案。创造性地寻找各种条件之间的内在联系，就能够将难题解决。

微软的招聘者对员工的创新能力很是重视，所以在问出这些难题时，他们都期望得到一个过去没有听说过的新颖答案。如果应聘者的答案合理且具有独创性，便可以让这个问题为自己增辉。

由此可见，微软的面试题目并不是随意而定，亦非越难越好，而是精心设计的。通过这些题可以考察出应聘者是否具备工作需要的素质：不为旧规则所限制，跳出惯性思维的束缚，勇于开拓创新。

这些素质归结为一个词汇，即"创新"。这是任何一个企业及企业的员工都应该具备的素质与能力，是员工生存和企业发展所必需的元素。

在微软求职成功的员工都了解，其实微软选秀的幕后并无太多神秘可言，他们之所以能够脱颖而出，只是因为他们满足了微软对人员的要求——具有创新能力。

总经理必须注重创新人才的挖掘与训练工作。有些总经理对那些脑子比较灵活的人，即创新思维强的人，往往不敢重用，似乎感觉这些人不好管，脑子太活，忠诚度不够。这种做法显然是不对的，并不是创新能力和创新思维强的人就不太忠诚，忠诚与创新之间没有必然的联系。

84. 华为：不创新，就灭亡

如今，全球化进程中更多显现为这样一种趋势：只有依靠科技进步和创新力量，才能迅速改变整个国家社会财富的累积方式；只有掌握核心技术力量，才能快速改变整个民族、国家的地位。一个依赖和模仿他人技术的国家，永远不会获得世界的承认。

任正非一直坚持"依靠科技进步和创新力量"，从华为成立之日起，任正非看重的就是创新。在他看来，机会、人才、技术和产品是公司成长的主要牵引力。在这四种牵引力中，人才所掌握的知识处于最核心的地位，而资本则被搁置在牵引力之外。这是一种与传统理论完全相反的理念。从这个理念出发，华为确立了"人力资本不断增值优于财务价值增值"的发展原则。它主要表现在以下两个方面。

（1）靠知识创造核心技术和知识产权。华为当初投入的几万元资金只是为了工商注册的需要，只有象征的意义，今天的华为绝对不是靠这些资金积累而成的。华为在知识和经营力上无形的投入，使华为形成了核心技术和知识产权，并由此走上了致富之路。

（2）资金投入大。华为每年坚持按10%的销售收入拨付研究经费，这意味着华为每年起码有50%的利润被用于研究。这种投入方式的实质是把财务的增值转化为人力资本的投资，再以人力资本增值推动财务资本的增值。人力资本与财务资本联动，形成了有形资产与无形资本的良性循环。

有资料显示：华为公司一共有8万多员工。在华为的这些员工中，技术研究及开发人员占46%，市场营销和服务人员占33%，管理及其他人员占9%，其余的12%才是生产人员。20年来，华为一直保持这样的比例，人力资源配置呈"研发和市场两边高"的"微笑曲线"。

2003年，华为全球市场销售突破300亿元人民币，其中，海外销售达到10亿美元，增长约80%，这样的成绩足以使华为成为民族通信产业的骄傲。每年，华为坚持拿出销售额的10%以上用于研发投入，这一数字在中国企业中高得惊人，而这些在创新上的巨大投入，让华为成为中国电信制造企业中首屈一指的巨人。

到2004年，华为已拥有自主知识产权的全套GSM产品、WCDMA产品和CDMA2000产品，成功为国内外80多个运营商提供移动通信解决方案和产品，服务于全球2 000多万用户，成为业界主要移动通信设备供应商。而在3G领域，华为目前已经申请了800多项专利，香港的WCDMA3G网络、阿联酋电信的全网WCDMA网络都由华为完成。

现如今，华为已经发展成销售额过千亿的大公司，正在向创新型公司稳步迈进。马克思说过，在科学的入口处正像在地狱的入口处，那些把有限的生命投身于无限的事业中，历经磨难的人，才能真正感受到。

有创新就有风险，但绝不能因为有风险，就不敢创新。回想起来，若不冒险，跟在别人后面，长期处于二三流水平，我们将无法与跨国公司竞争，也无法获得活下去的权利。若因循守旧，也不会取得这么快的发展速度。

创新虽然艰难，但它是唯一的生存之路，是成功的必经之路。

85. 创新缔造微软神话

比尔·盖茨曾在中学时对同学宣称："我宁肯做荒坡上的橡树，也不愿做绿野中的小草——小草千人一面，毫无个性；橡树伟岸挺拔，昂首天穹。"

微软就是IT界的橡树，它喜欢做全世界没有做过的事情，喜欢为未来而奋斗，喜欢走在同行的前面，成为行业的坐标。

就像一幢高楼不会瞬间拔地而起，微软的神话也不是短期塑成的，而是许许多多长期以来智慧的结晶，是持续创新文化在时时刻刻推动着微软前行。

即使是在微软最鼎盛的时期，比尔·盖茨还是一再强调："微软离破产只有18个月的时间。"想要继续滋润地生活下去，就必须学会创新。事实上，比尔·盖茨一直也没有停下创新的脚步，他把创新当做企业的原动力，并把创新这个本身抽象的概念内化成可行性措施，让创新成为公司的核心文化，让每一个人走入自己可以创新的领域之内，发挥自己最大的才干。

在比尔·盖茨的眼中，每一项新技术的发展对于微软来说都是福音。因为利用这些新技术、新产品，微软可以通过研发新软件的方式快速进入这些新的领域。比

第十九章 赢在创新

尔·盖茨说:"微软的成功秘诀之一就是在条件允许的情况下提速,走到别人的前面去。"

2004年5月底,当病毒和信息安全问题一再困扰电脑用户时,微软宣布开始出售一种可由电脑制造商预装在服务器内的网络安全软件,从而正式拉开了自己进入网络安全软件市场的帷幕。出于对科技进步的关注,微软从来都不缺乏市场敏感。微软从2002年年初开始不断提升操作系统的安全性与可靠性,并在2003年收购了一家罗马尼亚软件公司的反病毒技术,从此走上了开发杀毒软件的道路。

比尔·盖茨知道,杀毒并不是微软的强项。比尔·盖茨更清楚地知道,技术是主导市场的主要因素之一。作为企业,技术创新永远是生存必不可少的手段。追逐潮流的结果就是促动企业不断设计、生产出市场需求的各种新产品。一个企业能否持续不断地进行技术创新、产品创新,开发出适合市场需求的新产品,成为决定该企业能否实现持续稳定发展的重要问题。尤其是在科学技术发展日新月异、产品生命周期大大缩短的新经济时代,企业产品面临的挑战更加严峻,不及时更新产品,就可能导致企业的灭亡。

在微软应对市场变化的各种举动中,一种声音可能更能通俗地表达出比尔·盖茨心中的想法。这句话也是比尔·盖茨非常喜欢的微软公司文化中的一条内容:每天早晨醒来,想想王安电脑,想想数字设备公司,想想康柏,它们都曾经是叱咤风云的大公司,而如今它们也烟消云散了。一旦被收购,你就知道它们的路已经走完了。有了这些教训,我们就常常告诫自己——我们必须要创新,必须要突破自我。我们必须开发出那种你认为是值得出门花钱购买的Windows或Office。

20世纪90年代初,微软公司凭借自己可以大幅提高生产力的Office套装软件击败了Lotus和Word Perfect,今天它又利用SQL数据库软件向甲骨文公司和IBM公司发起进攻,它希望用Windows 2000操作系统取代太阳公司基于Unix的企业和网络服务器产品,以及利用一再改装的MSN在线服务超越雅虎(Yahoo)和美国在线(AOL),这些都是很有说服力的例证。

比尔·盖茨也时时把他那句"微软距离破产永远只有18个月"的名言挂在嘴边。微软的危机感使得它找到持续发展的必由之路,那就是持续创新。对处在科技革命时代的企业来说,对科技潮流的把握是他们制胜的前提,持续创新是他们必须拥有的能力,也是最实用的能力,这种能力会帮助他们打破持续发展的瓶颈。

创新成就了微软的成就,也只有创新才能够演绎越来越多的微软神话。

86. 自我更新,才能避免淘汰

火鸡的饲养从年初开始,每次喂食,主人都会敲盛食物的盘子,几次之后,火鸡就掌握了这种信号,只要听到盘子敲响,就一定有好吃的到来。火鸡为它的精明发现颇感骄傲,而主人也从来没有让它失望过。圣诞节前夜,主人和往常一样敲响了盘子,不同的是这次主人带来的不再是美味的食物,而是一把锋利无比的尖刀。可怜的火鸡照例将脑袋伸出笼子准备吃饭,却只见眼前寒光一闪,脑袋便应声落地。于是,火鸡成了圣诞节餐桌上的美食。

火鸡沉湎于过去的经验,结果招来了杀身之祸。同样的道理,如果公司也像火鸡一样沉湎于过去的成功,极有可能也会遭受灭顶之灾。因此,企业管理者要大力提倡自我淘汰的精神,它是企业家创新意识的充分体现和必然要求。只有拥有自我更新的"蜕皮"的魄力和行动,才能确保企业长治久安。

在经济发展日益迅速,竞争白热化的今天,企业家既定的思维模式和已有的知识已不足以支持对突破性变化的判断,也不足以支持本质性的创新。因此,对于企业管理者,一定要将过时的观念、知识进行定期的淘汰,不要让过多陈旧的东西充斥你的大脑,要有计划地学习创新所需要了解的全新的知识、技术,要敢于产生颠覆性的思想,要勇于改变现有的并被认为是极为成功的思想观念、模式及组织架构;否则将难以获得颠覆性创新的成功。

自我否定、自我淘汰是极其痛苦的决策过程,这一点并不难理解。英特尔前总裁安迪·格鲁夫在其著作《只有偏执狂才能生存》中用这样的字眼来描述1985年他和戈登·摩尔在做出放弃自己的核心业务——存储芯片业务、进军充满了不确定性的未知世界——微处理器领域的决定时所承受的切肤之痛:"规模空间的危机""徘徊在死亡之谷""漫长而艰难的拼搏"等。但正是这样的痛苦成就了一代商界领袖、一个伟大的公司,如果没有当时他们超凡的智慧和果断的决定,我们可能永远也无法听到英特尔这个响亮的名字,个人电脑可能也不会以今天这样的速度进入千家万户。

1985年,来自日本厂商的竞争将英特尔的内存芯片变成了廉价日用品,失去了稳定利润源的英特尔，被贴上了死亡的标签。但英特尔没有坐着等死，而是彻底退出了内存芯片市场，全力转向微处理器。当时，英特尔的创始人安迪·格鲁夫和戈登·摩尔坐下来反省自己，答案是放弃内存芯片。

联想集团柳传志曾这样评价英特尔对行业的巨大贡献："假如没有英特尔超凡的业绩，那么近20年来全球性的电脑产业日新月异的蓬勃发展将会大打折扣。"这些都应归功于格鲁夫、摩尔的战略眼光和自我否定的大无畏勇气。

自我否定与自我淘汰虽然痛苦，但对于企业的创新和活力却十分必要，许多公司正是在犹豫不决或对过去成功模式的陶醉中错过了大好机会。大多数人、大多数公司都很难拒绝过去行之有效的战略和战术，更不容易超越过去。几十年来，论资历、重经验一向是众多公司不变的用人标准，但管理者必须清楚，这种体制、这些领导都无助于创新，因为他们不具备自我否定的意识和决心。

资历、经验固然重要，但这只能代表过去，过去的战略、战术、经验可能只适用于公司过去特殊的情形，解决特定的问题。公司外部环境与内部资源都在时刻变化，必须用新的战略、战术来解决新的问题，一味地套用老的模式和思路只能招致失败。

没有自主创新，我们的企业只能充当别人的"产品组装车间"。许多产品的核心技术部件，我们能够制造得出，却创造不出，只能将一笔笔高额的专利费拱手送出，自己只获得少量的利润提成。这种形势必然影响中国企业的发展，甚至进一步影响中国的壮大。

因此，总经理想企业成为市场中强者，就需要具有非凡含金量的自主创新。对于企业，创新都意味着一种使命。

企业发展，不进则退。一个企业不发展、不创新、不进步，就面临着下滑和被市场淘汰的危机。

第二十章
要有忧患意识

87. 青蛙效应：不能满足于既得利益

科学家做过一个著名的实验：把一只青蛙放到盛满凉水的大锅里，然后，用小火慢慢加热，锅里的青蛙不会感到温度在慢慢升高。随着水越来越热，青蛙渐渐失去游动的能力。等到温度升得很高时，青蛙已变得非常虚弱，无力挣扎，慢慢地被煮死。与此相对应的是，第二次科学家把一只青蛙放到盛满开水的大锅里。这只青蛙一入水，便立刻感觉到开水的温度，迅速蹦跃出水，从而避免了被煮死的命运。

这就是青蛙效应。这个实验告诉我们：在时刻变动的环境中，能够生存的不是最聪明的，也不是最强壮的，而是最灵活的。青蛙如此，企业发展也不例外。

如果一个企业一直沉溺于过去的辉煌，没有忧患意识和危机精神，顺境面前盲目乐观，因循守旧，不思进取，时间一长，就会被习惯性思维所控制，丧失锐气，从而失去竞争力，最终被市场淘汰。

美国某科技公司在打造、灌输危机意识方面可谓独树一帜。总裁威廉姆斯认为，如果一位总经理不能向他的员工们灌输危机意识，表明危机确实存在，那么他很快就会失去信誉，因而就会失去效率和效益。他在公司最常说的一句话是：如果你认为公司能够长寿，那么公司必然会在近期死亡；如果你认为公司有可能在明天死亡，那么这个公司一定能够长寿。

威廉姆斯在每个季度业绩分析会上，他总是把业绩数字挂在会议室的黑板上，尽管每个季度的业绩都会有进步，但在他眼里，这些数字都是历史，他希望下一次变化的力度更大一些。为让那些认为身居大公司就可以高枕无忧的人紧张起来，他在公司上层推行"末日管理"计划，启用了2名大胆推行改革的高级管理人员为副董事长，免去了4名倾向于循序渐进、安于现状的高级管理者的职务。

第二十章　要有忧患意识

威廉姆斯在各种会议上不断宣传"由于个别人忽视产品质量就会导致失去用户的危机",他一再提示员工,如果不把产品质量、生产成本以及用户时刻放在突出位置,公司的末日就会来临。他之所以这样说的最大目的就在于要让所有员工牢记:企业是在激烈竞争中生存的,不进则退,退则一败涂地。

如果总经理能够时时有危机意识,不被企业目前的业绩表象所迷惑,深刻认知"市场唯一不变的是变化"这一规则,就会在企业内部产生一种"健康的担心"和紧迫感,最大限度发挥"危机驱动"作用,产生巨大的动力,使企业能够超越危机。

企业竞争环境的改变大多是渐热式的,如果管理者满足于既得利益,对环境之变化没有疼痛的感觉,最后就只会在安逸中死去。

88. 死于安逸,兴于忧患

孟子云:"生于忧患,死于安乐。"所谓高人,往往是比常人多看到三两步,多做了三两手准备而已。正如陈天桥所说的:"变是常态,不变是非常态。"在陈天桥看来,一家企业如果不能在快速竞争的市场中,始终保持小步快跑的速度,就会保持不死不活的状态或者就会被人拉下来。忧患意识让人在危机面前保持清醒,远离盲目。也正是这样的危机意识,使陈天桥带领"盛大"一次次跨越死亡线,成为国内最大的游戏运营商、最受人尊敬的IT企业之一。

1999年,陈天桥靠他借来的50万元走上了创业之路。2005年,32岁的他就成为了华人首富。短短6年间,他一手创建的"盛大网络"资产已逾百亿元,并成为中国最大的互联网企业和世界最大的网络游戏公司之一。2008年第3季度财报显示,盛大实现了11个季度的稳健增长,而且超出行业第2名1.4倍。

盛大之所以取得如此巨大的成功,是因为忧患意识是它最好的利器。在外人看来,盛大手里似乎有花不完的钱,它的财务状况足够健康。按照陈天桥自己的描述,盛大没有银行贷款,没有应收账款,每天的现金收入超百万元。但陈天桥的心里一直都认同比尔·盖茨的那句话:"微软距离倒闭永远只有18个月。"微软帝国尚且如此,何况他的盛大呢?

陈天桥曾说:"在2001年之前,盛大每天都可能死去;在2002年,盛大每个月都可能死去;在2003年,盛大每个季度都可能死去。"在盛大的发展过程中,陈天桥说自己每一年里都承担了别人十年的风险。遭遇过与合作伙伴对簿公堂,遭遇过投资方突然撤资，遭遇过黑客的大规模袭击，也遭遇过竞争对手"举报"所谓的偷漏税……政策、业务、技术风险，盛大始终觉得自己"危机重重"。

"人无远虑，必有近忧"。陈天桥始终是直面现实又憧憬梦想的清醒者，忧患意识是他的一支清醒剂。身处的领域中，新的技术，每天变化着，每天以加速度变化着。盛大每天在追求机遇的过程中面临着新的危机，同时又在不断解决危机中抓住新的机遇。这就是"盛大"茁壮的生命力量。

成功企业家在光环背后，自有他们自己的酸甜苦辣，归结他们说过的话，大都是："就好像一只觅食的狼，孤独饥饿，又战战兢兢，唯恐被其他动物攻击和吃掉。"作为企业老板或是高层管理人员，假如没有"狼来了"的危机意识，不论是产品质量，还是市场营销，就很可能会被狼吃掉。

生存、成功、胜利永远属于有准备的人。在当今这个巨变、多变、突变的时代，出现了危机怎么办？最终决定一切的是第一时间的应变能力和应变机制。管理者至少应具备两个观念：一是效率观念，二是危机观念。时间与速度已日益成为企业最宝贵的财富，要想在全球化的竞争中立于不败之地，就得培养新的时间观。

总经理要有危机意识和把握机遇的能力。有了危机意识，就会激励自己奋发图强，防微杜渐，想方设法防患于未然，使危机不发生，即使危机发生了，也会挽狂澜于既倒，转危为安，保持企业的繁荣昌盛，走可持续发展的道路。

89. 最大的风险就是没有危机意识

对于企业来说，最大的风险就是没有危机意识。尤其是有些处在高速成长期的企业，只看到自身的快速强大，而忽略了自己处在商海洪流中可能面临的危机。

几乎所有的成功企业，都是注重危机意识的企业。比如，海尔集团以"永远战战兢兢，永远如履薄冰"为生存理念；小天鹅公司实行的"末日管理"战略，坚守"企业最好的时候，也就是最危险的时候"的理念；还有已经成为"全球最好的中文搜索引擎"的百度，其创始人李彦宏却始终在公司上下传达"百度离灭亡只有30天"的警示……这些强大的企业无时不保持着居安思危的警惕性，在各方面注重防患于未然，使企业保持蓬勃向上的发展势头。

近年来，随着市场化进程的加快，各个行业的竞争都异常激烈，各个企业间更

第二十章 要有忧患意识

新、淘汰的速度也越来越快，呈现出了各种各样让人眼花缭乱的景象。当一些原先名气非常大的企业逐渐衰败之即，很多名不见经传的中小企业却如日中天，光彩耀人。从某种程度上说，市场竞争其实就是一场只许前进不许后退的残酷竞赛。危机意识其实就是一种强烈的生存意识，如果你不积极进取，不能认识到当前惨烈的竞争形势，那么你注定要被淘汰。

1985年，世界连续发生三起波音飞机空难事件，使波音公司备受打击，有的人借机对波音飞机的结构提出了质疑。

当时，波音公司正与欧洲"空中客车"在争夺日本"全日空"的一笔大生意。由于双方飞机在先进性和可靠性方面差别不大，以致"全日空"在挑选订货对象时犹豫不决。

在这关键时刻，波音飞机在国际上却接连发生空难事件，造成对于波音飞机的舆论危机。看来，这次商战波音公司输定了。

面对如此不利的局面，波音公司为了解除买方的戒心，除继续实行"货真价实"的推销战术外，还采用了"全方位"的进攻策略，提出财务方面的便利、零配件的供应、飞机的保养以及机组人员培训等方面的优惠条件，从而引起买方的兴趣。

在此之前，波音公司为了站稳日本市场，曾选择了三菱、川崎、富士三家日本著名重工业公司，合作制做767型机身部分。空难事件发生后，波音把"诱饵"加大，一边向日本的合作厂提供了价值5亿美元的制造订单，一边主动提出愿意和日本人合作，建造一种150座的767型客机，与"空中客车"的A-320型客机相抗衡。波音公司的这些措施获得了日本企业界的好感。

经过这番努力，波音公司终于战胜了西欧对手，在空难事件的5个月后，与日本"全日空"正式签订了合同，成交金额超过10亿美元。

相比于国内大多数的企业在面临舆论危机时，总是以封锁消息、拒绝回应等消极态度应对危机而言，波音公司的这一次危机公关可以说是值得我们学习的典范。为什么大多数失败的公司总是在危机来临时慌了阵脚？究其原因还是由于中国企业缺乏危机激励制度带来的"硬伤"。

当我们的企业四平八稳地走在高速成长的发展期，总经理往往沉溺于企业所取得的成就中喜不自禁，而完全忽视了企业可能面临的危机。对危机缺乏准备，自然在危机来临时只能手足无措。事实上，处在商战中的企业无时无刻不面临着危机。

要想获得长足的发展，除了要提供质量过硬的产品和无微不至的服务，还需要在危机中多一些反败为胜的智慧，不仅保全自己转危为安，还可能树立更好的品牌形象。

企业所面临的危机无处不在，如果不懂得以危机作为自己成长和进步的动力，企业难逃失败的宿命。

90. 诚信经营能够有效规避危机

一个自称是某运输公司汽车司机的顾客走进一家汽车维修店，对老板说："在我的账单上多写点零件，我回公司报销后，有你一份好处。"维修店老板拒绝了他的要求。这位顾客不甘心，继续说："我负责整个车队的维修，我每年能给你带来30万元的营业额，你能从我这儿赚到很多钱！"老板不为所动，告诉他，这事无论如何也不会做。

这位顾客很生气，大声地嚷道："谁都会这么干的，我看你是太傻了。"老板也终于控制不住自己的怒火，对他大喊：请你立即离开！请到别处谈这种生意。就在这时，顾客露出微笑并满怀敬佩地握住老板的手："你正是我要找的那种人，我就是那家运输公司的老板，我一直在寻找一个固定的、信得过的维修店，我决定与您合作。"

"人无信不立，企无信则衰"，在市场经济条件下，诚实信用就是企业的生存之本，是创造基业长青、建立百年老店的基础。"诚则立，信则久"——诚信是企业支撑品牌的基石，基石永存，则品牌之树常青。把诚信放在什么位置，决定着一个企业的经营高度，决定着它能否长盛不衰，永续经营。

比如，著名的海尔集团，多年来，海尔人本着"永远战战兢兢，永远如履薄冰"的经营理念，以市场为导向，以顾客为上帝，不打价格战，把海尔发展成为产品远销全球90多个国家和地区的国际化跨国集团。它被中国企业信誉协会评为"中国产品质量放心用户满意诚信企业"，海尔是同类企业中唯一一个获得此项殊荣的企业。然而，有的企业却忽略了诚信经营这个成功企业核心的理念。诚信危机在日本一些大企业非常突出。

日本火腿、东京电力、三井物产、丸红、西友超市等著名企业不久前相继发生经济丑闻。日本火腿公司是日本肉制品企业的龙头老大，一直深受日本广大消费者的信赖和爱护。然而，就是这家公司将日本政府因"疯牛病"问题而宣布禁止进口的外国牛肉，作为国产牛肉转售给国家牛肉收购机构。同时，该公司还把次牛肉充当上等牛肉销售给消费者。

东京电力公司是日本最大的电力公司，拥有日本一半以上的原子能发电站。核电站的安全管理问题关系到国民的生命安全，日本政府有关部门对此有着严格的要求。

10多年来，东京电力公司不仅隐瞒了多起核电站事故隐患，而且还多次篡改核电站定期检查记录，致使政府有关部门不能及时了解核电站运营的真实情况。

日本综合商社三井物产公司最近涉嫌在政府开发援助项目中，采取贿赂、回扣等非法手段获取建设项目，干扰正常的市场秩序，违反了有关法律。日本国税局还查出日本另一家综合商社丸红公司在向阿尔及利亚出口大型印刷机器的过程中，为了获得这批订单，向有关人员支付了数亿日元的回扣。

上述日本著名企业的丑闻引发了投资者和消费者对日本企业整体的信任危机，投资者纷纷逃离股市，致使股价不断刷新19年来的最低纪录；消费者拒绝购买这些企业的产品。市场不包容失信，市场也不相信眼泪。

一个企业要在激烈的市场竞争中脱颖而出或处于领先地位，必须要在商品质量、价格、管理、服务等方面坚持信用至上，履行诚信承诺，抓好与诚信关联的系统工程。只有企业真正坚守住商业信誉这道大门，才能真正地获得成功。

诚信危机是企业最大的危机，一个企业的成功是建立在诚信的基础之上的。

91. 建立一套企业危机预警机制

春秋战国时期，魏文王问名医扁鹊说："你们家兄弟三人，都精于医术，到底谁的医术更好呢？"扁鹊回答说："大哥最好，二哥次之，我最差。"文王奇怪地再问："那么，为什么你最出名呢？"

扁鹊答说："我大哥治病，是治病于病情发作之前。由于一般人不知道他事先能铲除病因，所以他的名气无法传出去，只有我们家的人才知道。我二哥治病，是治病于病情初起之时。所以，一般人以为他只能治轻微的小病。因此他的名气只及于本乡里。而我治病，是治病于病情严重之时。一般人都看到我在经脉上穿针放血，做一些在皮肤上敷药的大手术，就会以为我的医术高明，名气因此响遍全国。"

这个故事告诉我们，事后控制不如事中控制，事中控制不如事前控制。但是，一家国际咨询机构的调查表明，中国80%的企业经理没有进行过危机管理的培训，更别说企业内部建立危机管理程序了。这使得企业出现危机时，很多管理者常常会束手无策，常常错失处理危机的最佳时机。在这方面，尤以三株公司最为遗憾。

著名的三株企业曾经创造了中国保健品第一增长速度，一度风光无限。但是，在湖南常德一老汉喝了三株离奇死亡后，媒体狂炒"八瓶三株喝倒一老汉"的新闻。三株公司在这场危机面前，反应呆滞，造成信息不透明，公众没有及时获得事实的真相，致使三株产品很快陷入了信任危机之中。尽管后来证明老汉的死和三株产品无关，但三株已经濒临破产边缘。

危机无处不在，哪怕在各大百年企业中，也需要经常地应对危机公关，处理突如其来的危机。同样的危机事件，恒源祥也曾遇到过。但是却凭借出色的危机处理能力取得了不一样的效果。

由于一家报纸记者的误报，导致全国媒体大量转载"恒源祥内衣有毒"。事发一周内，恒源祥内衣可谓四面楚歌，市场滞销，顾客情绪激愤。与三株企业不同，恒源祥集团马上启动危机公关程序，和中国消费者协会进行沟通，将中国消费者协会的有关内衣比较实验数据公布于众，并向各地工商部门发布告知信函，安抚经销商。

恒源祥有限公司董事长刘瑞旗坐镇上海，亲自指挥处理这次危机事件，终于在一个月内平复，恒源祥的企业形象不仅没有受到丝毫损害，反而因为实验数据的公示，获得了消费者的更大信任。

企业危机其实和自然危机一样，能及早识别危机的存在，采取措施将危机扼杀在摇篮之内，是成本最低的危机管理方式。能够从先兆中预测到危机，并提出防范危机的决策，比挽救危机更重要。

总经理要清醒地意识到，懂得在危机来临的时候正确及时妥当地处理固然重要，但要真正消除危机的隐患，还必须编写危机公关手册，建立一套企业危机预警机制，组建危机管理小组，预防强于治病。

建立危机预警机制，分为以下四个方面。

（1）要组建危机管理机构，定期进行企业营运危机与风险分析，进行风险分级管理。将风险分级分类，并定出解决方案。

（2）不定期举行不同范围的危机爆发模拟训练。

（3）确保企业内部对话渠道畅通，这样可以将一些危机消灭在萌芽状态。

（4）与外部世界建立良好的协作、互动关系，改善企业外部的生存环境。

建立预警机制，在于危机发生前向企业及管理者提出警告，使危机在发生前就有所控制，将损失降到最低。

第四篇

[用制度管人按制度办事]

英国首相丘吉尔曾说："制度不是最好的，但制度却是最不坏的。"在今日竞争日益的商业社会，制度才是克敌制胜的根本之道。对于任何企业的管理者而言，要创一番大业，成一代企业家，一定要多琢磨一下那句老话，即"无规矩，不成方圆"，一定要"完善制度和标准"，锻造企业制胜的"秘密武器"。

第二十一章
任何管理都需要制度规范

92. 完善制度锻造企业制胜的秘密武器

著名的施乐公司老板曾骄傲地说:"施乐的新产品根本不用试生产,只要推出,就有大批订单。"这是为什么呢?原来,他们开发出的任何新产品都运用了一种统一的管理模式。这种模式以用户需求为核心,共有产品定位、评估、设计、销售4个方面近300个环节。通过反馈信息以及对大量数据的不断调整,使产品一经面市就能满足用户的需求。正是凭着一整套行之有效、科学严密的管理程序,百余年来,施乐公司始终是世界文件处理的领头羊。

远大空调董事长张跃说:"有没有完善的制度,对一个企业来说,不是好和坏之分,而是成与败之别。没有制度是一定要败的。"在企业发展过程中,制度和标准就是竞争力。

北京"金三元"酒家拥有中国首道专利菜"扒猪脸"。金三元的老板沈晓峰非常精明能干,他为这道菜制定了十分严格的规矩。猪头的来源必须是饲养期为4个月到5个月、重量为60公斤至75公斤的白毛瘦型猪;猪经过标准屠宰后,需经过2小时的浸泡,30多种调料、4小时酱制、12道工序层层制作。谁弄错一个环节,沈老板都会火冒三丈。不仅如此,"金三元"酒店的服务也是非常到位的。无论是从站位、迎宾还是入座、点菜,都有一套分为29道工序、3 000多条标准的管理制度。这些制度为金三元赢得了广泛赞誉,前来消费的顾客对金三元的服务赞不绝口。完善的制度使金三元在北京餐饮市场上脱颖而出,经过多年的发展,金三元已经成为在全国拥有20多家连锁店和一家经营纯绿色食品超市的多元化企业。

一个企业,假如缺乏明确的规章、制度和流程,那么工作中就很容易产生混乱,有令不行、有章不循。很多企业都会遇到由于制度、管理安排不合理等方面造成的事故。有的工作好像两个部门都管，但其实谁又都没有真正负责，因为公司并没有明确的规定，结果两个部门彼此都在观望，原来的小问题就被拖成了大问题，最终给公司造成了极大浪费。更可怕的是，缺乏制度会使整个组织无法形成凝聚力，缺乏协调精神、团队意识，导致工作效率的低下。

彼得·德鲁克曾说："一个不重视公司制度建设的管理者，不可能是一个好管理者。"俗话说："没有规矩，不成方圆。"这句古语也很好地说明了制度的重要性。

制度对于企业来说，其根本意义在于为每个员工创造一个求赢争胜的公平环境。所有员工在制度面前一律平等，他们会按照制度的要求进行工作，会在制度允许的范围内努力促进企业效益和个人利益最大化，从而使各个团队在良好的竞争氛围中实现绩效的突飞猛进。总经理一定要善于把制度引发的竞争乐趣引入到管理工作中去，让团队中的每一个人都对工作保持有激情，兴趣百倍地去工作。

一个企业要想不断发展、永续经营，就要有一个比资金、技术乃至人才更重要的东西，那就是制度。

93. 制度为企业画出规矩方圆

没有规矩，不成方圆。企业的团队是人的组合，而每个人都有自己的思想和行为。但是在团队里，需要尽量避免个人的思想和行为，要求整体步调一致，所以纪律的约束不能缺少。

在每个企业的建立之初，管理者首要做的就是指定明确的纪律规范，为企业画出规矩方圆。好的制度是非常重要的。有这样一个小故事：

有五个和尚住在一起，他们每天都分食一大桶米汤。但是因为贫穷，他们每天的米汤都是不够喝的。一开始，五个人抓阄来决定谁分米汤，每天都是这样轮流。于是每星期，他们每个人都只有在自己分米汤的那天才能吃饱。后来经研究，他们推选出了一位德高望重的人出来分汤。

然而好日子没过几天，在强权下，腐败产生了，其余四个人都学会想尽办法去讨好和贿赂分汤的人，最后几个人不仅还是饥一顿饱一顿，而且关系也变得很差。然后大家决定改变战略方针，每天都要监督分汤者，把汤一定要分得公平合理。这样纠缠下来，所有人的汤喝到嘴里全是凉的。

因为都是聪明人，最后大家想出来一个方法：轮流分汤。不过分汤的人一定要等其他人都挑完后，喝剩下的最后一碗。这个方法非常好，为了不让自己吃到最少的，每人都尽量分得平均。在这个好方法执行后，大家变得快快乐乐，和和气气，日子也越过越好。

同样的五个人，不同的分配制度，就会产生不同的效果。所以一个单位如果没有好的工作效率，那一定存在机制问题。如何制定这样一个制度，是每个领导需要考虑的问题。

一个强劲的管理者，首先也应该是一个规章制度的制定者。规章制度也包括很多层面，如财务条例、保密条例、纪律条例、奖惩制度、组织条例等。好的规章制度可以使被执行者既感觉到规章制度的存在，又并不觉得规章制度是一种约束。

看看已经有百年历史的IBM、花旗银行、默克制药等讲规矩的企业，我们可以发现，有规矩的企业才能有机会成为真正的百年老店。再往前追溯，当年，吴王阖闾有争霸天下的雄心，但是却没有强大实力，大将伍子胥为他请来了军事家孙武，于是吴王想要试试孙武的能力。孙武上任后做的第一件事就是立规矩，规矩立好之后他反复重申，不遵守规矩者杀无赦。当吴王的爱妃被杀后，所有的规矩都立起来了，而孙武也终于成为了一代兵圣，吴王也成为春秋五霸之一。

创维集团总裁张学斌如此阐述企业制度的重要性：我常常把企业的制度和一个国家来比较——像美国，只有300多年历史，但是现在就发展成为了一个超级大国。其实它真正成为超级大国的时候，没有200多年，100多年时就已经达到了这个目标。它就是有一个很好的制度，只要这个制度在，大的问题就不会出现。

现代企业家杰克·韦尔奇当年立推"六西格玛管理"，张瑞敏发怒砸掉了不合格的冰箱，这其实都是在立规矩。规矩立起来了，大家就有了准则，有了行动的标杆。从更深的层次讲，企业之间的竞争实际上也是规矩之争，作为制定规矩的企业领导者来说，谁的胸怀和气度大，谁能立起有效的规矩，谁的企业才能随之长久和伟大！

制度不是束缚企业发展的围墙，而是为企业发展护航，是企业在竞争激烈的环境里生存和作战的保障。

94. 家族企业更需要现代管理制度

制度不是永久不变的,需要随着客观环境的变化而变化。尤其是一些家族企业,其管理者应该突破观念的桎梏,建立起现代企业制度。

管理制度要因企业而异。也就是说:管理者要根据实际情况,制定出最适合的一套制度来。

家族式企业深深植根于中国以家庭和血亲为核心的文化传统之中,当代中国社会经济环境中有很多适合家族企业生存的特点,所以,经过30多年的迅速发展,家族式管理成为中国近70%的民营企业的主要管理方式。

然而,随着市场经济体系逐步发达和经济日益全球化,纯粹的家族企业的生存与成长空间慢慢变得狭窄甚至没有了出路,当市场变革速度越来越快、竞争越来越激烈时,完全由家族成员掌控的封闭式家族管理的弊端越来越明显。那么,该继续家族化管理,还是转向职业化道路?成为大多数靠家族起家的创业者头疼的问题。

中国的家族企业可谓是源远流长,最早可以追溯到春秋吴越时的范蠡。他协助越王勾践灭了吴国之后,"乘扁舟浮于江湖",与儿子一起经商,成为巨商,史称"陶朱公"。而后来,晋商、徽商等中国商人,无不是家族式企业的代表,为中国模式的家族企业积淀下一脉相承的历史渊源。

改革开放后,中国民营企业得到了空前的发展与壮大。然而,随着经济的全球化,国内外企业的竞争加剧,家族企业的弊端也越来越明显。就目前来看,家族企业的"硬伤"主要有以下几点:

首先,随着家族企业的成长,其内部会形成各类利益集团,由于夹杂复杂的感情关系,使得领导者在处理利益关系时会处于两难的境地。管理者很难像处理普通员工那样处理犯错的亲属和家人,这给企业内部管理留下了隐患。

其次,家族式企业对外来的资源和活力有排斥心理。由于难以吸收外界的优秀人才,企业更高层次的发展会受到限制。

最后,家族企业缺乏科学的决策程序,从而经常会导致决策失误。随着企业的发展,竞争环境的改变,企业以往的成功经验开始失效,投资的风险越来越大,如果没有民主、科学的决策,企业将会非常危险。

如何克服这些弊端,挣脱家族企业管理的桎梏?这是当前众多家族企业头痛的问题，也成了决定家族企业下一步走向何处的关键一点。

建立完善的制度是企业进行现代化管理所必须做出的选择。但是，保证制度的实际效果是管理者必须认真考虑的问题。衡量制度实际效果的重要指标是制度与市场是否接轨，是否能够促进企业出效益。企业的本质任务是赢利，能够促进效益产生的制度就是好制度，否则，制度就是摆设，就是形式，毫无价值可言。

所以，总经理要建立合理的制度，需要注意以下两点。

（1）充分的授权。家族企业在创业之初并不需要授权，一方面，创业初期的企业需要集权的灵活性。另一方面，这一阶段企业绝大多数决策都是非程序化的。但随着企业的发展，当企业行政系统初步完备、工作程序开始形成、决策步入程序化轨道的时候，授权显得尤为重要。企业领导者应该通过明确的授权和管理团队成员彼此之间的分工合作来实行规范化管理。

（2）推行层次管理。层次管理指的是逐级负责，一个上级层只能对应一个下级层，一般情况下上级不能越级指挥，下级不能越级汇报。上级可以越级检查工作，下级可以越级申述，但不能随便发表议论。

总经理克服家族企业弊端的方式除了人才的引入外，还有一点非常重要，即建立规范化的制度管理，让每一位成员严格按照管理规范和制度工作。

95. 制度不完善，滋生"潜规则"

"潜规则"这个词，来自作家吴思对当代中国的观察和揣摩。它指的是明文规定的背后往往隐藏着一套不明说的规矩，一种可以称为内部章程的东西。支配生活运行的经常是这套规矩，而不是冠冕堂皇的正式制度，而这种在实际上得到遵从的规矩，背离了正义观念或正式制度的规定，侵犯了主流意识形态或正式制度所代表的利益，因此不得不以隐蔽的形式存在，当事人对隐蔽形式本身也有明确的认可。"潜规则"之初主要是谈社会中存在的一些"陋规"，如鲁迅先生所说，"藏在皮袍下面的东西"，是社会中一种看不见、摸不着，行之有效、但摆不上桌面的行为方式。

在很多企业中也一样，市场竞争越来越激烈，由于制度、管理安排不合理等方面的原因，造成某项工作出现真空现象，好像两个部门都管，其实谁都不管，出现问题

第二十一章　任何管理都需要制度规范

又纠缠不休，互相扯皮，推诿责任，使原来的有序反而变成无序，造成极大浪费。一般来说，主要有以下几种情况。

（1）有章不循造成的无序。无章无序就是随心所欲，把公司的规章制度当成约束他人的守则，没有自律意识，不以身作则，不按制度进行管理考核，不仅影响了其他员工的积极性和创造性，还会降低整体工作效率和质量。

（2）业务流程的无序。这是由于通常考虑以本部门为中心，而较少以工作为中心，不是部门支持流程，而是要求流程围绕部门转，从而导致流程的混乱，工作无法顺利完成。

（3）协调不力造成的无序。职责不清，处于部门间的断层。部门之间的工作缺乏协作精神和交流意识，彼此都在观望，认为应该由对方部门负责，结果工作没人管，原来的小问题也被拖成了大问题。

（4）业务能力低下造成的无序。比如，出现部门和人员变更时，工作交接不力，协作不到位，因能力不够而导致工作混乱无序，人为地增加了从"无序"恢复到"有序"的时间。

德国企业家海因茨·尼克斯道对不努力工作的人，他会毫不客气，从不宽容。对此，他有惊人的辨别力。两名职工站在车间门旁起劲地聊天。过一会儿，当尼克斯道夫返回时，他们还在那里。"你们究竟是哪家公司的？"尼克斯道夫与他们搭话。

"哦，是这儿的尼克斯道夫公司的。"对方吃惊地回答。"那你们显然是尼克斯道夫公司中多余的人。"尼克斯道夫愤怒地说。那两名渎职员工的未来就可想而知了。尼克斯道夫回到办公室便下令开除了那两名工作时间聊天的员工。

西方管理理念中，企业潜规则属于组织行为学的范畴。管理大师赖特指出，规则是在组织中，一种被两个人或者两个以上的人共同认同的态度、观念、感受、行为，来指引他们的日常工作，规则可以是正式的，也可以是非正式的。相对于公司愿景使命、发展策略、企业文化、规章制度的显规则，潜规则属于"非正式"的规则。它的形成原因有以下四个因素：企业中重复多次很难改变；企业过去情况的延续；企业发生重要事件形成潜规则；企业高层领导非正式设定的潜规则。

显规则的不完善，使潜规则的存在变得合理。任何一个企业中，显规则都不可能完全正确和完善，当显规则不能发挥有效作用的时候，潜规则就会凸现，起到实际的调节作用；而企业发展是一个动态的过程，不可能用一种规则去应付，纵使是显规则，也是在变化之中。可以说，规则总是落后于企业的发展，在新的规则还没有建立的时候，潜规则就闪亮登场。人性中无法克服的弱点，以及人性的复杂，也决定了潜规则存在的必然。之所以存在潜规则，是因为人性不能用所有的规则全部设定出来，对不同的人性要实行不同的管理方法，领导力能起到潜移默化的作用，不可能有一种规则去应付它，"无论最高决策者还是普通员工，都在遵循着自己行为规则中不言自明的信念，他们的行为都离不开人性与利益两把标尺"。

这就造成了许多人喜欢按"潜规则"办事，如有的人常常不是规范自己的行为，而是习惯去找关系"通融"，借权力"放行"。而一个执掌规则的人，只有学会网开一面、下不为例，才被认为"会处事""会做人"。真正讲原则、守规矩的人，却被讥为死板、迂腐，不懂变通。于是，在有些人心里，规则可以灵活掌握，法律富有弹性，秩序可以随意调整。

没有规矩，不成方圆。法律和规则是社会运行的基石，也是企业赢利的根本，规章制度松懈，执行力度不够，是一个问题的两个方面。这都直接破坏了企业的正常运行，助长了员工偷工减料、懒散松懈的工作作风。因此，每一个企业的管理者，尤其是一线的执行者，都应该着力培养自己的规则意识和法制意识。须知，良好的规章制度和执行到底的作风是企业发展和赢利的基本保证。

一个有效的管理者应该分析造成无序的原因，努力抓住主要矛盾，建立完善的管理制度，并且很好地执行，使无序变为相对有序，从而整合资源，发挥出最大的效率。

第二十二章
制度前进一小步，管理前进一大步

96. 再好的制度也有老化的一天

企业制定的每一条规章制度都具有一定的刚性，不过，要使制度发挥出最大的效用，又得做到灵活运用。制度化管理并不意味着死板与僵化，如果制度的刚性与管理的柔性不能有效结合，企业制度很难发挥最大的效益。

春秋时期，晋国有位叫李离的狱官。有一次，在审理一件案子时，李离由于误听了下属的一面之词，结果将一个犯人错判致死。后来案情真相大白后，李离决定以死赎罪。

晋国国君很看重李离，就劝说他："官有贵贱，罚有轻重。这件案子主要错在下面的办事人员，又不是你的过错。"李离回答道："作为国家的狱官，要保证国家法律的公正。既然我犯了错，就违反了制定的法律。为了保证以后法律的有效实行，我不能打破这个规矩。"说完之后，李离就伏剑自杀。

制度的建立，是为了保证企业日常管理的规范。有制度，就要有执行。企业的管理中，保证制度的刚性是根本。李离以死赎罪，体现了其对国家法律制度的刚性支持。晋国法律得到了有效维护，晋国的国力也因此大为增强。只有保证已有制度的贯彻执行，才能有效进行管理。

当然，制度的刚性并不意味着制度就不需要完善。制定制度的目的是对一些模糊不清的事项做出一个明确的标准，因此，制度的时间性很强，绝不可能是不变的定律。当时代与环境发生变化，制度本身也要随之变化。

企业与企业环境总是会随着时间的推移而不断发展变化的，制度只有适应这个变化，才能发挥好作用。因此，管理者必须时刻注意企业的规章制度，发现不切实际或不合情理的要及时纠正。一个好的规章制度，必然是不断修改、不断完善的。制度要顺应变化，这也要求管理者在企业管理上要具有灵活性。

规章制度制定的目的是对一些暧昧不明的事项定出一个明确的标准。因此，它的时间性很强，同时也是为适应时代的大环境而定出来的，因而绝不是千古不变的定律，当时代、环境发生了变化，规章制度本身也必然要随之变化。制度要顺应变化，这也要求管理者在企业管理上要具有灵活性。

有这么一则故事，据说在20世纪60年代的美国企业界流传很广。

有一个不擅指挥、无能的中尉获得了一项最高荣誉。原因就是来自一条规则，这条规则说，如部队中有任何官兵在军事演习中获得了最高成绩，则中尉便可获得最高荣誉。

这项规则在当初制定时，肯定是出于某种特殊的原因。但过上一段日子再执行起来，自然就显得有点迂腐，因此才会产生无能长官接受褒奖的情形。

不难看出，这则故事对于那些墨守成规的管理者有一定借鉴作用。总而言之，一套完善的规章制度是一个管理者管理人才、使用人才的法宝。

一个有经验的管理者应善于用制度管理他的下属。但也应尽量避免把制度僵化，或过于迷信制度。

2001年8月，清华同方在将产品打入西安大学校园时，遇到了一个问题：所配的部分产品零件与当地的环境不匹配。技术人员却无法予以更换，因为公司有"不允许使用其他企业零部件"的规定。如需解决，还要向总部报告，总部又要花时间去评估和研究。这样将耗费大量时间，致使当地客户怨声不少。

这时，负责当地市场的一位公司副总，当机立断，下令打破原有规定，用其他企业的零部件代替部分不匹配产品，问题很快得以解决。这位副总及时调整了公司的管理制度，表面看似乎是打破了制度的刚性，实际上灵活的管理手段，能够更好地维护了制度。

清华同方规定"不允许使用其他企业的零部件"，其目的是为了保证产品质量与服务质量，防止各地的售后服务部门用质量差的零部件损害顾客的利益。因此，这个制度的目的是为了保证产品质量，维护顾客利益。

通过制度的执行来确保制度目标的实现，这才是第一位的，而具体的规定则要让位这一原则，否则就违背了制度的初衷。要想有效确保目标的实现，就需要对制度进行调整，使管理上的灵活性就与制度的刚性完美结合起来。

对于制度的刚性与管理的灵活性，管理者在企业管理中要注意两点：一是制度应该让执行者有一定的自主权，使其能够按照制度的目标来处理某些例外情况，这也是管理的"例外原则"的精义所在；二是要让制度的执行者对企业的理念有深刻的认识，为了企业的理念，能够灵活地处理例外情况。清华同方的那位副总对事件的处理，就充分体现了他对公司理念的认同，而不是"死守"条文，不知变通。

再好的规章制度也是从出台的那一天就开始在老化，因为一个组织和它的成员是随着时间的推移而不断发展变化的，规章制度只有适应这个变化，才能发挥好作用。死守是制度的坟墓。只有活着的规章制度才有意义。因此，管理者必须时刻注意组织的规章制度，发现不切实际或不合情理的要及时纠正。

任何制度都是有条件的，因而就要求管理者在实际操作中，要懂得灵活运用。并且只有灵活运用，制度才能真正发挥作用。

97. 不断修订才能保证制度的科学性

许多成功的企业，都将自己的成功归因于拥有成熟的制度模式。所以，在市场竞争变化面前，企业的管理者们往往信心满满，从不怀疑和否定自己旧有制度继续存在的价值。然而由于墨守成规，企业昔日的辉煌慢慢蜕变成了生存道路上的障碍，成为可怕的组织惯性。

有一个关于猩猩的试验：研究者把3只猩猩关进一个大笼子里，然后在笼子中间吊上一根大香蕉。但是只要有猩猩伸手去拿香蕉，研究者就拿高压水枪去喷所有的猩猩，直到所有的猩猩都不敢再去够那根香蕉为止。接下来，研究者用一只新猩猩替换出笼子中的一只猩猩。新来的猩猩并不知道笼中的"规矩"，所以一来就动手去拿香蕉。它的这种行为是不符合笼中规则的，于是另外两只"老"猩猩就对新来者群起而攻之，直到它屈从为止。这本是由高压水枪实施的惩罚任务，现在完全由两只老猩猩"亲自"执行了。

研究者用同样的方法，不断用新猩猩将经历过高压水枪惩戒的那两只老猩猩换出来，直到笼子中的猩猩都是后进入者，但是它们同样把那串香蕉奉若神明。研究表明，高压水枪喷头威慑出来的"组织惯性"束缚着每一只进入笼子的猩猩，使它们将本是腹中美餐的香蕉束之高阁。

这个案例形象地揭示了组织惯性的形成过程。在风云变幻的市场竞争环境中，企业要想赢得优势，就必须学会随着时代的发展变化而迅速调整方针制度；否则就只能像案例中的猩猩一样，在昨天的教训上故步自封，白白浪费掉明天的大好机会。优秀企业的衰退并非是它面对变化时束手无策，而在于它所采取的行动能否顺应时代。

一个企业在确定了其经营管理模式后，企业成员总可以在实践中摸索出它的程序，并逐渐习惯地运用这套程序解决各种问题。习惯成自然，在实践中，管理者与员工很少会再去思考这些方法是否依然合理、有效。

曾见过一家大型公司招聘，该公司计划招聘25名新员工，公司招聘制度明确规定是，只有文化考试成绩在前25名的人才能有资格被录取。有一候选人，人品和性格都很好，并且拥有丰富的关系资源，这些关系资源能给公司带来较大的新的业务发展机会。但是他的招聘考试成绩并不理想，排在第26名。面对这种情况，公司困惑了：是录取他，还是放弃他？公司领导层权衡再三，最后还是决定忍痛割爱。原因只有一个：公司的招聘规章制度不能违反，这是公司的"铁的纪律"！

然而，该公司的行为引起社会上很多人士的质疑。什么才算是公司"铁的纪律"？铁的纪律应该至少符合以下两个基本条件。

首先是制度的时效性，就是说该制度必须符合企业与时俱进的发展要求，符合企业应对同业竞争和市场现状；其次是制度的前瞻性，公司的制度在时效性的基础上，更要能够引领企业走在其他企业前面，并符合时代潮流方向发展。如果公司制度不能引领企业加速发展，甚至落后于发展的潮流，那么这样的制度早就应束之高阁。可以说，时效性、前瞻性是企业制度缺一不可的特质，是它生命的根基。像这个公司招聘的情况，就应该是企业管理者的过失，招聘制度应该不断完善，以免使企业和真正优秀的人才擦肩而过。

为了使企业能真正拥有科学的制度，总经理就必须对所有不具有时效性和前瞻性的规章制度进行及时、全面地梳理、修订，这样才能使企业朝先进、科学的方向发展。

98. 简化管理层次是优化制度管理的核心

原MCI电信公司总裁麦高文每隔半年便召集新聘用的经理开一次会议，在会议上他

第二十二章 制度前进一小步，管理前进一大步

总会说："我知道你们当中有些人从商学院毕业，而且已经开始在绘制组织机构一览表，还为各种工作程序撰写了指导手册。我一旦发现谁这么干，就立即把他解雇。"

每次开会的时候，麦高文都会明确表达这样一种观点：每一位员工包括高级管理人员都不要为了工作而相互制造更多的工作。恰恰相反，他会鼓励每一个人对每一个工作岗位及每个管理层次提出质疑，看看它是不是真的需要被设立。比如，两个管理层次是否可以合并？每个职务的价值是否超过它的费用？这个职位的存在是否是在制造不需要的工作，而不是对生产有益？如果回答为"是"，那就合并或精简它。

麦高文深深懂得一个道理，那就是公司每增加一个管理层，实际上就是把处在最底层的人员与处在最高层的人员之间的交流又人为地隔开了一层，所以MCI公司力求避免这种情况。由于精简了管理层次，MCI公司上上下下沟通畅捷、有效，每个人都在努力地做最有价值的工作，因而整个公司变得富有生气和积极性，公司的效率大大提高。

其实，不仅仅是MCI公司，其他一些管理完善、极富效率的优秀公司也都曾为此努力过，它们的特点大都是人员精干、管理层次少。比如，埃默森公司、施伦伯格公司、达纳公司的年营业额都在3～6亿美元之间，而每个公司总部的员工都不超过100人。这些公司都明白，只要安排得当，5个层次的管理当然要比15个层次的管理要好。

简化管理层次，鼓励人们减少不必要的工作，是优化管理的核心。管理层次减少表现为一种扁平化组织结构，这种结构具有更多的优越性，主要体现在以下四个方面。

（1）有利于决策和管理效率的提高。管理层次越少，高层领导和管理人员指导与沟通相对紧密，工作视野比较宽广、直观，容易把握市场经营机会，使管理决策快速准确。

（2）有利于组织体制精简高效。减少管理层次必然要精简机构，特别是一些不适应市场要求、能被计算机简化或替代的部门与岗位。

（3）有利于节约管理费用。管理层次减少，人员精简，加上发挥计算机辅助与替代功能，实现办公无纸化、信息传输与处理网络化，可以大幅减少办公费及其他管理费用。

（4）有利于管理人才的培养。组织层次减少，一般管理人员的业务权限和责任必然放大，可以调动下属的工作积极性、主动性和创造性，增强使命感和责任感；也有利于培养下属独立自主开展工作的能力，造就一大批管理人才。

一般来讲，企业规模越大，管理层次越多；在业务一定的情况下，管理层次越多，所需人员越多，企业运行成本越高。所以，在企业能正常行使其管理职能的前提下，管理层次越少越好。

99. 无情的制度，有情的管理

留住人才是每一个领导者所希望的，但要留住人才必须要做到情感管理与制度管理"双管齐下"。

企业制度建设错位的表现有很多种，总结起来，主要有以下五个方面：规章制度缺乏系统性；形成制度缺乏民主性；制度内容缺乏操作性；执行制度缺乏连续性；落实制度缺乏原则性。在企业制度形成过程中，任何环节的错位都有可能使制度失去效力。

所有的总经理都希望找到企业制度错位的根源，从而使自己得以避免失败。要想根除制度错位现象，最先反省的就是制定制度的总经理，尤其是企业的主要决策者。很多失败的企业案例表明，总经理对制度建设的认识和重视不够，是制度错位的第一大原因。第二大原因依然和总经理有关——继任的管理者由于对前任的经验采取"颠覆"态度，致使企业制度缺乏连续性。另外，文化建设不力的企业会使制度合力、凝聚力不够，从而导致错位现象的发生。

某公司员工孙名，以自己妻子生病为由，向公司申请借款人民币25万元。孙名根据公司的借款流程，首先写了个借款申请，申请书内容是这样写的："孙名向公司借款人民币25万元整，允许此借款分批从孙名工资和奖金中逐月扣除，借款期不超过2008年1月1日。"这个申请经公司的主管领导和部门经理签字同意后，公司的财务就分两次，用支票的形式向孙名支付了25万元借款，孙名也对此进行了签收。然而借款不到半年，孙名就忽然不辞而别，还有欠款20万元没有归还。无奈之下，公司只好搜集证据向法院起诉，然而因找不到孙名，同时也没有任何担保，公司的维权之路困难重重。

导致该公司利益受损的主要原因在于其制度方面存在严重缺失。首先借款流程就不完善。公司应当要求员工提供相关医疗病历证明，而不是单凭口头的说明。其次是借款形式不正规。双方没有签订借款协议书，导致很多权利义务都没有明确。再次是还款方式不明确。因为没有签订借款协议，双方也没有对涉及借款的一些事项做任何说明。最后是担保方式不存在。没有保证人保证担保，也没有用财产进行抵押担保。

正所谓"无情的制度，有情的管理"，企业应该学会用制度去制约并保护自己。对企业制度建设，我们对总经理给出以下几点建议：

首先，在态度上不要忽视企业制度。企业制度建设不仅是企业文化建设的一部分，还是实现现代企业精细化管理的一个重要方面。

其次，企业制度的建设要立足于所有职工的认同，要保证各项规章制度能够得到真切落实。

再次，是要完善监督机制。有监督，制度才能实现真正地"平衡"。

最后，制度管理要形成一套科学体系。因为科学体系不仅是强化企业内部管理的需要，也是保持企业健康发展的需要。科学、系统的制度管理是发挥企业整体效能的保证，也是检验企业管理水平的重要方面。

在实行制度管理的同时，领导者还要注意情感管理。情感管理旨在从人之常情出发，关心员工生活，努力为其营造宽松和谐的工作环境，增强企业的亲和力。情感管理能有效弥补制度管理的不足，变消极为积极，化被动为主动。

杭州桦桐家私有限公司老板李国飞的行为让人感动。当他得知自己的员工身患绝症的时候，没有袖手旁观，而是为员工付清了所以治疗费，不惜投入巨资挽救绝症员工生命，这正是有情的具体表现。

别人非常质疑地问他："你一个私营企业老板，有必要为一个打工仔付出那么多吗？"李国飞道出了自己的心声："他们是企业最宝贵的财富，为公司发展立下了汗马功劳。"

显而易见，私营企业家李国飞并不是把自己看成企业的主宰，而是认为，是员工们的汗马功劳促成了企业的发展壮大，因而把员工视为促进企业兴旺发达的财富。

一个好的企业是由一个个优秀的员工组成的。员工的每一个行为都影响着企业的生存发展。作为一个企业，需要通过员工的共同努力去实现最终目标，所以一定要对员工实行柔情管理。

既坚持制度，又不伤害下属的感情，这样既可以约束下属，又不至于因为处罚而伤了下属的心。要有效地实行情感管理，需要做好以下工作。

（1）为员工提供自我价值实现的舞台。情感管理要求企业要采取必要的方式激发员工实现自我价值的欲望，创造各种条件鼓励员工在岗位上、在企业内实现自我价值；扩展多种渠道，使每个员工的自我价值得以最大限度地实现。

（2）重视情感投资。每个人都有被尊重的需要和与人交往的需要。在很多情况下，情感的交流比行政命令和上级对下属的指挥显得更有影响力和号召力。因此，总经理与员工之间除了具有行政关系所决定的层属关系外，更应当创造荣辱与共、情感交融的氛围。情感管理的实质就是通过情感来赢得民心，形成强大的凝聚力。

（3）营造和谐氛围。实行情感管理，要充分认识到"人和"的地位和作用，积极营造"和"的氛围，以此达到"人心齐，泰山移""家和万事兴"的效果。通过"和谐"，将企业全体员工紧紧团结在一起，产生巨大的精神力量，使企业充满生机和活力。

（4）完善激励机制。情感管理是一种讲究"人情味"的管理，突出"爱"和"善"的作用，提倡发挥人的主观能动性，完善激励机制，赋予员工职业上的成就感，使其在工作中能充分发挥积极性、主动性和创造性。激励和调动积极因素，催人奋发向上，是实现情感管理的有效途径。

情感管理与制度管理，前者为柔，重在"布恩"，后者为刚，重在"立威"。刚柔相济，恩威并举，才能使员工心悦诚服。

100. 让员工把不满讲出来

世界首富、微软公司总裁比尔·盖茨就鼓励自己的员工，一定要畅所欲言，他说："如果人人都能提出建议，就说明人人都在关心公司，公司才会有前途。"松下电器公司前总经理松下幸之助被称为"经营之神"，他有句口头禅："让员工把不满讲出来。"

2006年5月16日上午9时，齐齐哈尔某机械公司一名张姓的副总经理正在会议室与同事研究工作，他们认真、专注，以至于连会议室悄然进来一个人都没有觉察到。进来的这个人是公司的普通职工李某。李某手中拿着一个没有盖子的矿泉水瓶，偷偷摸摸地坐到张副总经理身边，随后，他将瓶子端起来，做出似乎要喝水的样子。

第二十二章 制度前进一小步，管理前进一大步

就在这紧要关头，公司保卫人员冲进来，大喊："快夺下，他瓶子里装的是汽油。"张副总经理一听，立即将李某推倒，奋力抢夺他手中的瓶子。李某左手护住瓶子，右手从兜中掏出打火机。

瞬间，汽油被点燃，火苗立刻蹿起来，张副总经理和李某的手均被烧伤，工作人员立即跳窗将室外正在浇花的水龙头扯进来，将火浇灭。接到报警及时赶到的民警将嫌疑人控制住。询问得知，李某放火的动机是因为对企业现在推行的工作制度心怀不满。

由此可见，员工抱怨的处理是否得当，员工是否有表达情绪的渠道，对总经理来说，不是小事，不是可有可无的东西，反而是一件关系到企业安全的大事。如何让员工把不满讲出来，这需要企业具有员工抱怨处理制度。

在实行员工抱怨处理制度的企业中，从最基层单位的组织单元到企业生产经营的最高层管理机构，各级都设有员工抱怨处理机构。基层处理机构负责处理基层的员工抱怨问题，若基层处理不好，在一定期限内要提到上级，由上级来加以处理，也就是说，由各级处理机构分层负责处理。若仍得不到解决，就要借助于第三方参与来加以解决。在这种机制下，员工的任何不满都能得到恢复和解决，就不会发生上个案例中李某的那种过激行为。其实，企业在处理员工抱怨的同时，也是自我机制修正的过程，在倾听员工抱怨中发现制度的不足，进而加以改正，从而保证企业各项机制的良性发展。

除了建立员工抱怨处理机制，通过正式程序来解决员工不满之外，总经理还要学会与下属之间建立一种诚信关系。假如与员工建立起诚信关系，就会促使下属带着责任感去工作，而不是消极地服从。由此可使人际关系多了和谐，少了摩擦；上下级之间多了沟通，少了隔阂；使管理工作多了快乐，少了焦虑；公司与员工之间多了理解，少了误会。

总经理在处理员工抱怨过程中，一定要果断。任何情绪都是传染的，抱怨很容易在员工群体之间引起共鸣，从而使抱怨从一个点引发到一个面，波及面越大越不利于处理方法的实施。

在处理之前，要分清楚员工抱怨的根本原因。如果是企业运营过程中，因为某个管理人员的失职致使员工不满，总经理要及时对当事人采取处罚措施，尽量做到公正严明。如果员工抱怨是针对企业制度，那么，规范公司的规章制度、工作流程和岗位职责等，则是处理这些抱怨的首要措施。在对管理制度进行规范化时，应采

取公平、公正、公开的原则。

对公司的各项管理规范,要让抱怨者参与其中,共同制定,制定好规范要向所有员工公开,使之深入人心,只有这样才能保证管理的公正性。

101. "经"与"权"——制度化管理的两大原则

"经"与"权"是中国的传统说法。"经"指规范、原则、制度;"权"指权宜、权变,即衡量是非轻重,因时、因地、因事制宜。"经"与"权",即所谓原则性与灵活性,坚持按制度办事与适当变通之意。

显然,"经"与"权"是矛盾的。管理中需要按规章制度办事,坚持原则性,这是制度化管理的基本要求;同时,在管理过程中也不能没有灵活性。如何处理"经"与"权"之间的矛盾,是摆在管理者面前的一个难题,在这方面,没有一般的成熟手段可供利用。

根据现实情况和经验反映出的问题,处理"经"与"权"的矛盾需要注意下面两点:

第一,根据组织中的实际情况,应加强"经"的一面,推行制度化管理,即使牺牲部分灵活性也在所不惜。因为传统的和现实的各种原因,会导致现实中原则性太少而灵活性太多。

第二,在基本的方面、关系全局的方面应坚持原则不动摇;而在局部的、无关紧要的方面可以适当放宽,多些灵活性。

制度化管理倾向于把组织设计为一台精确、完美无缺的机器,它只讲规律,只讲科学,只讲理性,而不考虑个性。组织是由人组成的集团,人有感情,有情绪,有追求,有本能,人不是机器,不可能像机器一样准确、稳定。从这种意义上说,完美的制度化管理只是一种抽象。

组织也不能变成一台设计完美的机器,它是在环境中生存和发展的生物有机体,随环境变化调节自身是其基本生存方式之一。这种调节的机制要求组织有活力,有生长发育的机制。这种生长发育的机制和活力的形成和发挥作用,就在于构成组织基础的个人行为。所以组织从生存发展的需要考虑也不可能变成机器。

第二十二章 制度前进一小步，管理前进一大步

极端的制度化管理既不可能，也不理想。制度化管理强调的也不是极端的制度化，而是以制度化管理体系为基础，谋求制度化与人性、活力的平衡。在推行制度化管理的同时，要处理好下述两组矛盾的平衡关系："经"与"权"；他律与自律。

他律与自律是在涉及个人行为的管理时，究竟应该更多地借助于教育、惩罚、强制、约束等外部规范方式，还是更多地依靠个人的觉悟、自觉性、自我约束来达到目的的问题。借助于约束、强制手段规范个人行为称为他律；依靠个人自我控制、自我管理来约束个人行为称为自律。

强调他律还是自律，从根本上来说取决于管理者心目中关于人性的假设。认为人性是"恶"的，以他律为主；认为人性是"善"的，多依靠自律。制度所强调的是他律的一面，但它不是以人性本"恶"为基础，而是出于使个人单独的行为成为有目的性的，在时间、空间、程度等方面都整合了的集体行为的需要，但同样也存在与自律的矛盾。

尽管处理他律与自律的矛盾有各种不同的主张，但有两点是必须注意的：个体自觉性、自我约束程度有限，许多组织活动依靠个体自觉性无法按部就班、协调一致地进行，所以，必须充分依靠他律来发挥制度规范的作用。在保证组织活动正常进行的范围内，应尽可能发挥自律的作用，缩小他律的范围。过度的他律会导致信任感降低，助长破坏性，因此必须将他律控制在必要的限度内。自律运用得当，可培养个体自觉性、责任感，更好地发挥个人的聪明才智和创造性。

事实上，人与动物的基本区别在于：人的行动与决策会受其精神和信念的影响。但人与动物也有相同之处：趋利避害。只有同时把握这两点，组织才能真正地影响和改变其成员的观念、态度和行为，才能真正地建立起组织所希望的文化。

"春兰在我心中，质量在我手中"是春兰人的信条。质量在春兰文化中占有重要的地位，春兰的质量文化是通过"质量承诺"来实现的。在春兰公司，每个员工都要签订"质量承诺书"，公司则依据"质量承诺书"对员工进行考核。

对违规者，毫不留情地予以处罚，并张榜公布；凡达到和超标准完成者，便予以奖励。此举与企业所倡导的质量文化珠联璧合，最终使质量意识深入人心，企业与产品的质量形象深得消费者信赖。

对于成员来说，组织文化是一种"软性"的管理方式，一旦为成员所接受和内化，便能使其自觉地约束个人的行为，使其行为与组织战略目标及前景规划相一致，这种对组织的认同感会使成员将组织的利益放在第一位。而组织制度却是"硬"要执

行的，组织文化要内化到成员的意识中，必须以完善的制度环境为基础，组织文化的内涵也要通过组织的制度来体现。

组织文化与制度建设是推动组织这架飞机前进的两个翅膀，折其一，组织就难以按预定的航道向预期的目标顺利飞行；文化与制度建设是跷跷板的两端，偏废其一，组织的发展就会失去平衡。只有组织文化与制度建设协同作战，步调一致，两者才能真正地最大限度地发挥功效，才能使企业文化逐步形成，并发挥其应有的功效；才能使组织制度得以完善，并能够落到实处。只有成员的认同感日益加强，组织的凝聚力才能日益强大，组织的文化才能日趋成熟。

在管理中，"经"就是坚持管理的基本原则、基本制度，坚持原则性；"权"就是从实际出发，根据情况的变化采取适当措施，必要时采取变通办法。

102. 制度管理不是一味求统一

制度是冰冷的，行政命令是呆板的，上下级关系是产生距离的。总经理在领导员工的时候，不能因为自己处于领导者位置而表现出居高临下、高傲自大，不能依赖制度的框架而使下属觉得管理缺乏感情，不能片面地依靠命令而使下属产生束缚和限制，不能因为上下级关系而使员工产生距离感；否则，团队将会层出不穷地产生问题。

有这样一个故事：

美国纽约有一家动物园，动物园因为人手不够，就从社会上招聘了一批饲养员，其中有一位特别爱干净，对小动物也特别有爱心，所以他每天都把小动物住的屋子打扫得干干净净。可是事与愿违，那些小动物一点也不领他的情，在干净舒适的环境里，他们都慢慢变得委靡不振，有的生病，有的厌食，一个个日渐消瘦。

到底是什么原因呢？这位饲养员很苦恼，就去请教有经验的人。别人告诉他：那些动物都有自己的生活习性，有的喜欢闻到那混浊的骚气，有的看到自己的粪便反而感到很安全。只有尊重它们的生活习性，它们才会健康成长。

这个故事对于企业管理相当有寓意。这个故事说明：有效的管理必须针对组织内个体的需求，包容个体的差异性，并在此基础上灵活应对、多元管理，从而形成一个

第二十二章 制度前进一小步，管理前进一大步

"和"的团队氛围。

假如像故事中的饲养员那样，无视员工个体的差异，一味追求看似完美的统一，那么这样的组织最终一定会因抹杀了个体的个性而导致解体或僵死。这一点在福特汽车的兴衰上体现得十分明显。

其实最好的领导方式应该是空气式的领导。空气看不见摸不着，所以不会给人没有意义的压力，正如好的领导给员工的压力是生活所必需的压力，是员工自我鞭策自加的压力；但空气却无处不在，人们离不了空气，当一个领导是企业离不开的时候，说明了领导对公司发展的价值。领导的思想、理念，所传递的制度规范也要弥漫在企业的每个角落。能达到这种境界的领导才是真正高明的领导。

制度管理不是强制性统一，在制度管理中浸润情感上的交融，这样才能获得员工的追随，才能真正达到团队内部的和谐。

第二十三章
制度不是为一个人设计的

103. 制度的字典里不存在"个人英雄主义"

现代化企业之中,制度建设很完善,部门分工明确,多数工作都需要相互协作才能完成。如果员工不能融入团队,在团队中显得极不合群,往往以个性主导团队运行规则。这样的员工即使再优秀、再有能力,也不足以委以重任。因为现代企业更注重团队协作精神,拒绝崇尚个人英雄主义。总经理更应该注意的是:因为地位的特殊性,企业的领导者更容易成为企业的"个人英雄"。切记不能为这个人英雄而使企业的长期发展存在隐患。

个人英雄主义主导的团队必然会失败。当年,刘邦与项羽经营着两个不同的"民营企业"。汉高祖刘邦有一句经典名言:"夫运筹帷幄之中,决胜于千里之外,吾不如子房(张良);镇国家,抚百姓,给馈饷,不绝粮道,吾不如萧何;连百万之军,战必胜,攻必取,吾不如韩信,此三者,皆人杰也,吾能用之,此吾所以取天下也。"与其相反的是项羽,当初凭着个人英雄主义,势力一度膨胀,结果无颜见江东父老,自刎而亡。

客观地说,个人英雄主义在项羽的民营企业创业初期确实发挥了很大的作用。但关键是在势力壮大、地盘扩大后,面对纷繁复杂的战争形势,他应该及时培养人才,授之以权,通过管理团队而不是个人的骁勇来夺取胜利。项羽的失败,是个人英雄主义的失败,而刘邦的高明正是在于发挥团队优势。一胜一败,揭示了企业运营的真相:团队高效才能成功。

惠普公司原总裁格里格·梅坦曾说:"企业的领导不能成为团队的主宰者,尽管企业的领导具有超强的能力,是团队中英雄级人物。"他还说:"作为领导者我对该组织的构想当然重要,但是仅仅有我的构想还不够。我的观点是我最重要的领导资产，同时也给我带来了最大限度的限制。我认为，老板是轮毂，员工是轮辐，员工之间的谈话以及人际关系的质量是轮边。如果因为同事之间不能解决相关问题，所有的决策都需要通过轮毂，那么这个组织创造价值的能力就会受到老板个人明智程度以及时间的限制。这显然不能造就高效运营的团队。为了创造一种'轮边'会谈，老板就必须有意识地说明什么事情应该由轮毂来解决，什么事情应该由轮辐来解决。"

他还举例说明：那些来自世界各地的员工在伦敦相聚，作为老板的他并不参与，因为他们正在寻找解决一个复杂并且有争议的问题，他已经为他们创造了这一"轮边"会谈。他不希望因为自己的出现而使会谈没有结果。后来，果不其然，他们的会谈很成功。

曾几何时，"万家乐，乐万家"的广告语响彻大地，空调行业对拥有热水器行业龙头品牌背景的万家乐空调寄予了厚望，期望万家乐带领民族企业在国际市场上创造奇迹。在万家乐空调2002年3月15日产品上市之后，广大的经销商就投入到销售万家乐空调的队伍中。然而，好景不长。万家乐空调在国内空调市场上销售了一年多之后，于2003年年底爆出被珠海市中级人民法院查封的消息。

一颗冉冉升起的品牌瞬间陨落。万家乐的失败就是典型的因为个人英雄主义主导团队而引起的失败。万家乐空调老板陈雪峰是个典型的具有"个人英雄主义和独裁治理"特征的人。在陈雪峰的心中一直隐藏着像张瑞敏、李东生、黄宏生一样，做中国家电业的顶级风云人物的野心，因此他独断专行，不纳谏言，不但在公司战略上以卵击石，以微薄之力进军大家电。在公司内部治理上，陈雪峰自高自大，以为凭借自己的个人英雄主义就可以吞并天下。陈雪峰从来都听不进业内资深员工的忠告，动辄对员工大发脾气。在人员使用上，陈雪峰仅凭自身好恶任意任免高级管理人员。由此带来的影响是，万家乐空调的品牌负责人换了一任又一任。公司的企业文化不成体系，缺乏企业精神和足够的凝聚力，导致中下层员工缺乏归属感，结果公司上下人心涣散，最终落得失败的下场。

所有的老板都不应该让个人英雄主导团队，不应该过分强调个人的效能，应该极其重视个人与个人合作所产生的效能。现代社会的组织，仅凭一个人的能力和经验已经不能应对所有工作。在任何一个成功的团队里，即使你不是一个受大家敬重的英雄，也是一个成功者。而假如团队失败了，则更没有英雄存在。

管理者千万不要一人独大，搞个人英雄主义，更不能以为没有制度照样转。

104. 人尽其才是制定企业机制的标准

随着组织成员越来越多,协同一致就成了更大的挑战。为了分摊责任,公司往往会创建一种组织构架。建立这种构架时,也就是组织内部的社交互动发生改变的时候。通常,一个部门到另一个部门的信息流动会遇到障碍或者被歪曲。

公司规模越大,人们分享信息、做出一致的决策和调整其优先业务的难度就越大。决策的速度变慢,执行力的优势就被削弱。因此,企业运行机制的最大意义是保证公司各项信息流动的便捷性、有效性和准确性。

沃尔玛的群体运行机制就很具有效率,一直被业内效仿。在20世纪90年代初,沃尔玛的创始人山姆·沃尔顿从周一到周三,每天都要派出大约30名主管去调查9家沃尔玛商店和6家竞争对手的商店。他们搜集出很多商品的价格,并做对比。在调查商品价格的同时,这些负责调查的主管们还会观察货物是怎么摆放的,消费者在购买些什么,商店的外观、氛围如何,竞争对手采取了哪些新的措施,雇员的反应如何等。

这个机制的高效率秘诀在于管理者和现场执行之间没有隔层。没有隔层的最大意义在于时间和质量,没有延迟,没有扭曲,没有怀疑。每个星期四的早上,沃尔顿会召开一次4个小时的会议,与会的还有约50个经理。他们中有考察商店的主管、物流经理,还有广告部负责人。通过考察结果,他们很快就会做出类似某地区需要10万件羊毛衫上架这样的决定。

观察家表示,沃尔玛的这套机制运行的关键在于,创始人山姆找到了最适合从事调查工作的人,这个机制保证了调查人员的效率,保证了因为调查结果而决策的效率。通过这样的机制,能够使调查的主管积极工作,使商店的执行人员迅速根据决定进行调整,使物流和广告投放人员在团队运行下高效工作。在这里,人们协同一致地工作。同时,还增强了责任感。如果有人在工作中没有尽力,自然就不能为星期四的会议做好准备,在会上马上就能被山姆看出来。

保证人尽其才,这需要在合适的岗位安排合适的人才,并使这些人才协同一致,以此来提升团队的运行效率。迪克·布朗就是设计这种制度的高手。他在1999年1月当上了IT服务业的巨人——电子数据系统公司(EDS)的CEO。而在他上任之前,公司庞大的规模和全球化经营使EDS陷入了繁杂的事务中。EDS试图调整业务,但结果很不理想——业务大幅萎缩,连续几年未能实现预期的赢利。

第二十三章　制度不是为一个人设计的

布朗创立了群体运行机制，以保证业务的成功。其中最重要的一项是每月一次的"执行会议"——一个包括来自全球约100个EDS业务主管的电话会议。在会议中，每个单位的月成果和自年初的累积成果都要被讨论到。这样很快就可以知道谁做得好，谁需要帮助。这使每个部门不得不高效工作，避免居人之后。另外，在与业绩不理想的主管的对话过程中，布朗会刨根问底地询问，以此使落后者感到压力，从而迎头赶上。

布朗设计的群体运行机制以其公开、公平、透明的特点赢得了公司上下的赞誉，使每个主管都会根据业绩的需要自觉调整自己的团队，力求每一个人都是在他最合适的岗位上工作。布朗每两周都要给全体员工发电子邮件，让他们了解公司的一些特别成就，同时讨论公司在优先业务里所处的状态，这种做法使公司的共同目标得到加强，决策得到制定。到1999年年底，EDS的群体运行机制表现出效果，公司各级主管把关注点转移到吸引和留住有天赋的人身上，促使人尽其才。同时，公司里的每一个员工对公司自身的成长、客户满意度以及责任感的关注也日益增强。EDS的业绩由此直线上升。

企业的管理者为了提高公司业绩和执行力，已经越来越重视人才的使用。但大量的事实证明，单纯关注个体员工使用的管理者并不能保证一个组织高效运行。因此，企业实现执行力的关键是需要建立一种协同个人贡献的机制。

企业建立机制的最大意义是保证人尽其才，这样的机制才能最大限度地提高企业工作流程的效率。

105. 如何设计完善的群体运行机制

在通用电气公司内部，有一种会议模式特别受推崇。这种会议模式被称为"快速市场智能"（英文缩写"QMI"）。这种电话会议使通用公司的管理层发现了同步交流的价值。由于公司的全球主管在地理上的分布很广，经理人不能很频繁地参加面对面的会议。QMI通过视频和电话让他们聚到一起，遍布全球各分公司的大约50个人就会进行一次对话。通用公司规定，这种电话会议每两个星期举办一次。

这种针对电话会议的全体运行机制使所有QMI的参加者，不管他们是处于不同的阶层还是遍布全球，都能够及时了解到在顾客、竞争对手身上以及全球技术方面到底发生了什么。这种模式为通用公司带来的是效率更高的会议。因为是电话会议，全球同步进行,这就要求参会者必须考虑一下几个问题:讨论的问题必须要独特而且简单,能在2分钟内回答上来;所有的参加者必须轻松而且要有勇气做出贡献;为了不让人们失去兴趣,会议要简短;会议过程中要对信息进行处理,最后要做出总结。QMI在公司内部获得了成效,它使公司的高层管理者不再为举办全球会议发愁,很多难度很大的事情能够轻松地被这种会议解决。

善于领导的总经理总是能够制定出一套简洁、高效的群体运行机制。"我一直觉得一个企业最强的不是它的技术,制度才是决定你这个企业所有活动的基础。有没有完善的制度,对一个企业来说不是好和坏之分,而是成和败之分。没有制度是一定要败的。"远大集团董事长张跃如此评价制度的重要性。

在远大,群体运行机制建设得非常完善。远大的制度化文件涉及了每个远大人的工作、生活和行为规范。每个员工在企业里的每一项活动都可以随时找到相应的表格来指导执行。在车间有工位告示牌,告诉你工作流程、你所担负的责任、你需要完成的任务;在宿舍有环境及生活告示牌,告诉你清洁、用电和作息时间;如果你要出差,有相应的表格告诉你该带什么东西,该做什么,该汇报什么。由于文件分类清晰、条款分明,任何人打开电脑或翻阅目录,只需极少时间就可查到所需的文件内容。

这种标准化运行机制的建设,为远大带来的直接效益就是大大提升了企业的运行效率。

作为总经理,如何设计出完善的群体运行机制?这需要从多个方面入手。

(1)结合企业文化。这是因为制度保障下的群体运行机制是灌输和贯彻企业文化的一条重要渠道。

(2)与企业发展阶段的适应性。在不同的发展阶段,企业会面临不同的阶段性任务,相应地就不可避免地要应对不同的问题。这时运行机制的作用就是保障企业在这个阶段的运营,圆满地完成阶段性任务。

(3)要与企业资源的适应性。运行机制的功能之一就是不断地促进企业资源的完善,而不是无谓地消耗资源。

(4)充分考虑到市场因素。运行机制在这里的任务就是充分保障企业目标的顺利实施。考虑到市场因素,这就要求总经理眼睛要盯到市场上去,盯到一线去,让市场成为真正的运行机制设计的导师。

(5)鼓励员工参与设计。总经理在设计群体运行机制的过程中,一定要有服务于员工的理念,并尽可能要求员工参与进来,发动所有员工对制度的建设献计献策,共同制定。设计的制度要有罚有奖,奖罚手段创新。另外制度还要实时更新,制度不能是死东西,一成不变最终肯定变为形式主义了。

建设标准化的群体运行机制,可以令企业大大提升运行效率。

106. 赏罚分明才能让制度有理有据

自古以来,管理国家、军队、企业都有一条有效的铁律,那就是"赏罚分明""奖勤罚懒"。在企业里,管理者只有"赏罚分明",才能不断强化正确的行为、抵制错误的行为。"赏"是对员工正确行为的一种肯定,帮助管理者旗帜鲜明地表明,员工的哪种行为是自己所赞同的;"罚"是对员工错误行为的否定,表明其哪种行为是被管理者所禁止的。

综观历史,但凡有名的军事家,在治军上都是法纪严明的,诸葛亮更是如此。作为三国时期最为著名的管理者之一,诸葛亮管理所有军政事务,显然,假如没有一些手段,他是办不成事的,而诸葛亮的手段之一就是赏罚分明。对有功者,他施以恩惠,不断激励;对犯错误者,他严肃法令,秉公执法。有两件事可以反映诸葛亮的赏罚分明:

第一件事:诸葛亮首次北伐时,马谡大意失街亭,致使诸葛亮北伐之旅遭到彻底的失败。诸葛亮退军后,挥泪斩了马谡。同时,诸葛亮对在街亭之战立有战功的大将王平予以表彰,擢升了他的官职。

第二件事:作为托孤重臣的李严,一直为诸葛亮所器重。但在北伐时,李严并没有按时将粮草提供给前线,反而为了逃避责任在诸葛亮和刘禅之间两头撒谎,诸葛亮不明就里,只得退军。后来诸葛亮了解到了真相,将李严革职查办。

街亭一战,可以说是诸葛亮平生最为狼狈的一次。街亭战后,诸葛亮对马谡的罚以及对王平的赏,都充分地体现了诸葛亮恩威并施的不凡智慧,通过他的举措,军纪得到了整肃,士兵的士气也被大大地鼓舞了。在现代企业管理中,管理者也应该像诸葛亮一样,有奖有罚、恩威并施,这也是对员工很重要的一个激励手段。形象一点来说,就是要管理者用好手中的棒棒糖和狼牙棒,要使员工明白,努力工作就能尝到棒棒糖的甜,犯了错误也会感受到狼牙棒的痛。

赏罚分明，就要做到有理有据。摩托罗拉就是赏罚分明的代表。摩托罗拉每年的年终评估以及业务总结会一般都是在次年元月进行。公司对员工个人的评估是每季度一次，对部门的评估是一年一次，年底召开业务总结会。根据一年来对员工个人和部门的评估报告，公司决定员工个人来年的薪水涨幅，并决定哪些员工获得了晋升机会。每年的二三月份，摩托罗拉都会挑选一批优秀员工到总部去考核学习，到五六月份会定下哪些人成为公司的管理职位人选。

摩托罗拉员工评估的成绩报告表很规范，是参照美国国家质量标准制定的。摩托罗拉员工每年制定的工作目标包括两个方面：一个是宏观层面，包括战略方向、战略规划和优先实施的目标；另一个是业绩，它可能会包括员工在财政、客户关系、员工关系和合作伙伴之间的一些作为。摩托罗拉员工的薪酬和晋升都与评估紧密挂钩，虽然摩托罗拉对员工评估的目的绝不仅仅是为员工薪酬调整和晋升提供依据。但是，在摩托罗拉根据评估报告进行员工薪酬调整和晋升的过程中，评估报告已经扮演了表现摩托罗拉赏罚分明的一个最为重要的工具。

企业和军队，都是组织。一个军队赏罚分明，可以提升军队战斗力；一个公司赏罚分明，可以提升企业的市场竞争力。

总经理在赏罚分明方面要注意三个问题。

（1）有过必有罚。一个组织必须讲究制度和纪律，团队事务是公，不能因为个人私交感情而对过失不惩罚。有过不罚，等于说总经理自动放弃了惩罚机制。

（2）有功必有赏。下属有功劳而不能获得奖赏，他会心生怨气，陷入懈怠，工作失去主动性和积极性。

（3）奖罚双管齐下。下属取得成绩，及时给予奖励和肯定，以此来激励下属取得更大的成绩。下属犯了错误，给予批评和惩罚，以此来警醒下属改正错误。另外，赏罚一定要讲求公平，否则会引起员工的抵触心理。

如果赏罚不明，一切制度都成了虚设；赏罚一分明，制度就容易得到巩固和完善。

107. 柳传志：领导者也要服从规章制度

作为企业的领导者，倘若不能自律，就无法以德服人、以力御人。所以好的管理

第二十三章 制度不是为一个人设计的

者懂得：要求下级和员工做到的事，自己必须首先做到。

柳传志从来都是把服从规章制度作为自己也必须做到的事。这样我们就不难明白，为什么联想在柳传志的带领下，由一个只有20万元的企业发展为今天有上百亿元的大企业，成为中国电子工业的龙头老大，柳传志成为一个具有崇高威望的企业领导人。这一切与他的以身作则和高尚的品格是分不开的。

柳传志在很多场合说过："企业做什么事，就怕含含糊糊，制度定了却不严格执行，最害人！""在某些人的眼里。开会迟到看起来是再小不过的事情，但是，在联想，确是不可原谅的事情。联想的开会迟到罚站制度，20年来，没有一个人例外。"

业务员小张，被公司派往联想集团工作一段时间。第一天，刚进公司的时候，一位部门经理接待了她。寒暄之后，他郑重地告诉小张说："你虽然是公司之外的人，但你既然来到本公司，在你工作的这段时间里，一切就按联想公司的人员看待，因此也希望你遵守公司的一切规定。"

小张说："那是自然，入乡随俗。这样大的公司，没有制度怎么能管理得好？"

部门经理介绍了一些规定之后，最后提醒小张："联想成立以来，有开会迟到罚站的制度，希望你注意。"他的语气很严肃，但小张却没有太在意。

一天下午，集团办公室通知所有中层干部开会，也包括小张这些驻外业务代表。小张临时接了个电话，忘了时间。等小张想起来时，已经迟到了3分钟。她刚走进会场，就发现大家出奇地安静，这让她有点不自在。后来看见会场后面有个座位，她打算轻手轻脚地进去，以免打扰大家。

"请留步，按规定你要罚站1分钟，就在原地站着吧！"会议主持人站在会议台上，向她认真地说道，小张的脸顿时一片潮红，只好原地站着。总算是熬过了世上最难熬的1分钟，会议主持人说："时间到了，请回到座位上去。"接着大家继续开会，就像什么也没发生似的，而小张如坐针毡。

会后，部门经理找到她："小姑娘，罚站的滋味不好受吧！其实你也别太在意了，以后注意就行了，我也罚站过，柳总也曾经罚站过。""老总也罚站啊？"她有点惊讶。"自从联想创建后十多年来无一人例外地遵守这个规定。有一次电梯出了故障，柳总被关在里面，那时手机还不流行，没有人知道他被困在电梯里，他叫了很长时间才有人把他弄出来，他也只好认罚。'开会迟到罚站一分钟'也算是联想一种独有的企业文化吧。"部门经理对她说。

柳传志认为，立下的制度是要遵守的。没有规矩，无以成方圆。所以，所有的企业组织，就都会有自己的制度，有制度可依，同时还应有制度必依。制度不是定来给人看的，而是定来遵守的。无论是谁，只要是这个企业组织的成员，就应该受这个制度的约束，这样才能发挥制度的作用。

要想让员工遵守制度，管理者首先要管好自己，为员工们树立一个良好的榜样。言教再多也不如身教有效。行为有时比语言更重要，领导的力量，往往不是由语言而是由行为动作体现出来的，老板的表率作用尤其重要。

柳传志有一句很有名的话：做人要正！柳传志是这么说，也是这么做的。在联想的"天条"里，就有一条是"不能有亲有疏"，即领导的子女不能进公司。

柳传志的儿子柳林毕业于北京邮电大学计算机系，后在美国哥伦比亚大学攻读了硕士学位，在联想投资公司实习了半年。在联想，高管子女禁止进公司是一条铁律，柳传志不让他到公司来。

因为他担心，员工的子女们进了公司，再互相结婚，互相结合起来，将来想管也管不了。现在柳林自己单干，做投资业务。女儿柳青，毕业于北京大学计算机系，在哈佛大学拿到了硕士学位，现在香港工作，也跟联想没有关系。

著名管理学家亨利·艾伯斯说："上级领导的职责是把下级的行为纳入一个轨道，有利于实现组织目标。"但亨利·艾伯斯没有告诉我们，如何把下级的行为纳入轨道。上面有关柳传志的故事回答了这个问题，它包含两个步骤：制定统一规范的制度，并强有力地执行它。

如果员工表现优秀并做出贡献，联想对他们有提高奖金、提升职务职称、提供出国学习工作等方式的奖励，而对犯错误或违反制度的员工给予批评、扣发奖金、退交人事部甚至开除等处罚。由于公司的正气引导和纪律约束，则锻炼和造就了一支纪律严明、团结协作、朝气蓬勃的联想员工队伍。

领导人以身作则，自觉地遵守各种有益于公司发展的"天条"，这样才能使企业蒸蒸日上。

第二十四章
适宜的激励才能事半功倍

108. 洞悉每个员工的真正需求

激励中的一个关键观念是：同一种激励并不一定对所有的员工都起作用。有人想要更多的钱，有人需要"归属"感并融入团队，也有人希望得到认可和尊重，还有人则寻求"自我实现"并实现他们的愿景。鉴于上述情况，总经理在设计激励项目时，最好能结合几种不同的激励方式，以满足所有人的需要。

员工的需要有很多，但共性的需要是主要的。不论有的员工是如何特殊，都会有以下四个方面的需要。

（1）需要一个感觉不错的工作。一个工作好坏，主要是一种心里感觉。如何比较呢？首先，同自己过去的收入比，比自己过去的收入高就感觉好，低就感觉不好；其次，同自己的身边的人比，处于中上等水平就感觉好，处于中下等水平心里感觉就不好；最后，与同行业同岗位者的收入比，上岗后又同单位里的可类比岗位的同事比，比较的结果是中等靠上就会感觉良好，如果处于中下等水平就难受。

（2）需要一个能够发挥自己能力的舞台。能力发挥出来、智慧彰显出来，员工就会有一种成就感。如果一个员工所拥有的知识、能力和智慧不是组织所需要的，甚至是组织所排斥的，那么，员工就没有舞台感和成就感。

（3）需要一个提升自己的平台。员工在自己的知识派上用场、能力发挥出来、智慧彰显出来的同时，还需要学到新的知识，提高自己的能力，增进自己的智慧。这样员工才会感觉到自己在成长。否则，员工就会有被掏空的感觉，从而缺少安全感。这时员工就会想着去充电或者想到能给其充电机会的企业去工作。

（4）需要一个良好的工作环境。作为员工，无一不希望自己所处的环境是稳定的、和谐的、积极的，如果生活在一个尔虞我诈、风气不正的环境中，即使有再多的收入，员工也不会快乐。

一般情况下，员工都有以上四种需要，但不同的员工对这些需要的偏重程度常常是不一样的，大致有两种不同。

（1）不同年龄的人追求也会有所不同。

第一，刚参加工作的年轻人，追求成长感强烈。因为刚参加工作的人在事业上和技能上都是零状态，所以急于成长，否则其他需要都无从谈起。工作一段时间后，学会了一定的专业技能，积累了一定的工作经验，就希望得到组织成员的认同与尊重，所以有成就感的愿望强烈。

第二，老员工期待健康稳定的环境。当成长为组织的老员工后，追求健康环境的愿望比较强烈。因为老员工希望在组织中长期干下去，而要干下去的前提就是企业长期健康、稳定地存在下去。

（2）不同背景的人追求不同。

第一，经济背景不同。经济状况相对好一点的员工追求成长感和健康环境的愿望强烈，经济状况相对差的员工则对饭碗好坏的敏感程度高；

第二，文化背景不同。传统文化背景成长起来的人对健康的环境和成长愿望相对强烈，而有西方文化背景的人对饭碗和成就感相对要求强烈。

需要注意的是，员工的需求是不断增长的，企业必须满足员工不断增长的各种需要，抓住员工需求的特点，对其最强烈的需求进行激励，才能使员工产生最强的动机，这样才能有效地激励人才并且长久地留住人才，使企业在激烈的市场竞争中立于不败之地。

企业只有尽量满足员工不断增长的各种需要，才能对员工真正需要的东西进行激励。投其所好，才能达到有效激励人的效果。

109. 把握激励的及时原则

古人提倡"赏不逾时"，这就说明及时激励的核心是一个"快"字，激励只有及时才能使人们立刻意识到做好事的利益或做坏事的恶果，所以给人奖赏就不能错过好的时机，"雪中送炭"和"雨后送伞"的效果是不一样的。激励越及时，越有利于将人们的激情推向高潮，使其创造力连续有效地发挥出来。

企业以追求效益最大化为目的，而员工业绩的最大化本身就是企业效益最大化的基础，因此管理者必须把握激励的及时原则，以使员工业绩最大化。

在饭店工作的员工小马发现，每个到饭店就餐的人都对桌子上的瓜子非常感兴趣。不管是否喜欢吃，反正他们一坐下就开始抓起瓜子，一粒接一粒地磕起来。即使中途出去接电话或者上厕所，回来还是很自然地抓起瓜子磕。

这到底是为什么呢？小马为了这个问题去请教心理学专家。心理学专家对此解释是：每嗑开一颗瓜子，人们马上就会享受到一粒香香的瓜子仁。这是对嗑瓜子的人即时的回报，在这种即时回报的激励下，人们不停地去嗑下一颗瓜子。另外，一盘瓜子嗑起来后，不一会儿就有一堆瓜子皮产生，这会使人们产生比较明显的成就感。

这个案例对企业管理具有相当的警示作用。作为一名总经理，如果有办法能让他的员工像嗑瓜子一样愉快地完成工作，那么无疑他是成功的。总经理应该懂得，对于员工每一次完成任务都应该给予及时的激励。也就是说在员工完成任务以后，第一是要激励，第二是要马上激励。下属的任务就是嗑开瓜子，而企业领导者对下属的态度就是瓜子仁。

如果下属连续两次吃到坏瓜子（不为领导重视，或者不能获得奖励），那么，下属肯定不愿意再嗑瓜子了。如果你的某个下属这个月任务完成得很好，那么你就应该按照制度当月兑现你给予他的奖金承诺，不要拖到下个月或者下下个月，更不能闭口不谈兑现奖金的事。否则员工的工作热情会因为出色的工作表现没有得到上司的及时肯定或者奖励而衰退。

行为和肯定性激励的适时性表现为它的及时性。当事人的行为在适当的时候受到肯定后，有利于他继续重复所希望出现的行为。也让其他人看到领导是可信赖的，从而激起大家工作的热情，争相努力，以获得肯定性的奖赏。

激励的作用往往是瞬间的，表扬要及时。一旦发现你的员工表现出色，就要立即予以表扬，不要等到年末总结时再做，不要"秋后算账"，让员工能在被激励中更加鼓起干劲。管理者要具有一双善于发现的眼睛，他们往往可以在一周内就发现员工至少有一项工作具有出色之处，并予以表扬。在这样经年累月的表扬下，员工的表现越发出色，整个团队越发体现出高绩。

有位国外名将认为在战斗中表现突出的部队，应给予及时的表彰，奖励可以立即进行，向媒体宣布；随后再办理文书工作，不能因为各种报表的填写而造成时间上的延误，致使激励的效果减到最低，那种认为"有了成绩跑不了，年终算账晚不了"的想法和做法，只能使奖励本有的激励作用随着时机的延误而丧失，造成奖励走过场的结局。

许多人对那些通宵达旦玩游戏者感到不可理解，但当自己去玩时却一样废寝忘食，原因何在？因为游戏程序是按照由简到繁、由易到难的原则编制的，操作者稍有努力就进、不努力就退，进退奖惩均是即时的，对操作者最有吸引力。所以，管理者切记：激励一定要及时，千万不能等到秋后算账。

在员工有良好的表现时，就应该当即给予奖励，不要等到发年终奖金时，才打算犒赏员工。等待的时间越长，奖励的效果越可能打折扣。总经理应该明白的是，激励员工，受益的不仅仅是员工，企业从中的受益更大。

110. 采取灵活的激励方式

作为全球著名日化企业，宝洁公司的即时激励措施也非常完善，既有荣誉激励，如邀请员工参加各种决策，授予荣誉称号、书面、口头和大会表扬等，还有如提升工资，给予住房、股票等物质激励。此外，公司还设立了一个25%的员工都可以获得的特殊奖励。在获得该奖项后，员工的上级经理就会根据员工的喜好给他奖励。例如，喜欢看戏的员工会获得戏票；喜欢美食的员工会得到出去大吃一顿，回来报销的奖赏等。这项既充满个性又非常人性化的奖励，使员工直接感受到了公司领导者对自己的贴身关注，拉近了员工和公司间的距离。

事实上，激励员工贡献的方式有很多种，管理者可以在每天工作结束前花上一分钟的时间写个便条，对表现好的员工表示称赞；也可以通过走动式管理的方式观察员工，对表现好的员工及时鼓励；或者抽空和员工一起吃个午餐、喝杯咖啡。

美国一家名为柯林斯的公司，专门生产通信、电子领域的高科技产品。创业初期，举步维艰，在产品研发过程中时常碰到久久不能解决的技术难题。

有一次，公司的研发部门被一个技术问题整整困了两个星期。所有的人都为此感到焦急。公司老板给技术研发部门如此训话：如果继续这样下去，公司的生存就会成大问题。

第二十四章　适宜的激励才能事半功倍

一天晚上，正当公司老板还在为此大伤脑筋的时候，产品研发部的一位技术人员急急忙忙地闯进他的办公室，大声喊道：我找到解决办法了。老板一跃而起，听完这位技术人员的阐述后，豁然开朗，并立即决定给予这名员工嘉奖。

可是，嘉奖什么呢？他在办公室找了半天，只找到了午餐时剩下的一个苹果。他激动地、毕恭毕敬地把这个苹果送给了这名员工，真诚地说："您辛苦了，请休息一下！"尽管这个奖品极其平常，但这个员工却深受感动——他觉得自己的努力获得了足够的尊重。

这个事情在公司内部传开后，所有的员工都很受鼓舞，工作积极性和主动性得到了彻底激发。由于不断推出科技含量更高的新产品，该公司成为当年美国最受行业关注的"后起之秀"企业之一。

一个小小的苹果，也可以让员工倍感欢悦，认为自己的付出得到了尊重。可见灵活激励的重要性。"世界第一CEO"杰克·韦奇说："我的经营理论是要让每个人都能感觉到自己的贡献，这种贡献看得见，摸得着，还能数得清。"

著名的思科公司也非常重视用奖励机制来留下人才。在设置薪酬时，思科会进行全面市场调查，确定员工的底薪不是业界中比较高的，这样，既不会造成企业运营成本过高，也不会因低于行业标准而影响员工的积极性。

调动员工更大积极性的是思科丰富多样的奖金，思科希望员工的收入能够与其业绩更多地挂钩，于是他们以奖金来激励员工。思科的薪酬设置大约分为3部分：销售奖金（销售人员）、公司整体业绩奖金（非销售人员）、期权（全体员工）。

思科还设有名为"CAP"的现金奖励，金额从250~1 000美元不等。一个具有杰出贡献的思科员工，可以由提名来争取奖励。一旦确认，这名员工就可以及时拿到这笔现金奖励。另外，每季度的部门最佳员工都会有国内旅游的机会。

当员工完成了某项工作时，最需要得到的是上司对其工作的及时肯定。所以，作为领导不要吝啬你的信任和赞誉，尤其是在公开场合，即时激励会使你的部下点石成金，让他随时处于亢奋状态，做起事来事半功倍。

激励的内容不在大小，只要管理者多花一些心力，员工就能从中得到莫大的鼓舞和安慰，从而使工作业绩大幅上升。

111. 激励不是天马行空的承诺

有这样一个小寓言故事：一只小野鸡由于在山上贪玩不回家，所以直到黄昏的时候才想到该下山了，但是他已没办法分辨出回家的路了，最后只能深一脚、浅一脚地凭借着自己的感觉向山下走去。天越来越黑了，小野鸡一边懊悔一边担心，结果一不小心，从山上滚了下去，幸好被山上的树枝卡住了身体，得以保住了自己的一条命。

挂到树枝上后，小野鸡脑袋开始天旋地转起来，它不敢向下看，因为下面是万丈深渊；它也不敢往上看，因为它没胆量回想自己失足的情景。小野鸡知道树杈虽然救了自己的命，但是它也有随时被压断的可能性，所以它只能一动不动，靠祈祷来度过这段让它感到无助的时光。

就在这时，一只刚刚饱餐一顿的黑雕飞了过来，它一眼就看到了挂在树杈上的小野鸡。看着小野鸡可怜的样子，黑雕动了恻隐之心，于是它飞快地飞到了小野鸡的面前。见到黑雕后小野鸡非常害怕，心想："没想到没摔个粉身碎骨，却要成为黑雕的夜宵了！"

但当它看到黑雕没有扑向自己，反而用和善的目光看着自己时，它意识到自己的救星来了，于是赶忙向黑雕求救道："黑雕先生，求求您一定要救我一命，我一定会报答您的大恩大德！"听了小野鸡的话，原本正要飞过去救它的黑雕心里琢磨："它说要报答我？我本来也没想要报答呀！不过看看它要报答我什么吧！"于是它忽闪着翅膀，停在了半空中。

小野鸡偷偷看了看黑雕的表情，发现黑雕并没有要过来救自己的意思，于是又忙说道："您要是救了我，我就抓50只野鸡送给您！"说完后，它又偷偷看了黑雕一眼，黑雕一听，心里开始怀疑："就凭你一个小野鸡，能给我抓50只野鸡？"于是它继续思考。

见黑雕还是面无表情的样子，小野鸡心里开始发慌了，它心想："黑雕飞过来就是救我的呀！但是他为什么迟迟没有动静呢？难道是我给它许下的承诺太少了吗？"于是它一脸无奈地又恳求道："黑雕先生，您想要什么？条件由您来提，只要您能救我的命，什么条件我都能答应您。"

听小野鸡这样说，黑雕觉得很好笑，于是笑了笑说："我想吃大灰狼的肉，你能帮我捉一只来吗？"小野鸡听到这里，想也不想就说道："没问题，那么您现在救我吧，过两天我把一只活着的大灰狼抬到您的家里让您尝尝鲜。"

听到这里，黑雕彻底失去了救它的心情，心想："听你在这儿信口开河，我还不如回去睡会儿觉。"于是一展翅膀，转身飞走了。望着黑雕远去的背影，小野鸡迷惑不解，它不知道黑雕为什么改变了主意。

这个寓言带来的管理启示是，企业领导者不要因为激励而无限制地提升员工对激励的期望。小野鸡就好像企业领导者，黑雕就是企业的员工。领导者为了企业目标的实现就对员工进行天马行空式地承诺，完全不考虑自己的能力范围，许下承诺后就把它忘在了脑后，最后不了了之。

员工因为领导的承诺而对奖励抱有很大的期望，但由于不能得到而使工作情绪陷入最低谷。在员工的"一升一降"之间，总经理就失去了公信力，为日后企业的发展埋下隐患。

优秀的总经理在激励员工时，从来不是从个人的意愿出发，而是从员工的期望出发，使激励既不低于员工的期望，也不冒着增加企业成本的风险而超过员工的期望。对于员工来说，只要符合自己的期望，就一定会感到满足。

激励要量力而行，未能实现自己的诺言，终究会失去员工的信任。

112. 赶人上架也是一种有效激励

曾有这样一个故事：勒斯里为了领略山间的野趣，一个人来到一片陌生的山林，左转右转迷失了方向。正当他一筹莫展的时候，迎面走来了一个挑山货的美丽少女。

少女嫣然一笑，问道："先生是从景点那边走迷失的吧？请跟我来吧，我带你抄小路往山下赶，那里有旅游公司的汽车等着你。"勒斯里跟着少女穿越丛林，阳光在林间映出千万道漂亮的光柱，晶莹的水汽在光柱里飘飘忽忽。正当他陶醉于这美妙的景致时，少女开口说话了："先生，往前一点就是我们这儿的'鬼谷'，是这片山林中最危险的路段，一不小心就会摔进万丈深渊。我们这儿的规矩是路过此地，一定要挑点或者扛点什么东西。"

勒斯里惊问："这么危险的地方，再负重前行，那不是更危险吗？"少女笑了，解释道："只有你意识到危险了，才会更加集中精力，那样反而会更安全。这儿发生过好几起坠谷事件，都是迷路的游客在毫无压力的情况下一不小心摔下去的。我们每天都挑东西来来去去，却从来没人出事。"

勒斯里不禁冒出一身冷汗。没有办法，他只好接过少女递过来的两根沉沉的木条，扛在肩上，小心翼翼地走过这段"鬼谷"路。两根沉木条，在危险面前竟成了人们的"护身符"。

许多时候，上司要学会在下属的肩上压上两根"沉木条"，给下属一些激励，会让其走得更好。激励就可以推动员工，就像慢马需要马蝇一样。

研究表明，适当的压力以及适当的压力调节，可以使人的工作积极性大大提高，同时可以使人的职业情感变得成熟和稳定，从而对自身所从事的工作产生更大的激情。因此，领导要学会适当对下属施压，激励其不断成长。

曾有外国记者这样评价过王永庆："他的行事手段近乎残忍，秘诀是对工作细节和工作时间毫不留情地苛求。他手下的管理人员若换成西方人，恐怕早被他折磨死了。"

王永庆有个习惯，每天中午都在公司里吃一盒便饭，用餐后便在会议室里召见各业务部门的主管，先听他们的报告，然后会提出很多细微而又犀利的问题。主管人员为应付这个"午餐汇报"，每周工作时间不少于70小时，因为他们必须对自己所管辖部门的大事小事都了如指掌，对部门中出现的问题进行真正的分析研究，才能够过关。

一个主管说道："因为跟董事长（王永庆）一起开会，主管们的压力一定会很大，董事长问的问题很细，所以大家的资料都要准备得非常充分。即使主管们无法回答董事长王永庆的问题，也不会遭到所谓的严厉批评，但是，有那么多主管一起开会，自己（如果回答不了）也会不好意思，所以大家都要尽量准备，压力很大。"

由于在吃饭的时候压力过大、过度紧张，台塑的主管人员很多都患有胃病，医生们戏称是午餐汇报后的"台塑后遗症"。

如今，台塑的企业规模越来越大，生产PVC塑胶粉粒的原料来源成了一个越来越严峻的问题。台塑在美国有14家大工厂，但台塑与拥有尖端科技的美国对手竞争，压力之大可想而知。王永庆始终坚信"一勤天下无难事"，他一贯认为承受适度的压力，甚至主动迎接挑战，更能充分表现一个人的生命力。

"压力"是必要的，但是合理的激励机制也是不可缺少的。王永庆对员工的要求虽近苛刻，对员工的奖励却极为慷慨。

第二十四章 适宜的激励才能事半功倍

王永庆给员工们的激励方式有两种：一种是物质的，一种是精神的。台塑的金钱奖励以年终奖金与改善奖金最有名。王永庆私下发给干部的奖金称为"另一包"（因为是公开奖金之外的奖金）。"另一包"又分两种：一种是台塑内部通称的黑包；另一种是给特殊有功人员的杠上开包。1986年黑包发放的情况是：课长、专员级新台币10万～20万；处长高专级20万～30万；经理级100万。同时给予特殊有功人员200万～400万台币的杠上开包。业绩突出的经理们每年薪水加红利可达四五百万台币，少的也有七八十万台币。此外还设有成果奖金。对于一般职员，则采取"创造利润，分享员工"的方法。奖励丰厚，所以员工们都知道自己的努力会得到相应的报酬，因此，都拼命地工作，这个奖励制度极大地激发了他们工作的积极性。

在工作和生活中，王永庆非常体恤企业的员工，凡是员工们合理的要求，他一点都不吝啬。

有一天，有位主管红着脸到王永庆的办公室报告公事，见到王永庆后这位主管先坦白，前一天晚上与客户喝酒，残酒未退，加上受到腮腺炎影响，脸才会红红的。王永庆不高兴地说，不会喝酒就不要喝，但仍询问这位主管有没有去就医，主管说已到长庚医院脑神经科室就医，王永庆说："那样看不好，科室不对。"随后王永庆拿起电话，打给台塑集团控股的长庚医院高层，要求马上为这位得腮腺炎的主管挂号。

台塑集团取得如此辉煌的成就，与王永庆善于用人是分不开的。"压力管理"和"奖励管理"这两个法宝是王永庆制胜的秘诀之一。

有位专家将"激励"比喻成一把宝刀，有刀刃，也有刀背，用得正确，用对地方，用对时机，效果很好；反之，则可能伤到自己，危及组织。因此，上司更须用心学习正确的激励之道。下属绩效不佳的理由很多，包括组织、制度以及管理等方面的诸多问题。然而，大家很容易一下子便把责任推给"沟通不良"或"士气不振"。其中士气不振又容易使人联想到缺乏激励，大家公认激励是一种有效的驱策力，可以激发员工努力工作，尽量好好地表现，让工作更高效。

"玉不琢，不成器"，只有不断地激励，才能使你的下属成为一个真正的人才。但是反过来说，如果激励过多，产生不可负荷的压力，会对人产生毁灭性的破坏。

113. 公平的激励机制才能赢得员工认同

任何一种精彩的规则，无不体现"公平地制约"。违反规则者能够受到相应的制裁——此为公平；掌握权力者无法公为私用——此亦为公平，只有这样的规则才能真正担负起它的使命。

奖励本来是一种很好的激励方法，但如果这种方法运用不当，就会产生适得其反的效果。比如，有的企业在评优秀、评先进中采用"以官论级法"、"以线划档法"等，就会使评奖的公正、公平性遭到践踏，使荣誉的含金量大打折扣，榜样的示范作用也会同时大打折扣，这就会使奖励的激励作用尽失。

有一家生产电器配件的私营企业，由于公司在奖励机制上的不透明，使得员工相互猜疑，老工人、管理人员、技术人员都在不停地流失，而且在岗员工也大都缺乏工作热情。尽管该公司努力调整了员工的工作条件和报酬，但效果仍然不尽如人意。

这家公司把员工分为三个档次："在编职工"、"工人"和"特聘员工"。"在编职工"是和公司签过劳务合同的员工，主要是公司的技术骨干和管理人员；"工人"是通过正规渠道雇用的生产工人；"特聘员工"专职兼职都有，是外聘来的高级技术性人才。当公司卖出一大批配件或签下一大笔订单，将要发放奖金时，"工人"和"在编职工"的奖金是通过薪资表格公开发放的，而"特聘员工"的奖金则是以红包的形式发放的。由于"特聘员工"都是些高级人才，所以他们的奖金通常是"在编职工"的数倍。

但是，让管理者没有想到的是，这种奖励措施却极大地挫伤了员工的积极性。由于领导者没能公开宣布"特聘员工"的特殊贡献，所以在一些"工人"和"在编职工"得知"特聘员工"的奖金是他们的几倍后，都认为公司不能公正地对待他们，他们便产生了猜疑和强烈不满。

与此同时，"特聘员工"也非常不满，他们当中有一部分人认为发放给自己的奖金太少，认为公司不承认他们的价值，把他们当外人看。甚至有的人还误以为"工人"和"在编职工"肯定也收到了这种红包，而他们是公司的"自己人"，数额肯定比自己多得多。因此，他们认为自己的努力并没有得到公司公正的认可。结果，这家公司付出重金奖励的手段，不仅没有换来员工的凝聚力和积极性，反而涣散了人心。

由此可见，在企业里，奖赏机制一定要公开、公正、透明，因为当员工发现自己付出的代价和所得的报酬之比与其他人是相等的时候,就会感到自己所受的待遇是公平合理的;反之,如果领导者有一些偏心,员工就会产生不公平感。

在缺乏公平感的情绪支配下,员工就会产生不满,从而采取减少付出、要求加薪甚至放弃工作等消极行为,最终会使公司前期的激励措施功效消失殆尽。

114. 关爱让员工因满足而产生报恩的心

全球著名的500强企业之一,美国天然气与电力公司的创建者、前首席执行官丹尼斯·巴奇,通过自己写的《快乐地工作》一书,阐述了个人独到的见解。丹尼斯·巴奇认为,作为企业管理者,必须对为自己服务的员工满怀爱心,要善于鼓舞员工的士气,适时给员工以赞扬,在员工做出成绩后向员工公开地、及时地表示感谢,也要定期组织一些联欢活动,使员工们品尝成功的喜悦。在关爱员工的过程中,经常需要放弃自己的个人休息时间,所以对管理者本人,这可能是一种牺牲,但这也是上司的责任之一。

法国企业界有句名言:"爱你的员工吧!他会百倍地爱你的企业。" 索尼公司董事长盛田昭夫也说:"一个日本公司最主要的使命是培养它同雇员之间的关系,在公司创造一种家庭式情感,即经理人员和所有雇员同甘苦、共命运的情感。"日本著名企业家岛川三部曾自豪地说:"我经营管理的最大本领就是把工作家庭化和娱乐化。"《日本工业的秘密》一书中,作者在总结日本企业高效益的原因时也指出:"日本的企业仿佛就是一个大家庭,甚至是一个娱乐场所。日本企业所追求的就是这样一种境界。"

精神激励法,是让员工有一种生死相许的"软投资",管理者要在一点一滴中体现关爱,让员工因为满足而产生报恩的心。

人不是仅仅围绕物质利益生活,每个人都有精神需求,有互相交流感情的需要。精神激励是从员工的精神需要出发,通过关心、尊重、信任、树立目标感等手段去满足员工各种精神上的需求,从而激发员工的工作热情,达到激励的效果。对于绝大多数人来说,投桃报李是人之常情,管理者用感情来打动员工,得到的回报就更强烈、更深沉、更长久,往往能起到金钱所不能达到的效果。

有位老板接到一单任务相当重的业务,客户要求必须在半天内把一批货搬到码头上去,而老板手下只有十几个伙计,半天之内很难完成。

为了解决这个问题,老板苦思冥想一夜,第二天一早,他亲自下厨做饭。饭做好了,老板把饭给伙计盛好,而且还亲手捧到他们每人的手里,把饭给每个伙计时,老板脸上都摆出一副极有深意的表情。

一个姓刘的伙计率先接过饭碗,拿起筷子正要往嘴里扒时,一股诱人的香味儿扑鼻而来。他急忙用筷子戳开一个小眼儿,发现竟然有三块油光发亮的红烧肉躺在米饭下面。他终于明白了老板看自己时那意味深长的表情,于是立即转过身,狼吞虎咽地吃起来。一边吃他一边想:老板真是看得起我,今天我一定要多出点力!于是那天干活的时候,他一改往日懒散,把货装得满满的,一趟又一趟来回飞奔,汗如雨下也不顾得擦。整个上午,其他伙计也都和他一样卖力,所以一天的活,只一个上午就干完了。老板在旁边偷偷乐了起来。

老板为什么要单独在每个人碗底放红烧肉,而不是端在桌子上大家共分享呢?红烧肉单独放在每个人碗里产生的激励作用,与放在桌上共享的激励作用,究竟哪个会更大一些呢?很显然,故事中的老板这么做,意在激励每一个人,而那位老板的做法妙处在于,他让每个员工都感到这份激励只是针对自己,如果这碗红烧肉放在桌子上让大家去夹着吃,那大家就不会如此感激老板了。正面想一想,老板的这种精明其实也是一种很用心的精神激励手法。对于管理人员来说,怎样让大家吃红烧肉而且吃得有劲头,是个永恒且常新的话题。

作为员工,每个人都渴望得到精神激励,在获得有效激励的时候,他们都会因为这种激励而产生自豪感、成就感。从表面上看,老板给了所有员工三块儿红烧肉作为物质激励,但是事实上,老板给予员工的是精神上的激励,这种激励使员工意识到自己"与众不同",为了感激老板的高看,他们自然会认真"卖命"、愿意"为知己者死"了。

作为一位总经理,要用良好的工作环境传达关爱之情,有亲自为员工端茶倒水的思想,抓住给员工雪中送炭的时机,了解员工的真正生活。要知道,无薪的精神激励更能体现出管理者的领导能力和企业管理水平。

关爱是激发员工积极工作的一种形式,比起物质激励,这种精神激励更能满足员工高层次的需求,可以使员工充分发挥内在的潜力,从而提高工作效率。

第二十五章
奖励向左，惩罚向右

115. 激励胜于惩罚控制

每一个老板都希望员工尽全力做好工作，然而要想使某人去做好某事，只有一个方法，这就是使他愿意这样做。

当然，可以强硬地命令下属去做，或以解雇、惩罚的威胁使部下与自己合作，但请不要忘记，这一切只能收表面之效，而实际必大打折扣，因为这些方法具有明显的令人不愉快的反作用。

联邦快递有一项重要管理原则：激励胜于惩罚、控制。公司经常让员工和客户对工作做评估，以便恰当表彰员工的卓越业绩。联邦快递的经理会领导员工按工作要求做出适当个人调整，帮助员工创造一流业绩。公司设计了考核程序和培训计划，以确保经理知道如何优做正确的榜样。公司的高级经理就是下级经理的榜样。他们注重加强地面运作。让每个员工专注于单一目标，这样就能使整体达到一定水平。它使联邦快递能把5万名员工专注于提高生产效率和服务客户。所以他们达到了以前从没想过能实现的另一个高峰，工作绩效接近完美，而成本却降到最低水平。

联邦快递还使用员工子女的名字来给新买的飞机命名。公司通过抽签的方式来挑选幸运者，选中幸运儿之后，不但把他孩子的名字漆在飞机的鼻尖上，而且会把孩子和他的家人送到飞机工厂参加命名仪式。

这一系列的激励方法使得联邦快递公司员工每天都充满激情地工作，更使得联邦快递成为了全球最具规模和知名度的公司。

在对员工进行激励时应该注意多奖少罚，这样才能调动员工的积极性，促进员工进步。

我们再看一个案例。顾客老孙是位50多岁的顾客，一天他在百货大楼买了一个茶杯，觉得不太满意，第二天一大早就来要求退货，营业员小赵接待了他。小赵看了看茶杯说："没什么问题呀，为什么要退呢？"老孙沉着脸回答："是没什么问题，我就是想退。"小赵略微犹豫了一下，说："好吧，把您的发票给我看看。"老孙说："商场没给我开发票啊！"小赵说："不可能，我们商场1元以上的商品都给开发票。"听了这话，老孙很不高兴，大声说："就是没有给我开发票。"这个时候，有很多人都把目光集中到了小赵身上。怕影响不好，小赵只好解释道："我不是那个意思。按照规定没有发票不能退货，所以我不能给您退。"老孙蛮不讲理，声音更大地说："不给退不行。"很多人围过来观看，小赵考虑到事情越吵越大会影响公司的声誉，于是同意退货。老孙这才慢慢地离去。

事后，商店领导经过研究，认为小赵没有按照"顾客只有凭借发票才能退货"这条规定办事，本着严格要求的原则，给予小赵通报批评的处分，并处以相应的罚款。小赵觉得很受委屈。这个处罚在员工之中产生很大震动：在以后的工作中他们严格按规定办事，不管顾客的意见有多大，不管顾客对企业有多么不好的评价。

公司对员工的处罚并不全面，应该是有罚有奖，毕竟员工的出发点是好的，应在处罚之外给予适当的鼓励。这样既可以保证对公司规定的维护，也保全了员工的工作积极性。

总经理对下级真诚的赞美和赏识，不但能有效地激发出员工的自信心和工作热情，还能融洽上下级关系，使工作变得优质、高效。心理学家威廉·詹姆士曾经说过，人性最深层的需要就是渴望别人的赞赏。获得赞赏同样也是企业中每一名员工潜意识的心理需求。

所以说，激励胜于惩罚，赞赏胜于批评。总经理应该把赏识纳入到日常管理当中，制定出专门的制度来，当员工取得成绩和进步时给予他们实事求是、恰如其分的赏识。

许多成功的企业证明，多奖少罚，能够鼓励员工重复做出公司倡导的行为，能够激励员工不断成长和进步。

116. 与其惩罚，不如宽容

很多总经理都抱怨说："现在的员工真难管，违章、违纪的太多了，批评教育根本就没有用,但有一种方法挺好的,那就是惩罚!"当被问及为什么是惩罚最有效时,他们会告诉你,交警的威信就是靠罚出来的!很多成功的企业管理得很好,也是靠罚出来的。

毫无疑问,惩罚员工可以在短期内起到立竿见影的效果。但是仔细想想,就不难判断出,仅靠惩罚为主要手段的管理办法是最低等、最愚蠢的,它是管理者在无能、无奈、无助时想出的权宜之计,大多数情况下,惩罚只会使员工更加懈怠。

有一家制鞋企业,因为某种原因,生产出来的4万双鞋由于质量不过关而被退了回来。企业老总非常生气,于是要求被退回的次品鞋由员工按责任轻重负责买单。这引起了公司内部员工强烈的不满。他们纷纷抱怨说:"那生产出来的质量合格的鞋子所赚来的钱,是否也是按责任轻重如数给我们发工资呢?"在这种负面情绪下,员工整体工作热情被削弱,企业效率大打折扣不说,生产效率依旧上不去。

为什么会出现这样的情况呢?其实就是企业老总的处罚方法有问题。老百姓常开玩笑说:"人长得难看,岂能怪照相机。"同样,次品鞋子被退回,若真是要处罚,那么首先该罚的是企业老总自己。如果自己都不敢带头承担责任,那么即便是让员工为次品鞋子受罚而买单了,又能如何呢?企业就算通过惩罚追回了损失,但是员工的责任心却打了水漂,今天有次品鞋子明天同样会有。

出现这种情况,真正该反思的是企业的管理者。在员工出问题的时候,总经理应该扪心自问:"我是不是没有选好人、用好人、培训好人呢?"虽然还不能完全回避用处罚的办法处理问题,但是惩罚这个方法还是要谨慎使用,即使在万般无奈的情况下偶然使用,也应首先要做到公平合理。

惩罚的对立面是宽容。宽容在中国民族的传统文化中有着丰富的文化底蕴。古人将宽容融合到社会的各个方面,如做人、为事、为官,等等。可以说宽容是一种哲学的思想,它渗透到社会的各个领域。人与人之间的交往确实应该坚持这种原则,这是尊重他人、平等待人的体现。

在任职总统期间,罗斯福曾同一位军官发生过冲突,结果两人打了起来。那位军官一拳打中了罗斯福的左眼,他眼部的血管被打破了。但是,罗斯福不想让那位青年军官知道是他打伤了他的眼睛。所以,当那位军官想和他再次比试时,罗斯福拒绝了。数年后,他的左眼完全失明了,但老罗斯福始终没有让那位青年军官知道这件事。

林肯曾用爱的力量在历史上写下了永垂不朽的一页:当林肯参选总统时,他的强敌斯坦顿因为某些原因而憎恨他;斯坦顿想尽办法在公众面前侮辱他,毫不保留地攻击他，故意制造事端来为难他。尽管如此，当林肯当选美国总统后，须找几个人当他的内阁与他一同策划国家大事，其中必须要选的一位最重要的参谋总长，他没选别人，却选了斯坦顿。

当消息传出时，一片喧哗，街头巷尾议论纷纷。有人对林肯说："恐怕您选错人了吧！您不知道他从前如何诽谤您吗？他一定会扯您的后腿，您要三思而后行啊！"林肯不为所动，他回答说："我认识斯坦顿，我也知道他从前对我的批评，但为了国家前途，我认为他最适合这个职务。"果然，斯坦顿为国家以及林肯做了不少的事。

过了几年，当林肯被暗杀后，许多颂赞的话语都在形容这位具有影响力的伟人。然而，所有颂赞的话语中，要算斯坦顿的话最有分量了。他说："林肯是世人中最值得敬佩的人，他的名字将留传万世。"

管理是一门科学，单靠一个"罚"字绝不能解决所有问题。一个好的管理者就一定是一个好的老师。企业管理应该有人员选拔、培训、考核等步骤，惩罚则是人员选拔、培训等所有的步骤都失败了之后的一种最无奈的处理办法。更多时候，惩罚的效果远远不如宽容。

总经理要善于运用各种手段达到激励员工的目的，因为有一点必须明确，惩罚是手段而不是目的，惩罚的目的是让员工更好地工作，更好地为部门效力。执行者要掌握惩罚与宽容的艺术，因人因时制定惩罚的措施，学会宽容与变通，以能达到"收买"员工心灵的目的。

有的时候原谅也是一种惩罚。同样，总经理在交际交往过程中如果做到宽容别人，尤其是对你的员工，宽容更是一种有效的激励。

117. 奖罚内容都需要明确化

有的孩子画了一幅画，父母看见以后很高兴，大大表扬了他，但是却没有告诉他表扬他的原因是因为画的颜色很丰富。那么孩子不明其中原因，希望再次得到父母的表扬，以后就会不停地画画，只重数量不重质量。

很多领导者经常会犯事例中那样的错误。他们本来想鼓励员工做正确的事，但却无意间纵容了错误的行为，忽视甚至抑制了正确的行为。

第二十五章　奖励向左，惩罚向右

在企业里，管理者就好像员工的家长，他要对员工的行为负责。对员工的激励应该像写文章一样，中心思想要明确，表扬员工时候，一定要说明表扬他的原因，这样才能有的放矢，取得良好的效果。假如只是模糊地称赞说："你做得不错！"那样对员工的意义就很小，总经理应该明确指出，员工哪些工作做得很好，好在哪里，让他们知道，公司希望他们能重复良好的表现。

下面这个寓言故事恰到好处地说明了这个道理。

老约翰家有只特别聪明的牧羊犬，有一天，牧羊犬叼回一只野兔，约翰大大地表扬了它，给了它一条兔腿作为奖赏。牧羊犬吃着兔腿，尾巴得意地摇了起来。第二天，牧羊犬又叼着一只野兔回来了。约翰非常高兴，心想："我的牧羊犬真是太了不起了！"

于是就又给了它一只野兔腿作为奖赏。但是，奇怪的事情发生了，等晚上羊群回来的时候，约翰数来数去，发现少了一只羊。他心里非常纳闷，想："牧羊犬聪明伶俐，怎么会守不住这几只羊呢？"于是第二天早上他就跟踪了牧羊犬。到了牧场，约翰大吃一惊，他发现牧羊犬压根就不守羊群了，而是直奔森林里去抓野兔。因为没有牧羊犬的看守，狼轻而易举地就叼走了几只羊。约翰火冒三丈，当天晚上就把牧羊犬赶出了家门。

牧羊犬捉野兔，获得了奖励，这使得牧羊犬意识到，捉野兔似乎比守羊更有利可图，于是它自然就不会全心全意地守羊了。但是老约翰奖励的是牧羊犬在守羊的同时还能给自己捉到野味的功劳，而不仅仅是捕捉几只野兔却忘记了本职的行为。如果约翰在奖励牧羊犬时，让它明白它的主要责任是守羊而不是捉野兔，只有羊守好了它才会有奖赏，那它肯定就不会三心二意、舍本逐末了。

大多数总经理都能够按照奖罚公平的原则办事；但是，在具体工作当中，他们却通常会不知不觉地违背这一原则。这种违背并不是故意造成的，而是由于对奖罚制度的理解不够深刻而造成的。

有一个叫刘淼的人看准了能源日趋紧张这一市场形势，于是辞了铁饭碗，带着10多个技术人员，下海开了一家节能产品公司。创业初期，举步维艰，只有投入没有产出，研发人员跟着刘淼一起加班，为了企业能够在市场大潮中生存下来，大家一起吃苦奋斗。历经4年，随着好几款新型节能产品的研发成功，企业得到了飞速发展。可是正当刘淼斗志昂扬准备筹划下一步发展的时候，跟随他一起创业的几位技术骨干突然同时提出辞职。这让一向自认为和员工关系不错的刘淼无法理解：为什么当企业得到发展的时候他们却突然选择离开呢？原来，这几位骨干要走，是因为他们对公司有所不满。公司刚成立的时候，大家都是公司能赚多少就拿多少报酬；随着公司发展，基本仍是刘淼给多少，大家就拿多少。虽然刘淼开的工资也并不算少，但因为无章可循，没有一个考核标准，很多人觉得付出与回报不成正比。

更令刘淼想不到的是，相当一部分员工对公司的奖励制度怀有怨言。特别是公司关键项目的核心设计人员，他们夜以继日地工作，为公司的发展立下了不可磨灭的功劳，但是得到的报酬却跟普通员工差不多。同时，由于公司还处在发展阶段，刘淼总是考虑把利润用于项目的再投资，想方设法缩减成本，很大程度上忽略了对核心员工的激励。经常根据他的喜好确定员工工资数额的多少，奖金数额更是没有依据，员工对此颇有一些不满看法。

从这个案例可以看出，刘淼在管理公司过程中，以个人兴趣和意志代替制度和标准，奖励随性，赏罚不明，没有认识到奖励制度会成为影响公司发展的大问题，结果引发核心员工不满或离职。其实，对于每个员工而言，都不仅希望得到合理的报酬，也希望自身能力能够得到进一步提升。所以说，企业内部的奖罚制度要明晰、公平，不能随随便便奖罚。

老板要与员工多沟通，要建立起员工绩效评估体系，正确评估员工对企业的付出，为实施有效、公正的激励机制提供支持。同时，要建立员工薪酬激励体系，使员工的工作绩效能得到及时、公正、有效的激励，使员工能够合理分享公司发展的成果。

领导者奖励员工，如果不明确应该奖励什么，就会产生负面效应。很多领导者在奖励员工的时候，都没有把奖励的内容明确化，这就容易对员工造成误导，最后出现领导者不希望出现的行为。

118. 激励员工是一种双赢模式

管理企业就是经济行为，就是生意，员工和老板之间存在着交换关系。所以，能够在交换中获得利润的增加，成为交换成败的重要考量标准。这就需要员工和老板都要有互利思维，使交换行为能够长久地进行下去。聪明的管理者从来不压榨员工，对员工不吝啬，而是在与员工在公司搭建的平台上，合作互利，共同赢利，协同创富。

第二十五章 奖励向左，惩罚向右

管理人才，要确保企业人员的稳定性。那应该采取怎样的合作方式，才能有效留住人才，最终实现企业与员工的双赢呢？经济学中的猎狗博弈，为总经理树立了学习的典范。

有一个聪明的猎人带了几只猎狗去森林里打猎。他发现了一只兔子后，放出了一条猎狗。猎狗一直追赶兔子，但是追了很久仍没有捉到。猎人看到此种情景，非常生气，怒斥猎狗说："你真是没用，兔子那么小，反而比你跑得快得多。"猎狗喘着粗气回答道："主人啊，你有所不知。我和兔子跑的目的是完全不同的：我是为了一顿饱饭而跑，兔子它是为了活命而跑啊。"

猎人听完猎狗的解释后，觉得猎狗说得有道理，同时也提醒了他："我要想得到更多的猎物，得想个好办法，让猎狗们也为了活命而跑。"于是，猎人召集了所有的猎狗，举行大会，他决定对猎狗实行论功行赏。猎人宣布：凡是在打猎中抓到一只兔子的，可以得到一根骨头作为奖励，抓不到的就没有饭吃，年底再进行考核，最后一名将被杀掉。

猎人的新方法果然有用，猎狗们为了避免被杀，又为了获得更多的骨头，抓兔子的积极性得到大幅度提高，每天抓到的兔子数量迅速上升，猎人获得了相当好的收益。

可是，没过多久，新问题又出现了。猎人发现猎狗们每天抓到的兔子数量不少，但都是一些小兔子。猎人通过观察发现，原来大兔子跑得快，非常难抓，而小兔子要好抓很多。抓到大兔子和抓到小兔子得到的骨头是一样的，于是猎狗们就都去抓小兔子。

猎人发现了猎狗们在利用自己规则的漏洞，他决定改进一下自己的方法。经过思考后，猎人决定奖励骨头的数量不再与兔子数量挂钩，而是每过一段时间，就统计一次猎狗捉到兔子的总重量，按照重量决定猎狗这段时间内的待遇。

这个方法一出台，猎狗们的积极性再次被激发，抓到的兔子数量和重量都有了增加，猎人非常高兴。不过好景不长，又过了一段时间，猎人发现，猎狗们抓兔子的积极性又开始下降，而且越是有经验的猎狗越缺乏斗志。猎人觉得这个问题很严重，于是他找到了最早跟随自己的猎狗。

忠诚的猎狗告诉猎人："主人啊，这阵子我们都在琢磨。我们把最宝贵的青春都奉献给了您，可是我们会慢慢变老，等我们抓不到兔子的时候，您还会给我们骨头吃吗？"猎人听完恍然大悟：原来猎狗们需要养老保险。

这一次，猎人对自己的奖励制度再一次做出调整：他规定了每只猎狗每月的任务量，如果每月抓到的兔子量超过任务量，那多余的兔子量将会作为储备储存到猎人为猎狗建立的账户上，这样一来，如果哪天猎狗跑不动了，它就可以从这个储备账户上提取骨头。这个新的政策再次刺激了猎狗们，他们又开始努力为自己储备任务量。

但是一段时间之后，又一件意想不到的事情发生了：一些优秀的猎狗竟然逃离猎人的束缚，自己抓兔子去了。这使猎人有些着急，难道是奖赏的力度不够？于是，他把"优秀猎狗"的奖励标准提高了2倍，这一招收到了立竿见影的效果。但没过多长时间，离开猎人去抓兔子的优秀猎狗一下子增加了许多。

猎人意识到猎狗正在流失，并且那些流失的猎狗开始和自己的猎狗抢兔子。情况变得越来越糟，猎人很无奈，他找到那些离开的猎狗，问它们这一次是为了什么要离开。

其中的一只猎狗对猎人说："我们努力抓兔子，只能得到几根骨头。而我们自己抓兔子，还能吃到肉，那我们为什么不自己去抓兔子呢？"不过，这个猎狗也同时表示："也不是所有的猎狗都能顿顿有肉吃，有时候抓不到兔子的最后连骨头都没得吃。"

于是，猎人进行了改革，使得每条猎狗除基本骨头外，还可以从抓到的兔子中提成兔肉。而且这个提成会随着贡献和时间递增，这样一来猎狗们也能吃上兔肉了。既有保障的骨头，又有兔肉吃，猎人的这个决策出来后，流失的猎狗们纷纷要求重归猎狗队伍。

同时，为了增强猎狗的归属感，猎人又专门成立了猎狗股份公司。他给所有参与抓兔子的猎狗都分配了股份，于是每个猎狗都成为了猎人的管理人员。猎人的这一招相当有效，猎狗们将猎狗公司完全当成了自己的家。从此以后，再也没有猎狗主动离开了。

猎人通过让利给猎狗，最终让猎狗们安心为自己服务。

猎人与猎狗在不断地博弈，最终实现了利益的一致。猎狗们之所以愿意服务于猎人，其根本原因就在于猎人将自身的利益让利出来。猎人的收益来自于猎狗，他从猎狗的工作中获益，为了能够留住猎狗，他懂得分享利益，互利让双方的合作持续稳定下去。

互利是合作稳定的根本，只有在互利合作中才会实现共赢。所以，管理者要向猎人学习，学会让度企业利益，与员工互利合作，这也是企业能够长久发展的关键所在。

频繁的人员流动不但影响企业工作的连续性，还会增加企业的重置成本和管理成本，也会使企业内部员工缺乏安全感和归属感。企业的人才在离开企业后，大多会加入同行业企业，会很快成为企业的竞争对手。他们带给企业的是商业机密的外泄和市场份额的流失，更严重的是核心人才的流失还将大大降低企业的竞争力，甚至会使企业陷入到危机中，严重阻碍企业的长期发展。

管理者要想做大企业，就要赢得优秀人才的忠诚和长久追随，最诚恳、最有效的方式就是学会与人才进行财富分享，留住员工的心。

119. 激励让员工跑起来

在企业管理当中发生的很多现象都令人深思：在和下属的沟通和交流中，你一定会听到很多类似的话："经理，宇宙公司的王总脾气真怪，我去了三次了，他都不搭理我。""总是这些事情，总是这些人，我感觉自己没有一点提高。""经理，您让我去做的事情看来是没戏了，咱们公司实力不强，抢不上人家啊！"……

听了这些话，作为管理者的你有没有想过，为什么会出现这样的情况呢？为什么过去几个小时就可以完成的事，现在一天也完不成呢？为什么奖金的设立本来是为了激励员工斗志和鼓舞他们积极性的，可是发了奖金反而引起了很多纠纷呢？为什么以前布置的任务员工二话不说就勤勤恳恳地干，现在却总是讲条件呢？

其实这些情况发生的时候，说明你的员工对目标失去信心了，前进的动力不足了，他们不再像以前一样慷慨激昂了！他们需要你为他们鼓舞士气，需要你的激励让他们跑起来！

威廉·詹姆斯是美国哈佛大学的教授，他通过研究发现，在缺乏激励的环境里，员工的潜力只发挥出1/5，而在良好的激励环境中，同样的员工可以发挥出其潜力的4/5，甚至100%。可见，在企业管理中，每一位员工都需要被激励。事实上，每一个企业都有自己的激励机制，可是很多企业的激励机制都起不到成效，因为激励是需要变化的，不同的发展阶段激励方式也有所不同，所以不能墨守成规，要想让你的下属跑起来，就必须掌握激励的核心。经理在运用激励武器的时候，一定要深谙激励之道，熟悉感情、培训、帮带、处罚、竞争、奖励、公正、信任、授权等技巧，并加以综合运用。

在对员工激励时首先要了解，你部下的工作动力在哪里？他们为什么要努力地工作？他们希望工作能给他们带来什么？分析了这些后，就可以针对情况，灵活运用了。以下是一些让你的员工斗志昂扬的方法。

（1）给员工制造一种充满竞争的氛围。要知道，在充满压力的竞争气氛中，有谁会甘居下游、被淘汰呢？

（2）适当地给予员工晋升机会。晋升带来的除了薪金的上涨外，更多的是给其带来了责任感、成就感等多方面的满足。

（3）在员工取得了一定成绩时要表达赏识和认同。千万不要吝惜自己的表扬，然后把他取得的成绩让你的团队的每一个人知道，然后可以让他承担更多的责任。

（4）对于表现好的员工，授给其处理业务更大的权利；当下属的业务遇到一些困难时，给予信任和必要的指导、帮助。

（5）要让员工知道"一分耕耘，一分收获"，给下属创造一个公平的竞争环境，做到按劳分配，完善考核机制。

（6）试着给员工改变一下工作内容和形式，以此来激发员工的工作动机，使其工作扩大化和丰富化。

（7）所谓有奖有罚，对员工在工作中出现的错误和疏漏，除了帮助其改正行为方式外，还要给予其一定的惩罚，这样才能阻止他再犯同样错误。

（8）通过培训提高员工工作技能，拓宽其视野。

（9）注意给予员工情感激励，以诚相待，做他们的知心朋友和生活顾问。

（10）身教重于言教，总经理要起带头作用，给予员工行为激励，要知道，身不正何以令行！

总之，在公司现有资源的基础上，只要领导者能有效整合最大的人力资源潜能，可以用最少的成本创造最大的利润，那么就达到了激励的最佳效果。员工斗志昂扬，企业怎能不兴旺。

条条大路通罗马，在具体的管理当中，不同的领导者有不同的管理方针，管理的精髓是要把自己的思想，变成别人的行动，而激励就是达到管理目标的必要手段。

120. 激励可以增加员工的忠诚度

近些年来，企业间的竞争越来越激烈，但是员工跳槽的现象也越来越多。在这种情况下，员工在一个企业任职期间的忠诚度，已成为企业赢得竞争、寻求发展的最关键因素。

员工们的忠诚度总像一只无形的手在左右着公司业绩。而忠诚度之所以会产生，与企业的合理化、人性化的分配、嘉奖制度的完善是分不开的。每个企业都必须正视这个问题，要更好地激励员工，要保证不在市场竞争中处于劣势，就一定要懂得利用利益来支撑员工的忠诚度。企业没有合理公平的薪酬和激励机制，这使员工积极性不能迸发，对工作提不起精神，"做一天和尚撞一天钟"，一心想着跳槽。

美国有一家生产软件的公司，在起步后，经常会接到一些紧急的订单，不得已，经理要求全体员工加班。因为员工大多是伴随公司成长一路走来的，所以对公司都非常有感情。一开始，员工们都愿意在午休时抽出半个小时到1个小时来工作，以便在不耽误下班的情况下完成一天的额定工作量。有的员工为了提前完成任务换回半天的假期，还会创新方法提高工作效率。

但是，没过多长时间员工们就发现，经理似乎把他们牺牲午休时间看做是天经地义的事。甚至如果员工们吃饭后正常午休，还会遭到恶意惩罚。而那些提前完成任务的员工，也得不到任何奖励，更别想提前回家，还得和大家一起照常加班。员工们的努力，没有得到肯定与奖赏，他们的积极性被严重挫伤。

时间长了，员工们再也不愿意付出额外的劳动了，即使被迫加班，工作效率也会很低，产品的产量与质量也一天天下降。最终，很多员工不堪老板的剥削纷纷跳槽，这家原本有很好业绩的企业急速萧条了。这家公司的经理到最后也没有明白，只有企业奖励了员工的正确行为，员工从中能够收获利益，员工的忠诚度与积极性才会得到激发和提高。

生理需要是人的第一需求，劳动首先只是人作为谋生的手段。人们在物质上得到满足的基础上，才能开始追求更高的目标。因此，只有建立正确的薪酬、奖惩制度，把员工的忠实度用利益紧紧抓住，那么企业才能激励员工更努力地工作，企业的生命才能得到延续和发展。

很多老板会感觉"员工靠不住"。比如，公司要发展就必须经常为自己的员工提供学习和培训的机会，可我们常常发现，很多公司在员工培训上忐忑不安，顾虑重重，其主要原因是一些员工在培训后为了追求更高的薪水往往会跳槽到竞争对手那里。但是，假如公司不提供员工培训，公司就会因为员工素质不高而难以快速发展，同时，员工也难以对企业建立归属感，也存在着极大的跳槽可能性。这就使企业处于进退两难的尴尬境地。

其实，当企业遇到困难或者问题时，一些总经理总是想从员工身上节省成本，他们或者削减员工工资，或者干脆裁员，这些都是很习以为常的做法。但是，这种做法简单却危险。虽然这样做见效很快，能够起到立竿见影的效果，但很多总经理并不知道这样做的潜在隐患，因为裁员彻底摧毁了员工心里对企业的信任，打破了企业内部同心协力、共同奋斗的工作状态。只有在大家彼此信任、团结互助时工作效率最高；当信任贬值时，员工的工作热情、责任感和工作效率都会下降，而且在关键时刻，他们会抛弃老板，他们的逻辑很简单——既然你不信任我，那我也不值得为你牺牲。所以，老板的这种方式也会影响员工的忠诚度，影响企业的稳定。

仔细想想，老板与下属之间归根结底是经济关系。只有认清两者之间的关系，使雇主与雇员之间达成双赢，才是最完美的。要知道，优秀的员工并非唾手可得，任何优秀员工的成长都需要企业多年的培养。在市场不景气时裁掉的员工，不会因为市场恢复而再回到企业。同时，老板因为轻易裁掉员工而失去其他员工的信任和忠诚。

优秀的总经理一定是胸怀宽大的管理者，一定是善待员工的管理者，一定是被大多数员工愿意追随的领导者。因为好员工只为好老板工作。如果员工对你感到失望时，他们就会离开你。在公司发展顺利时，请对自己勤俭一点，不要一赚到钱就给自己换新别墅；当公司遇到困境时，请对员工大方一点，不要一亏本就给员工降工资，这样你就会赢得一群优秀的追随者，一群死心塌地助你成功的左右手。

对于管理者而言，公司的生存和发展需要员工的忠诚和贡献。只有这样，公司的业务才能发展得更快，而员工没有对企业持续效忠的义务，只有不断地激励，使员工产生归属感，让企业与员工发展为相互信任的伙伴关系，才能齐心协力、乘风破浪，勇往直前。

第五篇

[领导无形管理有道]

老子的《道德经》是一部伟大的传世巨著。在这部著作中,老子提出"无为而治"不仅是人生观的至高境界,也是现代企业组织管理的最高层次。身为总经理,如果事事亲力亲为,不仅自身负担过重,而且会打击下属士气。作为一个成功的公司带头人,既要善于决策,更要善于授权。大权独揽、事必躬亲的总经理,其企业绝不会有光明前程。"无为而治"是领导艺术的最高境界。

第二十六章
好员工不是管出来的

121. 管理的终结是实现员工"自我管理"

管理者和员工就像一对天生的"仇敌",他们似乎处在矛盾的对立两面,永远无法调和。在工作中,大多员工都抱怨过总经理忽视自己的意见,用指挥、命令的方式来行使领导的权力,甚至经常无情地批评与训斥自己。而同样,总经理对员工也经常感到不满意,他们认为员工不服从管理、不遵守制度、生产技能不够、懒惰、效率低下等。

对于这种冤家似的矛盾,美国学者肯尼思·克洛克与琼·戈德史密斯曾在合著的《管理的终结》中分析指出,管理的终结不应是强迫式的管理,即利用权力和地位去控制他人愿望,而应是"自我管理"。

戴明博士是美国管理界的权威,曾被誉为"质量管理之父"。他曾经讲过这样一个案例:一个日本人受命去管理一家即将倒闭的合资美国工厂,他只用了3个月的时间就使工厂起死回生并且盈利了。为什么呢?原来道理很简单,那个日本人解释道:"只要把美国人当做是一般意义上的人,他们也有正常人的需要和价值观,他们自然会利用人性的态度付出。"可见,真正的"人性化管理",是帮助和引导员工实现自我管理,而并不是要求员工完全按照已经全部设计好的方法和程式进行思考和行动。

大名鼎鼎的西门子公司有个口号叫做"自己培养自己"。它是西门子发展自己文化或价值体系的最成功的办法,反映出了公司在员工管理上的深刻见解。和世界上所有的顶级公司一样,西门子公司把人员的全面职业培训和继续教育列入了公司战略发展规划,并认真地加以实施,只要专心工作,人人都有晋升的机会。但他们所做的并不止于此,他们把相当的注意力放在了激发员工的学习愿望、引导员工不断地进行自我激励、营造环境让员工承担责任、让员工在创造性的工作中体会到成就感这些方面,以便员工能和公司共同成长。

第二十六章 好员工不是管出来的

对西门子来说，先支持优秀的人才再支持"准成功"的创意更有价值。面对世界性的竞争，要拥有成功的经营人才。这种理念的前提就是，经过挑选的员工绝大部分都是优秀的，他们必须干练、灵活和全身心投入工作。他们必须有良好的学历、积极发展自我的潜力。而且，公司也正是因为有了这些优秀的员工而获得业绩和其他利益的增长。

云南某化工公司是我国的一家知名企业，它有着30多年的历史，是磷肥行业中的知名企业，该公司现有员工1 600多名，2004年销售收入为15亿元。之所以有如此卓越的成绩，是因为从2003年起，公司就开始推行自我管理的"诚信自律"班组活动，强调给予员工足够的信任和尊重，让班组和员工自愿提出申请，在安全生产、劳动纪律、行为规范、现场管理、生产技能提高等方面进行自我管理，员工自己制定各项行为准则和规章制度，并签署承诺书，自己说到的就要做到，同时自觉改正错误行为，不断提高管理水平。

该公司董事长说："推行'诚信自律'班组，有助于增强管理者与员工的相互尊重和信任，进一步改善公司员工的工作氛围，降低管理成本，从而提高工作的效益。"

这个案例有效地说明了员工的自我约束力是最好的管理制度，是企业事半功倍的法宝。当然了，员工自我管理虽然是一种切实可行的积极的目标，但是真正做到却非常不容易，不仅需要领导者和管理者具备帮助、引导、培训的种种技巧，还需要极大的热情、耐心，以及正确的信仰。

事实上，最有效并持续不断地控制是触发个人内在的自我控制，而不是强制。许多企业在推行人本管理的过程中花费了大量的时间和精力，效果却不甚理想。为什么呢？就是没有紧紧抓住最为关键的那个部分——帮助和引导员工实现自我管理。因为，现代企业的员工有更强的自我意识，工作对他们来说不仅意味着"生存"，更重要的是，他们要在工作中实现自己的价值。一个总经理，假如没有认识到这一点，那就无法赢得他的下属员工，他的公司同样无法获得成功。

管理的实质不应是强迫式的压制，而应是帮助和引导员工实现自我约束的管理状态。

122. 打造"无为而治"的管理境界

春秋时代末期，道家学派创始人老子在《道德经》中提出了这样一种无为而治的统治思想："我无为而民自化，我好静而民自正，我无事而民自富，我无欲而民自朴"、"为无为，则无不治"。

20世纪70年代，西方管理学界提出"不存在最好的管理方法，一切管理必须以时间、对象为前提"的权变管理方法，30多年来一直在管理学界经久不衰。事实上，这两者之间有着惊人的相似性。按照老子的解释，治国应当奉行"无为而治"的原则，只有无为，才能无不为。对企业来讲也是一样，这是企业应追求的目标。

网上有一则员工抱怨帖，内容是："我们老板非常讨厌，他喜欢突然出现在你眼前，就为了看你是不是在QQ上聊天，他还经常在周末的时候，特地去公司翻看我们同事的聊天记录，查看我们有没有说他坏话。更好笑的是，他在查看完我们电脑时，还会把员工设置的桌面背景改成他喜欢的人物。这样的行为非常让我们讨厌，我们总有一种被人监视的感觉，心里非常不爽。"帖子下面有人留言，让他马上离开那样的公司，有那样的老板在，公司是没有发展前途的。但是他回帖道："的确，我们QQ聊天的时间并不多，老板不让我们闲聊，也不过是为了提高工作效率，可是我们就是不聊，我宁可坐那儿发会儿呆，那点时间也就过去了。"

Google搜索引擎是一个用来在互联网上搜索信息的简单快捷的工具，它能够使用户访问一个包含超过80亿个网址的索引。在Google独特的企业制度当中，有一项最为人道的制度——给予员工20%的自由时间。这个制度让Google在条件许可的范围内，最大限度地把工作变成一种兴趣。在Google工作的员工，感觉自己不像是在一家大公司上班，而更像是在一个大学或研究机构做什么有趣的研究。同样，Google则可以从这些享受自由的员工大脑中，源源不断地提取新的创意和新的商业计划，这让我们不得不感慨，Google的做法实在是太聪明了。

以上两个案例，做法相反，员工的感受也大有不同。第一个案例中所说的老板的确有些过分，也使得员工产生逆反心理，对工作以及老板本人产生厌烦情绪。同样的事情，Google公司的做法却是很明智的。

Google的聪明就在于它知道，即使不给员工自由时间，员工也同样会想办法偷懒，与其偷偷摸摸，弄得大家都不开心，何不让员工公开地、自由地支配一段时间呢？更重要的是，20%的自由时间会使员工的感受完全不同，那不再被定义为20%的偷懒时间，员工就会感到自己被尊重，感到自己在为兴趣工作。在Google公司良好的环境中，员工所具有的创造力是不言而喻的。

"无为而治"的管理最高境界，应建立在下列几个前提之上。

1. 建立系统化、制度化、规范化、科学实用的运作体系

科学的运作体系是企业高效运行的基础，用科学有效的制度来规范员工的行为，来约束和激励大家对企业管理非常重要。

2. 卓越的领导者组成的一个高绩效的团队

总经理要会发挥自己的影响力，要会激励下属，辅导下属，又要会有效地授权。既要有高瞻远瞩的战略眼光，制定中长短期战略目标，又要有很强的执行力，把组织制定的目标落实到位，这样才会有好的结果。

3. 建构好的企业文化，用好的文化理念来统领员工的行为

企业既是军队、学校，又是家庭，既要让员工能提高自己的职业素养和综合性的素质能力，又能体会到大家庭的温暖。企业更具凝聚力、团队精神，能留住员工的心，使企业与员工能共同发展，共同进步，基业长青。

管理的最高境界实质上就是没有管理的"无为而治"。

123. 因势利导，激发出下属的潜能

有这样一个浅显的道理，木头和石头的特性是放在平坦的地方就安稳，放在陡斜的地方就容易滚动；方形的就稳定，圆形的就易滚动。而善于因势利导的将帅指挥作战，就像滚动木石一般，所造成的有利态势，如圆石从几千尺的高山上飞滚下来，不可阻挡，这就是所谓的"势"。

因势管理的前提是能在下属中创造出这种"势"能，然后投其所好，以此鼓励员工发挥自己的余力，达到干出新成绩的目的。因势利导才能因势而成，这里最关键的是不能中途改变，热情方能持久。

因势利导在具体的团队管理中最主要的适用员工类型有：

（1）本身天资较差，不能胜任岗位工作，但工作兢兢业业。对这类员工，可以分配与其能力相当的工作。例如，一个做大区销售的员工业绩不够突出，改做小区销售后反而做得很好。

（2）本人非常努力，遵守公司的制度流程及价值观，但技能欠佳或灵活性、创造力不够。对这类员工，管理者要有针对性地让他们接受一些培训，并给他们一段

时间提高业绩。

（3）个人能力强，但缺乏团队精神，不能容忍其他员工，最终影响到团队的绩效。对该类员工，一种方法是"消灭"他的个人主义倾向，向他灌输团队合作精神；另一种相对较好的方法是索性让他"单干"，即创造机会让他承担更多责任，但同时也给他挑战。

（4）不能适应工作者。管理者要抱着此类员工在其他方面会有好的表现的心态，通过工作调动为其找到合适的岗位，很多人在换岗之后的表现非常好。就像美国通用电气公司，每年都有45%的员工岗位轮换，员工在成为多面手的同时，有些比在原先的岗位上干得更出色。

在企业管理的过程中，要善于利用"势"。不仅仅在战略营销方面，在管理下属的过程中，也应对员工因势利导，因为这往往能够让下属焕发出惊人的力量。

124. 赏识是远远好于"管"的一种方法

无论是身居高位的人，还是地位卑微的人，每个人都渴望得到赏识。被人赏识总是一件令人愉快的事情。不论是刚大学毕业、上进心正强的青年人，还是晋升无望、即将离职的老人，当受到别人的赞美时，都会精神愉悦。

那么，当提到赏识的时候，你会想到些什么？很多企业领导认为，奖金、提拔、礼券、津贴、奖状等就是赏识。但员工的看法并不完全是这样。员工们需要的是真正意义的赏识。因为那些所谓的"赏识"只能使他们看见作为赏识的载体，但却看不见给予他们的赏识的本身。他们更注重这些手段所表达的含义而不喜欢这些只是敷衍形式的手段。

员工深信，心意最重要。所以，只有当赏识是有效赏识的时候，员工才会有高山流水遇知音的共鸣，才会产生那种"士为知己者死"的情怀，员工真正感受到企业对他们出色成绩的承认和对他们个人价值的由衷赞赏，才会振奋士气，提高工作效率。

在德国航空和宇航企业MBB公司，可以看到这样一种情景：上下班时候，员工把专门的身份IC卡放入电子计算器，马上显示截至当时本星期已工作时间多少小时。MBB公司允许员工根据工作任务、个人方便等与公司商定上下班时间。原来该公司实行了灵活上下班制度，公司只考核员工工作成果，不规定具体时间，只要在要求期间内按质量完成工作任务就照付薪金,并按工作质量发放奖金。由于工作时间有了一定的机动,职工不仅免受交通拥挤之苦,还感到个人权益受到尊重,产生强烈的责任感,提高工作热情,公司也因此受益匪浅。

法国斯太利公司也同样摒弃了条条框框,对员工实行非常人性化的管理。该企业根据轮换班次的需要和生产经营的要求,把全厂职工以15人一组分成16小组,每组选出两名组长,一位组长负责培训、召集讨论会和做生产记录。另一位组长主抓生产线上的问题。厂方只制定总生产进度和要求,小组自行安排组内人员工作。小组还有权决定组内招工和对组员奖惩。该厂实行"自我管理"后生产力激增,成本明显低于其他工厂。

从这两个例子我们可以明显看出,对员工施以有效赏识,会使员工自我认同感加强,对企业的忠诚度加深,会使员工的主人翁的责任感加强,最终达到工作的高效率、高质量。赏识给人以荣誉感、自信心、自尊心的三重心理触动。

有效赏识是那种能够激励员工产生"功成名就"的赏识。而企业热衷的小恩小惠并不能够算做对员工的有效赏识。作为企业的管理者,将这种独特的管理方法运用到实际工作中,会使企业团队的凝聚力大大增强,而这也是总经理自身魅力和修养的一个重要方面。

总经理作为赏识的主体,在给员工提供发展远景、可见度和动力的同时,更为重要的工作是为了自己的员工而培养良好的赏识习惯。领导者应该以赏识的眼光来看自己的员工,得到信任和尊重,员工一定可以自律。这样不仅能够激发下属的积极性,也能够通过自己的言传身教和个人倡导,使公司的每一个成员都能够学会赏识,并且将赏识融入公司运作的各个方面,从而使公司内部形成和谐、宽容、协同的人际关系,降低由于人际关系紧张带来的各种不必要的成本,提高公司的工作效率和经济效益。

大量的事实告诉我们,硬性规章制度往往达不到总经理的预期效果。通过对成功企业管理经验的调查发现,好员工不是管出来的,而是赞出来的。赏识是远远好于"管"的一种员工管理方法。

领导的赏识预算越大,优秀的员工才会越多,团队的卓越程度也就越高,企业的核心竞争力就越强。

第二十七章
不该管的管得越少越好

125. 独断专行是领导者的大忌

鉴于所处的位置和权力欲的膨胀，领导者最容易犯的错误就是独断专行，搞一言堂，一个人说了算。然而，凡喜欢独断专行的人，一是没有不犯错误的，二是能成就大事者不多，三是得不到下属和群众的拥护。

独断专行，表面上看是领导者的强大，实际上是领导者弱智无能的体现。平心而论，哪些领导者喜欢独断专行，听不进别人的意见呢？恰恰不是办事干练、富有智慧的强者，而是头脑简单、经验不足、尚不成熟的弱者。

亨利·福特是美国汽车业的一面旗帜，他改变了美国人民的生活方式，是美国人民的英雄，被誉为"20世纪最伟大的企业家"。但是，福特在管理上的专制和他与员工之间的对立状态，却使得他的企业蒙受损失。福特有一个错误的观念，在他眼里，员工无异于商品，对于不服从命令的员工可以随时扔掉，反正只要出钱，随时能够再"买进"新的员工。

这个观念几乎断送福特汽车的事业。从1889年开始，福特曾经两次尝试创办汽车公司，但最终都因为管理出问题而失败。1903年，福特与其他人合作创办了美国福特汽车公司，后来，福特聘请了管理专家詹姆斯·库茨恩斯出任经理。在詹姆斯的卓越管理下，1908年，独霸天下的福特T型车诞生了。随后，T型车极其迅速地占领了汽车市场，而福特汽车公司也一举登上了世界汽车行业第一霸主的宝座。

成功和荣誉使福特变得更加傲慢无礼，他认为自己的所有员工都只是花钱雇来的，所以假如员工不绝对服从自己，就只能让他离开。直到20世纪20年代，在长达近20年的时间里，福特公司只向市场提供单一色彩、单一型号的T型车。他的销售人员多次提出增加汽车的外观色彩，但福特的回答是："顾客要什么颜色都可以，只要它是黑色的。"因为不愿适应市场需求去改动自己的汽车设计，福特公司就这样停止了前进的脚步。因为福特的独断专行，员工也都纷纷离职，最后连库茨恩斯也无奈另觅他处。

1928年，亨利·福特为他的独断专行付出了巨大的代价，福特公司的市场占有率被通用汽车公司超越。

这个教训是深刻的。在亨利·福特晚年时，福特汽车公司已经面临垮台。他的孙子从祖父的手里接过了掌管公司的任务。为了挽救这个摇摇欲坠的公司，福特二世聘用了一大批杰出的管理人才。例如，后来担任过美国国防部长的麦克纳马拉、原通用汽车公司副总经理内斯特·布里奇等。在这些人的大力改革下，福特公司重新焕发了生机。"福特王国"又一次迎来了它的辉煌顶峰。

但是，好景不长。随着企业的业绩越来越好，福特家族顽固蛮横的弊病又一次发作，福特二世继承了老福特的坏脾气，他开始嫉贤妒能，接连解雇了三位和他意见不合、功勋卓著的总经理。在他的排挤下，为福特的再次崛起立下汗马功劳的布里奇、麦克纳马拉等人纷纷离开公司。

这些优秀人才的离去，使福特公司再次开始败落，业绩一落千丈，最后只得把公司的经营权全部交给福特家族以外的人。

个人英雄主义是难成大事的。不管一个领导的个人能力多么强，要想保证自己的集团的目标可以实现、保证自己的集团利益，就必须在重大的事件上面与自己的搭档和员工达成共识，广泛地听取各个方面的意见，绝不能独断专行。

多听别人的意见胜于独断专行。优秀的管理者应该学会听取别人的意见，而不应刚愎自用。

126. 有效的领导力来自充分授权

对于总经理来说，在给自己手下的员工分配了工作任务之后，还不等人家完成就亲自动手，这是一个致命的错误。

把工作交给部下的最大好处在于：节约了总经理的时间。总经理将任务交给员工去处理时，他就会有更多的时间去处理别的事情。

井深大刚是索尼企业的一名功臣，说他是一名功臣可不是说他一个人撑起了索尼的一片天，而是说他将个人知识和集体的智慧结合起来，发挥团队优势为企业创造了巨大的财富。在井深大刚进索尼公司时，索尼还是一个小企业，总共才有20多名员工。老板盛田昭夫信心百倍地对他说："你是一名难得的电子技术专家，你是我们的领袖，好钢用在刀刃上，我把你安排在最重要的岗位上——由你来全权负责新产品的研发，对于你的任何工作我都不会干涉。我只希望你能发挥带头作用，充分地调动全体人员的积极性。你成功了，企业就成功了！"

　　这让井深大刚感受到了巨大压力。尽管深井大刚对自己的能力充满信心，但是还是有些犹豫地说："我还很不成熟，所以虽然我很愿意担此重任，但实在怕有负重托呀！"盛田昭夫对他很有信心，他坚定地说："新的领域对每个人都是陌生的，关键在于你要和大家联起手来，这才是你的强势所在！众人的智慧合起来，还能有什么困难不能战胜呢？"

　　盛田昭夫的一席话，一下子点醒了井深大刚。他兴奋地说："对呀，我怎么光想自己？不是还有20多名富有经验的员工嘛！为什么不虚心向他们求教，和他们一起奋斗呢？"于是，井深大刚信心满满地投入工作当中。就像是盛田昭夫放权给他一样，他把各个事务的处置权下放给各个部门。比如，他让市场部全权负责产品调研工作。市场部的同事告诉井深大刚："磁带录音机之所以不好销，一是太笨重，每台大约45公斤；二是价钱太贵，每台售价16万日元，一般人很难接受。"他们对井深大刚的建议是：公司应该研发出质量较轻、价格低廉的录音机。

　　与此同时，井深大刚让信息部全权负责竞争对手的产品信息调研。信息部的人告诉他："目前美国已采用晶体管生产技术，不但大大降低了成本，而且非常轻便，我们建议您在这方面下工夫。"在研制产品的过程当中，井深大刚和生产第一线的工人团结协作，终于合伙攻克了一道道难关，于1954年试制成功了日本最早的晶体管收音机，并成功地推向市场。索尼公司凭借这个产品，傲视群雄，进入了一个引爆企业发展速度的新纪元。

　　井深大刚取得了伟大的成就，成了索尼公司历史上无可替代的优秀人物。在这个事例中，我们应该注意到最为重要的两个环节：盛田昭夫放权给井深大刚，井深大刚放权给其他部门。在充分授权下，索尼公司发挥出了团队的整体作用，调动了每一位员工的积极性，把团队的力量发挥到了极致，从而取得巨大成功。

　　对于总经理而言，把工作交给下属，这是一件非常重要的事情。只有把工作任

第二十七章　不该管的管得越少越好

务交给下属去完成，才能提高下属工作技能，从而给自己留出更多的时间进行管理工作，使自己成为一名卓越的管理者。

中国历史上对于"领导"行为的界定可谓丰富至极。《三国志》记载："蜀国正事无巨细，亮皆独专之"。诸葛亮尽管运筹帷幄，决胜千里，却仍"事必躬亲，鞠躬尽瘁"，虽一生劳顿却功名难成。

授权可以提高管理效率，但为什么管理者不愿意进行授权呢？常见的原因有以下几点：

首先，也许可以把他看做传统小生产体制时代的产物，代代相传，今天我们的主管才能把"领导的职责"定位于此。

其次，总经理相信，对于这件工作，自己是唯一的胜任者，即使让下属完成也是一百个不放心。然而，真实的情况往往是管理者并没有真正把他手头的工作重新考虑，按难易程度列队，以确认有些工作只有他自己才能做到的，而其他大部分工作却并非如此。如果说下属的确给你"不能胜任这项工作"的印象，很可能仅仅因为你没有给下属机会让他们去做。还有，管理者不相信下属会完全领悟自己想表达的东西，把工作交给他们，结果自己不会满意，到头来还要自己亲自去做。

最后，总经理有时懒得费口舌向下属解释工作如何做，所以他们不知道该怎么做。如果总经理把工作标准化，总经理的解释并不麻烦，而且如果总经理不让下属做这一次，下一次他们又怎么可能做到使总经理满意呢？

有的总经理抱怨下属中没有千里马，没有将才，却没有想过作为主管，对下属所负的责任该是什么。拒绝授权的管理者还会给出许许多多各式各样的理由来证明他们的"不授权"是正确的，是唯一可能的选项。而同时，结果也往往是这样：他总是匆匆忙忙，总是埋身于事务性的工作，总是抱怨而又总是出漏洞，他的下属总是缺乏动力，缺乏责任心，总是懒洋洋的，企业总不能以他的期望运转，效率总是可望而不可即……

但是种种原因实际上都是借口，这些理由都是难以成立的，我们再来看这样一些分析：

第一，担心下属做错事的管理者，内心里所真正担心的不是下属做错事本身，而是怕被下属做错事所连累。这一类管理者一方面对下属欠缺信心；另一方面又不愿意为下属受过，所以犹如唱独角戏那样凡事皆亲自操办。下属固然难免做错事，但若管理者能给予适当的训练与培养，做错事的可能性必然减少。授权既然是一种在职训练，管理者就不能因怕下属做错事而不予训练，反而更应提供充分的训练机会以避免下属做错事。

第二，不可否认，有些管理者因担心下属锋芒太露，或"声威震主"而不愿授权。但是从另一角度看，下属良好的工作表现可以反映管理者的知人善任与领导有方，所以管理者功不可没。

第三，只有领导力薄弱的管理者在授权之后才会丧失控制。在授权的时候，倘若管理者划定明确的授权范围，注意权责的相称，并建立追踪制度，就不会担心丧失控制。

第四，基于惯性或惰性，许多管理者往往不愿将得心应手的工作授权给下属去履行。另外，有许多管理者基于"自己做比费唇舌去指导下属做更省事"的理由而拒绝授权。这两类管理者的共同缺陷即是将他们有限的时间与精力浪费在他们本来可以不必理会的工作上，而使需要经由他们处理的事务无法获得应有的重视。任何一位管理者管辖的工作，大体上均可区分为五种层次：

管理者必须亲自完成的工作。

管理者必须亲自完成，但可借助下属帮忙的工作。

管理者可以完成，但下属若有机会亦可代行的工作。

必须由下属完成，但在紧急关头可获得管理者协助的工作。

必须由下属做的工作。在正常情况下，管理者对第三层次以下的工作应授权下属去完成。

第五，"找不到适当的下属授权"常被一些管理者当做不愿授权的借口。任何下属都具有某种程度的可塑性，因此均可授权予以塑造。就算真的找不到一位可以授权的下属，仍是管理者的过失，因为倘若员工的招聘、培训与考核工作做得不差，又岂会有"蜀中无大将"之理？

可见，授权并非不能，而是自身愿不愿意的问题。因此，学会授权吧，只有适度地授权，你才能成为一个卓有成效的总经理。

卓有成效的总经理不会事必躬亲，而会放权给下属。

127. 注意调整集权和分权的结合点

企业经营管理权限的分配方式分为集权和分权两种。集权是指把企业的经营管理权限较多地集中在企业上层的一种形式。

集权的特点是经营决策权大多数握在企业高层领导手里，他们对下级的控制较多。

分权是指把企业的经营管理权适当地分散在企业中下层。它的特点是上级的控制较少，中下层有较多的决策权。

权力是一把双刃剑，不管是采取集权还是分权，企业都应该有相应的管理工具和方法与它相配套，尤其是在分权的过程中，制度约束和文化平衡是一种重要的保障。不恰当的集权与不恰当的分权，都会对企业造成严重的伤害。只有控制住大的风险，才能达到集权和分权的相对平衡。总的来说，领导者应该谨慎从事，采用逐步缓慢放权的"渐进"方法，在放权的过程里，根据反馈信息及时调整偏差，合理地逐步放权，而不要希望立竿见影。

案例一：

有一家主要从事食品加工的乡镇企业，老板张总事必躬亲，对员工信任度不高。每当营销员将要出征时，他就会再三叮嘱："你们遇事一定多汇报；否则，出了问题，后果自负！"因而，在外省打拼的营销员们一个个小心翼翼，生怕办错事，结果算到自己头上。因此，张总经常接到这样的长途电话："张总，一天30元的旅店没找到呀！租一间一天35元的屋子可以吗？"，"张总，这边的客户表示需要我们意思意思，那我们是不是可以买几条三五香烟送去呀？"无论事情大小，他们一律请示回报，只要未经老板认可，他们绝对不会主动做主。

最终，一些有能力的营销员感到手脚被牢牢束缚着，有劲儿使不出，只好选择离开，另谋高就。留下来那些营销员只会请示，工作起来没有丝毫主动性，领导不安排的事情一概不做，一年到头业绩平平。而张总也整日手机响个不停，忙得脚打后脑勺，上百万元的广告费像打水漂一样毫无效果，好端端的一个企业处于濒危边缘。

案例二：

有一家颇具影响的民营企业，它所生产的高压锅因质量好而广获好评。这家企业的老板喜欢分权式管理，他让每个营销员承包一个省级市场，公司与其签订承包协议，产品以出厂价下浮25%提供给营销员，营销员必须要保证在一年内完成一定量的销售任务。至于营销员如何销售，公司一概不管。老板的这一招的确是极大地调动了营销员的积极性。大家各出奇招，短短几年，企业就在创造了上千万元的销售业绩的同时，也造就了许多百万富翁。但是好景不长，市场竞争越来越激烈，富裕起来的营销员已经没有了当初的斗志，公司业绩陷入低谷。公司老板有心自己接管渠道，但是发现难度很大——渠道已经被他们牢牢地把控在手中。更让老板没有想到的是，有的营销员竟然"监守自盗"，在销售公司正品的同时，自己私设黑工厂，制造假冒伪劣产品，将其投入市场鱼目混珠，大发其横财。就这样，一家前景广阔的企业断送在这些营销员手中。

第一个案例是集权的代表，第二个是分权的代表。通过这两个例子，我们可以发现，在企业管理中，"一统就死、一放就乱"是非常容易发生的现象。集权可以更便于管理，但高度的集权会导致权力欲望的高度膨胀，最终导致盲目崇拜！分权可以有效地分散权力，使权力不会过于集中，而且更有利于民主化，但是不便于管理，会有很多漏洞！

在企业操作中，企业要考虑的影响因素实际上是很复杂的。方法、理论、原则只是一种参考和指导，集权与分权是一种科学，更是一种艺术，正所谓"运用之妙，存乎一心"，集权与分权处于适宜的范围内，才能服务于业务的发展，才能创造价值。

现在，企业的兴盛越来越依靠群体的努力和团队的协作，你已不可能有时间坐下来听每一位下属向你报告。管理者必须学会成功地下放权力，让每一位下属都有机会为工作的完成做出贡献。

当企业规模发展到一定阶段，规模与效率的冲突就变得日益明显。这时，集权还是分权就成了企业管理中一个复杂而艰难的问题。处理集权与分权的关系，既要防止"失控"，又不能"统死"。

集权与分权是一对欢喜冤家，既互相矛盾，又密不可分。怎样才能化解它们之间的恩恩怨怨，使之发挥最大的整体协调效应呢？要达到这一目标，可遵循这样一条原则：战略上的集权和战术上的分权。

在现实的企业管理中，关于集权与分权的发展趋势是：最大限度地放权，实行扁平化管理。其主要依据有以下几条：

（1）随着社会生产力的发展，世界产品市场正逐步由卖方市场向买方市场转移，市场需求向多样化、个性化方向发展，市场划分越来越细，企业对市场变化做出反应的时间要求越来越短，市场机会稍纵即逝；同时，企业做出正确决策所需的信息量越

第二十七章　不该管的管得越少越好

来越多而详细,必然要求充分发挥底层组织的主动性和创造性,充分利用其自主权来适应他们所面对的不断变化的情况。

(2)如果决策集中在最高层组织,则传递有关决策的信息的成本会越来越大,所需时间会越来越长,不利于企业对市场需求变动快速做出反应。

(3)即使最高层领导的经验丰富,判断力极强,但如果决策职能过分集中,则会造成其负担过重,陷入具体事务而不能脱身,也就没有时间做出更重要的决策。

为了更好地适应市场,发挥多样化经营的优势,企业应该及时调整组织结构。

适时调整集权和分权的结合点,才能做到"统而不死,放而不乱"。

第二十八章
收放自如,授权要像放风筝

128. 监控到位,才能实现授权效果最大化

真正的授权是指"放手但不放弃,支持但不放纵,指导但不干预"。监督、监控其实是对授权的度的平衡与把握,在给予足够权利的基础上,强调责任,将监督、监控做到位,授权的效果才会实现最大化。

很多人都知道"八佰伴"这个名字,作为著名的日本连锁企业它曾经盛极一时,光在中国就拥有了很多家分店。可是庞大的商业帝国"八佰伴"为什么顷刻间便宣告倒闭了呢?

"八佰伴"到了后期时,其创始人禾田一夫把公司的日常事务全都授权给自己的弟弟处理,而自己却天天窝在家里看报告或公文。他弟弟送来的财务报告每次做得很好。但事实上,他弟弟背地里做了假账来蒙蔽他。

最后,八佰伴集团的倒闭,禾田一夫"从一位拥有四百家跨国百货店和超市集团的总裁,变成一位穷光蛋"。几年后,禾田一夫在中央电视台《对话》栏目接受采访,主持人问他:"您回顾过去得到的教训是什么?"他的回答是:"不要轻信别人的话。一切责任都在于最高责任者。作为公司的最高领导者,你不能说'那些是交给部下管的事情'这些话,责任是无法逃避的。"

禾田一夫的破产在于他没有意识到监控的重要性。时代的进步需要更多的头脑来武装企业,家族式的管理已经不利于企业的发展。禾田一夫让其弟弟禾田晃昌做日本八佰伴的总裁,这本身就是一个典型的失败。在这种管理体制下,报假账已经成为难以拔出的毒瘤。

海生公司隶属于一家民营集团公司。由于集团公司业务经营规模的扩大,从2002年开始,集团公司老板决定把海生公司交给新聘请过来的总经理和他的经营管理层全

权负责。授权过后，公司老板很少过问海生企业的日常经营事务。但是，集团公司老板既没有对经营管理层的经营目标作任何明确要求，也没有要求企业的经营管理层定期向集团公司汇报经营情况，只是非正式承诺，假如企业盈利了，将给企业的经营管理层一些奖励，但是具体的奖励金额和奖励办法并没有确定下来。

海生企业由于没有制定完善的规章制度，企业总经理全权负责采购、生产、销售、财务。经过两年的经营，到2004年年底，集团公司老板发现，由于没有具体的监督、监控制度，海生企业的生产管理一片混乱，账务不清，在生产中经常出现次品率过高、用错料、员工生产纪律松散等现象，甚至在采购中出现一些业务员私拿回扣、加工费不入账、收取外企业委托等问题。

同时，因为财务混乱，老板和企业经营管理层之间对企业是否盈利也纠缠不清，老板认为这两年公司投入了几千万元，但是没有得到回报，所以属于企业经营管理不善，不能给予奖励。而企业经营管理层则认为老板失信于自己，因为这两年企业已经减亏增盈了。他们认为老板应该履行当初的承诺，兑现奖励。双方一度为奖金问题暗中较劲。

面对企业管理中存在的诸多问题，老板决定将企业的经营管理权全部收回，重新由自己来负责企业的经营管理。这样一来，企业原有的经营管理层认为自己的付出付之东流，没有回报，工作激情受挫，工作情绪陷入低谷。另外，他们觉得老板收回经营权，是对自己的不信任和不尊重，内心顿生负面情绪。有的人甚至利用自己培养的亲信，在员工中有意散布一些对企业不利的消息，使得企业犹如一盘散沙，经营陷入困境。

海生企业是一种典型的"撒手授权"。这种授权必然引发企业运营混乱。

真正的授权就是让员工放手工作，但是放手绝不等于放弃控制和监督。不论是领导者还是员工，绝不能把控制看做是消极行为，而是应该正确认清它的积极意义。

控制员工和向员工授权，两者密切相连、相辅相成。没有授权，就不能充分发挥员工的主动性；没有对员工的控制，则不能保证员工的主动性一直向着有利于整体目标的正确方向发展。

129. 相信你所选择的下属

一个大型酒店的老板，由于酒后肇事被判入狱3年。这位老板只信任他的一位吹长笛的朋友，于是将酒店交给这位朋友经营。

吹长笛的朋友上任第一天，见到的基本都是硕士、海归、博士等酒店管理人员，他们对这位吹长笛的代理老板很不屑，说："你一个吹长笛的懂什么，凭什么管理这个酒店？"这位长笛老板回答："我是不懂什么，我只懂如何让一群自己认为什么都懂的人给我赚钱！"

这个回答很经典。企业的管理者没必要什么都懂，他只需懂一件事：如何放权给最合适的人。这位长笛老板知道自己该干什么、会干什么，他把酒店的各项业务交给最有能力的人来负责，他整日好像什么都不干，但是酒店却经营得很好，并没有因为老板的入狱而出现停止。放权，让这家酒店持续行驶在正确的航道上。

在工作中，有的管理者为了管理好员工，让他们按照自己的意图去做事，就对员工的一举一动都横加干涉，企图让员工完完全全地按照自己的思维意识去工作，殊不知这样严重地影响了员工的主观性和创造性，即使能够保证完成任务，但是却大大压抑了员工的思想意识，束缚住了员工的手脚，最后造成员工工作压力加大或人才流失。

古语云："女为悦己者容，士为知己者死。"一个员工一旦被委以重任，必定会产生责任感，为了让领导相信自己的才干和能力去努力达成目标。

20世纪70年代末，美国达纳公司成为《幸福》杂志按投资总收益排列的500家公司中的第二位，雇员3.5万人。取得这一成绩的主要原因是作为该公司总经理的麦斐逊善于放手让员工去做，以调动人员的积极性，提高生产效率。1973年，在麦斐逊接任该公司总经理后，首先就废除了原来厚达22.5英寸的公司政策指南，以只有一页篇幅的宗旨陈述取而代之。

很多人反对他这样做，有人觉得有风险，毕竟政策指南是随着公司发展积累下来的，对公司业务的开展有着很好的指导作用。甚至有人当面对麦斐逊说："你不要期望所有的员工都像老板那样自觉工作。"麦斐逊依然坚持自己的做法，在他的眼里，每个员工都是值得信任的。他发布的那份宗旨简洁干练，大意如下："面对面地交流是联系员工、激发热情和保持信任的最有效的手段，关键是要让员工知道并与之讨论企业的全部经营状况；制订各项对设想、建议和艰苦工作加以鼓励的计划，设立奖励资金。"

麦斐逊的放手让员工以自己各种方式保证了生产率的增长。他曾经一针见血地指出："高级领导者的效率只是一个根本的标志，其效率的高低，直接与基层员工有关。基层员工本身就有讲求效率的愿望，领导要放手让员工去做。"

第二十八章 收放自如，授权要像放风筝

总经理让员工放手去做，就是充分信任自己的员工。管理者的授权可以营造出一种信任，让企业的组织结构扁平化，更能促进企业全系统范围内有效的沟通。权力的下放可以使员工相信，他们正处在企业的中心而不是外围，他们会觉得自己在为企业的成功做出贡献，积极性会空前地高涨。得到授权的员工知道，他们所做的一切都是有意义、有价值的。

美国通用电气公司总裁杰克·韦尔奇把授权看做管理必需的。杰克·韦尔奇的授权之道是——你必须松手放开他们。他认为，掐着员工的脖子，是无法将工作热情和自信注入他们心中的。你必须松手放开他们，给他们赢得胜利的机会，让他们从自己所扮演的角色中获得自信。当一个员工知道自己想要什么的时候，没有任何人能够挡住他前进的道路。

杰克·韦尔奇曾说："我的工作只是向最优秀的人才提供最合适的机遇，最有效的资源配置而已。交流思想、分配资源，然后让他们放手去干——这就是我的工作实质。"信任你的员工，企业的业绩才会蒸蒸日上！这也是管理者的一种高情商智慧，即敢于信任你的部属，真正做到"疑人不用，用人不疑"。如果你想你的下属能拼尽全力地去完成你交代的任务，那么就请把你的猜疑之心收起来。

作为一名管理者，只要能掌握方向，提出基本方针即可。至于细节问题，则应该让员工放手去干。这样不仅员工的潜能得到自由发挥，而且员工还能感到管理者对他的信任，从而达到更加显著的效果，使他们为公司做出更大的贡献。

其实，不管你从事什么行业，想要成功，管理者都必须创造出一种使员工能有效工作的环境。作为一名管理者，要正确地利用员工的力量，充分地相信自己的员工，给予他们充分的创造性条件，让员工感觉到领导对他的信任。

这样能有效激发员工的潜能，使他们表现出决断力，勇于承担责任并在一种积极向上的氛围中工作。在这样愉悦、上进的氛围中，员工不需要通过层层的审批就可以采取行动，参与的主动性就增强了，企业的目标会更快地实现。聪明的老板一定要学会充分授权——既然将权力下放给了员工，就要对员工充分信任，让员工在其职权范围之内，拥有足够的自主权，这样才能充分发挥其主观能动性。

一旦选择了合适的人，就要相信他，这样他才能发挥更多的能动性，充分施展自己的才华。

130. 授权也要讲究策略

授权是要讲策略的。从责、权的关联度上看，授权有两种形式：授权授责与授权留责。前者是指授权同时授责，权责一致；后者则不同，授权不授责，如果被授权者处理不当，发生的决策责任仍然由授权者承担。

一天，东京某涉外饭店的豪华餐厅里，有一位从美国来的外宾对送上来的牛排不太满意，他认为这个牛排熟得太透。于是，他叫来服务生。服务生用极其谦恭的态度认真倾听他的抱怨，之后，对他说："请您稍微等一下，符合您口味的牛排马上就能上来。"说完，服务生立即拿走牛排，继而吩咐厨房按照客人的口味另烤一块送来。

看上去，这是一件很不起眼的事情。但是，在这个事情的背后，是这家饭店正在力推的组织变革——授权管理。饭店的老板认为，服务生是直接面向客人的，应该给服务生更大的权限来服务于客人。于是，我们就看到这个场景：服务生无须请示任何人，能够自主地为客人解决问题。这样，整个饭店的运行效率就会因此而大大提高。

善于授权的管理者能够创造一种"愉悦气氛"，使员工在此"气氛"中自愿从事富有挑战性的工作，使企业出现一个和谐共事、创新共进的局面。

当总经理把权力授予员工时，应该让员工知道，他拥有的不仅仅是权力，还有与权力相匹配的责任。授权的同时，强调权责一致，不仅能够避免因为权责不一致而出现的滥用职权的情况，还可以培养员工勇于承担责任的能力。

某一书店店长为了激发员工的工作激情，决定在书店内部推行"授权管理"，将管理权限下移。他规定："各部门都可以在各自的职责范围内处理部门业务，只要是有利于书店业务发展的，不需要请示便可以自行决定。"这个店长原以为自己授权后可以轻松下来，不用再事必躬亲，然而让他始料未及的是，"授权令"一下达，反而给书店的管理工作带来了很大麻烦。表现最为突出的是，很多部门不是专心致力于书店业务的发展，而是相继制定起保护各自利益的"游戏规则"来。

比如，书店的采购部为了不受监督不再执行以前的"采购请示"制度，根本不征询销售部意见就直接决定采购的类别和数量，最后造成了大量图书滞销，销售部门意见很大；而销售部门在制订图书促销计划的时候，也不再会同别的部门一起协商，为促进业绩，他们频繁促销，甚至独断专行地降低图书折扣。虽然销售业绩扩大了，但书店的利润却下滑很多。

从这个例子我们看出，在书店适宜推行"授权授责"，即使被授权者有责任、压力，这样才可增强使用权利的责任感，避免出现滥用权力的现象。

在授权过程中应注意以下几个问题。

（1）明确目标责任是授权的前提，没有目标责任的授权，是无原则的授权，这样的授权无济于管理效益的提高和目标的实现。

（2）授权不是下放领导者的所有权力。授权的适度应掌握在能及时掌握全面信息、控制局面的前提下，通过授权发挥各级的积极性。重大方针政策的监督检查权、决策权、例外事项的决策权不应下放；否则，授权就成了放弃领导。

（3）授权的同时必须要明确指挥关系，建立信息反馈制度，规定下级应汇报的内容、时间及形式等。

（4）下级在行使权利中出现失误时，不应一味责备下级。授权是把职权委让给下级，它意味着容许员工犯一些错误，但是应该把全部责任留给自己。领导者要善于耐心指导，坚持激励的原则，热心地帮助下级。

授权是一门艺术，如果授权运用得好，不仅可以使管理更为有成效，而且可以调动员工在工作中的主动性、积极性和创造性，提升企业的运行效率。

131. 放权有度，才能达到最好效果

南宋初年，面对金朝人的大举入侵，当时号称名将的刘光世、张浚等人，只会一味地避敌逃跑，而不敢奋起反击。这一方面因为他们天生患有软骨病，另一方面因为他们官已高，位已尊，以为即使立了大功，也没有更大的升迁。他们便安于现状，什么国家利益、民族利益，在他们心目中根本不占什么地位。

当时岳飞入伍不久，虽然已崭露头角，但毕竟还没有太大的名望和地位。只有他在和金人进行着殊死的战斗。当时有个叫郡缉的人，上书朝廷，推荐岳飞，那封推荐书写得很有意思：

"如今这些大将，都是富贵荣华到了头，不肯再为朝廷出力了，有的人甚至手握强兵威胁控制朝廷，很是专横跋扈，这样的人怎么能够再重用呢？

驾驭这些人，就好像饲养猎鹰一样，饿着它，它便为你博取猎物，喂饱了，它就

飞掉了。如今的这些大将，都是还未出猎就早已被鲜汤美肉喂得饱饱的，因此，派他们去迎敌，他们都掉头不顾。

至于岳飞却不是这样，他虽然拥有数万兵众，但他的官爵低下，朝廷对他也未有什么特别的恩宠，是一个默默无闻的低级军官，这正像饥饿的雄鹰准备振翅高飞的时候。如果让他去立某一功，然后赏他某一级官爵，完成某一件事，给他某一等荣誉，就好像猎鹰那样，抓住一只兔子，便喂一只老鼠，抓住一只狐狸，就喂它一只家禽。以这种手段去驾驭他，使他不会满足，总有贪功求战之意，这样他必然会为国家一再立功。"

这位郡缉将岳飞看成一个贪功求利的人固然不妥，但他在推荐书中涉及的两种封官的手段却对我们有所启示：一是分割封官的过程，不能一步到位；二是封官不能一步到位，而且最好永远不要到位。

放权就像商品交换，给多了，他会觉得一切来得太容易。他会进一步向你要吃的，可以是光明正大，也可以是暗地里蚕食。慢慢地给他，可以随时考验他的能力。

目前，各种行业中，销售的水平是相对较高的，为什么呢？因为它的计薪方式一般都是底薪加提成，或者就没有底薪，直接算提成，这样更能调动销售员的积极性，激发团队的活力，因为这种计薪方式激发了人们追求利益的欲望，会让员工更积极工作。

作为一个管理者，在授权时必须放权有度，因时、因事、因地、因境、因条件不同而确定授权的方法、权限大小、内容等。比如，对刚进来缺乏工作经验的新人，一般只交给他们最基本的事务性工作，到他们具有相当经验和技能时，可将一些重要的工作交给他们做。

此外，你还需要定时追踪进度，给予他应得的赞赏与具有建设性的回馈，并且传达关心之意，必要时提供员工需要的协助和指导，以防自己成为一个空壳领导，对下面的情况一无所知。对于权力过大，企图隐瞒情况、制造假象、蒙骗过关的助手，采取行动一定不能有任何的犹豫。放权不是不加监控的给予，在给予的同时，还需要进行控制，这样才能使他手上的权力不至于对自己造成威胁。

给下属权力如同商品交换一样，"得一兔则饲以一鼠，得一狐则饲以一禽"，这样才能达到最好的效果。

第二十九章
柔性管理，拢住员工之心

132. 要学会爱护员工

员工跟企业的关系不仅仅是物质上的雇佣与被雇佣关系，还应该是和谐、共同发展的"友谊关系"。维系这种"友谊"的纽带就是企业要给员工一种"企业就是家"的感觉。

总经理把员工当做自己的亲人一样看待，在一种融洽的合作气氛中，让员工自主地发挥才干为企业贡献自己最大的力量，创造最好的效益。

在爱护员工方面，我们老一辈军事将领做得最好。

比如，朱德总司令爱护战士是有名的。在多年的行军作战中，每到一个新的宿营地，朱德总是关心野外警戒的同志吃得饱不饱，穿得暖不暖，有没有热水洗脚，有时，还帮炊事员支炉灶安排大伙儿的生活。又如，皮定均将军，他爱骂人，官越大骂得越狠，但从来不骂士兵。有一次皮定均视察部队，看见一位哨兵的军大衣少了一颗纽扣，马上命令营长跑步取来针线，为哨兵钉上纽扣。

"严是带兵之道，情是带兵之本"，带兵需要真情，这样的管理才有更多的人情味与更大的凝聚力。中华民族有着"报恩"的传统美德，如"受人之恩，终身必报""滴水之恩，涌泉相报"。

总经理关心爱护员工，员工肯定会给予足够的感激和报答的。企业家越是关心、爱护员工，员工们就会更加拼命地为企业效力。

英国的克拉克公司是一家很小的公司，它的业务只不过是为顾客给草坪施肥、喷药。但它的经营思想、管理方针却十分独特，许多专家称它是唯一一家真正体现"爱的思想"的公司。正是这种"不合常规"，强调"爱"的经营思想和方式，使公司获得了巨大成功：克拉克公司创业时只有5名职工，2辆汽车，10年之后，已有5 000名职工，营业额达到3亿英镑。

公司创始人克拉克的老父亲传给公司一个信条："员工第一，顾客第二，这样做，一切都会顺利。"克拉克公司一直坚持这个信条，对员工如同家人一般，为用户尽心尽力地提供服务。在克拉克公司，喷药、施肥的工人被尊敬地称为"草坪养护专家"，是公司里最为重要的人。

老板克拉克关心工人，是由于内心的感情，而不是装腔作势，或沽名钓誉。一次，克拉克提出购买一个废船坞，想把它改建为公司职工的免费度假村。公司高级财务管理人员通过细致地计算，发现这个计划超过了公司的实际支付能力，他们费了好大劲，才说服克拉克放弃这个购买行动。可是，没过多久，克拉克又要在一片沙滩上修建职工度假村，财务人员再次劝阻了他。后来，克拉克瞒着公司高级管理人员，买下一条豪华游艇，让职工度假；又包租了一架大型客机，让工人去外国旅游。事后，主管财务的副总裁说："克拉克要我签字时，根本不知道我是否付得起这笔钱！可是我看到那些从未坐过飞机的工人，上飞机时的表情后，我再也无话可说。"在克拉克眼里，员工开心，他才会开心。

爱的精神即爱你的顾客、爱你的员工，尽心尽力使他们满意。沃尔玛领导人不无感慨地说：企业谁是第一，顾客！但是要想让沃尔玛的所有顾客都被当成上帝的话，我们就必须善待和尊重我们的员工。

"爱出者爱返，福往者福来"。给人以爱，赐人以福，而最终爱心和福祉又会回到企业身边，何乐而不为？

企业要学会爱，最主要的体现是作为管理者的总经理要学会爱公司的员工。

133. 让员工心情愉悦

如果一个企业的大部分员工长期都在不快乐的状态下工作，那么他们的工作主动性，即创造力和变革能力都会丧失掉，从而没有自己的想法。

员工没有活力给企业带来的直接影响就是这个企业整个的创造力、革新能力都受到损害。一位失败的企业家在总结企业为什么失败时这样写道："员工是公司的命脉，不注重这个命脉，不使员工因为工作而感到快乐，员工就会使企业因为失败

第二十九章 柔性管理，拢住员工之心

而感到不快乐。"

一位销售总监因为不注重领导方法，致使团队成员意见很大，工作情绪不高，当年这个团队的业绩跌到历史最低。后来，她反思了自己的领导方法，并真诚地做出了很大改变。她说："这个改变的结果，是使自己不论是与员工的交流还是与家人的交流，能够真的静下心来听他们说什么，通过不断地听与问，帮助他们从中发现问题，从而使他们自己找到解决问题的答案和方法，提高了他们的能力，使他们有了成就感，更加感受到了一种被关注和尊重，因而激发了他们的工作热情和主动负责任的意识。"因为她的改变，团队的工作氛围发生了根本性变化，大家爱上了公司，爱上了工作，业绩一下子从最低谷直接升到历史最高峰。

微软就是特别注重工作氛围的企业，比尔·盖茨深知工作氛围的重要性，他将微软工作氛围的建立放在以下两个方面。

第一个方面是舒适的工作环境，这包括了自然环境和人文环境。微软的研究所被称为"campus"，这与"大学校园"的英文单词是一样的，也正是微软自然环境的真实写照。在微软的研究所内，不仅拥有大量鲜花、草坪的园区，还有美丽的比尔湖，篮球场、足球场更充满校园气氛。舒适的自然环境，造就了微软优雅的工作环境，同时也成就了微软员工的高效率工作。

第二个方面就体现在人与人之间的工作交流上。微软的做法很有特色。比尔·盖茨认为，交流是一切沟通的核心，是解决问题的有效途径以及团队精神的体现。在微软中，最典型的沟通方式是"白板文化"。"白板文化"是指在微软的办公室、会议室，甚至休息室都有专门的可供书写的白板，以便随时可记录某些思想火花或建议。这样一来，有任何问题都可及时沟通，及时解决。白板文化不仅使员工充分得到了尊重，而且使交流成为了一种令人赏心悦目的艺术。

看着美丽的风景，享受着舒适的环境，感受着轻松自在的工作氛围，员工们自然心情愉悦，工作的效率得到大大提高。比尔·盖茨曾说过："我们有意营造一种校园般的感觉，这样会让员工产生亲切感和归属感，为他们创造一个舒适、亲切的工作氛围。"他甚至将微软的总部直接称呼为"微软校园"。

和微软一样，西南航空公司也在竭力为员工创造快乐。哈佛大学一项调查研究证实：员工满意度每提高3个百分点，顾客满意度就能提高5个百分点。人在客观上是不可能不受情绪影响的。当一个人的情绪处于"乐起来"的状态，就能充分调动他的主观能动性，以积极的姿态接受任务，以饱满的热情投入工作。

总经理一定要学会如何使你的员工快乐起来,从而调动他们的工作积极性。

134. 对员工心存感恩

作为总经理,也许你会感谢经销商、供货商,感谢生意场上帮助过自己的三朋四友或官员,感谢自己的顾客上帝,但是很少会有人想到感谢一下自己真正的衣食父母——员工。其实,员工恰恰是你最应该感谢的人,因为企业所有的财富都是由员工创造的。

对于现今的企业来说,竞争其实就是人才的竞争,人才来源于企业的员工。作为总经理,只有提供更好的平台,员工才会愿意为企业奉献更多的力量。员工好了,公司才能发展好。企业就是一个磁场,总经理与员工只有互相吸引才能凝聚出更大的能量。

曾经有这样一篇报道:某个体汽修厂负责人责令两名员工在寒冷冬夜里脱光衣服互相殴打,致使一名员工死亡。事情的起因是汽修厂员工张某和钱某在修理客户汽车时不小心将车门上一块玻璃打碎了。企业负责人知道后火冒三丈,强迫张某和钱某光着身子在院子里互相殴打,并不断往两人身上泼热水。

这位狠心的老板命令他们:"谁打赢了谁才能回屋穿衣服!"迫于老板的淫威,两人打了起来。张某被钱某打倒在地后,老板又用棍子朝张某身上抽打,随后又逼张某在屋外站着。当日夜里,张某浑身抽搐,嘴唇发紫,口吐白沫,不幸猝死。当地法院做出判决,个体老板犯故意伤害罪,判处死刑;钱某系胁从犯,判处有期徒刑3年。

虽然像案例中这样毫无人性、残暴变态的老板为数不多,但是对员工缺乏感恩之心的老板为数不少,他们完全把自己当成了员工的"救世主",而把员工视为可任意欺侮、践踏、盘剥的对象,于是总以高高在上的态度去对待员工。

他们不但对员工的问题抱以漠视麻木态度,还反倒损害员工的利益。但凡这样的企业,都是绝不会有前途的,因为没有人愿死心塌地为冷血企业去卖命。

员工是企业最重要的合作伙伴,没有了员工的忠诚,企业要想发展壮大,其可能性不言而喻,所以一个企业能否诚信于员工、是否感恩于员工是它发展壮大的重要因素。

沃尔玛的公仆式领导一直都很有名。早在创业之初,沃尔玛公司创始人山姆·沃尔顿就为公司制定了三条座右铭:顾客是上帝、尊重每一个员工、每天追求卓越。沃尔玛是"倒金字塔"式的组织关系,这种组织结构使沃尔玛的领导在整个系统的最基层,员工是中间的基石,顾客放在第一位。沃尔玛提倡"员工为顾客服务,领导为员工服务"。

在沃尔玛领导者眼里,员工不是公司的螺丝钉,而是公司的合伙人,他们尊重的理念是:员工是沃尔玛的合伙人,沃尔玛是所有员工的沃尔玛。在公司内部,任何一个员工(包括总裁)的铭牌上都只有名字,而没有标明职务,大家见面后无需称呼职务,而是直呼姓名。沃尔玛领导者制定这样制度的目的就是使员工和公司就像盟友一样结成了合作伙伴的关系。沃尔玛的薪酬一直被认为在同行业不是最高的,但是员工却以在沃尔玛工作为快乐,因为他们在沃尔玛是合伙人,沃尔玛是所有员工的沃尔玛。

在物质利益方面,沃尔玛很早就开始面向每位员工实施其"利润分红计划",同时付诸实施的还有"购买股票计划""员工折扣规定""奖学金计划"等。除了以上这些,员工还享受一些基本待遇,包括带薪休假,节假日补助,医疗、人身及住房保险等。沃尔玛的每一项计划几乎都是遵循山姆·沃尔顿先生所说的"真正的伙伴关系"而制定的,这种坦诚的伙伴关系使包括员工、顾客和企业在内的每一个参与者都获得了最大程度的利益。沃尔玛的员工真正地感受到自己是公司的主人。

员工的汗马功劳才是企业生存发展的命脉,如果不是员工们把企业当成自己的事业那样真诚地付出,如果没有员工们同甘共苦地挥洒血汗,企业就不可能有财富创造与积累,也就必然不会做大做强。

中国人常讲:"你敬我一尺,我敬你一丈。"那么,稍有理性和良知的企业家及凡是希望前程广阔的企业,随时对员工抱以感恩态度,也就是理所当然的。

员工和企业血脉相连。企业只有把员工当成宝贵财富,员工才能为企业不遗余力地创造财富;企业只有对员工多加珍惜,常抱感恩情怀,并以具体行动向员工感恩,员工才能以主人翁的姿态回报企业。一座气势宏伟的大厦是由一块块坚固的砖堆砌而成的,同样,一个好的企业是由一个个优秀的员工组成的。员工的每一个行为都影响着企业的生存发展。

作为一个企业,需要通过员工的共同努力去实现最终目标,所以总经理一定要感谢员工,而不是要员工来感谢你。

135. 创造"以和而兴"的管理境界

全球最为著名的手机制造商摩托罗拉就是一家深刻领悟"以和而兴"内涵的企

业。摩托罗拉在裁员方面，天才般地创造了有情裁员制度，将裁员变成一个协商的过程，尽可能对员工做到尽心尽力的照顾，直至员工找到下一份工作。这个制度保证了包括离开摩托罗拉公司的任何员工对公司不仅没有任何怨言，而且心存感激。

摩托罗拉裁员的步骤是：首先将员工召集起来，告诉大家需要裁员几个人，每个部门有几个人离职，让所有员工都明白整个过程。人力资源部门会和被辞退员工进行单独沟通，向员工说明职位削减、工作交接的原因，并推荐员工到公司的其他部门去。公司还会为员工开设一些培训课程，指导被裁员的员工去寻找新的工作。

正是凭借这种人性化的做法，摩托罗拉的员工感受了极大的激励，和企业建立起了亲密的关系，也为摩托罗拉建立起了长远的人力资源储备，从而实现了管理者和员工之间的完美和谐。

同样"以和而兴"的企业还有日本的索尼公司。作为全球领先的电子公司，其成功方法多少年来一直被广为研究、学习。

索尼公司从"二战"后由一家仅有20人的小作坊一跃而成为如今年销售额达到300亿美元的大型跨国公司，与它不断创新、依靠科技的理念是密不可分的。但是，索尼的创始人盛田昭夫更为看重员工的价值，他认为"不管企业有怎样的创新都离不开员工的贡献"。

索尼内部有一个政策：不管什么职位、不论身在何处，只要是索尼的员工，就是大家庭中不可分割的一份子。在索尼，管理者和员工之间相处融洽，好像一家人。不管是管理人员还是普通工人，都在同一个食堂吃饭，都穿同样的工作服，都有权利对企业的工作提出自己的看法和建议。

尽管公司变得越来越大，但盛田昭夫却一直坚持与各个层次的员工进行密切的接触。有一次，他发现一个小伙子闷闷不乐，就走过来耐心询问。听说他是因为自己的意见得不到上司的注意而苦闷，盛田昭夫马上重视起来，他组织发行了一份内部周刊，及时通报各部门的工作情况，并建立了畅通的内部信息流动制度。

一个和谐的企业必须达到企业管理公平透明、内部制度科学合理、组织运作协调高效、各项流程高度健全、执行坚强有力。只有这样，企业的内部运作和控制体系才能够发挥积极的作用，企业才能充满生机与活力。

在惠普公司，对人的重视是管理中最重要的一个方面。惠普公司采用了开放式的管理。

惠普公司成立18年以来，公司都没有设立专门的人力资源部门，为的是管理者和员工之间保持高度的亲密接触和频繁的互动联系。直到1957年，惠普公司才成立了人事管理处，但是惠普公司的创建者比尔·休利特为它慎重地确定了角色和职能——人事管理处是只用来支持管理工作，而不是取代。

惠普公司没有一间办公室（包括首席执行官在内的）是装有门的。在公司里，所有的人都以名字相称，而不是称呼职位。公司鼓励员工用最简单明了的方式进行沟通和交流。员工不管遇到任何问题，都可以找到管理者进行交换意见。公司的实验室备品库是开放式的，工程师不仅可以在工作中随意使用这些备品，甚至可以把它们拿到家里去供私人使用，在这样的充分信任下，所有的员工都把公司当成大家共同的家。

更为业界所津津乐道的是，在1976年惠普公司在波布林根工厂实行了弹性工作制，惠普人事政策的主要原则是利益分享，公司里没有时间表，不进行考勤。现在，这样的工作方法已经在惠普公司的大部分工作岗位上广泛使用。员工和管理者一起分担制定和达到目标的任务，并且通过股票购买计划分享公司所有权、分享利润、分享个人与专业发展的机会，甚至分担因营业额下降所引起的困扰。

显然，惠普领导者所做的一切都是为了创造"和"的管理境界。在这样的管理方式下，公司对员工充分信任，和员工以合作伙伴的关系共同发展，所以，员工也以同样的信任回报了公司，和公司同甘苦共患难。

在利益一致的基础上，公司和员工的利益都在同步提高，从而达到了双赢的目的。

和谐管理能够在员工和管理者之间建立良好的合作伙伴关系，它使公司和员工成为一个利益共同体，从而实现公司和员工双赢的目的。

136. 和谐管理的秘诀在于尊重

在微软这个计算机软件帝国里，对人的尊重被放在了首要位置。每一个细节都体现着对员工的重视。为员工提供自由表达的机会，微软设立了个性化的办公室，设立了弹性工作时间，虽然他们的价值观没有任何的口号和标语，也没有像英特尔那样印在每一位员工的铭牌上，但是他们的价值观已经深入到企业生活的点滴之中。每一位员工都对自己的本职工作有着强烈的兴趣，他们各司其职又高度合作。他们通过不断地创新来体现个人价值，也对企业发展形成推动力量。所以在微软公司，每一位员工都在为实现个人价值、追求顾客满意和承担社会责任而不懈努力着。尊重员工，创造"和"的氛围，为微软带来强大的"软"实力。

现在企业间的竞争，主要体现在人才之间的竞争。尊重员工不仅是提高企业整体竞争力上最为重要的一环，也是保证企业实现可持续发展的动力之源。因为尊重员工，才能充分调动员工的创造性和主人翁精神，从而使企业积聚巨大的竞争能量，在促进员工实现企业内部绩效优化的同时，在外部市场上实现经济效益最大化。

3M公司的许多做法值得推崇。在这家全球知名的跨国企业内部，他们在尊重员工方面有着一个非常著名的原则：不必询问、不必告知，充分尊重员工的隐私。这个原则就是天条，任何管理者都必须遵守。管理者鼓励员工做他们想做的事，而不要求详细了解员工的工作细节。正是由于这种宽松的管理方式，3M公司员工的创新得到了极大可能的自由发挥。

在3M公司，技术人员可以花15%的时间在他自己选择的项目上。他们甚至会尝试那些没有被主管认可的想法。曾经有一位叫理查德·德鲁的年轻员工，他在试验一个项目时，被3M公司前CEO威廉·麦耐特看到，威廉·麦耐特认为这个项目既浪费时间又浪费金钱，出于对工作的负责，他出言建议理查德停止下来。但理查德完全没有理会威廉的意见，甚至还对他干涉自己的工作向别的领导表达不满。正是由于理查德的坚持，他为3M公司带来了一项突破性的产品。这个产品为3M公司带来了巨大的经济利益。

这就是尊重员工带来的回报。当然，尊重员工并不是要求管理者放弃所有的规则和制度，相反，应该保持必要的原则性。美国著名玛丽·凯化妆品公司的成功曾经被世人认为是个奇迹，在谈到自己的成功经验时该公司的总裁玛丽·凯说："我管理的金科玉律是：你们希望别人怎样对待你，你们就怎样对待别人。"她认为最重要的是要让员工感受到你在尊重他们，不过，在如何尊重这一点上，玛丽·凯却有自己的理解，她认为尊重人绝不应该是无原则的，对一个表现出明显缺点的员工，一味迁就和让步就等于毁了他，这时候，严厉和原则倒往往是一剂良药。

打造"和"的管理境界，是要实现管理者既要"少管理"，又要"管得住"；既要让员工感受到充分的尊重，又要促进企业的长远发展。在实施管理过程中，总经理要强调员工的重要性，并尽可能弱化自己，采用柔性的管理方式，把每一位员工都放在十分重要的位置上。

但这并不是说，管理者就需要讨好员工。和谐是指双方彼此尊重，只有彼此尊重才有进一步的团结合作。管理者的秘诀是尊重人,但是,即使是在柔性的管理方式下,也要有刚性的制度。管理者在实施管理过程中,可以采用灵活的方法,但一定要坚持原则,令行禁止,在制度面前人人平等,这是管理中必须遵守的规则。

要想实现"和"的管理境界,其根本方法在于企业管理应以人为本,尊重人性。

137. 不要让员工在你面前如坐针毡

人越是紧张,越是难以发挥水平。大家一定还记得2004年雅典奥运会上最为离奇的一幕。

2004年8月22日,在雅典奥运会男子步枪3×40决赛还剩最后一枪未打时,美国人埃蒙斯领先中国选手贾占波3环,位居第一。贾占波率先发枪,10.1环。这意味着,埃蒙斯只要不打出低于7.1环的成绩,就会将金牌收入囊中。然而,就在人们以为埃蒙斯将稳稳夺冠时,意想不到的事情发生了。

埃蒙斯最后一枪扣过扳机后,屏幕上并没有显示出他的成绩,莫名惊诧的埃蒙斯露出难以置信的表情。经过裁判的认真检查,最终发现埃蒙斯竟然打错了靶位,站在2号靶位的埃蒙斯由于过于紧张,最后一枪竟然打到了3号靶位上。结果裁判一致判定埃蒙斯最后一枪为0环,唾手可得的金牌戏剧性地落到了中国选手贾占波的手中。原来金牌几乎到手的埃蒙斯由于最后一枪没有成绩,只排第8名。

职场虽然没有奥运赛场上那么激烈,但是员工在紧张状态下工作,一定会影响效率。公司管理者不是老虎,所以一定要摒弃掉老虎像,不要让员工在你面前忐忑不安,如坐针毡。

一家著名的制药工厂召开了管理人员会议,会议的主题是"关于人才培训的问题"。会议一开始,总经理就用他那铿锵有力的声音提出意见:"我们公司根本没有发挥人才培训的作用,整个培训体系如同摆设,虽然现在有新进员工的职前训练,但随后的在职进修却成效甚微。员工们只能靠自己的摸索来熟悉自己的工作,因而造成公司的员工素质普遍低下、效率不高,很难与公司的发展需要相适应。"总经理的话让大家觉得很不安。这个会议本来是为了讨论如何改进培训制度的会议,但是由于总经理一上来就责备大家,所有参会的管理者都明哲保身,集体保持沉默。

最终这个会议没有取得结果。几日后，公司副总经理重新把公司管理人员召集在一起。他并没有向总经理那样采用责备的口气，而是用一种协商的语气同大家沟通。他说："这半个月我对公司的员工培训进行了抽样调查，结果发现它真的没有发挥其应有的功效。所以，今天召集大家开会是想讨论一下应该怎样改变目前人才培训的方法。请大家集思广益、畅所欲言吧！"副总经理的话一出口，大家就你一句、我一句地提建议。会议很快形成了改进决议。

生活的逻辑就是这么怪。有时，人们为了达成一个目标，拼命地给自己或下属加压，结果却适得其反，不仅目标没有达到，反而把事情办糟。

惠普公司创建了一种独特的管理方法，他们称这种方法为"周游式管理方法"，其核心词语：自由、开放、尊重。他们创建了"敞开式大房间"办公室，所有员工都在一间敞厅办公，各部门之间只有矮屏分隔，无论哪级领导都不设单独办公室，同时也不称呼职衔，对董事长也直呼其名。

惠普公司倡导所有公司管理者都要深入基层，接触广大员工，这样有利于公司上下左右通气，创造无拘束合作氛围。在这样的公司里面，即便是在公司董事长面前，一个普通的员工内心都不会丝毫感到紧张。越是不紧张，越能充分表现出自己的才干，越能创造好的业绩。而员工业绩越好，公司越能得到发展。

总经理不应该使员工长期处在很大的压力下工作，而应设法调动其积极性，使其把工作当成一种享受，主动、快乐、创造性地工作。

138. 用求教的方式给下属以自重感

以帮忙引以为傲，这在我们的生活中几乎是随时都可以碰到的事情。举个小小的例子，就说问路，陌生人不识路，就要请人帮忙指路。只要问路的人礼貌，说声"请问"，对方就会很高兴地、很耐心地给你指路。如果问路的人的社会、经济地位比自己高，"请问"的语气又十分诚恳，还会感到这是一件乐事。如果被问的同时有好几个人在，这些人准会都立即回答，其中必有一个用较高的声音压住别人的声音，他要独自一个人享受帮助地位比他们高的人的快乐。回到家里，也许还要详细地告诉家人，让其他家庭成员也来分享他的快乐。这说明，帮助别人是一种快乐和骄傲，帮助

第二十九章 柔性管理，拢住员工之心

地位比自己高的人，更是一种快乐和骄傲。下属如果有帮助你的机会，当然会感到快乐和骄傲。

求下属帮忙，无论这个下属原来与你的关系如何，都能给他一种扎扎实实的自重感，而且无形中使他觉得他在整个单位有了位置，至少使他明显地觉得他是单位一重要的分子。如果领导请求他在某方面保密，或者提点参谋意见、出点主意，会使他感到这是对他的信任，对他的器重。如果领导请他帮忙的是知识和技术方面的问题，会使他感到这是对他知识、技术的赞美和肯定。所以，领导求下属帮忙的问题，只要是下属力所能及的，没有不乐意帮忙的。在知识方面，领导如果能虚心向下属求教，下属没有不乐意指教的。这样做，不但可以增加领导者的知识，而且更重要的是可以增进领导与下属之间的感情，激励下属的精神和意志。

当然，领导者求下属帮忙，必须要掌握真诚的原则。否则就失去了这样做的意义和作用了。具体来说，领导者在求下属帮助时应当注意以下几点。

（1）求人之长。如果求下属帮忙的正好是他没有的，会使他感到难堪。因为有些事情，不解释又不好，解释了又解释不清楚，这种时候很难堪。难堪的滋味是很不好受的，它能影响人的情绪和意志。所以，在求下属帮忙时，事先要做点调查研究，不要造成尴尬的局面。

如果求下属帮忙的事情不是他的所长而是他的所短，则更使人难堪，还有可能引起误会——你在变法子揭他的短：你如确实需要人帮忙的话，为何偏偏找上我来呢？一个人的"短"是不轻易袒露的，"护短"是人之常情。如果你偏要揭"短"，不管你有意也好，无意也好，都只能招来怨恨。相反，一个人的"长"一般都是随时想显露的，用人所长，这是最使人自豪、惬意的事情，何况是求人所长呢？

（2）求人之好。求下属帮忙的事，一定要是他所爱好的。我们常说，不能"强人所难"。一个人不高兴做的事情，是很难做好的。如果求下属做的事是他不喜爱做的，你又以领导的身份出现，实际上就是"求"人所难。"求"人所难的事情，要么是做不出来，就是做出来了，也是在不高兴，甚至痛苦的心境下做出来的，这怎么能增进感情，怎么能激励下属的精神和意志呢？

（3）求人以诚。求下属帮忙，一定要是真真实实的需要，不能实际不需要而用这样的方法去试探、"考验"你的下属；否则，就只能使你的下属看出你的虚伪，看出你的狡诈，甚至觉得你很卑鄙。

求下属帮忙，只要不出于卑劣的目的，就不应该以之为耻，要坦诚相求。越是这样，下属就越觉得彼此的心贴近，也就越乐意帮忙；否则，躲躲闪闪，下属就会觉得你缺乏诚意，他也就不诚心帮忙。

139. 加强与员工之间的情感交流

在有些总经理眼里，员工都是靠不住的，或者说，员工都不能成为朋友。这些总经理都是很务实的经济理性人，他们把与员工的关系牢牢定位在经济关系上，即我购买你的劳动，付给你工资。除此之外，似乎毫无感情瓜葛。这些人处处以利益为先，管理缺乏情感，结果是难以获得员工的忠诚。

很多国际上的知名企业非常注重对员工的人文关怀，加强与员工之间的情感交流，从而激发员工的工作热情及对企业的忠诚。

通用汽车公司总裁斯通努力培养全体职工的"大家庭感情"的企业文化，公司领导和职工都要对该企业特有的文化身体力行，爱厂如家。从公司的最高领导到各级领导都实行"门户开放"政策，本厂职工随时都可以进入他们的办公室反映情况，对于职工的来信来访能积极负责地妥善处理。

不仅如此，公司的最高首脑与全体职工每年至少举办一次生动活泼的"自由讨论"。通用汽车公司像一个和睦、奋进的"大家庭"，从上到下直呼其名，无尊卑之分，公司成员互相尊重，彼此信赖，人与人之间的关系融洽、亲切。

1990年2月，机械工程师伯涅特在领工资时，发现少了30美元，这是他一次加班应得的加班费。为此，他找到顶头上司，而上司却对此事无能为力，于是他便给公司总裁斯通写信："我们总是碰到令人头痛的报酬问题。这已使一大批优秀人才感到失望了。"斯通立即责成最高管理部门妥善处理此事。

3天之后，公司有关部门补发了伯涅特的工资，事情似乎可以结束了，但通用汽车公司利用这件为职工补发工资的小事大做文章。第一是向伯涅特公开道歉；第二是在这件事情的带动下，了解那些"优秀人才"待遇较低的问题，重新调整了工资政策，提高了机械工程师的加班费；第三，向著名的《华尔街日报》披露这一事件的全过程，在美国企业界引起了不小轰动。

第二十九章　柔性管理，拢住员工之心

事情虽小，却能反映出通用汽车公司的"大家庭观念"，反映了员工与公司之间的充分信任。通用的成功之处在于抓住了情感管理的要素，在员工与企业间搭建互信的桥梁，上下一心，众志成城。

从某种程度上来说，员工的心是"驿动的心"。员工的需求也随着人力资源市场情况的涨落和自身条件的改变在不断变化。日本的日立公司针对公司员工年轻化的现状，为满足员工情感需求在公司内成立"婚姻介绍所"。

善于把公司看作大家庭的日本，很重视员工的婚姻大事。日立公司就设立了一个专门为员工架设"鹊桥"的"婚姻介绍所"。当新员工进入公司后，可以把自己的学历、爱好、家庭背景等基本情况输入"鹊桥"电脑网络。当某名员工递上求偶申请书，其他人便有权调阅电脑档案，申请者可以利用休息间坐在沙发上仔细翻阅这些档案，直到寻找到满意的对象为止。

一旦他被选中，联系人会将挑选方的资料传送给被选方，被选方同意见面，公司就为两方安排约会。约会后双方都必须向联系人汇报对对方的看法。日立公司人力资源部门的管理人员说："由于日本人工作紧张，职员几乎没有时间寻找合适的生活伴侣。我们很乐意为他们帮这个忙。这样做能起到稳定员工、增强企业凝聚力的作用。"

如果是公司内元老级员工的婚礼，"月老"会一手操办的，而来宾中70%都是新婚夫妇的同事。员工感受到了家庭的温暖，自然能一心一意地扑在工作上。由于这个家是公司促成的，员工对公司就不仅是感恩，还油然而生了一种鱼水之情。毫无疑问，这样的管理成效是一般意义上的奖金、晋升所无法比拟的。

利益杠杆虽然是管理上的一种重要平衡手段，但不是万能的，需要在管理中注入情感成分。将企业培养为一个大家庭是一种"高情感"管理方式。企业未来所面临的竞争是激烈和残酷的，更需要这种"高情感"管理方式来凝聚人心，拢聚人才。

要真正获得员工的心，总经理首先要了解员工的所思所想，进而满足他们内心的需求。

第三十章
引进人才，激发团队活力

140. 利用团队内冲突管理团队

团队要和谐，但一定不要和气。在和气的团队中，同事之间关系会向朋友一样融洽，但过分的和睦可能会使不良的工作绩效得到宽容，因为没有人想指责或解雇一个朋友，朋友们往往不愿相互争执或批评，使团队缺乏斗志和竞争性。

当年，梅克如果不把团队搅起来，不让团队的竞争性表现出来，《福布斯》恐怕早已如同那些陨落的杂志一样湮灭在历史的深处。

大卫·梅克是一位才华横溢的编辑，可是他当总编时的管理方式却叫人难以接受。他对待下属从不留情面，而且总是一副冷冰冰的模样。尤其是他总是让团队成员感觉不安，总是会时不时地解雇一些表现不好的员工，逼得每一个编辑不得不为了饭碗竭尽全力地追求工作的完美。

有一次梅克说要解雇一个人，有位员工实在太担心、太紧张，最后忍无可忍就直接去找大卫·梅克并问道："大卫，你要解雇的是不是我？"大卫·梅克慢悠悠地说："本来我还没有想好是谁，不过，既然你提醒了我，那么就是你了。"于是，那位员工当场就被炒了鱿鱼。所有的人都为了保住自己的职位而认真工作，那些工作信心不是很强的人，总是会不断地挑出别人工作的不足来向梅克汇报，从而体现自己存在的价值。而那些能力很强的人，能够理解梅克的用心，知道梅克一切都是为了工作，所以他们在指责别人肆无忌惮，因为他们是以使工作更完美为出发点。

梅克的管理方式得到了老板的认同，布鲁斯和福布斯两位总裁都很信任他，并且委以重任。因为他们知道，大卫·梅克的鲶鱼式管理方法一定会为《福布斯》带来巨大的成就。大卫·梅克的确不负众望，他对《福布斯》的最大贡献就是为《福布斯》赢得了声誉。正是由于大卫·梅克的超人才干和独特的管理方法，《福布斯》的销售量和知名度才会得以节节上升。1964年,《福布斯》的销售量已达到40万份,与当时的头号人物《财富》和《商业周刊》并驾齐驱。

冲突双方或各方之间不同的冲突意见和观点的交锋打破了沉闷单一的团队气氛,冲突各方都能公开地表明自己的观点,且在这种交流中,不存在安于现状、盲目顺从等现象,冲突激励着每个人都去积极思考所面临的问题,从而易产生许多创造性思维,整个团队充满活力。这种活力能够保证团队在市场上的竞争性。

除此之外,团队内的冲突还是创新的重要源泉。冲突可以使一个团队在冲突中修正自己,克服缺点,提高认识,促进团队的创新,从而获得更大的进步。另外,团队内的冲突还对新规范和新制度的建立具有激发功能。企业制度的本质使命是保持企业各方力量的平衡,而冲突会打破这种平衡。当一种旧的平衡被打破后,这为新制度的诞生提供了契机。

利用团队内冲突是管理者管理团队的一种方法和策略。但是,管理者切记,团队内冲突一定要及时解决;否则会弊大于利,后患无穷。解决冲突的关键是对事不对人。要注意的是,不要责备或批评人。团队要建立冲突解决系统,管理者要帮助团队成员树立沟通的理念,提高沟通的主动意识。

总经理应该看到团队冲突带来的好处。团队冲突能够充分暴露团队存在的问题,增强团队活力。

141. 鲶鱼效应:激发员工进取心

"鲶鱼效应"的实质是激励精神,通过激励产生上进的因素。"鲶鱼效应"的作用在于调动大家的积极性,有效激活员工工作的热情和激情,让员工在刺激作用的驱动下,展现活力,使之更好地为企业的发展服务。

我们知道,当一个人没有危机感时就会懈怠。一个公司也一样,如果人员长期固定不变,就会缺乏新鲜感,也容易养成惰性,缺乏竞争力,没有紧迫感,没有危机感。只有有了压力,存在竞争气氛,员工才会有紧迫感、危机感,才能激发进取心,企业才能有活力。日本的本田公司在这一方面做得极其出色,很多企业争相效仿。

起初,本田公司并没有认识到"鲶鱼效应"的作用。

有一次，本田先生对欧美企业进行考察，发现许多企业的人员基本上由三种类型组成：第一类是不可缺少的精英人才，大约占人员总数的20%；第二类是以公司为家的勤劳人才，大约占人员总数的60%；第三类是终日吊儿郎当、不爱工作、效率低下的人。大约占人员总数的20%。与欧美公司相比，本田先生认为在本田公司的人员中，缺乏进取心和敬业精神的第三种人还要多些。

这部分人创造的价值和公司对他们的付出不符，是拖后腿的人。那么如何使前两种人增多，使其更具有敬业精神，而使第三种人减少呢？这个问题困扰了本田先生很久。他曾想到把这些人完全淘汰，但是，仔细思考后，他认为即使把目前这一批人淘汰，新招的人中还会继续有这样的一类人。全部淘汰，显然不是科学的办法。

本田先生决定进行人事方面的改革，为公司引进一条鲶鱼。他首先从销售部入手，因为销售部经理的观念离公司的精神相距太远，而且他的守旧思想已经严重影响了他的下属。如果不尽快打破销售部只会维持现状的沉闷气氛，公司的发展将会受到严重影响。经过周密的计划和努力，本田先生终于把松和公司销售部副经理、年仅35岁的武太郎挖了过来。

武太郎的到来，使本田公司销售部上下吃惊不小。接任本田公司销售部经理后，武太郎凭着自己丰富的市场营销经验和过人的学识，以及惊人的毅力和工作热情，受到了销售部全体员工的好评，员工的工作热情被极大地调动起来，活力大为增强。公司的销售出现了转机，月销售额直线上升，公司在欧美市场的知名度不断提高。

应该说，武太郎是一条很好的鲶鱼。本田先生对武太郎上任以来的工作非常满意，这不仅在于他的工作表现，而且销售部作为企业的龙头部门带动了其他部门经理人员的工作热情和活力。从此，本田公司每年重点从外部"中途聘用"一些精干的、思维敏捷的、30岁左右的生力军，有时甚至聘请常务、董事一级的"大鲶鱼"。本田公司随着不同鲶鱼的到来，公司内部再无沉闷之气，业绩蒸蒸日上。

本田公司的事例说明，当一个组织的工作达到较稳定的状态时，常常意味着员工工作积极性的降低，"一团和气"的集体不一定是一个高效率的集体，这时候"鲶鱼效应"将起到很好的"医疗"作用。

松下电器（中国）公司副董事长张仲文先生在接受记者采访时曾说过："保持一个企业充满生机，正常高效地经营，评价是很重要的人事管理手段。"

松下公司每季度都要召开一次各部门经理参加的工作会议，以便了解彼此的工作进程和经营成果。开会以前，把所有部门"按照业绩和完成任务的进度"从高到低分别划分为A、B、C、D四级。在开会中，按完成任务情况好坏而排的部分里，A级部门首先报告，然后依次是B、C、D级部门。

最后做报告的部门意味着业绩最差。这种做法充分调动了各个部门负责人争强好胜的心理，谁也不愿居人之后。无独有偶，美国西南航空公司内部杂志也经常以"我们的排名如何"来激发员工的斗志，公司管理者通过制定出西南航空公司各个项目的表现在业界中的排名，让西南航空的员工知道他们的表现如何。当竞争对手的排名连续高于西南航空公司几个月时，公司内部为如何赶超对手做专门讨论。到最后，员工则会为了公司荣誉而加倍努力工作。

优秀的总经理总是善于通过引进团队的两性竞争机制，以竞争来促进员工的工作积极性，使员工自觉摒弃安于现状的心理，从而实现人人积极进取。

人才是事业成败的关键，良性竞争机制要打破论资排辈，构造全新的人才晋升渠道。为年轻人才提供一个能充分发挥自己优势的空间，使工作蕴涵着激励力量。

《乔家大院》所叙述的历史背景是在清朝末期。那时自然没有成熟的现代企业制度。当时所有的商业都是家族式管理，甚至还有传男不传女思想。乔致庸开的钱庄也不例外。但是，乔致庸的过人之处就是很快发现家族管理的弊端：论资排辈，"伙计"居于最底层，很多优秀的伙计不为老板所重视。乔致庸很快发现很多能干的伙计对钱庄业务发展至关重要，而他们低微的身份对调动这部分员工的积极性非常不利。乔致庸感觉到，如果能够"激活"这些能干的伙计将是业务实现突破的关键。

于是，乔致庸果敢起用新人，从内部挖掘出年仅28岁的马荀。马荀干过10年学徒，4年跑街，他个人的销售额占钱庄生意的80%，显然是钱庄里跑得最快的千里马。后来的发展证明了乔致庸的眼光不错，这匹优秀的千里马成功地进入了接班人的行列，卓有成效地使钱庄起死回生。马荀使乔致庸尝到了甜头，他以"伙计身股"实现了企业原有体制的创新。这些创新为钱庄生意带来了显著变化：伙计与掌柜甚至于东家平起平坐，被尊重感得到增强；钱庄效益和员工效益有机地结合在一起。这个竞争机制的引进，极大增强了伙计们干活的积极性，钱庄生意更加兴隆。

与从外面引进"鲶鱼"相对应的是，团队内部的竞争机制就是在企业内部找到"鲶鱼"。如果一个公司缺乏内部激励机制、竞争机制，就不会拥有富有活力的企业文化，员工就会丧失危机意识。内部鲶鱼型人才有以下几条评考标准：要有强烈的工作热情和工作欲望；具有雄心壮志，不满现状；能带动别人完成任务。通常，只要赋予其挑战性的任务和更大的责任，他就能完成更好的业绩，并表现出超过其现在所负担的工作能力；他敢于做出决定，并勇于承担责任；善于解决问题，比别人进步更快。

而为挖掘、寻找企业内部的"鲶鱼"，企业可以采取以下三种有效的管理方法：推行绩效管理，用压力机制创造"鲶鱼效应"，让员工紧张起来；在组织中构建竞争型团队，通过公司内部的评选机制制造鲶鱼队伍；寻找公司的潜在明星并加以培养，通过发现和提升潜在的鲶鱼型人才去激活员工队伍。通过引进外部"鲶鱼"和开发挖掘企业内部"鲶鱼"相结合的办法，总经理就能充分利用"鲶鱼效应"来保持团队的活力。

一个组织中，如果始终有几位"鲶鱼型"的人物，无疑会激活员工队伍，提高工作业绩。

142. 为"空降兵"搭建舞台

柳传志说："应该先搭台再唱戏，任何一个项目要先有人再谋事。"在他看来，企业就好比是舞台，人才是演员和主角。只要有才能的人能唱戏、愿意唱戏，他都会不遗余力地将台子搭起来，让人演得得心应手。如果没有演艺超群的好演员，而是一群跑龙套的小角色，再好的台子也是白搭。所以有时候他愿意等待、守候，愿意去寻觅，直到等到中意的人，就会毫不犹豫，锣鼓喧天、轰轰烈烈地大干起来。

企业将员工放在首位，作为事业成败的第一要素，必将能发挥每个人的最大潜力，在企业的舞台上充分展现自己，人人演出成功，企业这个大舞台自然会成功。

对于引进优秀的人才，很多管理者通常存在这样的误区：他们认为在其他地方优秀、出彩的人才，到了自己的企业也会继续"优秀"。但事实却并非如此。吴士宏加盟TCL的案例就足以说明，"优秀"也是需要条件的。

1999年，"打工女皇"吴士宏离开给她带来巨大声誉的微软中国公司总经理的职位，选择加盟TCL集团。吴士宏在TCL并没有能够继续辉煌，直到2002年黯然退出，在TCL集团短暂的经历，让吴士宏遭遇了职场上的"滑铁卢"。

吴士宏拥有IBM高管和微软中国区总经理的外企从业经验，而且是从一个普通销售员一步一步上升为高管，在多个岗位上都具有丰富的工作经验。TCL邀请吴士宏加盟之

第三十章 引进人才，激发团队活力

时也对其寄予厚望。但是，无论是吴士宏，还是TCL，他们都低估了不同企业文化冲突的严重性。吴士宏一直接受的是国际企业的文化训练，而TCL是一家迅速成长的本土公司，不同的企业文化之间必然存在着磨合的问题，最终，水土不服成为吴士宏兵败的首要原因。

作为传统家电企业的旗帜，TCL有着根深的企业文化底蕴。空降兵吴士宏要想实施其战略，势必要涉及整个集团内部的利益重组。而集团内部纷繁复杂的人事关系，让外企出身的吴士宏感觉想一展拳脚的时候牵制太多。尽管初一上任的吴士宏改革力度很大，但终究拗不过企业原有体制的力量。她忘了作为一家老牌企业，TCL是不会为一个职业总经理而轻易改变自身的企业文化。

除了文化冲突之外，吴士宏失败之后，她也需要自省。她从跨国公司的执行者到国内企业的管理者，其自身的转型也不成功。吴士宏在微软中国担任总经理时，一直执行的是微软总部的战略与决策，更多的是其执行力的体现。到TCL后，则承担起组建TCL集团信息产业板块的重任，这时的吴士宏已经肩负着决策TCL信息产业的战略发展问题。她已经不再是简单的执行者，现在已身居管理层，需要有决策力。

工作内容的变化，需要她及时调整自己，从而满足工作的需要。这样导致TCL在对吴士宏工作不满意之后，最终还是选用自己企业一手培养起来的杨伟强掌管IT业务，而吴士宏只能选择黯然离开。

已经被证明优秀的吴士宏在TCL的表现实在谈不上"优秀"，对于此次"意外"，业界和TCL本身都表示诧异。实际上，"优秀的人才一进来就优秀"，这本身就体现出总经理急功近利的思想。让空降兵实现"软着陆"，才是管理者最应该去做的。

当确定要引进较为突出的人才时，管理者就要从以下几个方面入手，帮助人才着陆成功。

（1）安排人力资源部门充分讲解企业文化。其中包括公司的愿景、价值观和规章制度。另外要使总经理逐渐适应公司里显现的和潜在的规则、流程和习惯。

（2）和他讨论之前公司里成功和失败的案例，尤其是有关员工个人的。

（3）明确指定新经理的工作任务。根据他做出的成绩，慢慢给他增加任务和权力，不要一开始就给他分配过多的工作。

建议总经理要给"空降兵"营造良好的生存环境，在提出高要求的同时，更需要高关心、高鼓励和高支持,使他们安全着陆。

143. 妥善处理"空降兵"与老员工的磨合

空降兵到某一企业之后,由此带给企业的反应是:空降兵急于表现,因为他期望用表现来获得老板的更大认可;企业内原有的员工要保护自己的利益,从而对空降兵进行本能地排斥,即便是领导要求配合,也只是表面形式而已。

某企业曾从竞争对手处挖来一位业内营销高手,"空降兵"上任后,改革力度很大,新官上任三把火。他的这种改革全部推翻了企业内原有的做法,自然会损害部分老员工的利益,引起了该团队内企业元老的极大反感。

"空降兵"为维护自己的权威,毅然撤换了多位不听话的元老,从而导致该部门动荡不止,业绩大幅下滑。最终,"空降兵"以辞职而收场。

企业的管理者一定要看到空降兵与旧势力必然发生冲突这种客观现实。企业的老员工可能会制造麻烦来抵制外来管理者,而外来管理者又想尽快树立起威信,通常都会拿老员工开刀。同时,引入"空降兵"的企业管理体系和管理基础往往又是空白,一般不太讲究规则。

外来人才要想运作好,势必要不按套路出牌,由此产生了"空降兵"和老员工的职业行为、职业方式上存在的沟通困难和天然文化冲突。企业的老员工和职业经理人的磨合是一次痛苦而漫长的过程,总经理要妥善处理好两者的关系,既要让"空降兵"的才华得以表现,又不会过分伤害到原来的老员工。

这家公司不是很大,员工在100人左右,近半数都是跟着老板打江山过来的,彼此很信任。本来公司里气氛融洽,年轻人又多,办公环境很轻松,下班后大小聚会也是常有的事儿。但是,随着新任主管唐妙的到来,公司的气氛悄悄起了变化,大家工作时正襟危坐,说话时谨小慎微,下班后行色匆匆,就怕被新主管抓住工作上的把柄。

唐妙是公司老板从对手那挖过来的"空降兵",她对于出现这种情况感到很委屈,"我来之前,公司的管理确实太松散了,人浮于事,效率不高,老板既然重金请我来,我觉得就应该发挥自己的作用,把能办的事情办好。"基于这样的思考,她决定从自己部门的工作入手,整顿办公室纪律,严肃工作程序和流程。

又到月底,员工开始去财务报销一些日常的办公费用。上一任主管往往不看这些花花绿绿的发票,立即就在报销单上签字。唐妙却非常认真,逐条逐笔详细审核。从

第三十章 引进人才，激发团队活力

中她发现了很多问题：有总款额核算不对的，有发票种类和事由不符的，有非公务开支不应报销的。她的这种做法，效果明显，一个月下来，办公开支减少了数万元，老板甚为满意。但公司上下对她意见已经很大。

没过多久，那些利益受损的老员工开始集中向唐妙开火。"没能力""搞派系""自以为是"，他们对唐妙的这些负面评价越来越多。甚至在部门经理会议上，有人公然指责财务部门不支持工作。随着向老板打小报告的人越来越多，本来对唐妙还很信任的老板逐渐对她不满起来。在唐妙来到这个公司的两个月之后，老板为了维护公司的和平氛围，只好拿起屠刀，将唐妙解雇。

在这个案例中，无论是唐妙，还是老板，都需要反省。唐妙应该知道，在一个新的工作环境中，改革应该循序渐进，而不是一步推倒。老板应给"空降兵"以精神上的支持，让员工感到配合"空降兵"是大势所趋，只有顺势而为，才能真正保护自己的利益。

总经理要认清这样的事实：并非外来的和尚会念经。有时候，磨合和时间是必需的，即便如此，"空降兵"也不是"全能战士"。

第六篇

[不懂带人你就自己累]

当代世界经济竞争日益激烈，企业之间的竞争实质是核心技术以及市场等的竞争。其实说到底是人才的竞争。人作为活的资源，他的运用和开发，对企业的生存和发展起着重要作用，从经营管理的角度看，将来是现在的延伸，生存是发展的基础，因而只有不断地培养人才，才能确保企业的生存与发展。

第三十一章
员工成长：1+1>2

144. 狼性培训：注重培养员工的捕猎能力

作为中国企业的一面旗帜，华为不断在国际市场上创造奇迹，为国争光。在华为辉煌业绩的背后，是华为员工成千上万双像儿狼一样红的眼睛。"华为人的眼睛都是红色的，或许这就是华为公司文化熏陶的结果，这让我们感觉有点恐怖。"华为的竞争对手这样评价"狼性培训"。华为的狼性培训，就是把员工培养成一头头血性十足的狼，使员工具有超强的捕猎能力。正是这样，华为的旗帜一直在国际市场上高高飘扬。

作为总经理，注重培养下属的能力是一项基本的、重要的工作。总经理最为重要的职责就是要将下属训练成狮子，将团队变成狮子群，而不需要将自己变成狮子。

某航空公司承接了一份短程往返航班的分包合同，就是把乘客从主航线机场运送到地区内的其他小机场。执行起这份合同对于这家航空公司来说，并不是什么难事，它有足够的实力完成得很出色。但是，结果却事与愿违。尽管这家分包公司的员工懂礼貌、勤奋，工作效率也很高，但是自从该航班开始运行后从来不能按时到达，更糟的是几乎不断取消航班，使得乘客总是迟到数小时，有时甚至迟到一天，经常耽误重要活动和会议，乘客的怨言很大，越来越多人放弃乘坐，改换其他方式。最后，由于运营效益太差，短程往返航班服务合同被上级合作单位收回，公司随之倒闭。

作为服务型企业，航空公司员工素质和工作能力决定着企业的生死。后来，这家公司的老板在反省经营问题时，他把"没有注重员工能力的培养"当做是失败的第一大原因。

其实，不管对任何公司而言都是一样的，从这案例中我们得到的警示是，只要员工能力差就会危及整个公司满足顾客需要的能力，从而使企业失去生存的条件和基础。作为总经理，有责任不断增强企业利润链中的第一环，即员工的工作能力。这是企业成功运营的基础。

与上述那家航空公司形成对比的是，著名通信品牌索爱的培训就是将员工朝着"全能战士"方向去培养。

索爱员工培训不仅要培养员工的学习能力，还培训员工的沟通能力、创造性和解决问题的能力以及基本知识等几方面。基本知识不仅仅限于工作范畴，还包括商业经营的基础内容。在有些公司，技术人员无须了解财务和企业运作方面的知识。而在索爱，每个接受基本技能培训的员工都有这门课程的学习。在索爱看来，技术人员也得知道"公司的利润从哪里来"。当然，财务人员也有必要知道"ＧＳＭ和ＷＡＰ"。索爱要求员工掌握全面性的知识，目的在于使员工具有更强的工作能力。

只有短视的企业家才将促进员工成长当做是公司最大的浪费，而那些目光长远的企业家总是能够在员工的能力成长上获得丰厚回报。虽然企业可能成为一所临时学校，流失率非常高，但是，培养新员工的职能技术，使员工具有竞争能力，这是企业获得高速发展的不二选择。

员工成功，企业才能大成功。这句话的背后隐藏着一条重要的前提：让员工具备能力，尤其是区别于对手的独特能力，这样员工才能成功。

145. 员工成长是企业长期保持领先的捷径

"留住人才的上策是，尽力在公司里扶植他们，"管理顾问斯温说："那些最开明的企业在这点上很坦诚。它们会告诉员工，碍于竞争压力，它们无法保证给予他们工作保障，但会设法激励他们、帮助他们成长、奖励他们。这样至少能给他们带来一股工作激情和满足感。"的确，员工更愿意为那些能促进他们成长的公司卖命。

中国的企业家有两个梦想：一是跻身世界500强，二是做成百年老店。要想实现这两个梦想或其中的一个梦想，如果没有正确而又一流的经营管理理念，一切努力都只会付诸东海。正确的经营理念非常多，如细节决定成败，责任胜于能力等，但决定企业兴衰成败、生死存亡就那么几个，"员工的成长"就是其中少数几个关键理念之一。

壳牌集团是世界领先的国际石油企业，位居全球500家最大公司的前列。壳牌是促进员工发展的典范企业，任何人一旦成为壳牌员工，他从第一天起就必须开始真正地工作、承担责任和执行任务。而不是像很多公司那样前三年都是轮岗锻炼学习。壳牌公司会安排专门人员随时观测他的工作表现，并及时给予建议和辅导，在必要的时候进行适时培训。

  壳牌这样做的唯一目的是希望员工在公司确确实实有发展前途，并且能够实现个人的事业目标。壳牌希望他有能力从现在的位置做起，一步一步地向更高、更宽的方向发展，做到经理，甚至董事的位置。壳牌公司有一套成熟的制度来支持员工实现事业发展愿望。只要员工自己有愿望和主动性，他在壳牌公司总能得到提升和发展。公司有一个内部招聘系统，会随时公布公司内部的所有空缺，只要认为自己有时间和精力，每个人都可以去应聘、竞争。

  壳牌认为每一个员工都是公司未来的老板，把促进员工的成长作为公司的使命。以分析力、成就力以及关系力三项指标遴选人才，这表明壳牌在员工招聘时就为员工的发展做了周密的考虑。分析能力如何，要看是不是能够举一反三，高瞻远瞩；能不能从各种纷繁信息中抓住最重要的信息。成就力是指员工的意志状态。壳牌需要敢于挑战并满怀激情的人。壳牌认为，成就力是一个人事业追求的前提，首先要有愿望成就一番事业，然后取决于个体的成就能力。关系力不单纯指与人如何相处，更在于能不能与人产生1+1>2的效果。壳牌的关系力还指你是不是尊重他人，理解他人，在与人沟通时，是不是能有效地倾听对方的意见。意见不一致时是不是能取得共识。能不能延伸自己的职责，不是越权，而是提供建设性的合作与帮助。

  壳牌会针对员工的成长进行动态跟踪。在壳牌人力资源的运作中，绩效评估和提高占据非常重要的位置。绩效评估主要包括工作表现和能力增长。经理会听取员工个人的愿望，对未来发展有何要求，然后一起协商下一年他应该怎样表现，包括能力目标和业务发展目标的增长趋势。各部门每年还要做一个全部门的业绩衡量，在个人完成业务的基础上做员工相互之间的横向比较，帮助他们认识自己在过去一年中到底表现如何。这些分析和比较对员工的成长和发展，提供了重要帮助。

  正是因为特别注重员工的个人成长，壳牌才得以长期保持领先性。员工的成长，为壳牌带来了丰厚的物质回报。它是国际上主要的石油、天然气和石油化工的生产商，在30多个国家的50多个炼油厂中拥有权益，而且是石油化工、公路运输燃料（约5万个加油站遍布全球）、润滑油、航空燃料及液化石油气的主要销售商。同时它还是液化天然气行业的先驱，并在全球各地大型项目的融资、管理和经营方面拥有丰富的经验。该集团2007年销售总收入达3 557.82亿美元，利润为313.31亿美元，位列全球500强的第三位。

卓越的企业是在卓越的员工和卓越的企业文化的支撑下发展起来的。企业因员工的成长而成长，因员工的卓越而卓越。如果你想要使公司保持高速发展，则促进员工高速发展绝对是一条捷径。

对于公司的发展来讲，每个员工的成长都是至关重要的，都可能给公司带来积极的改变。

146. 期望效应：你的期望是员工成长的动力

美国心理学家罗森塔尔曾做过一个有趣的试验：他对一所小学中的6个班的学生成绩发展进行预测，并把他认为有发展潜力的学生名单用赞赏的口吻通知学校的校长和有关教师，并再三叮嘱他们对名单保密。但是实际上，这些名单是他任意开的。出乎意料的是，8个月以后，名单上的学生，个个学习进步、性格开朗活泼、求知欲强烈。原来，这些教师得到权威性的预测暗示之后，便开始对这些学生投以信任、赞赏的目光，态度亲切温和，即使他们犯了错误也相信他们能改正。正是这种暗含的期待与信任使学生增强了进取心，更加自尊、自爱、自信和自强，故而出现了"奇迹"。这种由于教师的期待而产生的效应，罗森塔尔借用一位神的名字，将这种心理现象称为"皮格玛利翁效应。"

这个心理效应带给我们这样一个启示：信任和期待具有一种能量，它能改变一个人的行为。当一个人获得另一个人的信任、赞美时，他便会感觉自己获得了支持，有一种积极向上的动力，并尽力达到对方的期待，这就是期望效应。实际上，工作中，领导的器重和同事的赞誉都是一些外在的评价，最重要的是我们自己要先器重自己，提升对自己的期待。别人或者企业上级对我们的期待，都是外在的动力——最根本的是我们要自己提升对自己的期待，这才是促使我们不断发展的最根本动力。

作为世界上最大的石油和石油化工集团公司之一，BP就常用任务来促进员工成长。BP建于1909年，总部位于英国伦敦，是由原英国石油、阿莫利、阿利、嘉实多4家集团组合而成。业务包括石油及天然气的勘探和生产、天然气和电力、石油销售以及石油化工和清洁能源太阳能。它也是世界上主要的交通燃料制造商和销售商，在燃料质量、装运、销售和零售方面享有盛誉。BP全球雇员约11.5万人，在全球拥有29 200个加油站，其中在美国有1 500个。

BP首席执行官布朗要求BP公司里的每个员工都要清楚两点：第一，自己的任务是什么，自己应该做什么，而不是由别人告诉你做什么。如果是公司的管理人员，他还要对团队成员的才能、素质以及自己掌握的资源所能做成的事情十分清楚。第二，任何人都要能做出详尽的工作计划，在研究公司战略上必须清楚和能正确评估其资金实力和可能有的多种选择。通过这两点，保证了整个团队的每个人都知道自己该做什么。因为每个人都理解什么事情能做和应该做，就能行动快，员工就能随着工作的完成而得到快速成长。

BP很重视对年轻人、开发管理人才的培养。他们的目标是使每一个进入BP的人都能做得更好。他们对有才能的年轻人进行培训，让他们到不同岗位、不同国家工作，丰富他们的经验，提高他们的领导技能，有能力的就提拔。对公司一级的接班人，还要让他们了解公司整体状况，了解决策是怎样做出来的。决策前必须听到最好的建议，而不是先决策，再咨询。

对于有潜质成为重要高级管理人员的人，布朗培训最独特的方法之一是让他做一年至一年半布朗的个人助理，在公司内被戏称为"海龟"——这个词来自日本动画片《忍者神龟》。作为布朗的助理，小到递雪茄盒，替他做日程，大到旁听董事会辩论、决策，都要全程参与。布朗说，这是让年轻人通过观摩来学习怎样做出正确决策，怎样向人解释决策，怎样沟通，碰到问题时知道哪些该做，哪些不该做，明白如何分轻重缓急等，核心问题是学会怎样成功。BP是个大公司，许多事情要靠各级管理者个人决断，所以，布朗认为，最好一次选对人；否则后患无穷。被重点培养的人，能够充分感受到公司的期望，所以，从布朗办公室走出的高级管理人员的工作都很出色。"我们有最好的队伍"是BP骄傲地写在年度报告上的三句话之一。布朗说："正是这样的机制使BP非常有效率。"

相反，把员工看做是螺丝钉，员工丝毫感觉不到公司的期望，公司管理者出于担心员工能力不足把事情做坏而事必躬亲，不仅累坏了自己，也不利于员工的进步和企业后备人才的培养。员工获得成长，管理者才能轻松起来。管理者不能替代下属的学习过程，他们能做的是对下属的言传身教，对下属的工作予以指导和鼓励。告诉员工你对他的期望，他就能达到你的期望。

企业对员工的期望，表达的主要方式可以是分配其重要任务。英国卡德伯里爵士认为:"真正的领导者鼓励下属发挥他们的才能,并且不断进步。失败的管理者不给下属以自己决策的权利,奴役别人,不让别人有出头的机会。这个差别很简单:好的领导者让人成长,坏的领导者阻碍他们的成长;好的领导者服务他们的下属,坏的领导者则奴役他们的下属。"

让员工承担重要工作,是促进员工成长最有效的方式。松下幸之助就很重视企业人才的培养,他常对工作成就感比较强的年轻人说:"我对这事没有自信,但我相信你一定能胜任,所以就交给你办吧。"根据员工的才能、潜力委派任务,再适时加以指导和引导。对工作成就感比较强的员工,要善于压担子,给其提供锻炼与发展的机会,以挖掘其潜力,创造更大的成绩。领导者越是信任,越是压担子,员工的工作热情就越高,工作进展就越顺利。

总经理的期望就是一条沟渠,被领导期望的员工像是流在沟渠里的水,总是能快速地成长到被期望的高度。要想促进员工成长,则让员工知道企业对他们的期望很重要。

147. 培训的终极目的是让员工得到进步

很多企业就是把培训当做是一种形式。事实上,这是企业最大的浪费。培训需要的是员工实质上的进步。

山东某食品公司建设有培训制度,小培训每周都有,大培训一月一次。但是效果很不理想。有一天,老总因为员工业绩不好很生气,脸红气粗地坐在办公室生闷气。他刚刚招进来的女助理看不下去,就想进来宽慰老总。谁知她还没说话,老总先说话了:简直是一群猪。说完,他觉得这个说法不合适,就尴尬地解释:我是说那些负责销售的是一群猪,销售业绩这么差。

女助理并不在意,说:"那请问这头猪,是谁找回来的?"老总反应得挺快,说:"你不提还好,一提我更恼火,那群猪是人力资源部的那几头猪找回来的。"女助理继续问:"我们回到原点看看,人力资源部那几头猪又是谁找回来的?"老总翻了她一眼,不再说话。过了半分钟,老总看着女助理,问:"你什么意思?这样问我?"女助理觉得已经到了说正题的时候了,说:"没有一个人是猪,企业不培训,企业只能是养猪的猪圈。"老总不赞同,说:"我们有培训呀,每周不是都有安排嘛！"这时，女助理拿来公司的摄像机，让他看了一段培训课程的录像，说："你觉得这是培训吗？"摄像机里播放的场景是：上课老师松松垮垮，很多学员在下面睡觉。女助理进一步问："你是企业的老板，在内心深处你重视培训吗？你去听过一堂课吗？"老总涨红了脸不说话。

这位老总很感谢这位新任女助理所说的真话。第二天就对公司的培训制度进行了实质性的改革。

其实，除了合理、公平的薪酬待遇之外，员工更为关注的是个人的发展空间。作为企业而言，不能简单地把员工圈在一个地方后，就不管不问，忽视员工的职业发展。总经理要知道，几乎所有的员工都是有理想、有追求的，他们非常愿意为公司创造更多的利益。优秀的总经理一定会帮助员工得到预期的利益和自身价值的实现。

我们反观国际上很多优秀企业的做法，就会发现我们自身的不足。跨国公司非常注重指导员工的职业生涯设计，为员工提供持续充电的机会，促进其个人计划实现。加强员工培训，促进员工进步，使他们感到前途可观，有奔头。在这一方面，微软就做得极其出色。

微软公司的人力资源部制定了"职业阶梯"文件，其中详细列出了员工从进入公司开始，一级级向上发展的所有可选择职务以及不同职务需具备的能力和经验，使员工在来到企业之初便对日后职业发展心中有数，目标明确。

在微软，扁平化的组织架构、开放民主的工作作风使每一个有才华的人都会有机会实现把自己的成果融入产品去影响千千万万人，这使得员工具有很大的成就感。另外，微软的各级主管都是很"开明"的领导，他们只为下属提供工作方向，而不事事躬亲，每个部门主管最主要的工作就是要"为公司寻找到比自己更优秀的人"。

领导对下属的工作是"引导"，而不是"控制"。微软还倡导"鼓励冒险"的文化，对于失败，只要勇于承认，换一个方向继续开发，也不会遭到什么非议。正是这良好的工作环境使大批人才在微软得到了长足进步。

优秀的企业文化是引导性文化，能够诱惑着企业员工不断进步。培训是企业向员工传递企业文化的载体和过程。培训不仅要加强员工的技能成长，还要增强对企业文化的理解和认知。

企业员工培训的终极追求一定是促进员工进步，而不是一场过场戏。

第三十二章
培训人才才能赢"财"

148. 重视员工培训是优秀企业的共性

员工决定企业的成败，员工弱则企业弱，员工强则企业强。员工进步，企业才能进步。所以，明白这样道理的总经理要重视员工的培训，在不断改善员工的薪资、工作环境的同时，也要加大培训力度，以员工的进步推动企业的进步。

享有世界知名度的企业都把培训作为企业发展的重要途径。

松下幸之助认为，公司既是"制造电器用品"的公司，又是"造就人才"的公司。事业是人为的，而人才则可遇而不可求，培养人才就是当务之急，如果不培养人才，事业成功也就没有希望。

松下公司的培训更注重精神层面的东西：他们注重人格的培养，认为名刀是由名匠不断锻炼而成的，同样，人格培养也要经过千锤百炼；注重员工的精神教育，认为对员工精神和常识上的教导，是企业经营者的重要责任；注重员工向心力的培养，让员工了解公司的创业动机、传统、使命和目标；注重培养员工正确的价值判断，认为如果员工没有正确的判断事物的价值，也等于乌合之众；注重训练员工的细心，他们认为看起来似乎是不足以挂齿的小节，其实是非常紧要的关键，往往足以影响大局；注重培养员工的竞争意识，松下幸之助认为，只有拥有竞争意识，才能彻底地发挥潜力。

在日本汽车企业里，当有新的工作需要时，一般是重新培训现有的员工，通过内部调节来满足需要。企业认为，对已具备本企业工作所需的软知识和软技能的员工进行培训，让其学习某项硬技能，比让一个具备某项硬技能的外来人重新学习和掌握本企业的软知识和软技能，将会更快、更合算。在日本企业中，外部招聘来的管理人员或专业人员，无论其能力多强，均需在企业工作相当长一段时间后，才能熟悉企业内部的制度和体系，才有可能得到提拔。他们认为，只有将他们进行培训，他们才能彻底地融入公司里去。

与日本汽车企业同样看重培训的是，惠普公司以"不仅用你，而且培养你"著称。在惠普公司的理念中，员工培训被认为是投入产出比最高的投资。其培训过程由"硬"到"软"，不断深化。先是从"技术业务知识"开始培训，然后逐步递升到对"沟通技巧""文化、思维"等方面的培训。这种培训思路体现出惠普公司在培养人才方面的一种哲理——打造全方位人才。惠普公司的领导者认为，拥有高素质人才，才是企业腾飞的基础。

员工进入惠普公司，一般要经历四个自我成长的阶段。第一个阶段是自我约束阶段，不做不该做的事，强化职业道德；然后进入第二个自我管理阶段，做好应该做的事——本职工作，加强专业技能；再进入第三阶段，自我激励，不仅做好自己的工作，而且要思考如何为团队做出更大的贡献，思考的立足点需要从自己转移到整个团队；最后是自我学习阶段，学海无涯，随时随地都能找到学习的机会。正是由于员工的不断成长，惠普公司在市场上才屹立不倒。

与惠普公司培训的全方位不同的是，IBM公司为员工提供的培训具有魔鬼性质，尤其是为销售人员所做的培训最具有代表性。销售培训中有一个项目叫做阿姆斯特朗案例练习，它集中考虑一种假设的、由饭店网络、海洋运输、零售批发、制造业和体育用品等部门组成的、具有复杂的国际间业务联系。通过这种练习可以对工程师、财务经理、市场营销人员、主要的经营管理人员、总部执行人员等的形象进行详尽的分析，由教员扮演阿姆斯特朗案例人员，从而创造出了一个非常逼真的环境。所有参加培训的人员都能在这种逼真环境中得到提升。

别人称IBM的培训为"苦行僧"式的培训，这源于他们的"心力交瘁"课程。所谓"心力交瘁"课程是指紧张的学习每天从早上8时到晚上6时，而附加的课外作业常常要使学生们熬到半夜。一般情况下，学员们在艰苦的培训过程中，在长时间的激烈竞争中迅速成长。每天长达14~15个小时的紧张学习压得人喘不过气来，然而，却很少有人抱怨，几乎每个人都能完成学业。这种魔鬼一般地训练，使IBM始终拥有一支最具竞争力的人才队伍。

西门子公司一贯坚持由公司自己来培养和造就人才。早在1910年，西门子公司就为其内部人员开设了正式的培训课程。只不过与后来的豪华的培训场所相比，早期的培训是在车间进行的。后来，西门子建立了针对不同层次员工的各类培训学校，并为这些学校配备具有丰富经验的培训老师。在西门子公司的全体员工中，每年参加各种定期和不定期培训学习的多达15万人。公司每年用于培训及购置最先进的培训实验设备的费用就高达6亿~7亿马克。但是，在西门子高层认识中，从来都不觉得这笔费用昂贵。

与西门子不同的是，麦当劳强调的是全职业规划培训，也就是"全职业培训"。在麦当劳，从计时员工到高级主管，结合他们的职业生涯规划，都有不同的培训计划，通过各区域的训练中心以及汉堡大学进行阶梯式的培训，使得麦当劳的员工能够持续不断地学习、成长。麦当劳在人才引进上不注重资历、学历，在他们不计较员工出身的背后，是他们对自己培训体系的自信。麦当劳非常重视员工的成长与生涯规划，他们的高层多是从内部晋升上去的。

与麦当劳全职业培训有点相似的是宝洁的全方位针对性培训。宝洁一向信奉的理念是"注重人才，以人为本"。他们把人才视为公司最宝贵的财富。宝洁的培训特色就是全员、全程、全方位和针对性。全员是指公司所有员工都有机会参加各种培训；全程是指员工从踏入宝洁大门的那一天起，公司开展的培训项目将会贯穿其整个职业发展过程；全方位是指宝洁的培训项目是多方位的，既有素质培训、管理技能培训，也有专业技能培训、语言培训、电脑培训等；针对性是指宝洁公司会针对每一个员工个人的长处和有待改善的地方，结合其工作的需求，针对性为其设计培训项目。在宝洁公司领导人眼里，他们不希望任何一名员工存在短板。

LG公司的培训最为特别，他们更加注重精英群体的培训。在LG公司，每个员工的培训机会不是一样的。新员工只有一些最基础的培训，而做到高层管理者的员工，则有机会去韩国总部培训中心，或去国外参加专门培训，甚至到大学里专门进修MBA。公司里的很多培训项目都是专门为"核心人才"设立的。"让有能力的人先培训"，有发展潜力的员工的培训机会更多。这是LG公司对员工的一种变相激励：要想获得更多的培训机会，只有使自己的业绩更好，更优秀。

优秀的企业都起步于对员工培训的重视，同时，不同公司培训的侧重点也有所不同。

149. 培训员工：投入1美元，产出3美元

企业中还流行"培训浪费论"的说法，认为培训是一项昂贵且得不偿失的活动。很多管理者认为企业的目的就是利润，花钱搞培训完全没有必要，认为现在高校每年毕业生很多，人才市场供过于求，用人完全可以到市场招聘，投资方没有必要浪费；即使搞培训也不愿意多掏腰包，尽可能地削减培训费用。

这是对培训的最大误解。在世界优秀的企业里，员工培训被认为是企业投资回报率最高的可增值投资。据美国教育机构统计，企业在员工培训方面每投入1美元，便可有3美元的产出。

美国《财富》杂志指出："未来最成功的公司，将是那些基于学习型组织的公司。"成功学大师克里曼·斯通说："全世界所有员工最大的福利就是培训。"这些优秀的企业管理者认为，员工培训可以提高员工的自觉性、积极性、能动性、创造性和企业归属感，来增加企业产出的效益和组织凝聚力，并为企业的长期战略发展培养后备力量，从而使企业长期持续受益。他们已经将员工培训发展为企业解决实际和潜在问题、提升竞争能力、拓展市场份额、制定发展战略的核心工具之一。

摩托罗拉视为"无线通信巨人"，多年支配着世界无线通信市场，它持续领先的根本原因之一就是对员工培训的强调。摩托罗拉公司是当今职业培训潮流中最雄心勃勃的公司之一。公司把工资额的4%用于培训，每年用约2亿美元为其14万多名员工中的每一位提供至少40小时的培训。摩托罗拉的管理者认为公司庞大的培训计划一定会带来丰厚的经济效益。他们相信：在培训上每投入1亿美元，就会有30亿美元的回报。

20世纪80年代中期，时任公司总裁的罗伯特·加尔文认为，培训将加强全球竞争能力。于是，他立即建立了摩托罗拉培训教育中心，大批员工在这里学到了技能，从而减少了生产中的差错。这个培训运动为摩托罗拉公司带来的直接结果是：畅销的产品开始从摩托罗拉的流水线上源源不断地生产出来，使公司成为美国第一家击败日本人的电子公司。

后来，他们又成立了摩托罗拉大学。摩托罗拉大学享誉国内外，总部在美国伊利诺伊州，全球有14个分校。每年教育经费约在1.2亿美元以上。摩托罗拉的高级经理们相信，公司的未来越来越依赖于有创造性和适应性的员工。美国训练与发展协会的首席经济学家安东尼·卡内维尔说："这种做法将使他们走上一条超常规发展道路。"

国内很多管理者对培训产生误解的原因有很多。首要原因是培训需求调查工作做得不够，即课程设计与人的需求脱节，致使管理者认为培训毫无用处。第二个原因是企业对培训太急功近利，希望"一口吃个胖子"，总想让员工一经培训就能提高素质，企业就能见到效益。在培训之后，往往发现事与愿违，培训员工的积极性受到挫伤。第三个原因是害怕员工流失。很多企业发现，在对员工进行培训之后，被培训的员工流失倾向越来越严重，特别是一些培训后的技术骨干员工。出于对员工培训后流动的顾忌，有些企业对培训已经不是那么热衷。

殊不知，不对员工进行全方位培训，即使员工的忠诚度很高，但他们的素质没有得到快速提升，则这些低素质员工每天都在使企业流失潜在的市场机遇和看不见的利润。

聪明的总经理应该知道，对员工不进行培训，是管理者对企业不负责任的表现，也是企业最大的浪费。

150. 做好需求分析是员工培训的前提

在员工培训操作过程中，令企业经营者大为不解地是：培训课程结束时填写的反馈问卷的结果显示，大家对讲师及培训课程的效果表示满意，但却不能在实际工作中运用，培训似乎毫无效果；在一个培训课程开展前，报名者多，但到实际开课时实际到场听课者却寥寥无几。

出现上述问题的根源在于企业经营者没有做好培训需求分析，没有找到员工真正的培训需求。这一方面，LG和爱立信的很多做法值得借鉴。

在LG公司，在兼顾员工培训需求方面，他们采取的做法是根据员工的不同要求为其设立不同内容的课程，然后让各部门员工自己选择参加。他们的培训分"必修"和"选修"两部分。这像是在大学里上课一样，公司文化、思维理念的培训课程通常是"必修"，非常专业化的课程一般为"选修"。通过这样的课程设计，既能把公司的经营目标与员工的个人需求很好地结合在一起，又能为员工创造一个机动灵活的培训安排空间。

在针对员工个性需求方面，LG公司还有一个别具特色的做法，他们设计了以网络为基础的学习软件，活用网络提供的资源，以远程教育的形式营造有利的环境来促进学习。培训中心把培训的课程保存在可移动电子空间里，每个员工可以不受时空限制地按照自己的方式和进度进行自我培训，完成培训课题后，公司专门安排的培训指导人员会把这种学习的效果评估反馈给员工。另外，LG培训中心充分利用便捷的互联网资源，在网络世界里实现世界各地分公司的直接交流，交流内容包括课程的各种设置、培训的方式和方向等。比如，在中国的员工可以查看韩国培训中心的课程运营表，并可以自主决定是否参加。

为了确保培训项目符合员工的需求，爱立信专门成立了一个课程研究部门——课程发展部。这个部门的主要功能是讲授爱立信的各类培训课程，这些培训课程有明显的阶梯，明确的课程顺序，以确保课程体系的完整和课程的质量。每年年初，根据市场部的需求预测及课程发展部的课程安排，制订全年的培训计划，内容包括课程名称、时间、费用和名额等。

所有的课程确定后，公司行政部门会把这一年的培训计划放在公司内部网上，全公司的任何员工都可以上网查询。爱立信下属各部门根据部门的培训费用预算及员工培训计划进行安排本部门的培训实施方案。在部门内部，每个员工都有和部门经理一到两次关于"个人发展计划"的沟通。部门经理根据员工的个人兴趣、意愿，为员工制订出针对性较强的培训方案来。所以，爱立信公司的培训项目都很受员工的欢迎，因为这些项目都是他们自己自愿选择的。因此有人说，在爱立信公司，员工个人能力的提升，50%的责任在公司，50%的责任在员工自己。

爱立信的培训项目和培训计划并不是一成不变的。培训中心放在公司内部网上的培训计划每月更新一次，更新的主要内容有：通知员工哪个课程已经报满，哪个课程还有席位，又增加哪些新课等，一旦有新的培训计划出来，员工就可以根据和部门经理沟通的结果去培训中心报名。所以爱立信的员工每月月初都十分关注培训计划的最新消息，以免耽误自己的培训计划，从而使自己的培训进程高效率推进。

爱立信在中国和世界范围取得成功的关键环节之一是能充分调动员工潜力，重视员工的培训，"培训是爱立信的传统"。正是注重对员工需求的精准把握，多年来，爱立信在电信及相关设备供应方面一直居世界领先地位。

很多企业的员工培训都是企业从外部强加的，至于员工是否愿意接受，抑或是接受的程度有多大，这些企业都无从知晓。因此员工的培训应该从针对员工的需求入手。

151. 员工培训不能生搬硬套，而应因材施教

海尔企业在实施员工培训时，从来都是从企业的培训愿望出发，对培训对象采取最为有效的培训方式。海尔培训工作的原则是"干什么学什么，缺什么补什么，急用先学，立竿见影"。以海尔集团常务副总裁柴永林为例子。他是20世纪80年代中期在企业发展急需人才的时候入厂的。一进厂，企业领导就在他的肩上压上了重担。领导发现，他的潜力很大，只是缺少了一些知识，需要补课。企业希望他将来能够承担更大的职责，所以就安排他去补质量管理和生产管理的课，到一线去锻炼，边干边学，拓宽知识面，积累工作经验。

柴永林承认，因材施教是最有效的培训方式，经过基层的几年锻炼，他的能力在各方面都得到了补充和加强，对企业运营的宏观认知上了一个大台阶。由于业绩突出，柴永林在1995年被委以重任，负责接收了一个被兼并的大企业。一年后，他就使这个企业扭亏为盈，并使这个企业创造了两年之内成为行业领头羊的发展神话。随后，他不断创造奇迹，《海尔人》称赞他："你给他一块沙漠，他还给你一座花园。"

因材施教是开展员工培训必须遵守的一条重要原则。其实，对于企业而言，员工培训的目的是为了促进员工成长，从而实现企业对他们的期望。

海尔的员工培训思路是"人人是人才"。海尔集团自创业以来一直将员工培训工作放在首位，上至集团董事长，下至车间一线工人，公司都会根据每个人的职业生涯设计制订出极具针对性的培训计划，为他们搭建个性化发展空间。在海尔，公司为员工设计了三种职业生涯：第一种是对管理人员的，第二种是对专业人员的，第三种是对工人的。每一种都有一个升迁的方向，每一种都设置有一成套的专业培训。

海尔员工培训的最大特色是将培训和上岗、升迁充分结合起来。海尔的升迁模式是海豚式升迁。海豚是海洋中最聪明、最有智慧的动物，它下潜得越深，则跳得越高。比如，一个员工进厂以后工作表现很好，很有潜力，企业期望他成为一个事业部的部长，但他仅有生产系统方面的经验，对市场系统的经验可能就非常缺乏。怎么办？派他到市场上去。到市场去之后他必须到下边从事最基层的工作，然后从这个最基层岗位再一步步干上来。如果能干上来，就上岗，如果干不上来，就回到原来的老岗位上去。即便是公司的高层管理人员，但如果缺乏某方面的经验，也要派他下去，

到基层去锻炼。

海尔培训方式注重有效性还表现在现身说法。以技能培训为例子，技能培训是海尔培训工作的重点。技能培训采用的是通过员工身边案例、工作现场进行的"即时培训"模式。具体说，就是抓住实际工作中随时出现的最优秀或者最失败的案例，当日下班后立即在现场进行案例剖析，针对案例中反映出的问题或模式，来统一人员的动作、观念、技能，然后利用现场看板的形式在区域内进行培训学习。

对于一些典型意义突出的案例，他们会发表在集团内部的报纸《海尔人》上，促使更大范围的讨论和学习，从而使更多的员工能从案例中学到分析问题、解决问题的思路及观念，提高员工的技能。海尔就是凭借这种最为有效的培训方式保证了企业持续高速发展的动力。

优秀的总经理应该采取因材施教的方式培训员工，并注意突出培训方式的有效性、适用性，从而使培训产生巨大的经济效益。

第三十三章
人才断档，公司运营会断链

152. 使员工参与到工作实战中去

荷兰阿姆斯特丹的港口旁边，时常有一个慈悲的老妪在傍晚时分出来散步。每次出来的时候，老人都会带些面包之类的食物，将这些食物分给栖息在海边的野雁吃。大雁是随季节性变化而迁移的候鸟，每年冬季将要来临的时候，它们会从北方飞到气候温暖的南方去越冬。由于老妪每天都来喂养，吃喝不愁，大雁就再也不用出去觅食，天天围绕着老人转。久而久之，大雁逐渐变肥。这一年冬天来临的时候，野雁由于飞不到南方，则累死在途中。

员工不能被锻炼出来，企业就不可能有竞争力。很多领导者对所有的事情大包大揽，就像是故事中的老妪，员工就像是被喂养的大雁，对领导者很依赖。员工失去了创造性，失去了工作激情和挑战高难度工作的信心、勇气。结果，什么事情也不干，什么事情也干不成，能力越来越糟。企业随着员工的平庸而陷入停滞不前的发展泥潭。

总经理一定要知道，工作岗位就是最好的培训地。戴尔电脑的创始人迈克尔·戴尔就是利用工作岗位，使员工参与到工作实战中去，从而练就了一大批出色的最早使用电子商务的员工。

戴尔很早就意识到，互联网将彻底改变人的生活形态与工作习惯，而且是直销的一种利器，有必要大力宣传、推动对互联网的重视。为了做好这项工作，迈克尔·戴尔安排在公司内部到处张贴一种大海报，在这张海报上，迈克尔·戴尔本人一脸酷相，半侧着身子，一手直指向画外（观众），海报上印了一行大字："迈克尔希望你把互联网搞通！"戴尔还在好几次公开演讲中热情洋溢地重申他对互联网的看法。此番努力的结果是：戴尔电脑有70%的营业额可以通过网络下单成交，公司的多数管理制度及工具可以在网络上实行。凡是经历过网络下单的戴尔员工，从此告别了传统的工作方式。这一转变，极大地提高了戴尔的工作效率。

作为中国汽车工业的王牌部队，中国第一汽车集团公司是从工作岗位培养出人才的典型代表。"出汽车、出经验、出人才"，一汽集团在为国家经济建设做出巨大贡献并输送了大批优秀人才的同时，也为自己培养造就了一支素质过硬、特别能战斗的人才队伍，"人赢则赢"这一规律被演绎得更加生动。

一汽集团每年都要招聘500多名新毕业的大学生，大学生通过入厂培训后，全部分配到基层锻炼，并配有导师指导，经过一年的实践锻炼后，根据企业的需要和个人的实际能力再确定岗位，人事部门定期进行考察、甄选，其中的优秀者将进入人才库，作为后备人才重点培养，并实施动态管理。让大学生们参与解决企业在生产、质量、技术、经营和管理等方面遇到的难题，既推动了企业的工作，也使他们在工作中得到了锻炼和考察。工作岗位是一汽集团培养大学生的第一主战场。从这个战场上走出的人才，能打硬仗，能打胜仗。在工作岗位上锻炼人才，成为一汽集团持续辉煌的秘诀之一。

在这里，需要提醒总经理注意的是，要想在工作岗位上培养员工，首先要为员工提供合适的位子。把员工放到合适的位子上，还要使员工明确自己的责任。只有每一位成员都明确自己的责任，才能更好地完成团队任务，才能实现更好地成长。

要激发员工的潜能，把员工放到最能发挥其特长的岗位上去，通过岗位锻炼激发员工的潜能。平庸多半是被放错了位置，每个员工都有各自的长处和不足，关键是领导如何扬其长避其短。另外，领导要适时把员工放到新的工作环境中接受新的工作任务，用不同的岗位锻炼员工，从而保持员工的持续学习状态。

从工作岗位中锻炼出来的员工，必定是最有战斗力的优秀员工。

153. 重视员工领导力的培养

有这样一个电影镜头：战场上，硝烟弥漫，班长被敌人的枪火击中，即将停止生命的心跳。班里还剩下5个成员，战斗还在继续，他一把拉过身边的一个战士，说：我死了，你就是班长，指挥全班继续战斗。火线上的任命最具有感染力，其他士兵服从命令，跟随着新任班长的身影继续坚守在阵地。但是，问题出现了，从来没有指挥过别人的这位新班长，在猛烈的敌人炮火面前陷入了犹豫：死守，还是突围？他一犹豫不当紧，但敌人趁机围了上来，将他们全部俘虏。

关键的时候，领导者的职业素质出现了问题，致使全军覆灭。商业就是战场，任何企业或者组织就是冲锋在战场上的连队。要想在关键时候使企业不掉链子，要想在关键时候有人承担起领导责任，企业需要在日常加强对员工的培养。

作为业务遍布世界、历史悠久的跨国公司，摩托罗拉就很重视所有员工领导力的发展。摩托罗拉的领导人培养指导原则主要包括：培养关键性人才成为"下一代的领导者"；留住最佳人才；通过标杆学习来不断提高；培养全球型领导人才。摩托罗拉根据长期经营实践中摸索总结的经验，制定了独特的领导力衡量标准和行为规范，这就是著名的摩托罗拉的领导力"四个e和永恒的E"。

四个e分别是"前瞻"（envision）"实施"（execute）"激励"（energize）和"果断"（edge）的英文首字，E是"道德"（Ethics）的英文首字。这一标准要求员工在激烈竞争的商业环境中，要有远见和创新精神；激励自己和领导团队达成目标；迅速行动，以结果为导向；在复杂情境中勇于决策，敢于冒险；在商业活动中坚守道德，包括对人保持不变的尊重和操守完美、诚信。

摩托罗拉人力资源部门为员工提供"领导人才标准评估服务"，具体包括180度或360度的评估、评估报告分析、制订个人培养计划、后续辅导等部分。这样可以使员工清晰地认识自己的能力和在组织中的位置，系统地制订自己长期职业规划，开发个人发展计划，与此同时也为组织提供了客观的数据，有利于组织有效地选拔人才，进行更为有效和有重点的人员接替规划，从而建立领导人储备机制。

摩托罗拉的领导人才课程包括业务开发学院项目（BDI）、公司强化管理培训项目高级班（CAMP-A）、基础班（CAMP-E）和领导效力强化培训项目（LEAD），这些项目以提升绩效为核心提供多种培训课程、领导人才评估的工具和咨询服务。这些领导型人才为摩托罗拉的全球发展发挥了举足轻重的作用。

公司该怎样培养自己未来的领导者？

首先，发掘那些具备成为领导者潜质的人，通过发展机会和培训给予他们关注。

其次，提升培养对象的发展定位，使其以高标准要求自己。

再次，对那些可以领导组织走向未来的高级领导者的特征做一个界定，即建立领导力模型。

最后，弥补培养对象的薄弱环节，最为重要的是让他们最大化地发挥优势。

培养领导型人才的核心点就是把每个员工都培养成具备领导素质的准领导者。这样才能保证在凶猛的市场竞争中不断有人站出来，领导企业继续前进。

154. 构建有层次的人才团队

企业不注重人才梯队建设，这将是一件极其可怕的事情。如果企业在用人时，没有长远观点，压根不考虑人才建设，那就会陷入"临事"用人的境地。临事用人，对企业来说，有很多隐患，如因为急招而不注重人才质量；人才资源储备不足，因为招聘不到合适的人才致使延误发展良机；空降兵的忠诚度不高等。临事用人不慎，将使企业陷入陷阱。

某公司核心业务部门经理辞职，使得公司领导层一下子陷入了慌乱状态——因为公司平时就疏于对人才的培养，所以公司内部根本没有合适的人选。更为要命的是，当时正好有一大堆任务急需这个部门经理来谈判、处理。

所以在紧急情况下，只好匆忙外聘。他们面试了一个表面上看上去很不错的人，并决定录用。但是，此人的性格和工作阅历根本不适合这个职位。上任后不久，不仅搞砸了一笔大生意，还让公司的士气大大下降，给公司造成了很大损失。

总经理不能短视，在工作过程中，要长期地坚持培养人才，要不断挖掘人才、重视人才，只有加强人才的梯队建设，才能保持企业人才的活力，避免企业陷入"临事"用人的尴尬境地。

明基BenQ在人才梯队建设方面为我们树立了一个可以借鉴的榜样。

明基BenQ是一个拥有卓越研发能力的国际品牌，在计算机、消费电子及通信等3C产品领域均居领导地位。在管理学界，明基BenQ的企业文化一直被高度赞扬。作为集团内从事软件行业的子公司，明基逐鹿在集团母文化的框架上，也形成了具有专业精神的子文化。

明基BenQ始终坚持这样一个理念：要想在竞争中立于不败之地，人才是关键。为了保持持续领先的竞争优势，明基逐鹿公司非常重视人才储备工作，专门在内部设立了取意为"留得青山在，不怕没柴烧"的"青山计划"。"青山计划"意在为

第三十三章 人才断档，公司运营会断链

公司储备骨干人才、管理人才，构建有层次的人才团队，使公司更有序、高效和健康地发展。

为确保"青山计划"的实施，公司制定了"多出人才、快出人才"的机制。这里的"多"指的是人与事的最佳结合；而这里的"快"指的是人才培养的速度要快。为能给人才发展提供广阔天地，明基BenQ开辟了管理职和专业职"双元晋升"的发展路径，为企业"多出人才"打造坚实基础。"双元晋升"的执行以组织能力的提升为目的，实现员工与企业的共同发展。

功能经理—高级经理—部门经理—总经理是管理职的晋升路径。这一过程塑造了一种从"职业经理人"到"专业经理人"再到"事业经理人"的管理风格。专业职的晋升过程就是实现员工从"老实聪明人"到"双元人才"再到"快乐管理大师"的转变，明基人才的标准是"老实的聪明人"。因为对企业而言，忠诚度高、素质高的人才是千金难求的千里马，但如果要两者只能选一个，明基更青睐于前者，因为专业技能是可以后天加以培养的。

正是因为持续地推进这种计划，最大限度地保证了人才的活力和连续性，所以，明基BenQ软件在国内企业信息化管理解决方面一直处于领先地位。

人才梯队建设不需要考虑到每个职位，但一定要考虑到那些重要职位。加强人才梯队建设是作为公司战略思考的一个组成部分，每个公司都需要针对一些重要职位采取有计划的继任方案，这一计划至少每年都需要重新审视，如果有特殊情况，还应更频繁。

另外，要留出足够的时间去培养接班人，足够时间可以使这一计划进行得更顺利、更有效。不要期望他们瞬间就成为"职业达人"。

加强人才梯队建设，就要在重要职位需要填补之前，就开始进行培训或轮岗以获取更多的经验和知识。不要等有了空缺后才临时抱佛脚，慌慌张张地找人接替。

第三十四章
适合比优秀更重要

155. 最合适的才是最优秀的

一个组织要想成功，只靠一个领导者是远远不够的。领导者需要别人来帮助他。但并不是任何人都有这个能力或资本协助领导，这时，作为领导的你就要在人群中选出你需要的人。

有些人专业素质非常高，也就是很"有才"，但思想品质却十分差劲，也就是说"无德"，这种人即使本领再高，恐怕也不能成为"最合适"的人选。

对德才关系做了较为全面、较为精辟论证的，是宋朝的司马光。司马光明确指出德与才是不能分开的，德靠才来发挥，才靠德来统帅。从德和才两个方面出发，司马光把人分为四种：德才兼备为圣人，德才兼亡为愚人，德胜才为君子，才胜德为小人。在用人时，如果没有圣人和君子，那么与其得小人，不如得愚人。因为有才而缺德的人是最危险的人物，比无才无德还要坏。司马光还认为，人们往往只看到人的才，而忽视了德。自古以来，国之乱臣，家之败子，都是才有余而德不足。司马光是封建社会的思想家，自然有他的思想局限性，但是就德才关系本身的分析来看，论述还是比较深刻，有重要的历史学术价值。

用人以德为先，次之才学，也就是要防止重才而轻德的现象出现。有才而缺德，这样的人只能是奸才、歪才、邪才。当然，只有德而没有才也不是我们所需要的人才。缺才有德的人，是忠厚人、老实人、辛苦人、正派人，但才气没有了。这样的人不是做事所需的人才。

三国时期的诸葛亮不但本人是大德大才的旷古奇才，用人也以德才兼备为准则。蒋琬、费祎、姜维都是诸葛亮精心选拔为他理政、治军的接班人。

蒋琬入蜀初期任丰都县长，刘备下去巡视，适见蒋琬饮醉，不理事，大怒，要杀他。诸葛亮深知其人的能力和德行，便为之说情。刘备敬重亮，听其言，才不加罪。后亮提拔琬为丞相府长史，亮每次出征，琬都足食足兵相似供给。亮常赞琬为人"忠雅"，可与他辅佐蜀汉王业。亮死前，密表刘禅："臣若不幸，后事宜以付琬。"亮死，琬执政，其人大公无私，胸怀广阔，能团结人，明知时势，做到国治民安。蒋琬病，荐费祎代之，费祎为人明断事，善理事，知军事，他在任时边境无虞，魏人不敢正窥西蜀。姜维继诸葛亮复兴汉室之志，屡次北伐，虽无大胜，但魏兵也不能侵入。及司马昭派大军伐蜀，刘禅昏庸不听姜维派兵扼守阴平之议，邓艾得以偷渡而直捣成都。刘禅出降，并令姜维降，姜维想假降待机杀钟会以复兴蜀汉，其夙愿虽未实现，足见其人忠烈。

刘备死后，有诸葛亮及其后继者蒋琬、费祎、姜维等辅佐，刘禅这昏庸之王才得安坐帝位达41年之久。而曹操死后，其子曹丕篡汉，魏立国虽有45年，但早在17年前司马懿就发动政变夺取曹爽的军权，魏政权已归司马氏，魏已名存实亡，魏政权存在实际只有28年。孙权死后，孙亮立为吴帝，内部不和，国势日弱，遂被晋灭。孙权后人掌权只有27年。与三国相比，蜀汉政权较稳固，无内部互相倾轧、争权夺利之事，这是因有德才兼备的贤臣辅佐之故。

汉高祖刘邦说："运筹帷幄之中，决胜千里之外，我不如张子房；镇守国家，安抚人民、发饷送粮保障军队，我不如萧何；指挥百万军队，战必胜，攻必取，我不如韩信。他们三位，都是人中豪杰，因为我能任用他们，所以我能得到天下。"从这里完全看得出用人的重要性。选用人才也是有原则可循的。有的人认为，只要自己能够网罗到最优秀的人，就一定能够成就大事，实际不然。在团队中，选用最适合的人而非最优秀的，才是制胜的法宝。

我们选用的最合适的人，就应该是德才兼备，而且是善于团结合作的人。有了这样的人辅佐，成大事就时日不远矣。

156. 根据员工的最佳状态来安排工作

《哈佛经济》杂志曾经报道，通过对全球36万人在20年中的职业生涯跟踪调查表明，留住员工很重要的一点是确保他们的能力、兴趣及性格与所从事的职业相匹配。

也就是说，当员工的能力、兴趣与他所从事的职位相符，个人秉性也与公司的文化相符时，不仅员工流失率会大大下降，而且工作效率始终保持在一个高水平线上。

这个报道揭示了任务与员工能力要匹配的重要性。任务与员工能力不匹配，就会出现用人失误。历史上最著名的用人失误事件莫过于长平之战中赵国起用赵括。

公元前260年4月，秦派兵攻赵。赵国派廉颇为将抵抗。廉颇根据敌强己弱的形势，决定采取坚守营垒的战略。赵王以为秦国不可惧，应该主动出击，为此屡次责备廉颇。

这时，秦国散布流言："秦国所痛恨、畏惧的，是赵奢之子赵括。"赵王听信流言，便派赵括替代廉颇为将。赵括自大骄狂，在不明虚实的情况下，贸然进攻行动。结果中了秦军埋伏，大败，45万赵军被秦国活埋。

在这个著名战役中，赵王不能知人善任，将关乎国家命运的大事交给只会纸上谈兵的赵括，险些丧国。

全球华人企业顾问中心执行长、美国PDP大中华区策略合伙人、领导风格的研究专家陈生民先生曾分析说："事实上，每个人身上都有一组'能力密码'，这组密码是开启一个人潜能的钥匙，每个人都不一样。能够解读能力密码的人就等于拥有了知人知心的能力。"

如果任务与员工的能力不能实现完美匹配，那么一定会出现的现象是：大材小用，或者小材大用。假如出现小材大用，其造成的结果是员工不能胜任工作，而其他员工则不会服气；同样，假如出现大材小用，就会使员工会为自己怀才不遇而感到前途无望，他甚至会考虑离开。这里需要提醒的是，多数管理者最容易犯的错误是大材小用。企业为了谨慎起见，他们迟迟不敢起用员工，总是要"考察、考察、再考察"。

将任务与员工的能力相匹配，管理者应该弄清楚员工的最佳状态。很多人都喜欢看篮球，篮球运动员在赛场上最美的动作就是一路冲破障碍，高高跳起，一投命中。投篮这个拼搏的姿势充满了生命的激情，又显示着成功者的风采。但是假如不用跳起，而且像顺手把垃圾扔到纸篓里一样简单的话，运动员就丧失激情；假如篮筐遥不可及，无论如何都投不进，也会让人气馁，放弃努力。

与人的能力不断增长相比，企业内部的岗位要求是相对固定的。员工的工作能力是随着实践摸索、适应岗位、培训学习等手段不断增强的，所以，每个员工在某个岗位上都会经历磨合期、成长期、成熟期和饱和期。然而，水饱和了就再也放不进糖，人饱和了就很难吸取新知识。一般来说，在某个岗位处于饱和期的员工，就一定出现了"能力高于岗位要求"的"不和谐"现象。

有挑战性但通过努力又可以胜任的工作，最能激发人的潜能。事实上，没有人喜欢平庸，尤其对于那些风华正茂、干劲十足的员工来说，成功的满足感需要由富有挑战性的工作来满足，这种满足感比实际拿多少薪水有更强大的激励作用。因此，总经理应根据员工最佳状态时所表现出来的能力来安排工作，既能保证工作与能力的匹配，又能保证员工对于完成工作的激情。

身为总经理，应该经常研究员工发展到哪个阶段了。对那些已经处在成熟期的员工，要适时让他们"百尺竿头更进一步"，给他们分配一个能力要求更高的岗位，或难度更大的工作，以避免他们滑入饱和期，造成人才的浪费。

157. 把工作指派给最为合适的人

杰克·韦尔奇是20世纪最伟大的CEO之一，他是美国通用电气公司的总裁，被称为"经理人中的骄傲""经理人中的榜样"。在一次全球500强经理人大会上，杰克·韦尔奇与同行进行了一次精彩的对话。其中有一个人问他："杰克·韦尔奇先生，请您用一句话说出通用公司成功的最重要的原因。"杰克·韦尔奇想了想后回答说："是用人的成功。"又有人问他："您能否用一句话来概括自己的领导艺术呢？"杰克·韦尔奇笑了笑，说："让合适的人做合适的工作。"

在这个世界上，每个人的能力和每个地方的需要都是不同的。不同的工作需要不同能力的人，而不同的工作环境也可以培养不同能力的人。

1993年，土耳其人民敬爱的总统去世了。土耳其政府要求给总统修建一个能够供成千上万的后人瞻仰的永久性墓地，而且要求必须在几天之内建造完成。从以往的经验来看，完成这个任务的难度很大。

受命组成的项目组把工作进行了分解，总体分为准备原材料、勘定地点、挖掘地基、排水系统、浇筑混凝土、安装照明设备、安装花坛、安装大理石装饰、卫生清扫工作等27项活动。各项活动的并行工作或者串行工作的先后顺序及工期也进行了详细安排，一切严格按照项目进度进行。40名建筑工人和20名工程师昼夜不眠地奋战，最终在78.5个小时的时间里修建了一个15 000平方米，既符合宗教信仰，又具有高质量的墓地!

由上面这个例子我们可以看出,企业管理的精髓之一就是分解工作,分配各种资源,把工作指派给最为合适的人。这就是为什么土耳其的项目小组能够战胜困难、创造奇迹的原因。

不把任务授权给合适的人,任务不仅不能高质量完成,甚至会使执行这个任务的员工产生挫败感。

有一个证券公司的经理曾经非常困惑,很多工作十分努力的员工,在接受他委派的任务后却不能圆满完成,这使他百思不得其解。最终,一个离职员工的话使他茅塞顿开。原来这个员工对他说:"经理,我很喜欢咱们公司的工作环境和工作氛围,但是我发现这里的工作并不适合我。开始您让我去跑销售,别人很轻松就完成的任务,我很多天都无从下手。那个时候我非常不开心,觉得自己很笨,甚至非常灰心。

后来一次偶然的机会,我进行了职业测评。测评的结果让我很惊讶,原来我不是比别人笨,也不是我不愿意干好,而是我在做一个不适合自己的工作。我以前一直在证券、期货、市场里面辗转,但是越干越不顺心。

经过职业测评我发现,我是一个内向气质的人,与人沟通的能力和意愿较弱,回避失败的倾向非常高。而冒险和争取成功的倾向非常低。但是我处理细节的能力非常强。因此专家建议我应该去做财务、库管之类,需要细心、操作性强的工作。所以我决定重新调整自己的人生。"

听完这个员工的话以后,经理顿时觉得如同醍醐灌顶。他意识到:"与这个员工选择职业一样,分配工作也是同样的道理。在分配给员工任务之前,我有必要对每个员工都有一个全面的了解。我需要了解员工属于哪一种特质?适合做哪一类型的工作。性格活泼的人,适合有挑战性的工作;性格内向的人,适合稳定的工作;还有的人擅长与人打交道;有的则适合与物打交道。造物者给了人类千千万万种性格,其中也含有一定的共性。按照这种共性分类分析,就能把工作分配给最适合的人了。"

这个经理的顿悟值得所有经理人学习,把任务分配给员工的时候,一定要考虑员工个人的意愿、兴趣和特长。只有把合适的任务分配给合适的人,才可能有最为完美的结果。

作为总经理,把任务授权给最合适的人是最重要的。用最简洁的话来讲这个观点，就是指管理者向员工分配一项特定的任务或项目，这个项目要从员工的兴趣、特长出发，最终才能保证被指派者能够顺利完成该任务。

158. 合适的员工是符合企业发展需要的人

应聘者在应聘时的典型心理是尽可能美化自己，头上的荣誉光环越多，被重用的可能性就越大。与此相对应的是，企业的经营者费尽心思去寻找真实的优秀的人。

对于企业而言，衡量员工是否优秀的唯一标准是是否符合企业的发展需要。"从作业要求的角度说，匹配的就是人才。"全球知名企业雅芳在聘用人才时，最基本的做法就是为每个职位找适用的人。理性的总经理不会被员工的光环所诱惑，而是紧紧扣住"企业发展需要"这根弦。

成熟的总经理都会掌握一些成熟的方法，来确保企业在使用人才方面的"理性"。DHL便是这方面的突出代表。作为全球最有名的物流企业之一，为了选拔优秀而且适合公司文化背景的人才，DHL采用了一些先进的管理理念和人员甄选技术，其中基于胜任力的人员选拔方案是一种主要的选拔方式，力图做到人职匹配。

在人才选拔方案中，DHL首先会根据自身的企业文化和业务发展，建立起符合公司自身特点的岗位胜任力模型。胜任力是从品质和能力层面论证个体与岗位工作绩效的关系，是个体的态度、价值观和自我形象、动机和特质等潜在的深层次特征，是将某一工作（或组织、文化）中表现优秀者和表现一般者区分开来的基础。

在建立岗位胜任力模型时，DHL分成两步进行：第一步，以岗位说明书和著名咨询公司为其量身定做的职位评估系统为主要依据，参考原有胜任素质，归纳总结岗位关键胜任要素，形成岗位胜任力模型框架。第二步，通过管理访谈、管理层研讨，对模型框架做有针对性的调整和修正，并细化胜任特质的典型行为；在初步的胜任力模型基础上，形成评估要素列表，制定评估框架并选择、组合评估方法，从而建立起完整的胜任力模型。

胜任力模型确认后，DHL会根据胜任力模型评估各个岗位应该具备的能力。通过外部专家、内部管理人员以及需评价岗位的直接上司、在岗人员及其下属共同对该岗位所需要的胜任力水平做出评估，同时，参考同类组织对相应岗位的要求，建立DHL所有岗位的胜任力标准。这个标准如同人才筛选器一样，将合适的人留下来，不合适的漏下去。

此外，通过所有岗位的胜任力标准，DHL人事部门建立起员工发展评价中心，并将其运用于选拔和招聘公司所需要的员工。这个员工发展评价中心广泛地运用于内部人力资源评估、人事决策等管理事务中，取得了良好的效果。员工发展评价中心的测评角度很完善，既包括能力倾向测验、职业兴趣测验，也包括动机测验、管理风格测验。同时，评价中心还为选择人才提供全流程服务，包括情景模拟招聘和各种面试方法。

最后，根据胜任力模型、胜任力标准和发展评估中心的人员评估结果，三者进行比较、搭配，力求达到人职匹配。对不能达到任职要求的人员进行调整和有针对性地培训，从而保证了组织调整的顺利完成。科学、理性的人才选拔系统保证了DHL业务的高速发展，岗位胜任力已经成为企业的核心竞争力之一。

总经理掌握一些人才测评工具绝不是否定经验的作用。相反，掌握工具则是为了减少经验的失误。大家都知道晕轮效应，常表现在一个人对另一个人（或事物）的最初印象决定了他的总体看法，而看不准对方的真实品质，形成一种好的或坏的"成见"。另外，总经理还要克服急功近利的心理，总是想找到一位神仙手，将公司的业绩一下子提高到几倍以上。

要想找到真正适合企业发展的员工，总经理一定要做好两个准备工作：建立科学的人才选拔机制；戒除急功近利的用人浮躁心态。

159. 把优秀的人才放到合适的岗位上

所有人都说千里马是马中极品，有一个农夫于是就花了几年积蓄在市场上买了一匹千里马，回到家中后却发现实在没有什么大事需要千里马去完成，便让它和一头驴子一起拉磨。千里马被囚禁在磨坊里拉磨，传出去很丢千里马一族的脸面，于是，每次拉磨时千里马总是很不老实地折腾一番。农夫很生气，就用鞭子使劲抽打它，没过几日，千里马生生被打死。有了这次经验，农夫再也不买千里马了，为了和驴子搭配，他就又买回了一匹骡子。骡子和驴子很和谐，干起活来，搭配得很好，磨坊的效率很高。

有一天，农夫得了急病，需立即送到城里救治。家人拉出了骡子，骡子在磨坊里

第三十四章 适合比优秀更重要

磨叨惯了，任凭农夫的家人使劲抽打它，它始终跑不快。抽打得急了，骡子就更加放慢了速度，最后索性在原地转起圈来了。家人无奈，只好迁就着骡子，晃晃悠悠地赶往城里。因此延误了治疗，农夫落下了后遗症。回来后，农夫一怒之下宰掉了骡子。

看完了这个故事，大家就会明白：农夫其实相当于企业的总经理，千里马、骡子、驴子是企业的员工。这里面，千里马最优秀，但是因为被放置在不合适的工作环境里，则活活被折磨死。骡子本来也是很优秀的人才，和驴子搭配起来，能够为企业产生很高的经济效益。但是，却被抽调出拉马车，这本是千里马的长项；结果，骡子也死在它不适合的岗位上。

四季酒店是一家世界性的豪华连锁酒店集团，在世界各地管理酒店及度假区。四季酒店曾被评为世界最佳酒店集团之一，并获得5颗钻石的评级。酒店属于服务业，服务型企业的成功共性就是要拥有一批能够执行企业服务理念的人才队伍。一位入住过四季酒店的旅行者在他的日记中写道："别的酒店是把酒店单纯地当做酒店来经营，而四季酒店却把酒店当做旅行者之家来经营，这种浓郁的家庭氛围，一路奔波的旅行者怎么能拒绝？"

为顾客创造家的氛围的是四季酒店的训练有素的员工。人才是四季酒店成功的根本原因。四季酒店亚太区人力资源总监吴先生认为符合四季酒店用人理念的人才应该包括以下素质：诚信、灵活、踏实。优秀人才不是凭空产生的，是要结合具体一个行业、一家企业、一个职位来定义的。四季酒店身为服务行业的企业，对人才最大的要求就是"灵活"。这个灵活要体现在对客户上，其适应力、变通能力与抗压能力都要强。当然在这些能力之前，最为关键和基础的就是道德品质。

了解了企业的工作特性，四季酒店总是很容易找到企业最需要的人，然后把他放在最合适的岗位上，为企业创造出最大价值。四季酒店的用人最大的特点就是无论是高学历者（包括"海归"）还是普通学历者，都需要从基层做起。吴先生认为一名优秀的员工，哪怕是把他放到最基层的位置上，经过一些时日，肯定会比其他人"跑得快"。吴先生说："曾经有个新人，学历背景很优秀，能力也很强，他信誓旦旦要在2年内做到部门经理。我当时立刻否决了他。不管一个人多优秀，在四季，要做一个部门经理至少需要15年的时间，这是许许多多前辈留下的经验，是经过实践检验的，我不认为会有特例。所以，一个人需要磨炼，更需要有被磨炼的耐心。"

正是对员工孜孜不倦的长期打磨，使企业充分了解到员工的特点、特长、能力和发展潜力，无论是员工晋升还是调岗，企业总是能最快地实现人岗匹配，从而保证四季酒店不为人员的调动而降低组织运行效率。

优秀的总经理从来都不把人岗的匹配问题当做是小事情。总经理应采取正确的措施和手段对人力资源进行合理配置，合适的人工作在合适的岗位上，这将会使得员工的工作绩效、工作满意度、出勤率等得到提升，从而提高组织的整体效能。不要"大材小用"，也不要"小材大用"，要量才而用。匹配才能使人才发挥最大价值，为企业创造更多绩效。但是，要想完美实现人岗匹配，首先要做的工作就是要了解工作的特性。只有了解工作的特性，才能在人才使用上有的放矢。

在用人的时候不仅要学会伯乐识马，选合适的人才为公司效力，更要把优秀的人才放到合适的岗位上，发挥他应有的作用。

160. 寻找的是有潜力的员工

企业需要有潜力的员工，知识经济时代，人才制胜。考核现代HR业绩的一项标准就是——发掘有潜力的员工、培养优秀者、创造高绩效的工作环境。发掘有潜力的员工是促进公司发展的智力资本。

潜力是什么呢？泛华保险公司认为"德才兼备、专注好学"的员工就是企业寻找的"潜力股"。在泛华的人才选拔与任用实践中，重能力更重潜力，重潜力更重人品，胜任目前岗位工作的基本能力是必需的，但只有品德优良、有潜力的员工才能得到足够的发展空间。

什么样的人是有潜力的人呢？在泛华，有潜力的人才一定是视野广阔、心态积极、专注好学的员工。如果说事业心是成长的动力，那么专注好学就是员工成长的助推剂。员工只有花精力去钻研和学习工作领域的知识，花精力去改善工作领域的绩效，才能为企业创造价值，这样企业也会把自身的发展托付给这些人。

泛华保险公司提出的"德才兼备、专注好学"，实际上指的就是人才的两个方面：品德素质和专业能力。想要成为具有潜力的人才，就要在这两方面下工夫。

刚毕业的小李本想到大企业去做机械设计，可最终进入了一家工厂做技术维护，工作很闲，价值不大，干得很郁闷。两个月后，公司因为发展的需要，从国外购进了5

台工业用的大车，由小李负责技术维护。

可是不到半年，这5台车就坏了，怎么也开动不了。小李和技术组一同寻找原因，同时也联系了生产该车的外国技术专家。

外国专家前来简单地看了一下大车的情况，马上得出结论：故障是因为工厂工人操作不当引起的，生产方没有责任。

但是小李认为，工人完全是按照说明书进行规范操作的，并没有不当之处。于是，他向外国专家提出了自己的看法，但是几个外国专家坚持说是工厂工人的责任。

这让工厂的领导很为难：如果承认是工人操作不当引起的故障，那么厂家就不负责维修，5台车的维修费用要自己掏，算下来怎么也得100多万元。可是如果不承认，因为自己的技术人员不精通这方面的技术，又提不出有力的证据。

就在领导准备咬牙承担这笔巨大的损失时，小李却拦住了领导，他给领导立下"军令状"，一定给工厂拿出证据。随后，他带领几个技术工人，在车上一待就是几天，用各种检测工具从头开始，一点一点地检查线路。

就在第4天早上，小李在一组线路中发现了问题，这组线路存在的问题足可以证明，这5台车在生产设计时就存在着严重的问题。

当小李把这组数据放在外国专家面前时，趾高气扬的外国专家顿时说不出话来。最后，维修费用由生产厂家全部承担。

小李为公司立下了大功，领导马上提升他为技术总监。小李也在这份原本不被自己重视的工作中获得了成就感。

小李身上体现出了现代企业最重视的素质：专注好学。具备良好的道德素质的"学习型"人才就是企业在寻找的"潜力股"。学习能力是企业十分看重的一点，只有不断学习，才能适应不断变化的岗位要求，才能在学习中不断提升自身的能力，从而实现个人与企业的共赢。

吃的是草，挤出来的是奶，能不断为企业创造价值的人是不会被淘汰的。优秀的企业是不会招聘一个过了三五年就没有价值的员工的。

优秀的企业总是在持续地、成群地寻找出有潜力的员工，从而使企业源源不断地获得优秀人才贡献出来的力量。

161. 不是打造完美型员工，而是建立互补型团队

狼群中老、幼、强、弱个体有较大区别，但一到团队围猎，常常就是老弱做掩护，强者进攻，团队成员各尽所能，各司其职，可以说，狼群是一个完美的互补型团队。

哲人说："完美本是毒。"事事追求完美是一件"劳民伤财"的事情，尤其对于企业管理来说，这是执行中的大敌。很多管理者总是抱怨自己手下能人太少，恨不得自己的下属个个都变成能杀能闯、能文能武、有勇有谋的"良将"。但中国有句古话：金无足赤，人无完人。世界上本就没有十全十美的人，又怎么能够要求拥有完美的员工？何况，完美型的员工属于"能人"，他们的特点是个人英雄主义，重个人，轻团队，最终会增加数倍的管理成本，而结果极可能是得到了一个并不满意的结果。

其实在企业管理中，总经理关注的不应是某个人的力量，而是团队的综合实力。在一个团队中，每个人都有他的长处，作为管理者，如果你能很好地掌握他们的特点和优势，把他们放到最能发挥其作用的位置上，你就会发现，你得到了一个完美的互补型团队，并且，你的工作变得卓有成效，你的员工对你尊重并拥护。

在一次战役中，由于战争需要，临时招募了许多各行各业的人参军打仗。战役的将领临时编制了一支小分队，命令其驻守在一个小岛上。他们当中有大学教师、机械工程师、政府机构的办事员，也有泥瓦匠、小饭馆老板、裁缝铺的学徒，还有消防队员、小提琴手、汽车修理工等。一到岛上，他们就行动起来了。有的用捡来的木条、干草搭起了简陋的帐篷，有的用自制的工具支起了炉灶，还有的忙着施展烹饪手艺，人人都施展自己的拿手戏，在各自擅长的方面尽情地发挥。一顿丰盛的晚餐过后，还举办了一场热闹的晚会，大家有说有笑，有唱有跳。

几天过后，小岛遭到敌人的攻击。在枪林弹雨的战场上，大学教师和小饭馆老板便显得手足无措，失去了用武之地，而消防队员和汽车修理工则能够临阵不乱，熟练地使用手中的武器，对敌人进行了狠狠地打击，完成了守护小岛的使命。

以上的例子中，大学教师虽然受过高等教育，掌握着最多也最权威的知识，但在打仗的时候，却毫无用武之地，而只念过几年书的消防队员却可以在抗敌中勇猛杀敌。这就是所谓未在其位，能力就不能得以施展。

第三十四章　适合比优秀更重要

对于企业管理者来说，团队就好比上述的那个小分队，由各色各样的人组成，他们都有自己的特长优势，身为领导者，最大的职责就是对下属的特点、能力，甚至个人的性格做到了如指掌，做到唯才是用，使员工内在的潜力得到充分发挥。

无缝型协作团队的基础是保证人尽其才，这就需要在合适的岗位安排合适的人才，并使这些人才协同一致，以此来提升团队的运行效率。迪克·布朗就是设计这种制度的高手。

分工协作正成为一种企业工作方式的潮流被更多管理者所提倡。如果能够将容易的事情变得简单，把简单的事情变得更加容易，那么，做事的效率就会倍增。无缝合作，就是简单化、专业化、标准化的一个关键。现代企业正逐步向简单化、专业化、标准化发展，于是互补合作的方式就理所当然地成了这个时代的产物。

在企业中，一个团队就是一个由相互联系、相互制约的若干部分组成的整体，经过互补优化设计后，整体功能一定能够大于部分之和。

第三十五章
人才管理的核心在于知人善任

162. 知人善任辅大业

李嘉诚认为人才对于公司非常重要,甚至比金钱还重要。他广纳贤才,而不在意出身和背景。只要有能力,他均奉为上宾。他曾高兴地对记者说:"你们不要老提我,我算什么超人,是大家同心协力的结果。"他身边有300员虎将,其中100个是外国人,200个是年富力强的香港人。

20世纪80年代中期,李嘉诚的长实(长江实业)集团的管理层基本上实现了新老交替,各部门负责人,大都是三四十岁的少壮派,其中最引人注目的要数霍建宁。

霍建宁毕业于香港名校港大,随后赴美深造,1979年学成回港,被李嘉诚招至旗下。他擅长理财,负责长实全系的财务策划。他处世较为低调,认为自己不是冲锋陷阵的干将,而是专业管理人士。李嘉诚很赏识他的才学,所以长实全系的重大投资安排、股票发行、银行贷款、债券兑换等,都是由霍建宁亲自策划或参与决策。传媒称他是一个"浑身充满赚钱细胞的人"。

这些项目动辄涉及数十亿资金,亏与盈都取决于最终决策。从李嘉诚对他如此器重和信任来看,可知盈多亏少。霍建宁本人的收入也很可观,他的年薪和董事基金,再加上非经常性收入如优惠股等,年收入可能在1 000万港币以上。1985年,李嘉诚委任他为长实董事,两年后又提升他为董事副总经理。此时,霍建宁才35岁,如此年轻就担任香港最大集团的要职,实属罕见。

同样出色的还有一位女将洪小莲。洪小莲年龄也不算大,她全面负责楼宇销售时,还不到40岁。在长实上市之初,洪小莲就作为李嘉诚的秘书随其左右,后来又出任长实董事。她不仅人长得漂亮,而且待人热情,做事泼辣果敢。在地产界,在中环各公司,只要提起洪小莲,可谓无人不知,无人不晓,她被业界称为"洪姑娘"。长实总部虽不到200人，却是个超级商业帝国。每年为它工作与服务的人，数以万计。资产市值在高峰期达2 000多亿港币，业务往来跨越大半个地球。日常的大小事务，千头万绪，往往都要到洪小莲这里汇总。她的工作作风颇似李嘉诚，不但勤奋，还是个彻底的务实派。就连面试一名信差、会议所需的饮料、境外客户下榻的酒店房间等琐事，她都亲自过问。没有旺盛的体力、精力、智力，没有很高的工作效率，要处理日益庞杂的事务是不可想象的。

李嘉诚不拘一格地重用年轻人，广采博纳，融合众智。他说："长江取名基于长江不择细流的道理，因为你要有这样旷达的胸襟，然后你才可以容纳细流。没有小的支流，又怎能成为长江？只有具有这样博大的胸襟，自己才不会那么骄傲，不会认为自己样样出众，承认其他人的长处，得到其他人的帮助，这便是古人说的'有容乃大'的道理。假如今日没有那么多人替我办事，我就算有三头六臂，也没有办法应付那么多的事情，所以成就事业最关键的是要有人帮助你，乐意跟你工作，这就是我的哲学。"

香港的《壹周刊》在分析李嘉诚用人的策略方面这样说道："反观一些事业上没有像李嘉诚般飞黄腾达的富豪，倘若说他们有什么缺失的话，那往往就是不晓得任用人才，以致阻碍了企业的发展。环顾香港的上市公司，虽然很多公司资产值不少，但至今始终摆脱不了家族式管理。"李嘉诚所拥有的集团，是一个股权结构复杂、业务范围广泛的庞大集团公司，他是这一商业帝国的绝对拥有者，但集团内部，却看不到家族式集团的作风，完全按照现代企业的模式管理。

知人善任要注意以下几点。

（1）鼓励人才发展，不要怕下属超过自己。

（2）批评时对事不对人。人非圣贤，孰能无过。下属做错了事，要批评他做错的事情，却不能对他进行人身攻击。批评的目的在于指出错误，以期改进，而不是让下属丧失自信或感到人格不被尊重。

（3）承担职责，扶持正气。下属办事不力，并不一定是下属的过错，作为领导者，应首先检讨自己在领导上是否有错误，该承担哪些职责，绝不能将过错推卸在下属身上；否则将会严重影响下属的士气。

一个总经理要打理好公司，就必须要有得力的人才辅佐。没有人才辅佐的总经理，是做不了大事情的。

163. 用人先识人

管理者用人必先识人,用才是艺术,识才也是艺术。如何识别人才?要有一颗热心,还要有一双慧眼。因为有时泥沙俱下,鱼龙混杂,真假难辨。现代社会是个讲效率的时代,"不用多余的人"是管理科学的一条重要原则,哪能养那么多闲人冗员?这就要求用人者必须慧眼识真才,把真正的人才选拔出来,把非人才淘汰下去。

卡耐基认为要善于识别和发现潜在人才,更需要识才的好本领。有的人才是含而不露,等待知遇之人;有的人才没有机会施展自己的才能,只好暂时埋没着;有的人才连他自己也不知道自己有多大的能力。这就靠用人者有爱才、求才的迫切心情,有细微的观察能力和分析能力,有不拘一格使用人才、在实践中考验人才的魄力,有长时间观察、考验人才的耐心,有不怕纠正在识别和使用人才上失误的胆量。

还要在实践中,通过业绩来识别人才,而不能凭一些空言大话的表象,或是只凭文凭、评语、档案这些死的东西,或是凭一些只能说明过去的东西及主观随意性较强的东西去识才和选才。识别人才是用人的基础,切不可掉以轻心。

识别人才的方法有以下几点。

(1)他有没有雄心壮志。明星人物必然有取得成就的强烈愿望。他通过更好地完成工作,不断地去寻求发展的机会。

(2)有无需要求助于他的人。如果你发现有许多人需要他的建议、意见和帮助,那他就是你要发现的明星了。因为这说明了他具有解决问题的能力,而他的思想方法为人们所尊重。

(3)他能否带动别人完成任务。注意是谁能动员别人进行工作以达到目标,因为这可能显示出他具有管理的能力。

(4)他是如何做出决定的。注意能迅速转变思想和说服别人的人。一个有才干的高级管理者,往往能在相关信息都已具备时立即做出决定。

(5)他能解决问题吗。如果他是一个很勤奋的人,他从不会去见老板说:"我们有问题。"只有在问题解决了之后,他才会找到老板汇报说:"刚才有这样一种情况,我们这样处理,结果是这样。"

(6)他比别人进步更快吗。一个明星人物通常能把上级交代的任务完成得更快更好,因为他勤于做"家庭作业",他随时准备接受额外任务。他认为自己必须更深地去挖掘，而不能只满足于懂得皮毛。

（7）他是否勇于负责。除上面提到的以外，勇于负责是一个管理者的关键性素质。

企业家想要较多、较好、较快地识别和发现潜在人才，还必须注意以下几点。

（1）听其言识其心志。潜在人才都是一些尚未发现或者找不到展现其才华的舞台的人。他们在公开场合说官话、假话的机会极少，他们的话，绝大多数是在自由场合下直抒胸臆的肺腑之言，是不带"颜色"的本质之言，因而就更能真实地反映和表达他们真实的思想感情。

（2）观其行辨其追求。一个人的行为，体现着一个人的追求。一个讲究吃喝打扮的人，所追求的是口舌之福和衣着之丽；一个善于请客送礼的人，所追求的是吃小亏占大便宜；一个干工作吊儿郎当，伺候领导却十分周到殷勤的人，所追求的是个人私利等。

任何一个人，一旦进入了自己希望进入的角色，就会为了保住角色而多多少少地带点"装扮相"，只有那些处在一般人中的人才，他们既无失去角色的担心，又不刻意寻觅表现自己的机会，所以，他们一切言行都比较质朴自然。企业家若能在一个人才毫无装扮的情况下透视出他的"真迹"，而且这种"真迹"又包含和表现出某种可贵之处，那么大胆启用这种人才，其准确率就比较大。

（3）析其作辨其才华。潜在人才虽处于成长发展阶段，有的甚至处在成才的初始时期。但既是人才，就必然具有人才的先天素质。或有"初生牛犊不怕虎"的胆略，或有"出污泥而不染"的可贵品格，或有"三年不鸣，一鸣惊人"之举，或有"雏凤清于老凤声"的过人之处。总之，既是人才，就必然有不同常人之处，否则就称不上人才。一位善识人才的"伯乐"，正是要在"千里马"无处施展腿脚之时识别出它与一般马匹的不同。若是"千里马"已在驰骋腾越之中显出英姿，何用"伯乐"识别。

（4）闻其誉察其品行。

善识人才者，应时刻保持清醒头脑，有自己的独立见解，不受"语浪言潮"所左右。对于已成名的显人才，不跟在吹捧赞扬声的后面唱赞歌，而应多听一听反对意见；对于未成名的潜在人才所受到的赞誉，则应留心在意。这是因为，人们大多有"马太效应"心理，人云亦云者居多，大家说好，说好的人越发多起来；大家说不好，说不好的人也会随波逐流。当人才处在潜伏阶段，"马太效应"对他毫不相干。

再者，人们对他吹捧没有好处可得。所以，人们对潜在人才的称赞是发自内心的，是心口一致的。用人者如果听到大家对一位普通人进行赞扬时，一定要引起注意。古往今来许多人才都是用人者听到别人的赞誉而得知的。刘备就是听到人们对诸葛亮的赞誉而"三顾茅庐"请得贤才的，周文王也是在百姓的赞誉声中得知渭水边的贤才姜太公的。潜人才多出身卑微，而出身卑微的人一旦受到人们的赞誉，就是其价值得到了"民间"的承认，用人者就要大胆启用。

当然，有以上这些考察人、识人的要点和注意的方面还是不够的，我们还必须在实践中通过各种方法去有意识地考察他们的能力和水平。

为此，你必须做以下几方面的工作。

远使之而观其忠——派他到远处去任职，以观察其忠诚。

近使之而观其敬——让他在身边任职，以观其敬业。

烦使之而观其能——派他做繁杂之事，以观察其能力。

猝然问焉而观其知——突然问他问题，以观察其机智。

急与之期而观其信——仓促约定会见的时间，以观察其信用。

委之以财以观其仁——托付他大笔财富，以观察他是否为仁人君子。

告之以危而观其节——告诉他情况危急，以观察他的节操。

醉之以酒而观其则——故意灌醉他，以观察其本性。

杂之以处而观其色——在与众人杂处中，观察其为人处世的态度。

好的管理者能正确识别人才，首先表现在正确掌握用人的标准上。认识和选拔人才，要注意细微之处，用心观察，见微而知著。

164. 要区别对待不同的下属

对待不同的下属，要区别对待，充分发挥他们的优势。

表现比较好的人。一是用他的长处，使他用自己的实绩展示自我。二是用人才互补结构弥补他的短处，保证他的长处得以发挥。

表现一般的人。给其在他人面前表现自己的机会，求得别人的信任和自己的心理平衡。也要注意鼓励他们用自己的行动证明自己的能力。

表现较差的人。可以给他们略超过自己能力的任务，使他们得到成功体验，建立起"可以不比人差"的信心，同时注意肯定他们的长处，一点点启动起来。

有能力、有经验、有头脑的人。可以采取以目标管理为主的方式。在目标、任务一定情况下，尽量让他们自己选择措施、方法和手段，自己控制自己的行为。还可适当扩大他们的自主权，给他们回旋的余地和发展的空间。

能力较弱、经验较少、点子不多的人。可以采取以过程管理为主的方式。用规程、制度、纪律等控制他们的行为过程；可用传帮带的方式，使他们逐渐积累经验、提高能力。

有能力的年轻人。可以给他们开拓性的、进取性的、有一定难度的工作。

对有经验的中老年人，可以让他们做稳定性的、改进性的、完善性的工作。

个性突出，缺点、弱点明显的能人。一是用其长。长处显示出来了，弱点便容易得到克服。二是做好思想和情感沟通的工作。一年里谈几次话，肯定成绩、指出问题、沟通感情，使他们感到领导的关心和理解，自己也会兢兢业业。三是放开一点，采取忍的办法。不要老是盯住人家，而要给人家留有一定的余地，帮助也只是在大事上、在关键性的问题上。否则，被束缚住了手脚就很难有所作为。

有特殊才能的人。一定要尽可能给他们最好的条件和待遇。特殊人才，特殊待遇，这是我们应该遵守的原则。他们中有的人并不是安分者，可能有这样那样的毛病和问题，以致很不好管理。对此我们不只是要容忍，而且应该做好周围人们的工作，以便使他们能够集中精力发挥长处和优势。在特殊的情况下，还应该放宽对他们的纪律约束和制度管理，甚至采取明里掩盖、暗中支持的办法。

有很强能力的人。可采取多调几个岗位、单位的办法，既能够让他们发挥多方面的、更大的作用，又可以调动他们乐于贡献、多出成绩的积极性。

被压住了的能人。一个办法是把他们调出去，给他们显示自己本领的机会，也给他们从另外的角度审视自己的空间。等有了成绩，被公众认可了，在必要时就可以调回来加以任用。另一个办法是把压他们的人调开，让能人上来。这都要根据具体情况决定。

跟自己亲近的能人。一是调离自己的身边，让其显示自己的才干。好处是，因为和自己的关系好，到底是不是能人还可以再看；如果真正有能力，别人也会服气。二是采取外冷内热的办法严格要求，使他们不依靠领导，而是依靠自己，不断地求得发展。

尚未被认可的能人。一是采取逐渐渗透的办法，让人们逐渐认识他们的长处和成果。二是给机会显示其才能，以实绩让人们信服。

道德上有缺陷的能人。可采取这样几种办法：一是任命其为副职，以正职制约他；二是派给他副手，告诉是协助他工作，同时也要接受他的帮助；三是派给他能够监督、约束他的工作人员，如会计、审计、监察人员，在职能权利上约束他；四是满腔热情地给他素质好的直接下级人员，以此做防御层。应该注意的是，不要用同级人员来制约他，这很容易闹矛盾。

聪明的管理者要学会分门别类用人才，这样才能人尽其才，为我所用。

165. 不可重用的 8 种下属

有时总经理求才心切，发现某人有一技之长，便不问其他，委以重任。殊不知，有些人虽然学有所长，但由于自身的某一方面存在致命的弱点，有朝一日说不定会因此坏了企业的大事。

（1）投机者不可重用。投机型的人善于察言观色，把自己作为商品，谋求在"人才市场"上讨个好价钱，在工作上专好讨价还价。这些"市场探索者"都急于利用应召别家厂商，而对目前雇佣他们的公司施加压力，以使该公司的管理者给他们以晋升或增加工资的机会。他们妄图利用"被别家企业录用"这种手段，来加速他们在原公司的发展。这种诡计通常都能得逞，特别是当别家企业恰好是这种投机者受雇的原公司的竞争者时。

（2）谄媚者不可重用。谄媚型的人深信，如果能迎合总经理，就能步步高升。这种人毫无才干，品质恶劣，道德观念差，意志薄弱。

（3）自命不凡者不可重用。有些人根本无法容忍别人的一切举止、想法。对于这种自命不凡的人，各种"人际关系训练法"都治不好他们永远埋在心底的精神特质。把这种人一个个地互相隔离开来，乃是最好的解决方法，而且是唯一的解决方法。这种自命不凡的人对谁都看不起，觉得世上唯有自己最有能耐。

（4）权力欲强者不可重用。权力欲望过强的人浑身上下都散发着"企业家"所特有的"气味"，时时刻刻、念念不忘在别人面前显示自己的能力。这种人有能力，而且已经下定决心,一定要升到最高层的位置,不达到目的,誓不罢休。他们对于工作尽心尽力,无需别人督导。

他们那种带着使命感的热忱促使他们努力表现自己。这种人把工作当做自己的生命,而不是调剂人生的手段。这种人没有爱好或嗜好,凡是花时间的兴趣,他们一概没有。这种权利型的人只有野心,没有计划。任何事或人阻碍了他们的野心和计划,都会使他们暴跳如雷。这种人只有在不动弹的那一刻,才会停止他的奋斗。要记住:这种人的本性是极其自私的。

(5)四平八稳者不可重用。四平八稳型的人处世轻松,满不在乎;心眼不坏,也有工作能力。这种人是相当有能力的表演者,确实值得小企业雇佣。但是,他们缺乏权利型那种人的干劲和创造力,这种人在事业上四平八稳,处世哲学是"谁也不得罪",他们可在短时间内赢得同事和下级的尊重。他们最主要的缺点是已经失去干劲,只是想谋取一个舒适的职位而已,根本不可能跟别人竞争比赛。

(6)爱虚荣者不可重用。

虚荣型的人渴望自己是富人和名人的知己。这种人只要一有机会,就会滔滔不绝地向别人叙说他与某些有名望的人常有往来。实际上,他的所谓名人朋友可能根本不认识他;或者认识,也只知道他是个"牛皮大王"而已。尽管如此,这种人仍然会使出浑身的解数,使人相信他是块做经理的好材料。按照这种人的逻辑,他当了经理,有那么多名流朋友,还怕小企业没有后台吗!而实际上,这种人没有什么真本事,只会夸夸其谈、信口开河,畅谈他的社交生涯。

(7)理论太多者不用。公司不是研究机构,若问他"这件事情怎么样",他说一大堆这个主义、那个观点,就是没有说出解决事情的方法。这种人也许可以成为很好的学问家,但绝不是有效率的员工。

(8)不会交际者少用。做人最重要的是人格完整,但生活习惯各不相同。商务接洽的人没有圣人,抽烟、喝酒、跳舞的人更容易增强发挥和顾客的亲和力。不烟不酒,一板一眼虽不算缺点,但对商务需要来说,可能不利于开展业务。

对以上8种人应量才而用,万万不可忽略其弱点,对他们不可重用。

166. 有效应用自己的智囊团

智囊团是由两个或两个以上的人，以和谐的态度和主动积极的精神，为共同目标齐心努力的团体。智囊团原则上使你得以把他人的经验、训练和知识所汇集的力量，当做是自己的力量一样加以运用。

没有人能够不需要任何帮助而成功。毕竟个人的力量有限，所有伟大的人物，都必须靠着他人的帮助，才有发展和茁壮成长的可能。为了使你的智囊团发挥正常功能，你必须给团员清晰而且正确的指示，而团员也必须愿意充分与你合作。以下四个简单的步骤，可确保智囊团的正常运作。

第一，确定你的目标。使智囊团发挥功效的第一个步骤，就是设立一个明确的目标（谁愿意搭乘目的地不明确的火车呢）。很显然，如果你连自己的明确目标都还没有确定，是不可能进行其他工作的。你必须确定智囊团的共同目标就是你自己的明确目标，或至少应该非常接近你的目标。如果你已经写下自己的明确目标，以及达到目标的方法，则你对此一步骤应该就能驾轻就熟了。写了智囊团的共同目标以及执行计划，可使你了解过程中的每一个环节，就像列车长不能同时收票、服务餐车旅客和驾驶火车一样，你也无法一人处理所有环节的事务，这时候你就必须运用第二个步骤了。

第二，挑选团员。挑选能帮助你达到目标的人，是一件必须要小心谨慎进行的事，你可能最后会发现，你原先挑选的人并不合适。你也可能在一段时间之后发现，有些意料之外的事情必须找人来做。在这过程中，尝试和错误是不可避免的，但是，如果你能时时把握住以下两项特质，就能更快挑选到适用的人才。

第一项特质是工作能力。切勿只因为你喜欢或认识某人，就把他选择为团员。虽然这样的人可能会改善你的生活质量，但未必就适合智囊团。你最好的朋友，未必就是你所需要的行销专业人才，但或许他可为你介绍专业人员给你。

第二项特质就是和他人和谐共事的能力。不和谐的工作气氛，将会降低智囊团的效率。虽然，这种情形可能不会立即发生，但却可能在输赢的关键时刻爆发出来。

卡耐基曾经讲到他找寻一位首席化学家的故事：经过全球探访后，他找到一位当时在一家德国公司任职的化学家。这位化学家的能力是毋庸置疑的，于是卡耐基便和他签了5年的合约，但是不到1年卡耐基就和他解约了。为什么呢？因为这位化学家很容易发脾气,整个部门被他搞得一团糟,没有人愿意和他共事;而他也因为太计较小事而经常怒气冲天,以致什么成就都没有。

你必须排除智囊团中的任何不和谐现象,各成员应毫无保留地献出自己的智慧。个人的野心(包括你自己的野心),必须臣伏于执行以及达成智囊团共同目标之下。清楚地了解智囊团的目标,有助于判断团员是否具备以和谐态度完成工作的能力。你可能仍然必须调整智囊团的组织结构,但是,你必须采取此步骤创造团体内的和谐。

第三,确定报酬。确定团员的报酬,是维持和谐的一项重大因素。在一开始时,就应该确定团员可能得到多少的报酬,如此一来,必将大大地减少日后发生争执的可能性。

虽然财富对团员的吸引力最大,但也不能忽视其他动机的重要性。对许多人而言,认同和成就感和金钱一样重要。但请务必注意,如果你认同团员的愤怒、仇恨和恐惧,则这些动机可能会扭曲你的团员的心灵。你应欣然、公平而且慷慨地在团员之间分配最具影响力的激励因素——财富。你的表现越慷慨,就越能从团员那儿得到更多的帮助。你必须掌握的另一项成功原则,就是养成多付出一点点的习惯。如果你能在一开始时便将此原则纳入智囊团管理中,它必然会为你带来莫大的益处。

第四,确定集会时间和地点。确定明确的定期集会时间和地点,以确保团员能不断进步,且借此机会解决智囊团所面临的问题。智囊团初期阶段的会议内容,可能涉及注重各成员的专业技术,来精确规划执行计划的议题。随着智囊团的不断成熟和成员之间和谐气氛的增长,你会发现,这些会议会使各成员的脑海中激荡出一连串的构想。当团员共同工作一段时间之后,便会在会议中激荡出更多的令人兴奋的事情,而各成员之间也会越来越和谐。

想象一下一组业务代表开会的情形,他们可能会对共同目标做出决议,但是,如果能以一天或一个周末的时间,听取并采纳他们对计划的意见,以加强他们的坚毅信念,就能使他们免除情绪的压抑和渴望达到目标的急躁。

切勿以定期会议取代成员之间的频繁接触。打电话、写留言条或是在走道上的谈话,都可以使成员获得会议时所需要的资讯。如此一来,便可在会议中迅速解决突发状况。

> 如果你能有效地应用智囊团，则无论你自己的教育程度或才智如何，几乎都能克服所有的障碍。

167. 为自己选一个好主管

主管是单位某一方面的管理专家，他们相对员工来说，是直接的管理者；相对上司来说，他们又是下属和助手。无论多大的公司，经理是一城之主，主管与经理之间保持和谐的人际关系是很重要的。

现实生活中，管理者常常遇到这样的情况：一开始经理到处说找到了自己满意的主管，可是经过一段时间的工作后，就埋怨说上当受骗。是何原因？主管要成为经理得力的助手，首先，必须与经理在性格上相投。主管要能够理解经理的感情变化，不要有过多的被人使唤或命令的怨气；更不能认为自己在一人之下，万人之上，在下属面前显示自己不可一世，在单位内部搞宗派，不把经理放在眼里，甚至架空经理。不可否认，主管要有一定的权利，但不能超越你的权利而去行使那些只有上司才能行使的权利。更不能因为手中有权就可以不与经理商量，不进行汇报和协调。其次，要有辅佐经理开拓最得意的经营领域的能力。作为经理的助手，要有能够弥补经理短处的长处，或有时候要代理经理处理某方面的重大问题。所以在选用主管的时候，最好选择能发挥经理长处的人。

在很多时候，主管所面对的是员工。对员工进行提升时，不能凭个人的感情用事。比如，主管是做事风风火火的人，就愿意提升那些干脆利落的人；主管是一个十分稳当、凡事都慢四拍的人，就乐意提升性格优柔寡断、谨慎万分的员工；主管是一个爱出风头、讲排场、好面子的人，就不喜欢那些脚踏实地、忠诚老实的人；主管喜欢提升性格温和、老实听话的员工，就对性格倔强、独立意识较强的人不感兴趣。

如此，不仅浪费了单位一批人才，还使一些性格不合主管意愿而有真才实学的人置于不被人重用的尴尬境地。除此之外，以下几种类型的主管不能选用。

（1）不选"复印本型"的人做主管。这类人没有自己的工作原则，一切"唯马首是瞻"。以上司的是非为是非，从平时的生活到工作的言行都以上司的模型为原本，既没有自己的主见，又没有自己的风格。没有现成的模型，他就什么都做不成。这类人简直就是别人的复印本。这种人往往不会有创造性的表现,对新事物、新观点接受得很慢。这种人墨守成规,实际情况发生变化时,他不知道灵活应变,只是搬出老黄历,以寻找根据。世界上的事物瞬息万变,但这种人不会以不变应万变。因此,他们难以对付新情况和新问题。而且,这种人缺乏远见,也没有多少潜力可挖,他的发展水平受到局限,他一生中难以超越这个局限。

复印本始终没有原本清晰,这种人即使被选为接班人,最多做到东施效颦的地步。公司的发展在这类人的操作下,难以出现突破性的进展。尽管不少爱慕虚荣的上司,很愿意自己成为下属模仿的对象,因此,他们对这类人恩爱有加。但是真正想在事业上有所作为的领导者,是绝不会选这种人作为主管的。当今时代是一个信息爆炸、瞬息万变的世界。经营管理的手法、方针也需要随时改变。复印本型人就是缺乏这种创新能力。

(2)不选"蜜蜂型"人做主管。这种类型的主管,工作特别卖力,上班可以说是"早出晚归"。他们不知疲倦,如同蜜蜂一样,忙忙碌碌。这种人的工作态度和工作热情,本无可非议,问题是,选这种人做主管会产生许多负面的效果。这种人做事不分先后、不分主次,只知道见工作就做,不知怎样做更为合理、更科学。因此常常是该办的事情没办,不那么紧迫的事情却优先办好了。另外,这类主管还有一个特别致命的弱点,就是他们把勤奋和效率同等地看待。

主管应该是管大事的人,他首先应做最重要的事情,次要的工作完全可以交给别人去做。集中精力是提高效率的关键,只有当他认识到集中精力办一件事的重要性时,才能出成果。他不应该为次要的问题而分散自己的精力。选用这类人做主管,公司会处于严重的无政府状态,甚至会使你辛苦建立起来的基业毁于一旦。

(3)不选吹牛拍马者做主管。这种类型的人,为了达到自己不可告人的目的,不惜厚着脸皮对自己的上司吹牛拍马。他们选择这样做,或是为了自己的升迁,或是为了环境条件的改善,或是为了自己的子女就业,或是为了求得政治上的保护,或是为了借上司的信任和威风来扩大自己的尊严,所有这些都需要上司来成全。上司在他们的眼里,完全成了他能够达到自己个人目的的"希望之树",所以除了想方设法地吹嘘上司外,他们别无他途,也别无他事可为。因此,这种类型的人,狭隘地认为,吹捧就得利,反驳就会受灾。

但这种人说的是一套,做的又是另外一套,表面上唯命是从,实际上暗藏祸心。"笑里藏刀"是这种人最生动的概括。吹牛拍马风盛行下去,势必弄得真假难辨、是非不分；坏人吃香、好人受气；正气不能发扬、邪气泛滥成灾，工作难以开展，职工的积极性受到压抑。显然，除非上司是一位典型的"昏君"，否则，是无论如何都不能选这种人为主管，甚至连做员工的资格都不够。

不可否认的是，事实上这种人在许多公司里却很有市场。其主要原因不外乎两个：一是这种人看透了人性的弱点（特别是上司喜欢听奉承话），再加上他们吹捧的技术，所以能在公司里风光一时。二是许多上司表面上说自己很民主开放，乐意听取各方面的意见甚至批评，其实骨子里最不能容忍下属对他"挑刺"，因为他们觉得这会降低他们的威信。

既然如此，作为下属，又何必去自讨苦吃，干脆从一开始就看上司的眼色行事说话，落得皆大欢喜。因此，要做到不选这样的人做主管，上司也必须加强自己的修养。只有贤人才能选出贤才。

（4）不选告密型的人做主管。

在日益激烈的环境下，告密的人是企业最不受欢迎的。这种人的告密分两类情况：一类告密者就是他们吃里爬外，见利忘义，为了自己的私利，不惜出卖公司发展的信息。这种人如果被安排在主管的位置上，因为他们一般掌握着公司的核心机密，所以对公司造成的损失是无法估量的。另一类告密者就是在公司内部做小动作，打"小报告"，他们以向上司告密来博得信任和赏识。所以他们喜欢四处刺探员工或同事之间的秘密，连一句闲言碎语都不放过。为了表示自己的忠心，他们时刻不忘显露出自己确实是耳听八方、眼观六路，有时甚至兴风作浪，故意制造虚假信息，无事生非，向上司交差。这类人很容易骗取上司的欢心和信任。但若上司是一名精明能干的老板，他绝不会选用这种人做主管，因为这种人肯定在办事能力方面不会太突出，所以才以这种手段来博得总经理的青睐。而且，时间一长，会引起员工的不满，他们的所作所为对整个公司所必需的团结协作精神也是一个严重的打击。

对于主管这种特殊的角色，使得上司在聘用他们时，必须进行综合考虑和慎重的权衡。

168. 舍得在人事决策上下工夫

作为管理者，如果不花时间处理好人事问题，那么你的决策的有效性就值得怀

第三十五章 人才管理的核心在于知人善任

疑。要重视一般的人员安排，更要重视企业的高级管理人员的选拔和任用。因为，对他们的任用出了问题，将可能损害整个企业的利益和形象。在这方面，通用电气公司的雷吉·琼斯为我们做出了榜样。

雷吉·琼斯是杰克·韦尔奇的前任，通用电气公司的董事长，他整整花了7年时间考察韦尔奇。任用韦尔奇，是通用历史上最成功的决策。

1974年，琼斯担任通用公司的董事长才3年，但他已经着手挑选自己的继承人。这个时候他57岁，离65岁退休还有8年时间。琼斯认为，他要找一位管理风格与自己风格不一样的继承人。他认为，公司需要变革，继承人就一定要与前任不同，要是继承人只是前任的复制品，那么公司就谈不上发展。

一开始，琼斯的脑子里并没有一个合适的人选。于是，他要求人事部门给他准备一份候选人名单。但他的要求被拒绝了，人事部门认为这至少也应该是10年之后的事情。但是在琼斯的强烈要求下，人事部门提供了一份有96名候选人的名单。这时，琼斯发现名单上少了一个应该有的人，那就是负责塑料企业的杰克·韦尔奇。

人事部门的人却认为韦尔奇年轻气盛，好闹独立、太嫩了。在这种情况下，琼斯只得以命令的方式把韦尔奇加入候选人的名单。经过各种考虑，候选人最后减少到了11位，韦尔奇就在其中。经过3年的考察，琼斯已经了解各位候选人。为了进一步了解候选人相互之间的印象，琼斯实施了他的"机舱面试"。

1978年元旦后，他把候选人一个个请进办公室。从谈话中了解有关候选人合作的可能性和对其他候选人的想法。每当候选人走进他的办公室时，琼斯都会把门关好，然后点上烟斗，并示意交谈者放松。然后开始说出一个程序般的问题："如果，你和我现在乘着公司的飞机旅行，这架飞机坠毁了。谁该继任通用公司的董事长？"

韦尔奇怀着忐忑不安的心情被召去接受"机舱面试"。根据要求，韦尔奇写下了3个董事长的候选人姓名，其中包括了后来成为他董事会合作者的胡德、伯林盖姆和他本人。

"谁最有资格？"琼斯问。

韦尔奇想都没想，说："这还用问吗？当然是我了。"

他忘了，这个时候，他已经和琼斯在旅行中"坠机遇难"了。这次谈话使琼斯对韦尔奇更加欣赏了。

3个月后，琼斯把候选人压缩到8个人，并再次请他们进行第二轮的"机舱面试"。当然，问题做了改变。

"这次，我们两个还是乘同一架飞机，但是，飞机坠毁后，我死了，而你却很幸运地活了下来,你说,谁该来做公司的董事长?"琼斯要求列出3名候选人。

这次,最令琼斯高兴的是,他最中意的三位候选人:韦尔奇、胡德和伯林盖姆中,各自在3名董事长候选人的名单中包含了另外两位。最后,他把继承人确定为杰克·韦尔奇。

为了让董事会认可韦尔奇,他让韦尔奇、胡德和伯林盖姆都进入了董事会。经过一段时间的考察,1980年11月,琼斯让人事部门提交了包括聪明才智、吃苦耐劳、自我管理、同情心在内的15项测评结果,韦尔奇的分数位居第一。这时,不仅琼斯,通用公司的其他19名董事都同意推举韦尔奇为下一任通用董事长。

雷吉·琼斯花了7年时间选拔他的继承人,其重视选人和用人的精神着实让人敬佩。

管理大师德鲁克说:"经理们在管理下属和做人事决定方面比其他任何工作所花费的时间都要多——他们理应如此。没有任何一项决策像人事决定那样影响深远并且难以更改。尽管如此,经理们所做的提升和任用决定都令人难以恭维。统计起来,他们成功的记录不会超过0.333,即1/3的决策是成功的,1/3勉强合格,另外1/3则是彻头彻尾的失败。"这段话是他总结多半个世纪的管理和咨询经验后所做的判断。由此可见人事决策之困难。

卓有成效的管理者做人事决策时,要记住"快速的决策多为错误的决策",正确的决策应该有一个斟酌的过程。在人事决策中应注意以下几个问题。

(1)认真考虑招募岗位的关键工作任务。

(2)注意候选人的数目。

(3)用什么标准衡量候选人。

(4)为什么选中的人表现不佳。

为了你的企业能成为一个长寿企业,应多花点时间关注你的人事决策。